普通高等教育经管类专业"十三五"规划教材

虚拟商业社会环境(VBSE)跨专业综合实训教程

主　编　樊　颖　史建军

副主编　吴　双　姜宁宁　刘　妍

清华大学出版社

北　京

内 容 简 介

本书是在"校企合作、工学结合"理念指导下，由新道科技股份有限公司和天津商务职业学院联合筹备开发的基于 VBSE 虚拟商业社会环境综合版实训平台 V2.0 的配套实训教材。

本书共分为 4 个模块，13 个项目，115 个任务。各模块内容为：进入虚拟商业社会环境；虚拟商业社会环境之规则体验；虚拟商业社会环境之实战演练，虚拟商业社会环境难点业务解析。

本书结构清晰、案例丰富，可用作各院校 VBSE 跨专业综合实训类课程的配套教材，也可用作不同类型学校学生开展社团、工程创新实践活动和技能大赛活动的指导用书，还可用作职业院校开设专业认识概论、基础实践创新教学、综合实践课程教学以及创新实践课程教学的指导用书。

图书在版编目(CIP)数据

虚拟商业社会环境(VBSE)跨专业综合实训教程 / 樊颖，史建军　主编. —北京：清华大学出版社，2017（2020.7重印）

（普通高等教育经管类专业"十三五"规划教材）

ISBN 978-7-302-47828-7

Ⅰ. ①虚⋯　Ⅱ. ①樊⋯　②史⋯　Ⅲ. ①企业经营管理－应用软件－高等学校－教材

Ⅳ. ①F272.7-39

中国版本图书馆 CIP 数据核字(2017)第 170462 号

责任编辑：刘金喜
封面设计：常雪影
版式设计：思创景点
责任校对：曹　阳
责任印制：杨　艳

出版发行：清华大学出版社

网　　　址：http://www.tup.com.cn，http://www.wqbook.com
地　　　址：北京清华大学学研大厦 A 座　　　　邮　　编：100084
社 总 机：010-62770175　　　　　　　　　　邮　　购：010-62786544
投稿与读者服务：010-62776969，c-service@tup.tsinghua.edu.cn
质 量 反 馈：010-62772015，zhiliang@tup.tsinghua.edu.cn
课 件 下 载：http://www.tup.com.cn，010-62794504

印 装 者：三河市铭诚印务有限公司
经　　销：全国新华书店
开　　本：185mm×260mm　　　　印　张：26.75　　　字　数：602 千字
版　　次：2017 年 9 月第 1 版　　　印　次：2020 年 7 月第 4 次印刷
定　　价：59.80 元

产品编号：073457-02

不负时代，不负韶华

我们赶上了一个最好的时代，以大数据、云计算、移动互联网、物联网、AR/VR(虚拟现实/增强现实)等为代表的新一代信息技术，不断推进产业企业进步，新商业形态快速涌现，进而产生新组织，出现新岗位需求，同时对院校的办学目标及人才培养过程提出了新要求，技术的更新影响着教育变化，技术的创新促进着教育变革。在这变化的时代，如何将用人单位的需求与院校的人才培养紧密连接，如何让学生在校就接受与现实企业接轨的实践教育，是产业界与教育界共同关注的话题，也正是因此，产教融合、校企合作成为必然。

2011 年，新道科技倡导"把企业搬进校园"，研发 VBSE(虚拟商业社会环境)，聚焦商科实践教学领域，与院校共建实践教学基地，把企业厂房设备用虚拟技术实现"看得见"，把真实企业业务流程、数据、案例和岗位职责、岗位设置用仿真技术实现"摸得着"，将这些场景和企业训练员工的模式搬进校园，解决学生校内实习问题。让商科专业从没有实践教学到有实践教学，从实践教学弱到实践教学强，让学生到企业就业时能顺利上岗，缩短企业的再培养周期，降低企业再培养成本。这一直是我们秉持的初心。

目前，国内已经有 500 多所院校通过"把企业搬进校园"模式建立了虚拟仿真商科实践教学环境，2000 多名院校老师能够独立教授 VBSE 系列课程，更多实践教学环境代替传统教室已成为不争的事实和趋势。有的老师说："VBSE 让学生能够体验'真刀真枪'、真实岗位、真实工作环境，让老师们也耳目一新，教有所得。"有的校长说："有时候我带着上级领导视察教学情况，在走廊里听到阵阵笑声，我们觉得好奇，透过窗子看到的是学生学习 VBSE 的热烈场景，我由衷地振奋。我期待老师们能够通过驾驭新的教学方法，重新设计场景、梳理角色、编排动作、选配工具，教学生学真本事！"有的学生说："以前总是学一科、考一科、忘一科，现在我有信心去企业应聘，相信我能干好。"这就是新道希望的——通过 VBSE 实践教学，帮助学生在实战中成长，在欢笑中学习，在交互中自觉，专业技能和职业素养快速提升，学到真本事，能够在新的时代"尊严就业"！

"上学即上班"，VBSE 虚拟商业社会环境让老师乐教，让学生乐学。在我们看来，理论与实践之间仅仅隔着一家"企业"，而这个"企业"是可以移动的，是可以放到校园中的，它能够解决学生在校实习的问题，它能够让学生在一个全仿真的环境中感受企业的每一个业务流程和岗位工作任务，它还能够让学生知道团队合作的重要性，当他走向社会时，能够快速融入企业环境、胜任工作内容，能够不负时代，不负韶华，为自己的梦想去奋斗！

新道科技股份有限公司

创始人　郭延生

2017 年 03 月 22 日

前　　言

适逢"互联网+"时代，移动互联网、云计算、大数据、物联网与现代制造业等紧密结合，社会急需懂业务、精技术、善经营、会管理，能够有效使用工具，具备团队精神的俊杰。

为贯彻落实全国职业教育工作会议精神，根据《国务院关于加快发展现代职业教育的决定》(国发〔2014〕19号)和《深化职业教育教学改革，全面提高人才培养质量要求》(教职成〔2015〕6号)的有关精神，配合教育部和天津市人民政府签署的《关于共建国家现代职业教育改革创新示范区协议》的内涵建设项目，新道科技股份有限公司和天津商务职业学院于2015年合作共建"全国VBSE工程实践创新研究院"，倾力打造"大商科综合实训中心"，共同探索"互联网+工程实践创新项目(EPIP)的有效实现路径，旨在培养学生互联网+背景下的工程能力、实践能力和创新意识。

"VBSE虚拟商业社会环境综合版实训平台V2.0"是新道科技股份有限公司开发的"拳头"产品，在各普通高校和职业院校被广泛采用。通过该平台开展的多专业综合实训，学员可以身临其境地进行岗前实习，认知并熟悉现代商业社会内部不同组织、不同职业岗位的工作内容和特性，训练学员从事经营管理所需的综合执行能力、综合决策能力和创新创业能力，培养全局意识和综合职业素养。鉴于该平台的创新性、实用性，各院校提出急需一本能够有效指导学员进行实践的教材，基于此，新道科技股份有限公司和天津商务职业学院开始联合筹备开发《虚拟商业社会环境(VBSE)跨专业综合实训教程》一书，用作各院校VBSE跨专业综合实训类课程的配套教材，也可用作不同类型学校学生开展社团、工程创新实践活动和技能大赛活动的指导用书，还可用作职业院校开设专业认识概论、基础实践创新教学、综合实践课程教学以及创新实践课程教学的指导用书。

本教程具有以下特色。

1. 全面性

全书包含四个模块，内容除了涵盖VBSE概念、课程设计理念、教学实施、实训任务进程表及具体规则以外，还采用大量的图文形式，配以丰富的实训案例，形象生动地阐述了制造企业、客户企业、虚拟客户、供应商及外围组织等关键业务如何操作，包括团队组建、读懂数据、期初建账、购销业务、日常结算业务、人力资源业务、财务成本业务、生产计划业务、日常行政业务等具体环节的操作指导，是一本创新性及时效性很强的教程。

2. 实用性

作为"VBSE虚拟商业社会环境综合版实训平台V2.0"的配套教材，本书在整体编写过程中，注意了与平台现有资源的整合问题，在平台提供资源的基础上进行了提炼和补充，特别是模块三、模块四的内容比较实用。其中模块三针对制造业企业、供应商、客户、虚拟客户、外围组织之间的业务往来给出了具体指导，模块四结合使用者在日常实际操作过程中遇到的疑难点进行了汇总和答疑解惑。

本书教学课件可通过 http://www.tupwk.com.cn/downpage 下载。

本书由天津商务职业学院樊颖，天津中德应用技术大学史建军任主编，天津城市职业学院吴双、姜宁宁，天津渤海职业技术学院刘妍任副主编。具体编写分工如下：樊颖负责模块一、模块二、模块三中的项目一、模块四的编写；史建军负责模块三中的项目六、项目七、项目十二的编写；吴双负责模块三中的项目八、项目九、项目十、项目十三的编写；姜宁宁负责模块三中的项目三、项目四、项目十一的编写；刘妍负责模块三中的项目二、项目五的编写。樊颖和史建军负责全书系统架构、教程编写大纲的制定，并负责统稿工作。

本书的编写得到了天津商务职业学院和新道科技股份有限公司的大力支持，为编写工作提供了极具价值的建议和优质资源，特此感谢！

由于作者水平有限，不妥之处恳请各位专家、学者给予批评指正，以便今后进一步修改和完善。

本书编写组
2017年5月

目　　录

模块一

带你进入虚拟商业社会环境

任务一 VBSE 综合版实训课程介绍

一、任务描述

实训伊始，学员对 VBSE 还相对比较陌生。指导教师将带领大家共同进入 VBSE 综合版实训环境，引领学员认知 VBSE 概念、课程培养目标，了解课程的重要价值并对前修、后续课程进行介绍。

二、知识储备

1. VBSE 概念

虚拟商业社会环境 VBSE 综合了多专业实训重点，通过对商业社会环境不同组织、不同部门、不同岗位的模拟训练，使学员身临其境地感悟各自工作的内容和特点。实训平台包括实践教学管理平台、教学课程运行平台、仿真经营管理系统、教学资源查询等方面。

2. VBSE 综合实训课程培养目标

(1) 知识目标

① 感知企业内外部组织管理流程、业务流程及各组织间的关系；

② 巩固专业基础知识，把理论学习与实践操作相结合，温故知新。

(2) 能力目标

① 能够根据组织岗位任务要求完成相应的工作，提升技能水平；

② 能够进一步提升系统平台、办公软件等的实际操作能力。

(3) 素质目标

① 提升协调沟通能力、综合决策能力；

② 培养爱岗敬业的优秀职业素质，提前进入职业角色。

3. VBSE 课程价值

在 VBSE 跨专业综合实训课程的设计中，校企深度融合，共建实训基地，共同进行课程开发与教材建设，共同开发实训项目。选取的内容贴近企业岗位职责要求，符合岗位技能实际需要。除了注重对学生的技能提高以外，还特别重视学生职业素养的养成。

4. VBSE 前修、后续课程

(1) 建议前修课程

学校专业基础课程、专业核心课程、实训课程、企业经营管理沙盘实训课程、ERP 实训课程、VBSE 财务版、VBSE 营销版、VBSE 创业版类课程等。

(2) 建议后续课程

顶岗实习、毕业设计等。

任务二　VBSE 部门与岗位设置

一、任务描述

VBSE 综合版涉及岗位众多，明确岗位职责和需求数量是合理设置岗位不可缺少的重要内容。本环节将由指导教师进行实训环境部门与岗位的介绍，为学员准确定位、选择适合自己的岗位奠定扎实的基础。

二、知识储备

企业初始阶段需要"招兵买马"，CEO 和人力资源总监在招聘前需先将工作流程梳理清晰，将设置的岗位公示，定出岗位职责及各岗位所需人数，而后再进行员工招聘。了解 VBSE 部门与岗位设置至关重要。表 1-1 给出了 VBSE 部门与岗位设置信息。

表 1-1　VBSE 部门与岗位设置一览表

组织名称	岗位名称	岗位数	
		制造行业	制造行业+流通行业
制造业	总经理、销售专员、车间管理员、采购员、仓管员、人力资源助理、行政助理、财务部经理、出纳、成本会计、财务会计、营销部经理、采购部经理、仓储部经理、人力资源部经理、生产计划部经理、生产计划员、市场专员	18	18
工商局	工商局专管员	1	1
海关总署	海关专员	无	1

(续表)

组织名称	岗位名称	岗位数	
		制造行业	制造行业+ 流通行业
进出口服务中心	办事员	无	1
税务局	税务专管员	1	1
社保局	社保公积金专管员	1	1
服务公司	服务公司业务员	1	1
会计师事务所	项目经理、审计师、审计助理	1	3
工商银行	银行柜员	1	1
中国银行	银行柜员	无	1
贸易公司(制造业 上游供应商)	供应商总经理、供应商行政主管、供应商业务 主管	3	3
贸易公司(制造业 下游客户)	客户总经理、客户行政主管、客户业务主管	3	3
连锁企业	连锁东单店长、连锁安贞店长、连锁仓储经理、 连锁总经理	无	4
国际贸易	国贸总经理、国贸进出口经理、国贸内陆业务 经理	无	3
招投标	招投标总经理	无	1
物流公司	物流总经理、物流业务员、物流仓储经理	无	3
最大合计(16类)		30 岗	46 岗

任务三 VBSE 工作任务进程安排

一、任务描述

在 VBSE 实训过程中，学员应清楚地认知自己当前应该完成的任务都有哪些。本环节指导教师将引领学员学会查看不同实训阶段的实训任务包括什么，使其在工作中合理安排时间，完成预期工作计划。

二、知识储备

在任务实施过程中，熟悉不同阶段所对应的具体任务，知晓相应的责任人，并为出色地完成各项任务而努力是全体学员的奋斗目标。

表 1-2 给出了 VBSE 工作任务进程信息。大家清楚自己需要完成的任务吗？

表 1-2　VBSE 工作任务进程表(仅提供手工任务方面参考)

阶段	任务	对应组织	责任人
团队组建	实习动员	默认组织	学员
	系统操作培训	默认组织	学员
	了解各组织对应岗位职责	默认组织	学员
	综合测评	默认组织	学员
	创业测评	默认组织	学员
	CEO 候选人竞选演讲	默认组织	学员
	参加投票选举 CEO	默认组织	学员
	现场招聘团队组建	默认组织	总经理
期初建账	自助维护岗位信息	所有组织	学员
	制造企业组织内部会议	核心制造	总经理
	客户组织内部会议	客户	客户总经理
	供应商组织内部会议	供应商	客户总经理
	领取并发放办公用品	所有组织	银行柜员、人力资源助理、税务专管员、服务公司专管员、客户总经理、供应商总经理
	各组织及对应岗位职责详细介绍	所有组织	学员
	制造企业期初建账	核心制造	学员
	熟悉商贸企业规则—供应商	供应商	供应商总经理
	熟悉商贸企业规则—客户	客户	客户总经理
	了解新公司注册流程	核心制造	学员
	供应商财务期初建账	供应商	供应商总经理
	客户财务期初建账	客户	客户总经理
	供应商仓储期初建账	供应商	供应商行政主管
	客户仓储期初建账	客户	客户行政主管
	第一阶段考核	所有组织	学员
	连锁组织内部会议	连锁	连锁总经理

（续表）

阶段	任务	对应组织	责任人
期初建账	国贸组织内部会议	国贸	国贸总经理
	物流组织内部会议	物流	物流总经理
	会计师事务所组织内部会议	审计	项目经理
	熟悉制造业人力资源内控制度	审计	项目经理
	熟悉制造业财务部门内控制度	审计	项目经理
	熟悉制造业生产部门内控制度	审计	项目经理
	熟悉制造业采购部门内控制度	审计	项目经理
	熟悉制造业营销部门内控制度	审计	项目经理
	熟悉制造业仓储部门内控制度	审计	项目经理
	熟悉制造业预算控制内控制度	审计	项目经理
	熟悉制造业资金管控内控制度	审计	项目经理
	熟悉会计师事务所质量内控制度	审计	项目经理
	熟悉连锁企业规则	连锁	连锁总经理
	熟悉物流企业规则	物流	物流总经理
	熟悉国贸企业规则	国贸	国贸总经理
	熟悉招投标企业规则	招投标	新华总经理
	国贸总经理期初建账	国贸	国贸总经理
	国贸进出口经理读懂期初数据	国贸	国贸进出口经理
	国贸内陆经理读懂期初数据	国贸	国贸内陆经理
	物流总经理读懂期初数据	物流	物流总经理
	物流仓储经理期初建账	物流	物流仓储经理
	物流业务员读懂期初数据	物流	物流业务员
	连锁总经理期初建账	连锁	连锁总经理
	连锁仓储经理期初建账	连锁	连锁仓储经理
	连锁东单店长期初建账	连锁	连锁东单店长
	连锁安贞店长期初建账	连锁	连锁安贞店长
	国贸了解外贸术语	国贸	国贸总经理
	会计师事务所了解审计相关概念	会计师事务所	项目经理
	工商注册知识讲解	招投标	新华总经理
	名称审核	招投标	新华总经理
	招投标公司制定公司章程	招投标	新华总经理
	工商注册资料准备	招投标	新华总经理

阶段	任务	对应组织	责任人
期初建账	工商注册	招投标	新华总经理
	税务登记	招投标	新华总经理
	银行开户	招投标	新华总经理
	办理组织机构代码证	招投标	新华总经理
手工第一讲	公司注册知识讲解	商贸\工商\税务\银行	工商局专管员
	企业管理部借款	核心制造	人力资源助理
	人力资源部借款	核心制造	人力资源助理
	个人银行开户	全体\银行	银行柜员
	采购部借款	核心制造	采购员
	仓储部借款	核心制造	仓管员
	营销部借款	核心制造	营销专员
	生产计划部借款	核心制造	生产计划员
	公章、印鉴管理制度	核心制造	行政助理
	名称审核	工商局	工商局专管员
	制定公司章程	供应商	供应商总经理
	制定公司章程	客户	客户总经理
	开立验资账户	供应商	供应商行政主管
	开立验资账户	客户	客户行政主管
	验资证明之前相关准备	供应商	供应商总经理
	验资证明之前相关准备	客户	客户总经理
	办理验资证明	客户	客户总经理
	办理验资证明	供应商	供应商总经理
	工商注册	工商局	工商局专管员
	办理机构代码	供应商	供应商行政主管
	办理机构代码	客户	客户行政主管
	银行开户	供应商	供应商总经理
	银行开户	客户	客户总经理
	税务登记	供应商	供应商总经理
	税务登记	客户	客户总经理
	社会保险开户	供应商	供应商行政主管

（续表）

阶段	任务	对应组织	责任人
手工第一讲	社会保险开户	客户	客户行政主管
	公积金开户	客户	客户行政主管
	公积金开户	供应商	供应商行政主管
	客户签订代发工资协议书	客户	客户行政主管
	供应商签订代发工资协议书	供应商	供应商行政主管
	办公费报销	核心制造	行政助理
	核心制造货款回收	核心制造	销售专员
	核心制造材料款支付	核心制造	采购员
	核心制造采购入库	核心制造	采购员
	车架完工入库	核心制造	车间管理员
	整车完工入库	核心制造	车间管理员
	核心制造购买办公用品	核心制造	行政助理
	查询工人信息	核心制造	人力资源助理
	供应商货款回收	供应商	供应商业务主管
	客户支付货款	客户	客户业务主管
	供应商销售发货	供应商	供应商业务主管
	核心制造薪酬发放	核心制造	人力资源部经理
	招投标业务知识讲解	招投标	新华总经理
	国贸支付物流上月运费	国贸	国贸进出口经理
	国贸支付物流上月仓储费用	国贸	国贸内陆业务经理
	连锁支付物流上月运输费	连锁	连锁仓储经理
	物流去连锁东单店送货签收	物流企业	物流业务员
	物流去连锁安贞店送货签收	物流企业	物流业务员
	物流与连锁总部结算上月运费	物流企业	物流业务员
	物流与国贸结算上月运费	物流企业	物流业务员
	物流与国贸结算上月租赁仓储费	物流企业	物流业务员
	国贸通知物流办理入库	国贸	国贸内陆业务经理
	物流办理国贸国内采购入库	物流企业	物流业务员
	国贸登记国内采购库存台账	国贸	国贸内陆业务经理
	国贸向制造业支付货款	国贸	国贸内陆业务经理
	制造业收取国贸货款	制造业	销售专员
	国贸内陆业务经理借款	国贸	国贸内陆业务经理

阶段	任务	对应组织	责任人
手工第一讲	连锁与物流签订运输合同	物流企业	物流总经理
	国贸与物流签订运输合同	物流企业	物流总经理
	国贸与物流签订仓储租赁合同	物流企业	物流总经理
	连锁东单门店借备用金	连锁	连锁东单店长
	连锁安贞门店借备用金	连锁	连锁安贞店长
	物流公司委托招标	物流	物流总经理
	招投标公司发布招标公告	招标	新华总经理
	连锁总部采购入库	连锁	连锁仓储经理
	连锁总部货款支付	连锁	连锁仓储经理
	制造业回收连锁货款	制造业	销售专员
	连锁安贞门店期初到货签收	连锁	连锁安贞店长
	连锁东单门店期初到货签收	连锁	连锁东单店长
	制造业审计外包资金预算	制造业	财务经理
	承接制造业审计业务	审计	项目经理
手工第二讲	客户社会保险增员申报	客户	客户行政主管
	个人银行批量开卡	工商银行	银行柜员
	签订同城委托收款协议(社保和公积金)	客户	客户总经理
	签订同城委托收款协议(社保和公积金)	供应商	供应商总经理
	社会保险增员申报	核心制造	人力资源助理
	住房公积金汇缴	核心制造	人力资源助理
	住房公积金汇缴	客户	客户行政主管
	社会保险增员申报	客户	客户行政主管
	社会保险增员申报	供应商	供应商行政主管
	住房公积金汇缴	供应商	供应商行政主管
	制造业与客户签订合同	核心制造	销售专员
	投放广告申请	客户	客户业务主管
	签订销售订单	客户	客户业务主管
	增值税计算	客户	客户总经理
	增值税计算	供应商	供应商总经理
	增值税计算	核心制造	税务会计
	增值税申报	核心制造	税务会计
	增值税申报	客户	客户总经理

(续表)

阶段	任务	对应组织	责任人
手工第二讲	增值税申报	供应商	供应商总经理
	五险一金计算	核心制造	人力资源助理
	五险一金计算	客户	客户行政主管
	五险一金计算	供应商	供应商行政主管
	签订广告合同	客户	客户业务主管
	录入童车销售订单	核心制造	销售专员
	广告费财务报销	客户	客户业务主管
	确认制造业销售订单	客户	客户业务主管
	社会保险缴纳	银行	银行柜员
	公积金缴纳	银行	银行柜员
	五险一金财务记账	核心制造	出纳
	五险一金财务记账	客户	客户行政主管
	五险一金财务记账	供应商	供应商行政主管
	编制主生产计划	核心制造	生产计划部经理
	编制物料净需求计划	核心制造	生产计划员
	编制采购计划	核心制造	采购部经理
	招投标公司编制招标文件	招投标	新华总经理
	确定投标购买招标书	招投标	新华总经理
	连锁安贞门店销售收款	连锁	连锁安贞店员
	连锁东单门店销售收款	连锁	连锁东单店员
	连锁东单门店零售日结	连锁	连锁东单店员
	连锁安贞门店零售日结	连锁	连锁安贞店员
	连锁安贞门店上缴营业款	连锁	连锁安贞店员
	连锁东单门店上缴营业款	连锁	连锁东单店员
	连锁东单门店向总部请货	连锁	连锁东单店员
	连锁安贞门店向总部请货	连锁	连锁安贞店员
	连锁总部请货分析	连锁	连锁仓储经理
	国际贸易洽谈	国贸	国贸进出口经理
	国贸出口合同签订	国贸	国贸进出口经理
	国贸催证、审证、改证	国贸	国贸进出口经理
	国贸开商业发票和装箱单	国贸	国贸进出口经理
	国贸订舱	国贸	国贸进出口经理

(续表)

阶段	任务	对应组织	责任人
手工第二讲	国贸向物流下达出口送货通知	国贸	国贸进出口经理
	物流受理国贸出口送货订单	物流	物流业务员
	物流出库国贸出口货物	物流	物流仓储经理
	物流送国贸出口货物到港口	物流	物流业务员
	国贸登记出口货物出库台账	国贸	国贸进出口经理
	编制制造业项目审计方案	会计师事务所	项目经理
手工第三讲	编制设备需求计划	核心制造	生产计划部经理
	薪酬发放	客户	客户行政主管
	薪酬发放	供应商	供应商行政主管
	营销策划方案	核心制造	营销部经理
	税收征管一般程序	税务局	国税局专管员
	税务基本知识讲解	税务局	国税局专管员
	社会保险基础知识讲解	社保局	社保局专管员
	编制采购合同草案	核心制造	采购部经理
	销售发货计划	核心制造	销售专员
	培训调研	服务公司	服务公司业务员
	企业文化建设—企业电子报刊制作	核心制造	总经理
	如何编制预算	核心制造\商贸	学员
	与供应商签订采购合同	核心制造	采购员
	录入材料采购订单	核心制造	采购员
	确认制造企业采购订单	供应商	供应商业务主管
	组织在职人员培训	服务公司	服务公司业务员
	打印分拣票据	银行	银行柜员
	库存盘点	核心制造	成本会计
	库存盘点	客户	客户总经理
	库存盘点	供应商	供应商总经理
	现金盘点	核心制造	财务部经理
	现金盘点	客户	客户行政主管
	现金盘点	供应商	供应商行政主管
	培训费报销	核心制造	人力资源助理
	培训费报销	客户	客户业务主管

(续表)

阶段	任务	对应组织	责任人
手工第三讲	培训费报销	供应商	供应商业务主管
	招投标公司投标答疑	招投标	新华总经理
	供应商制作投标书	供应商	供应商总经理
	连锁总部向东单门店和仓储中心下达配货通知	连锁企业	连锁仓储经理
	连锁总部向安贞门店和仓储中心下达配货通知	连锁企业	连锁仓储经理
	连锁总部向物流下达送货通知	连锁企业	连锁仓储经理
	物流受理连锁总部配送取货订单	物流	物流业务员
	连锁仓储配送中心备货	连锁企业	连锁仓储经理
	连锁仓储中心备货出库	连锁企业	连锁仓储经理
	物流到连锁仓储中心取货	物流	物流业务员
	物流去连锁东单门店送货签收	物流	物流业务员
	物流去连锁安贞门店送货签收	物流	物流业务员
	连锁东单门店到货签收	连锁企业	连锁东单店员
	连锁安贞门店到货签收	连锁企业	连锁东单店员
	仓储中心补货申请	连锁企业	连锁仓储经理
	国贸商检	国贸	国贸进出口经理
	国贸投保	国贸	国贸进出口经理
	国贸支付保险费获得签发保险单	国贸	国贸进出口经理
	国贸出口收汇核销单申领与备案	国贸	国贸进出口经理
	国贸报关	国贸	国贸进出口经理
	国贸装船	国贸	国贸进出口经理
	国贸支付海运费换取清洁海运提单	国贸	国贸进出口经理
	会计师事务所了解并测试、评价内控	会计师事务所	项目经理
手工第四讲	争先创新评比—营销策划方案总结	服务公司	服务公司业务员
	争先创新评比—采购合同草案总结	服务公司	服务公司业务员
	争先创新评比—招聘工作总结	服务公司	服务公司业务员
	机加车间生产派工	核心制造	生产计划部经理
	组装车间生产派工	核心制造	生产计划部经理
	童车发货	核心制造	销售专员
	查询工人信息	核心制造	人力资源助理

阶段	任务	对应组织	责任人
	办公费报销	核心制造	行政助理
	考勤汇总查询(供应商)	供应商	供应商行政主管
	考勤汇总查询(客户)	客户	客户行政主管
	下达采购订单	供应商	供应商业务主管
	生产领料、车架开工	核心制造	车间管理员
	生产领料、童车组装	核心制造	车间管理员
	检查企业社保缴纳情况	社保局	社保局专管员
	查询住房公积金缴纳情况	社保局	社保局专管员
	与供应商签订采购合同	核心制造	采购员
	检查企业社保缴纳情况	社保局	社保局专管员
	采购入库	客户	客户业务主管
	考勤汇总查询(制造业)	核心制造	人力资源助理
	薪酬核算	客户	客户行政主管
	薪酬核算	供应商	供应商业务主管
	录入材料采购订单	核心制造	采购员
手工第四讲	薪酬核算	核心制造	人力资源助理
	确认制造企业采购订单	供应商	供应商业务主管
	计提折旧	核心制造	财务会计
	计提折旧	客户	客户总经理
	计提折旧	供应商	供应商总经理
	库存盘点	核心制造	成本会计
	库存盘点	客户	客户总经理
	库存盘点	供应商	供应商总经理
	现金盘点	核心制造	财务部经理
	现金盘点	客户	客户行政主管
	现金盘点	供应商	供应商行政主管
	营业终现金盘点	银行	银行柜员
	营业前重要空白单证盘点	银行	银行柜员
	营业前现金盘点	银行	银行柜员
	营业终重要空白单证盘点	银行	银行柜员
	银行日终结账	银行	银行柜员
	业务单据检查	会计师事务所	注册会计师

(续表)

阶段	任务	对应组织	责任人
	税务检查	税务局	国税局专管员
	制造费用分配	核心制造	成本会计
	期末结转销售成本	供应商	供应商总经理
	期末结转销售成本	客户	客户总经理
	车架成本核算	核心制造	成本会计
	期末结账	客户	客户总经理
	期末结账	供应商	供应商总经理
	童车成本核算	核心制造	成本会计
	编制报表	客户	客户总经理
	编制报表	供应商	供应商总经理
	期末结转销售成本	核心制造	成本会计
	期末结账	核心制造	财务部经理
	填写工作日志	所有组织	学员
	连锁总部编制采购计划	连锁	连锁仓储经理
	连锁总部与制造业签订购销合同	连锁	连锁仓储经理
手工第四讲	连锁安贞门店退货到仓储中心	连锁	连锁安贞店员
	连锁东单门店退货到仓储中心	连锁	连锁东单店员
	连锁东单门店盘点	连锁	连锁东单店员
	连锁安贞门店盘点	连锁	连锁安贞店员
	连锁仓储配送中心仓储盘点	连锁	连锁仓储经理
	制造业录入连锁销售订单	制造业	销售专员
	连锁确认制造业订单	连锁	连锁仓储经理
	制造业发货给连锁店	制造业	销售专员
	物流车辆维护与保养	物流	物流业务员
	物流库存盘点	物流	物流业务员
	招投标公司组织开标会	招投标	新华总经理
	定标并发出中标通知	招投标	新华总经理
	物流与供应商签订采购合同	物流	物流业务员
	物流与招投标公司结算招标费	物流	物流业务员
	制定并实施审计程序	审计	项目经理
	汇总审计差异并进行审计调整	审计	项目经理
	复核工作底稿	审计	项目经理

(续表)

阶段	任务	对应组织	责任人
手工第四讲	与被审单位进行结果沟通	审计	项目经理
	出具审计报告	审计	项目经理
	召开工作底稿整理归档	审计	项目经理
	审计收费	审计	项目经理
	国贸制单	国贸	国贸进出口经理
	国贸货款议付和信用证下一步处理	国贸	国贸进出口经理
	国贸外汇核销	国贸	国贸进出口经理
	国贸编制采购计划	国贸	国贸进出口经理
	国贸与制造业签订采购合同	国贸	国贸进出口经理
	制造业录入国贸销售订单	制造业	销售专员
	国贸确认制造业订单	国贸	国贸进出口经理
	制造业发货给国贸	制造业	销售专员
	制造业与连锁店签订购销合同	制造业	销售专员
	制造业与国贸签订购销合同	制造业	销售专员
手工第二阶段考核	手工第二阶段考核	所有组织	学员

任务四　VBSE 实训学时分配

一、任务描述

在 VBSE 综合实训过程中，合理安排实训时间，完成实训任务非常重要。本环节指导教师将根据学校教学计划整体安排，结合学员实际情况进行相应的安排，使学员清楚每天的工作任务都有哪些。

二、知识储备

在任务实施过程中，完成全部实训内容，实现培养目标是全体学员的努力方向。表 1-3给出了 VBSE 实训学时分配参考信息。实训计划的确定切忌好高骛远，应根据实际情况制定可行的实训方案。

表 1-3 VBSE 实训学时分配表(仅提供固定数据方面参考)

日期	实训目标	实训内容
第一天	(1) 认知理论与实践结合的重要性,能够根据自身优势选择合适的岗位,并按照要求完成相应的工作。 (2) 全面提升学员团队协作能力、沟通能力、综合决策能力。	(1) 实习动员、CEO 竞聘 (2) 现场招聘、全员上岗
第二天	(1) 感知企业业务流程及各组织间的关系。 (2) 能够根据组织岗位任务要求完成相应的工作。 (3) 提升学员实际动手能力、沟通能力、综合决策能力。	(1) 期初建账 (2) 新增组织期初建账 (3) 第一阶段考核
第三天	(1) 深入感知企业业务流程及各组织间的关系。 (2) 对所学知识点、技能点进一步检验,理论与实践充分结合。 (3) 能够根据组织岗位任务要求完成相应的工作。 (4) 认知企业各岗位工作对其他部门、其他企业业务的影响。 (5) 提升学员实际动手能力、沟通能力、综合决策能力。	(1) 10 月 8 日手工第一讲 (2) 10 月 8 日新增组织手工第一讲
第四天	(1) 深入感知企业业务流程及各组织间的关系。 (2) 对所学知识点、技能点进一步检验,理论与实践充分结合。 (3) 能够根据组织岗位任务要求完成相应的工作。 (4) 认知企业各岗位工作对其他部门、其他企业业务的影响。 (5) 提升学员实际动手能力、沟通能力、综合决策能力。	(1) 10 月 8 日手工第二讲、新增组织手工第二讲 (2) 10 月 8 日手工第三讲、新增组织手工第三讲 (3) 10 月 28 日手工第四讲、新增组织手工第四讲 (4) 第二阶段考核
第五天	(1) 提升学员总结归纳能力。 (2) 培养学员严谨、求实的工作态度。 (3) 提高学员展示自我的信息。	(1) 自查、互查、抽查资料 (2) 提交全部资料 (3) 实训总结

模块二

虚拟商业社会环境之规则体验

任务一　采购规则

一、任务描述

　　采购，是指企业在一定条件下从供应市场获取产品或服务作为企业资源，以保证企业生产及经营活动正常开展的一项企业经营活动。企业在经营过程中，应根据产品制造需求向供应商采购原料，并在合同约定的时间收取原料、支付款项等。作为控制成本的主要手段之一，熟悉采购规则至关重要。

二、知识储备

　　好佳童车制造厂在生产过程中需要领用原材料，将根据原料等采购计划进行物资采购，收到材料后按订单支付款项。生产制造公司可自主选择原材料供应商，决定采购的品种和数量、采购时间。根据公司可生产的产品类型及物料清单，童车制造企业进行原材料的采购。在采购的过程中，需要把握如表2-1所示的规则。

表 2-1　原材料采购情况一览表

存货编码	存货名称	规格	计量单位	市场供应平均单价(元)
B0001	钢管	Φ外16/Φ内11/L5000(mm)	根	60.00
B0002	镀锌管	Φ外16/Φ内11/L5000(mm)	根	120.00
B0003	坐垫	HJM500	个	50.00
B0004	记忆太空棉坐垫	HJM0031	个	110.00
B0005	车篷	HJ72*32*40	个	60.00
B0006	车轮	HJΦ外125/Φ内60mm	个	20.00
B0007	经济型童车包装套件	HJTB100	套	20.00
B0008	数控芯片	MCX3154A	片	200.00

(续表)

存货编码	存货名称	规格	计量单位	市场供应平均单价(元)
B0009	舒适型童车包装套件	HJTB200	套	100.00
B00010	豪华型童车包装套件	HJTB300	套	150.00

注：此处单价为不含税价款，增值税税率按一般纳税人确定为17%

制造企业与供应商签订完纸质合同后，还需要在软件中进行订单录入，并提交给供应商进行线上确认。供应商如果认为存在问题，可选择拒绝。

到货日期，根据双方谈判决定，确认后维护在系统订单中。交货最快的时间为当日采购，当日到货。

任务二　销售规则

一、任务描述

销售是指以出售、租赁或其他任何方式向第三方提供产品或服务的行为。企业在经营过程中，应根据订单将商品销售给客户，收回货款。商场如战场，熟悉销售规则至关重要。

二、知识储备

好佳童车制造厂在童车制造完毕后，将根据订单顺序逐一发货，委托物流公司将童车销往客户并回收货款。

在销售的过程中，需要把握以下规则。

1. 广告投放与市场开发

(1) VBSE 系统中虚拟商品市场分为华东、华中、华南、华北、华西五个大区。每个区域市场中都会不定期地释放购货订单，可以通过系统中的市场预测图了解市场信息。

(2) 制造企业通过投放广告费取得参加商品交易会入场券，服务公司依据各企业投放的广告费金额及投放区域因素决定选单次序及选单数量。

(3) 商贸企业(客户)需要通过投放广告费到区域和在区域中的具体城市开发新市场，获得虚拟商品市场选单资格。广告费按月投放。

2. 销售合同

制造企业与客户签订完纸质合同后，还需在系统中进行订单录入，并提交给客户进行线上确认。客户如果认为存在问题，可选择拒绝。

任务三　仓储规则

一、任务描述

仓储就是指通过仓库对商品与物品进行储存与保管。企业在经营过程中，应根据不同的物资特性、种类进行合理有序的存放，并在仓储部设置专员对物资的进出等予以检验，登记相关信息。仓储是产品在生产、流通过程中因订单前置或市场预测前置而对产品、物品暂时存放，熟悉仓储规则至关重要。

二、知识储备

好佳童车制造厂目前拥有三个仓库，分别为原材料库、半成品库和成品库。仓储部门设置仓储部经理和仓管员，对出入库等日常业务进行管理。

在仓储的过程中，需要把握以下规则。

1. 制造企业仓库情况

制造企业的三个仓库分别用于储存原材料、半成品和成品。原材料库用于存放各种生产原材料，半成品库用于存放车架，成品库用于存放产成品。表 2-2 给出了制造业仓库信息，表 2-3 给出了制造业仓库存放物资信息。

表 2-2　制造业仓库基本情况一览表

仓库类型	使用年限 (年)	仓库面积 (平方米)	仓库容积 (立方米)	仓库总存储 单位	售价 (万元)
制造业仓库	10	500	3000	300 000	100.00

表 2-3　制造业仓库存放物资情况一览表

仓库类型	可存放物资
原材料库	钢管、坐垫、车篷、车轮、包装套件、镀锌管、记忆太空棉坐垫、数控芯片、舒适型童车包装套件、豪华型童车包装套件
半成品库	经济型童车车架、舒适型童车车架、豪华型童车车架
成品库	经济型童车、舒适型童车、豪华型童车

2. 商贸企业(客户)仓库情况

客户租用一个仓库用于存放产品，表 2-4 给出了商贸企业客户仓库基本信息。

表2-4　商贸企业客户仓库基本情况一览表

仓库类型	仓库面积 (平方米)	仓库容积 (立方米)	仓库总存储 单位	存放产品
客户仓库	800	4800	500 000	经济童车、舒适童车、豪华童车

3. 商贸企业(供应商)仓库情况

供应商租用一个仓库用于存放产品，表2-5给出了商贸企业供应商仓库基本信息。

表2-5　商贸企业供应商仓库基本情况一览表

仓库类型	仓库面积 (平方米)	仓库容积 (立方米)	仓库总存储 单位	存放产品
供应商仓库	1500	9000	1 000 000	钢管、坐垫、车篷、车轮、包装套件、镀锌管、记忆太空棉坐垫、数控芯片、舒适型童车包装套件、豪华型童车包装套件

4. 服务公司仓库情况

服务公司目前只提供普通仓库租赁或销售，表2-6给出了服务公司仓库基本信息。

表2-6　服务公司仓库基本情况一览表

仓库类型	使用年限 (年)	仓库面积 (平方米)	仓库容积 (立方米)	仓库总存储 单位	租金 (万元/月)	售价 (万元)
普通仓库	30	500	3000	300 000	3.00	250.00

任务四　生产规则

一、任务描述

作为以盈利为目的的经济组织，企业在整体生产过程中体现追求经济效益并获取盈利。那么就要求涉及的员工做到熟悉生产规则，合理分配人力、物力、财力资源。

二、知识储备

好佳童车制造厂生产经济型童车、舒适型童车和豪华型童车，在生产过程中，要熟知企业童车物料清单、产品结构、厂房规则、生产设备规则、工艺路线、水电费收费标准等。

在生产的过程中，需要把握以下规则。

1. 童车产品 BOM 资料

(1) 经济型童车 BOM 的基本情况(见表 2-7)

表 2-7　经济型童车物料清单

结构层次	父项物料	物料编码	物料名称	规格型号	单位	用量	(相对制造企业)备注
0		P0001	经济型童车		辆	1	自产成品
1	P0001	M0001	经济型童车车架		个	1	自产半成品
1	P0001	B0005	车篷	HJ72*32*40	个	1	外购原材料
1	P0001	B0006	车轮	HJΦ 外 125/Φ 内 60mm	个	4	外购原材料
1	P0001	B0007	经济型童车包装套件	HJTB100	套	1	外购原材料
2	M0001	B0001	钢管	Φ外16/Φ内 11/L5000mm	根	2	外购原材料
2	M0001	B0003	坐垫	HJM500	个	1	外购原材料

经济型童车的产品结构如图 2-1 所示。

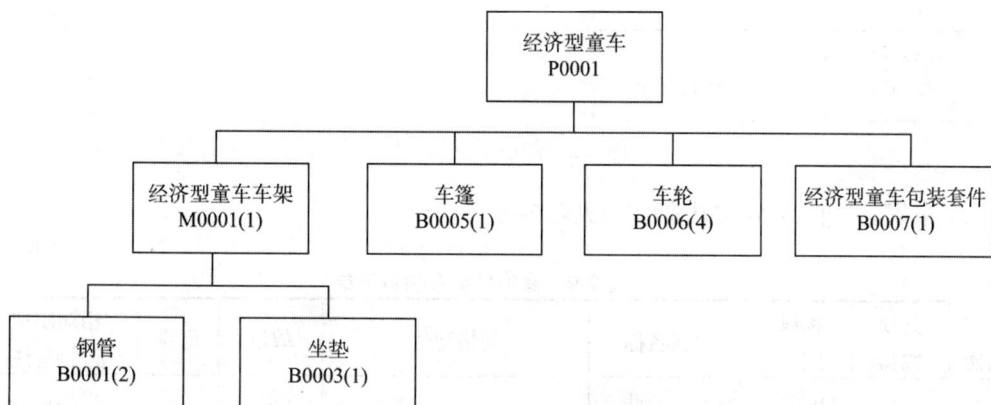

图 2-1　经济型童车产品结构

(2) 舒适型童车 BOM 的基本情况(见表 2-8)

表 2-8　舒适型童车物料清单

结构层次	父项物料	物料编码	物料名称	规格型号	单位	用量	(相对制造企业)备注
0		P0002	舒适型童车		辆	1	自产成品
1	P0002	M0002	舒适型童车车架		个	1	自产半成品
1	P0002	B0005	车篷	HJ72*32*40	个	1	外购原材料
1	P0002	B0006	车轮	HJΦ外 125/Φ内 60mm	个	4	外购原材料

(续表)

结构层次	父项物料	物料编码	物料名称	规格型号	单位	用量	(相对制造企业)备注
1	P0002	B0007	舒适型童车包装套件	HJTB100	套	1	外购原材料
2	M0002	B0002	镀锌管	Φ外16/Φ内11/L5000mm	根	2	外购原材料
2	M0002	B0003	坐垫	HJM500	个	1	外购原材料

舒适型童车的产品结构如图 2-2 所示。

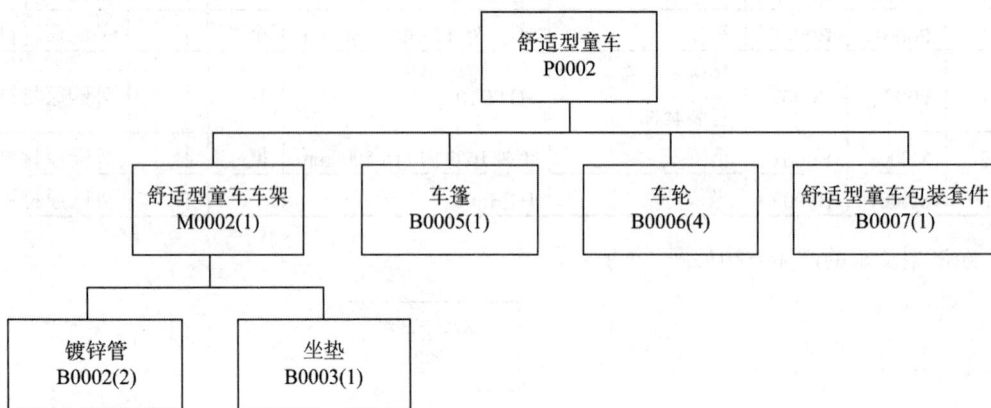

图 2-2　舒适型童车产品结构

(3) 豪华型童车 BOM 的基本情况(见表 2-9)

表 2-9　豪华型童车物料清单

结构层次	父项物料	物料编码	物料名称	规格型号	单位	用量	(相对制造企业)备注
0		P0003	豪华型童车		辆	1	自产成品
1	P0003	M0003	豪华型童车车架		个	1	自产半成品
1	P0003	B0005	车篷	HJ72*32*40	个	1	外购原材料
1	P0003	B0006	车轮	HJΦ外125/Φ内60mm	个	4	外购原材料
1	P0003	B0008	数控芯片	MCX3154A	片	1	外购原材料
1	P0002	B0010	豪华型童车包装套件	HJTB300	套	1	外购原材料
2	M0003	B0002	镀锌管	Φ外16/Φ内11/L5000mm	根	2	外购原材料
2	M0003	B0004	记忆太空棉坐垫	HJM600	个	1	外购原材料

豪华型童车的产品结构如图 2-3 所示。

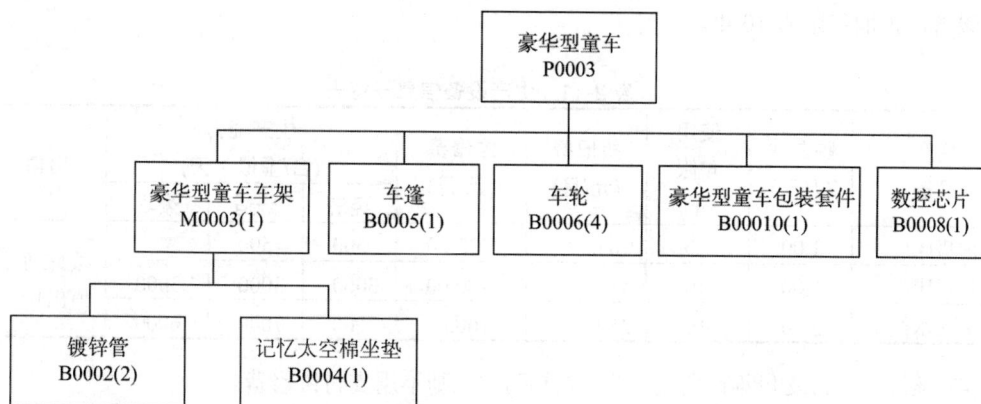

图 2-3 豪华型童车产品结构

2. 厂房规则

目前企业拥有的厂房有大、小两种类型，表 2-10 给出了厂房的基本信息。

表 2-10 厂房信息一览表

厂房 类型	使用年限 (年)	厂房面积 (平方米)	厂房容积 (立方米)	租金 (万元/月)	售价(万元)	容量
小厂房	30	800	4800	4.80	120.00	12 台机床位
大厂房	30	1000	6000	6.00	210.00	20 台机床位

(1) 制造企业现有大厂房一座。自有大厂房在经营期间不得出售。

(2) 根据产能需要以及企业自身发展需要，可以购买、租赁厂房。服务公司目前只提供小厂房供租赁或销售。厂房实际租用价格和销售价格，需要与服务公司洽谈；如果经营期间所需超出实际厂房容量，则需要联系服务公司进行厂房租赁。

(3) 厂房购买当期不计提折旧，从下月开始计提。

(4) 童车制造企业所需的组装生产线一般占用 4 个机床位。普通机床占用 1 个机床位，数控机床占用 1 个机床位。

3. 生产设备规则

根据企业的生产经营状况，企业的生产设备可以随时购买。企业生产设备分机床和组装流水线两类。机床能生产各种类型的车架，组装流水线能组装各种类型的童车。表 2-11 所示为生产设备的基本信息。

(1) 设备购买后，需要经过 1 个虚拟日的购买提前期和安装调试期后才可正式投入生产。假设实训中一个月有 3 个虚拟日期：1 月 6 日、1 月 13 日和 1 月 30 日，那么 1 月 6 日购买设备，1 月 13 日即可派工，1 月 30 日即可完工入库。

(2) 普通机床不能生产豪华型车架。

(3) 折旧：生产设备按月计提折旧，企业所得税法规定：火车、轮船、机器、机械和其他生产设备，折旧年限为 10 年。

表 2-11　生产设备信息一览表

生产设备	购置费(万元)	使用年限(年)	折旧费(元/月)	维修费(元/月)	生产能力(台/虚拟 1 天)			出售
					经济	舒适	豪华	
普通机床	1.00	10	83.33	33.00	500	500		按账面价值出售
数控机床	5.00	10	416.67	180.00	3000	3000	3000	
组装流水线	3.00	10	250.00	100.00	7000	7000	6000	

(4) 维修：按月支付维修费用，当月(首月)购入则不用支付维修费。

(5) 派工时，一条生产线一次只允许生产一个品种的产品。假如给一条组装流水线上安排生产 5000 台经济型童车，剩下的 2000 台产能不能用于生产舒适型童车与豪华型童车。必须等该资源产能全部释放后才允许安排不同种类的产品生产。

4. 设备所需生产工人(见表 2-12)

表 2-12　产品上线生产人员需求表

设备	人员级别	要求人员配备数量
普通机床	初级	2
数控机床	高级	2
组装流水线	初级	5
	中级	15

5. 工艺路线

工艺路线是指企业各项自制件的加工顺序和在各个工序中的标准工时定额情况，也称为加工路线，是一种计划管理文件，主要用来进行工序排产和车间成本统计，如表 2-13 所示。

表 2-13　工艺路线一览表

工序	部门	工序描述	工作中心	加工工时
10	生产计划部—机加车间	车架加工	普通(或数控)机床	虚拟 1 天
20	生产计划部—组装车间	组装	组装生产线	虚拟 1 天

(1) 购买生产许可

制造业初始默认的生产许可为经济型童车，随着企业运营的提高，需要生产舒适型或豪华型童车，该企业则在服务公司购置相应的生产技术成果，代表企业已完成新产品的研发，可以立即开工生产。许可证类型及价格如表 2-14 所示。

表 2-14　许可证类型及价格一览表

许可证类型	价格(元)
舒适型	10 000.00
豪华型	20 000.00

(2) 水电费收费标准

在每月结束前，各企业需前往服务公司交纳上月水电费。服务公司需要在月末前对未缴纳该项费用的企业进行催收。

对于制造企业，按其上月生产情况收取。生产一个车架的平均用电量为 3 度，组装一辆童车平均用电量为 2 度。工业用电为 1.50 元/度。每生产 5000 个车架平均用水量为 30 立方米，水价为 3.00 元/立方米。

按每月实际完工入库数量计算，请在每月结账前(通常为 28、29 号)，前往服务公司交纳上月水电费。

对于商贸企业，按其月末的仓库情况收取。

① 每个仓库(假设 2000 平方米)每月 5000 度电。工业用电为 1.50 元/度。
② 每个仓库每月用水 500 立方米，水价为 3.00 元/立方米。

任务五　人力资源规则

一、任务描述

人力资源指一定时期内组织中的人所拥有的能够被企业所用且对价值创造起贡献作用的教育、能力、技能、经验、体力等的总称。企业资源包括人力资源、物力资源、财力资源、信息资源、时间资源等。其中人力资源是一切资源中最宝贵的资源，是第一资源，熟悉人力资源规则至关重要。

二、知识储备

好佳童车制造厂作为独立的经营团体，人力资源在企业生产经营活动中起重要作用。具体包括人员招聘、职工薪酬、考勤管理等，都要在遵循人力资源规则下做出正确、科学、合理的安排。

在人力资源管理的过程中，需要把握以下规则。

1. 人员招聘

企业需求人才时，可以向人力资源提出人才需求信息，由人力资源推荐合适人员，企业择优录用。不同类别人员的招聘提前期不同，招聘费用及招聘提前期如表 2-15 所示。无论何种类别的人员，试用期内无奖金，试用期工资为基本工资的 80%。表 2-15 给出了人员招聘的基本信息。

表 2-15　人员招聘信息一览表

人员类别	招聘费用(元/人)	试用期(月)	基本工资(元)
部门经理	5000.00	3	6000.00
职能管理人员	1000.00	3	4000.00
初级生产工人	500.00	3	1600.00

(续表)

人员类别	招聘费用(元/人)	试用期(月)	基本工资(元)
中级生产工人	700.00	3	2000.00
高级生产工人	900.00	3	2500.00

注：招聘实际费用可在标准的基础上有上下20%的浮动(由服务公司收取)

2. 职工薪酬

1) 职工薪酬的构成

职工薪酬是指企业为获得职工提供的服务而给予各种形式的报酬以及其他相关的支出。在企业管理全景仿真中，职工薪酬主要由以下几个部分构成：

(1) 职工工资、奖金；

(2) 医疗保险费、养老保险费、失业保险费、工伤保险费和生育保险费等社会保险费；住房公积金；

(3) 因解除与职工的劳动关系给予的补偿，即辞退福利。

2) 职工薪酬的计算及发放

(1) 企业人员的薪酬组成

企业人员的薪酬公式如下：

年度总薪酬=月基本工资×12+季度绩效奖金×4+企业应缴福利

企业应缴福利是根据北京市社保局相关规定，在个人自主缴付福利之外，企业为员工缴付的五险一金福利，包括养老保险、医疗保险、失业保险、工伤保险、生育保险和住房公积金。职工实际领取的薪酬是在扣除个人自主缴付福利和个人所得税之后的实际金额。表 2-16 给出了制造企业的基本工资标准，表 2-17 给出了商贸企业的基本工资标准。

职工每月实际领取的工资=月基本工资+季度绩效奖金-缺勤扣款-个人应缴五险一金-个人所得税

缺勤扣款=缺勤天数×(月基本工资/当月全勤工作日数)

表 2-16 制造企业基本工资标准

人员类别	月基本工资(元/月)
总经理	10 000.00
部门经理	6000.00
职能管理人员	4000.00
营销部员工	2500.00
初级/中级/高级生产工人	1600.00

表 2-17 商贸企业基本工资标准

人员类别	月基本工资(元/月)
总经理	10 000.00
行政/业务主管	6000.00

(2) 五险一金

五险一金缴费基数及比例各地区操作细则不一，本实训环节中的社会保险、住房公积金规则参照北京市有关政策规定设计并进行略微调整。

社保中心职能包含：社保缴纳与住房公积金管理双向职能。五险一金缴费基数于每年 3 月核定，核定后的职工月工资额即为缴纳基数，如表 2-18 所示。

表 2-18　五险一金缴费比例

分类	养老	失业	工伤	生育	医疗		住房公积金
					基本医疗	大额互助	
单位	20%	1.5%	0.5%	0.8%	9%	1%	10%
个人	8%	0.5%	0	0	2%	3.00 元	10%

注：单位养老保险缴费 20%，其中，17%划入统筹基金，3%划入个人账户。实训中试用期员工五险一金基数按照转正工资缴纳

(3) 个人所得税

个人所得税计算采用 2011 年 9 月 1 日起开始执行的 7 级超额累进税率。表 2-19 给出了工资、薪金所得适用个人所得税税率。

个人所得税计算方式为：个人所得税=全月应纳税所得额×税率-速算扣除数

全月应纳税所得额=应发工资-3500.00

表 2-19　工资、薪金所得适用个人所得税税率

级数	全月应纳税所得额	税率(%)	速算扣除数(元)
1	不超过 1500.00 元	3	0
2	超过 1500.00 元至 4500.00 元	10	105.00
3	超过 4500.00 元至 9000.00 元	20	555.00
4	超过 9000.00 元至 35 000.00 元	25	1005.00
5	超过 35 000.00 元至 55 000.00 元	30	2755.00
6	超过 55 000.00 元至 80 000.00 元	35	5505.00
7	超过 80 000.00 元	45	13 505.00

(4) 辞退福利

企业辞退员工需支付辞退福利，辞退福利为三个月基本工资，辞退当季无绩效奖金。辞退当月的薪酬为：

辞退当月薪酬=实际工作日数×(月基本工资/当月全勤工作日数)+辞退福利

3. 考勤管理

考勤规则：每天工作开始后，学员必须登录 VBSE 系统单击"考勤"按钮进行考勤签到。

VBSE 实习中实行月度考勤，但因每月只设计 3～5 个虚拟工作日，所以在进行考勤统计时依照下列规则计算：

员工出勤天数=当月虚拟工作日出勤天数/当月虚拟工作日总天数×21.75

员工缺勤天数=21.75-员工出勤天数

考勤周期实行月度考勤,考勤周期为本月 28 日至次月 27 日。

4. 人力资源附加规则(参考)

1) 自 2012 年 1 月开始,制造企业实行调薪后的薪资标准(企业也可根据实际情况自行设计),如表 2-20 所示。

表 2-20 制造企业的基本工资标准

人员类别	月基本工资(元/月)
总经理	10 000.00
部门经理	6000.00
职能管理人员	4000.00
营销部员工	2500.00
初级生产工人	1600.00
中级生产工人	2000.00
高级生产工人	2500.00

2) 奖金与绩效考核比例(企业也可根据实际情况自行设计),如表 2-21 所示。

表 2-21 制造企业绩效

人员类别	季度绩效奖金
生产工人	按 1 元/辆计件提成
营销部人员	上季度销售总额×3‰×绩效分配比例
除营销部之外的其他职能部门人员	上季度企业净利润/15×5%×绩效考评结果

所有人员(除工人外)在每个季度根据公司业务和经营目标制定个人绩效目标,季度末对个人绩效进行自评。部门经理、人力资源部和总经理共同评定并确定个人最终绩效,得出绩效考评结果,最终绩效考评结果按绩效排名强制分布为 A、B、C、D 四级。

个人绩效考评结果与季度绩效奖金挂钩,表 2-22 给出了部门经理(除营销部经理)及职能管理人员的绩效考评结果与绩效奖金的应用关系。

表 2-22 制造企业绩效结果与奖金系数

绩效结果	强制分布比例	奖金系数	奖金
A(优秀)	20%(3)	1.1	上季度企业净利润×5%/15×1.1
B(中等)	70%(10)	1	上季度企业净利润×5%/15×1
C(合格)	10%(2)	0.9	上季度企业净利润×5%/15×0.9
D(不合格)			建议辞退

营销部经理的绩效奖金为营销部季度绩效奖金的20%，市场专员和销售员绩效奖金为营销部季度绩效奖金的40%。表2-23给出了商贸企业绩效信息。

表2-23 商贸企业绩效

人员分类	季度绩效奖金(元)
总经理	10 000.00
行政/业务主管	6000.00

季度奖金实际发放金额与个人业绩考核评定结果挂钩，业绩考核采取百分制，业绩评定85分及以上者发放全额季度绩效奖金，低于85分的发放季度绩效奖金的80%。

注：总经理绩效得分为企业员工得分的平均数

例如，在核算职工薪酬时，某职工工资在扣除免税项目(包括五险一金、缺勤扣款等)后金额为8500.00元，则此人应缴纳多少个人所得税？

(8500.00 − 3500.00) = 5000.00元(从表2-23可看出其适用20%的税率)

则 5000.00×20%−555.00(速算扣除数)＝445.00元

即应交445.00元的个人所得税。

3) 各类假期薪资发放规则。

(1) 迟到、早退每次扣款20.00元。

(2) 旷工1日，扣3日工资。

(3) 事假为非带薪假期，扣发全部日工资。

(4) 病假发放该日工资的50%。

(5) 婚假、丧假、产假、计划生育假、年休假为有薪假期，发放全额日工资。

VBSE实训中对实际业务进行了抽象，一个实际工作日完成一个月的工作内容，每月工作任务集中在3个虚拟工作日完成。

计算出勤天数时，学员因病、事休假一个实际工作日的按3个工作日计算，休假类型按照实际情况确定。

如：学员A因病没有参加当天的课程，则他的实际出勤天数=当月应出勤天数-3天，休假类型为病假。其中应出勤天数为当月实际工作日天数。

迟到、早退按照实际情况计算，每次罚款30.00元。考勤扣款从当月工资中扣除。

任务六　财务规则

一、任务描述

财务规则是指导企业组织财务活动和处理财务关系的行为规范，为进一步加强公司的财务工作，发挥财务在公司经营管理和提高经济效益中的作用，熟悉财务规则至关重要。

二、知识储备

财务业务规则主要包括会计核算制度、会计管理制度，预算管理方法、筹资规则、投资规则、账簿设置与会计核算程序等方面的主要规则，各企业必须按照相应的规则中制定的各项内容组织会计核算，进行会计管理。

在财务核算的过程中，需要把握以下规则。

1. 筹资规则

(1) 筹资

筹资是通过一定渠道、采取适当方式筹措资金的财务活动，是财务管理的首要环节。筹资等同于资金筹集，是指企业通过各种方式和法定程序，从不同的资金渠道，筹措所需资金的全过程。无论其筹资的来源和方式如何，其取得途径不外乎两种：一种是接受投资者投入的资金，即企业的资本金；另一种是向债权人借入的资金，即企业的负债。筹资方式信息如表 2-24 所示。

表 2-24　筹资方式信息一览表

筹资方式	融资手段	贷款利率	贷款限额	贷款期限	还款约定
银行抵押贷款	长期贷款	8%	按抵押物评估价值的 30%～70%	按年，最长 5 年，最短 2 年	每季付息，到期还本

(2) 存款

银行存款是指企业存放在银行的货币资金。按照国家现金管理和结算制度的规定，每个企业都要在银行开立账户，称为结算户存款，用来办理存款、取款和转账结算。存款种类与期限如表 2-25 所示。

表 2-25　存款种类、期限与利率

种类与期限	活期存款	定期存款			
		三个月	半年期	一年	三年
年利率(%)	0.5	3.1	3.3	3.5	5

2. 税务规则

企业从事生产经营活动，涉及国家或地方多个税种，包括企业所得税、增值税、城市维护建设税、教育费及附加、个人所得税等。

按照国家税法规定的税率和起征金额进行税额的计算，企业所得税按照利润总额的 25% 缴纳，增值税税率为 17%，城市维护建设税为增值税税额的 7%，教育费及附加为增值税税额的 3%。个人所得税按照 7 级累进税率，免征额为月收入 3500.00 元。

3. 核算规则

1) 存货计价

存货核算按照实际成本核算,原材料计价采用实际成本计价,材料采购按照实际采购价入账,材料发出按照全月一次加权平均计算材料成本。

全月一次加权平均相关计算如下:

材料平均单价=(期初库存数量×库存单价+本月实际采购入库金额)/
(期初库存数量+本月实际入库数量)
材料发出成本=本月发出材料数量×材料平均单价

2) 固定资产取得方式及折旧

固定资产可以按照购买的方式取得。固定资产购买当月不计提折旧,从次月开始计提折旧,出售当期照提折旧。固定资产折旧信息如表 2-26 所示。

表 2-26 固定资产折旧相关信息一览表

固定资产名称	原值(元)	残值(元)	预计使用时间(年)	折旧(元/季度)	折旧(元/月)
办公大楼	6 000 000.00		40	37 500.00	12 500.00
笔记本电脑	8000.00		4	500.00	166.67
台式电脑	5000.00	200.00	4	300.00	100.00
打印复印机	20 000.00		5	1000.00	333.33
仓库	1 000 000.00		10	25 000.00	8333.33
大厂房	2 100 000.00		30	17 499.99	5833.33
普通机床	10 000.00		10	250.00	83.33
组装生产线	30 000.00		10	750.00	250.00

3) 制造费用的归集及分配

为生产管理部门发生的费用以及生产过程中各车间共同的间接费用计入制造费用。制造费用按照费用发生车间设置明细科目—机加车间/组装车间。机加车间发生的费用,如工人工资、机加车间设备折旧及维修等能够明确确认为机加车间发生的费用计入制造费用—机加车间。同样,组装车间的费用计入制造费用—组装车间。生产计划部管理人员的工资、使用的设备折旧、报销的办公费等计入"管理费用"。厂房折旧计入制造费用,并按照各类设备占用厂房空间比例进行分配。

4) 成本计算规则

产品成本分为原材料成本、人工成本和制造费用结转。制造费用中车间的费用直接计入该车间生产的产品成本,如果该车间有两个及以上产品生产,则按照该产品生产工时进行分配车间制造费用。在产品只计算材料费用,不计算制造费用和人工费用。即:

结转当期生产成本的金额=期初生产成本(直接材料)+本期归集的直接材料+本期归集的直接人工+本期归集的制造费用-期末在产品生产成本(直接材料)

(1) 成本归集

原材料成本归集按照材料出库单的发出数量*平均单价,人工成本为当月计算的生产部门的人员工资,包括生产管理人员和生产工人。

(2) 半成品核算

车架为半成品，车架核算的范围为车架原材料、生产车架发生的人工费、制造费，以及分摊的相关生产制造费用。

(3) 产品之间费用分配

如果同一车间生产不同产品，则以各产品数量为权重，分配该车间的直接制造费用和结转的间接制造费用。

5) 坏账损失

生产制造公司采用备抵法核算坏账损失。坏账准备按年提取，按照年末应收账款的 3%提取。超过一年未收回的坏账，确认为坏账损失。已经确认为坏账损失的应收账款，并不表明公司放弃收款的权利。如果未来某一时期收回已作坏账的应收账款，应该及时恢复债权并按照正常收回欠款进行会计核算。

6) 利润分配

公司实现利润，应当按照法定程序进行利润分配。根据公司章程规定，按照本年净利润的10%提取法定盈余公积金，根据董事会决议，提取任意盈余公积金，按照公司制定的股利政策(按照净利润总额的 20%分配股利)，向股东分配股利。每年年末做一次利润分配。

4. 费用报销规则

公司发生的费用主要有：办公费、差旅费、广告费、市场开拓费、招聘费、培训费、仓储费、招待费等费用。其中办公费按照标准每月报销，其他费用，依据实际发生，在预算范围内报销，超过预算的，需要总经理批准。

日常费用(办公费、差旅费、招聘费)在预算范围内，经部门经理和财务经理审批后，财务部做支出处理。超过预算范围的，需要总经理审批。其他费用(广告费、市场开拓费、培训费、仓储费、招待费)，在预算范围内并在 1 万元以下的，部门经理和财务经理审批，否则(1 万元以上或者超过预算范围的)，需要总经理审批。

5. 票据使用规则

(1) 出售支票规则

财务仿真实习中各个企业使用的支票，由银行制作并收取工本费，使用者必须到银行购买使用。任何企业和个人不得自制支票。银行出售的支票，按张出售，每张 20.00 元。

注意:

课程环境为虚拟商业社会环境，模拟的价格与实际商业社会环境存在偏差。

(2) 领购发票规则

纳税人购买发票时，需交纳发票的工本费。普通发票 10.00 元/张，增值税专用发票 30.00元/张，服务业发票 10.00 元/张(实际价格可由税务局模拟定义)。

6. 会计核算附加规则(参考)

(1) 结算方式

企业可以采用现金结算、转账结算和电汇几种结算方式。原则上，日常经济活动中，低于

2000.00 元的可以使用现金，超过 2000.00 元的一般使用转账支票结算(差旅费或支付给个人业务除外)。

银行支票分为现金支票和转账支票。现金支票用于提取现金，转账支票用于同一票据交换区内的结算。

(2) 办公费用报销标准(见表 2-27)

表 2-27　办公费用报销标准

人员类别	报销标准(元/月)
CEO	1000.00
部门经理	500.00
职能部门管理人员	300.00
生产工人	60.00

模块二

虚拟商业社会环境之实战演练

项目一　团队组建

项目概述：

对于任何企业来说，团队都非常重要。而对于刚刚成立的企业来说，拉起一支队伍、组建一个团队，更是重中之重。本项目是虚拟商业社会环境实战演练的开始篇，学员将会陆续了解我是什么角色？我的使命是什么？我的工作重点是什么？

任务一　实习动员

一、任务描述

仿真实习开始之前，由指导教师对全体学员做实习动员。包括实习目的、内容、时间安排、要求、介绍企业业务及岗位工作职责等。通过实习动员，使学员理解本次实训的目的及意义，明确实训的要求及工作规范等。

二、情景导入

好佳童车制造厂创建近两年，主打产品是童车。产值年约 3000.00 万元，随着市场竞争的日趋激烈，为求生存和发展，董事会要求后期 5 个季度内实现收入翻倍增长。换届选任，招贤纳士中……

大家做好应聘的准备了吗？

三、知识储备

进行团队组建前，让我们一起先来了解 VBSE 的各岗位职责是什么，如表 3-1 所示。

表 3-1　VBSE 岗位职责介绍

企业类型	岗位名称	岗位职责描述
制造业	总经理	组织制定公司总体战略与年度经营规划；建立健全公司的管理体系与组织结构；组织制定公司基本管理制度；主持公司的日常经营管理工作；对公司经营管理目标负责；主持召开企业重大决策会议；各职能部门经理的任免
	行政助理	对各类文档进行分类整理并归档；对企业购销合同进行管理；招投标管理；负责总经理日常行程安排、协助起草报告、组织会议及其他办公服务工作；公司证照的办理、年审、更换、作废等，公司印章保管、使用管理；企业资产管理；负责召集公司办公会议，做好会议记录；接待内外部来访
	财务部经理	编制公司财务管理制度；编制公司财务预算；日常财务审批；企业资金筹集及资金计划；财务分析；凭证审核；日常费用报销；编制财务报表
	出纳	现金收付、盘点；办理银行业务；登记日记账；季末银行对账；编制资金报表；去税务局报税；销售收款及开票；会计档案管理
	成本会计	制定产品成本核算制度；收集成本核算资料；制定各种成本费用定额；各种费用分配；产品成本计算；产品成本分析；编制产品成本报表；材料成本账登记；季末库存盘点及对账
	财务会计	建立账簿；日常费用报销；编制科目余额表；填制纳税申报表；配合会计师事务所进行年审；凭证填制；固定资产购置及折旧；季末结账
	采购员	根据生产计划和安全库存，编制物料采购计划；询价、议价，与供应商接触并谈判；起草并签订采购合同；根据计划下达采购订单；协助仓储部办理采购货物的入库；跟踪采购订单执行情况；负责建立供应商档案并及时更新
	采购部经理	制订采购计划，保证满足经营活动的需要；供应商开发、评估与管理；采购物流、资金流、信息流的管理；制定、审核、签署与监督执行采购合同；控制采购成本和费用；日常费用报销
	仓管员	填写物料出入库单据，办理物料出入库手续；填写物料卡；负责原料的质检，出具质检报告；办理销售出库；仓库盘点；监控库存变化、及时补充库存
	仓储部经理	年度计划与预算；记录材料收发，做好物料存放管理和出入库管理；核定和掌握物料的储备定额，保证仓库的合理使用；编制库存报表，发各部门参考与财务对账；盘点及盘盈盘亏处理；对账；库存分析
	人力资源助理	收集各部门人员需求信息；参加招聘会，初试应聘人员；执行并完善员工入职、转正、离职、辞退手续；组织新员工培训、在职人员培训；统计考勤，计算员工薪酬和奖金；维护员工信息管理职工档案

（续表）

企业类型	岗位名称	岗位职责描述
制造业	人力资源部经理	制定年度人力资源规划与预算；制定部门工作目标和计划；制定公司的招聘、培训、薪酬评价、员工档案管理等制度并组织实施；进行工作分析、岗位说明书与定岗定编工作；参与招聘，核定聘约人员；核定人员工资和奖金；负责干部培训及绩效考核；负责处理各种与劳动合同相关的事宜
	车间管理员	生产领料；生产加工；成品完工入库管理；生产统计；设备维修管理；日常费用报销
	生产计划部经理	制订新年度经营计划；生产能力建设；产品研发管理；生产过程管理；生产派工；审核各项业务计划；日常费用报销
	生产计划员	编制主生产计划；编制物料需求计划；原料质检；人员、设备需求；厂房、设备购买/出售申请；日常费用报销
	销售专员	执行销售计划；销售接单，签订销售合同；客户联系及管理；应收账款管理，跟催货款；销售发货管理；跟踪销售订单执行
	营销部经理	制定全年销售目标和销售计划；销售制度的制定及考核、费用的预算；营销策划、销售运作与管理、进度控制；重要销售谈判、销售订单汇总；管理日常销售业务，控制销售活动；客户关系管理
	市场专员	搜集相关行业政策信息，市场预测；配合制订企业年度经营计划和销售计划，公司市场开发、推广及潜在客户的挖掘分析；竞争对手、竞争产品、竞争策略信息的收集分析；市场趋势和市场潜力分析；相关资料统计、分析
供应商	供应商总经理	编制公司财务预算、进行财务分析、处理日常财务工作、编制财务报表、保管会计资料
	供应商行政主管	负责仓储、人力资源及企业现金管理，验收入库管理、储存保管、出库配送管理、物料盘点、库存控制；人力资源管理：缴纳社会保险、公积金、核算工资、劳动关系管理；财务工作：现金收付、银行结算等，保管库存现金
	供应商业务主管	负责采购及销售岗位的业务。采购岗位的主要任务是与虚拟市场签订原材料的采购订单、采购入库等；销售岗位的主要任务是与制造企业签订购销合同、确认制造企业的采购订单、销售发货等
客户	客户总经理	编制公司财务预算、进行财务分析、处理日常财务工作、编制财务报表、保管会计资料
	客户行政主管	在本课程中，行政主管负责仓储、人力资源及企业现金管理。仓储管理：包括验收入库管理、储存保管、出库配送管理、物料盘点、库存控制；人力资源管理：缴纳社会保险、公积金、核算工资、劳动关系管理；财务工作：现金收付、银行结算等有关账务，保管库存现金
	客户业务主管	负责采购及销售岗位的业务。采购岗位的主要任务是制订采购计划、与制造企业签订购销合同、确认制造企业的销售订单、采购入库等；销售岗位的主要任务是负责虚拟市场的开拓、签订销售订单、销售发货等

企业类型	岗位名称	岗位职责描述
物流	物流总经理	处理日常财务工作、保管会计资料，制订计划与流程管理，物流网络体系建设，物流承运商管理，仓储管理，销售与市场支持
	物流业务员	物流业务的管理、协调，物流资源的整合，业务范畴内的市场开发工作，业务的洽谈、签约和风险控制，商务合同的制定，运输管理，车辆管理
	物流仓储经理	物流公司仓储租赁业务，日常出入库业务，填写货物出入库单据，办理货物出入库手续；填写货物卡；负责货物的质检，出具质检报告；办理出库；仓库盘点；监控库存变化、及时补充库存
招投标	招投标总经理	负责拟定并完善招投标管理办法及招投标工作流程，负责采购项目的招投标工作，根据计划安排招标时间，编写招标文件、整理投标单位资料、发放招标文件、组织考察、询标、编写《评标结果报告》、发放中标通知书
会计师事务所	项目经理	能够独立完成童车制造业的常规审计工作项目管控，例如：内部审计，财务报表审计，代理记账业务承接的洽谈与审核等，并有能力进行有效的风险评估，及时确认问题并提出解决方案；有效管理审计团队
	审计师	熟知公司法、审计准则、会计制度、税收法规、地方规定和审计准则，具有注册会计师执业资格。制订审计计划、项目方案、复核工作底稿、汇总审计差异并进行审计调整、出具审计报告等，代理记账业务中重点偏向报税、缴税、报表分析等；并且需要具有良好的写作技能，草拟重要文件，包括客户交换意见书、管理建议书等
	审计助理员	完成项目组分配的所有工作，包括被审计制造企业原始凭证的收集，调研访谈笔录，审计报告底稿整理；审计意见附表准备，代理记账业务处理；具有良好的写作技能，能够有效草拟重要文件，包括客户交换意见书、管理建议书等
国贸进出口	国贸总经理	组织开展企业内部会议；了解外贸术语；凭单业务审核；审核发货单；审核入库通知单；审核入库单；审核支票；审核借款单；支付现金；在销售合同上签字、盖章；寄给进口商；审核商业发票；审核装箱单；审核订舱委托书；审核送货通知单；审核出库单；分发采购计划；审核合同；合同盖章
	国贸进出口经理	了解外贸术语；填写支出凭单；填写支票；登记支票登记簿；选中目标客户；向进口商发建交函；进口商询盘；出口报价核算；起草发盘函；发盘；还盘、再还盘、接受；双方接受合同条款；填写销售合同会签单；审批销售合同；寄给进口商；依合同明确开证时间和种类；催开信用证；买方申请开证；登记库存台账；委托报检行申报检验；获得检验证书可以报关等
	国贸内陆业务经理	了解外贸术语；接到制造业的发货单；填写入库通知单；向物流公司下达入库通知单；接到物流公司的入库单(国贸联)；登记库存台账；填写支出凭单；填写支票；登记支票登记簿；填写借款单；编制采购计划；合同会签

企业类型	岗位名称	岗位职责描述
连锁	连锁总经理	组织开展企业内部会议；货物验收；填写采购入库单、货物卡；业务审核；督促、归集、核对上缴营业款；登记门店核算明细表；审核补货申请、分类补货申请；审核配送方案；审核给物流公司的送货通知；填写配送出库单；办理出库；运单签字；填制仓储中心补货申请等
	连锁仓储经理	审核借款单；核对发货单、发票及实物；审核采购入库单；登记采购合同执行情况表；登记库存台账；填写支出凭单；填写支票；登记支票登记簿；审核采购入库单；登记采购合同执行情况表；登记库存台账；接收补货申请单；请货分析；制定配货方案；将配送方案转化为配送通知单；审核、下达配送通知单；仓储中心接收并确认配送通知单；仓储中心备货；将配送方案转化为送货通知单；下达送货通知单；仓储中心备货；审核配送出库单；通知门店；审核仓储中心补货申请表；分发采购计划；购销合同会签；审核退货入库单；进行盘点；审核盘点表；分析、审核盘盈亏报告表；支付代理记账款
	连锁东单店长	填写借款单；清点、检验运输货物；运单签字；填写补货入库单；审核补货入库单；办理入库；填写货物卡；登记库存台账；收款；开小票；开发票；整理商品陈列；核对现金、小票和商品；登记销售日报表；上缴营业款；报送销售日报表和销售流水小票；填制补货申请单；审核补货申请单；提交补货申请单；提供库存信息；接收并确认配送通知单；发现并确认残次商品；填写退货出库单；进行盘点；审核盘点表；分析、审核盘盈亏报告表
	连锁安贞店长	填写借款单；清点、检验运输货物；运单签字；填写补货入库单；审核补货入库单；办理入库；填写货物卡；登记库存台账；收款；开小票；开发票；整理商品陈列；核对现金、小票和商品；登记销售日报表；上缴营业款；报送销售日报表和销售流水小票；填制补货申请单；审核补货申请单；提交补货申请单；提供库存信息；接收并确认配送通知单；发现并确认残次商品；填写退货出库单；进行盘点；审核盘点表；分析、审核盘盈亏报告表
银行	银行柜员	银行开户、银行转账、代发工资、委托收款业务、银行信贷、出售银行票据、档案管理。国际结算，与信用证进行检查核对；代(开证行)支付货款；提供结汇水单
服务公司	服务公司业务员	服务公司主要是为各组织顺利完成生产经营活动提供必要的服务，其主要职能包括人力推荐、人才培训、广告服务、市场开发、认证管理、产品研发、代买火车票和机票、办公用品经销、厂房仓库租赁与销售、生产设备销售与回购等
进出口服务中心	检验检疫局办事员	接受报检；实施检验；检验合格；发检验证书
	外汇局办事员	在核销单上加盖印章；发放核销单；在核销单(正本联和退税联)上加盖公章和签订日期；退还核销单退税联给出口方

(续表)

企业类型	岗位名称	岗位职责描述
海关总署	海关专员	接收申报；审核单证；查验货物；征税；结关放行
税务局	税务专管员	及时了解国家、地方的财税新政策，承办有关税务方面事务工作：税务稽查、纳税申报、纳税辅导、税务登记、发票领购、纳税检查、办税指南、税率税种
工商局	工商局专管员	确认市场主体资格，规范市场主体行为，维护市场经济秩序，保护商品生产者和消费者的合法权益，促进市场经济的健康发展。其职能：受理企业核名、工商注册登记、工商监督、广告、合同和商标管理
社保局	社保公积金专管员	社保局和住房公积金是两个独立的部门，分别开展各自的业务。但是在试训中对业务进行简化处理，在此，社保局和住房公积金管理中心的职能将合并介绍。参保登记。为参保单位、职工和个体进行参保登记，建立、修改参保人员基础资料，建立个人账户、记账。企业多险种社保基金征集、社会保险关系转移、社会保险费征收、档案管理、咨询服务(提供社保相关政策咨询)

四、实施步骤

实习动员是刚刚进行实训的重要基础，学员通过教师引领，能够结合自己的专业有重点性地对岗位设置及岗位职责进行认知，做好应聘准备。全体学员在指导教师的引领下，进行实习动员，如表 3-2 所示。

表 3-2　实习动员

序号	操作步骤	角色	操作内容
1	实习动员	全体学员	1. 了解实习意义、考核评价 2. 认知岗位工作职责

五、线上操作

为了更好地完成实习动员，全体成员需进入 VBSE 系统，进行关于实习动员、认知岗位职责的资料学习。操作步骤如下。

(1) 输入用户名和密码进入系统，如图 3-1 所示。

(2) 进入知识点编码为 004006-2，名称为"实习动员"；知识点编码为 004008-2，名称为"各组织及对应岗位职责详细介绍"的学习，如图 3-2 所示。

图 3-1　输入用户名和密码

知识点编码	知识点名称	知识点说明	教学资源链接
004006-2	实习动员	004006-2.flv　004006-2 ppt.xps　004006-2 doc.xps	

知识点编码	知识点名称	知识点说明	教学资源链接
004008-2	各组织及对应岗位职责详细介绍	004008-2 ppt.xps	

图 3-2　学习相关资料

(3) 依据流程界面所列任务，依次完成任务，如图 3-3 所示。

任务编码	任务名称
CS-COM-01-001	实习动员
CS-COM-01-002	系统操作培训
CS-COM-01-003	了解各组织及对应岗位职责
CS-COM-01-004	综合测评
CS-COM-01-005	创业意愿测评
CS-COM-01-006	创业特质测评
CS-COM-01-007	创业精神测评
CS-COM-01-008	创业知识测评
CS-COM-01-009	创业能力测评
CS-COM-01-010	创业测评结果分析
CS-COM-01-011	CEO候选人竞选演讲
CS-COM-01-012	参加投票选举CEO
CS-COM-01-013	现场招聘团队组建
CS-COM-01-014	自助维护组织与岗位

图 3-3　依次完成任务

六、线下填单

实习动员环节属于线上完成内容，线下无须操作，实训结束后填写当天的"岗位工作日志"即可。关于"岗位工作日志"如何填写，详见"任务五填写工作日志"。

任务二　CEO 候选人竞选

一、任务描述

总经理(CEO)参选名单确定后，教师告知参选人竞选演讲规则，包含演讲顺序、演讲时间等；告知选民选举规则，并要求其在听取完所有总经理(CEO)候选人演讲后在 VBSE 系统的选举界面进行选民投票。

二、情景导入

对于有意要当选 CEO 的同学，一定要先了解 CEO 候选人竞选演讲的规则，有备而战。若自己是候选人，则要准备竞选演讲；若自己不是候选人，则要根据演讲情况酝酿自己准备给哪位候选人投票。

演讲即将开始，你准备好了吗？

三、知识储备

1. CEO 候选人注意事项

竞选演讲时，要在给定的时间内向投票人推销自己，证明自己是最适合岗位要求的，它有相对确定的思路。

(1) 开门见山讲自己所竞聘的职务和竞聘的缘由。

(2) 简洁地介绍自己的情况：年龄、学历、工作经历、现任职务等一些自然情况。

(3) 摆出自己优于他人的竞聘条件，如业务水平、工作能力等。(既要有概括的论述，又要有"降人"的论据。比如，讲自己的业务能力时，可用一些获得的成果和业绩来证明。)

(4) 提出假设自己任职后的工作思路。(这一步是重点，应该讲得具体翔实，切实可行。)

(5) 用最简洁的话语表明自己的决心和请求。

2. 选民注意事项

要根据演讲情况酝酿自己准备给哪位候选人投票。

(1) 哪位候选人具有领导者的气质。

(2) 哪位候选人对企业经营具有明确的计划。

(3) 哪位候选人具有个人人格魅力、TA 的组织具有吸引力，能够感召自己加入 TA 的团队。

四、实施步骤

VBSE 实训中所有参训学生均有选举权，在听取所有候选人竞聘演讲过后，综合分析各个候选人的特点，依照选举规则进行投票。学员在指导教师的引领下，进行竞选演讲和投票选举，如表 3-3 和表 3-4 所示。

表 3-3　CEO 竞选演讲

序号	操作步骤	角色	操作内容
1	CEO 竞选演讲	学生	1. 了解 CEO 候选人竞选演讲规则 2. 若自己是候选人，则要准备竞选演讲；若自己不是候选人，则要根据演讲情况酝酿自己准备给哪位候选人投票

表 3-4　参加投票选举 CEO

序号	操作步骤	角色	操作内容
1	参加投票 选举 CEO	学生	1. 听取候选人演讲 2. 在 VBSE 系统投票界面投票

五、线上操作

为了更好地完成 CEO 候选人竞选，全体成员需进入 VBSE 系统，进行关于 CEO 竞选演讲、投票选举的资料学习。操作步骤如下。

(1) 输入用户名和密码进入系统，如图 3-4 所示。

(2) 进入知识点编码为 004099-2，名称为"CEO 候选人竞选演讲"；知识点编码为 004100-2，名称为"学生参加投票选举CEO"的学习，如图 3-5 所示。

图 3-4　输入用户名和密码

知识点编码	知识点名称	知识点说明		
004099-2	CEO候选人竞选…		CEO候选人竞选…	业务流程描述–C…
004100-2	学生参加投票选…		业务操作手册一…	业务流程描述–…

图 3-5　学习相关资料

(3) 依据流程界面所列任务，依次完成任务，如图 3-6 所示。

任务编码	任务名称
CS-COM-01-001	实习动员
CS-COM-01-002	系统操作培训
CS-COM-01-003	了解各组织及对应岗位职责
CS-COM-01-004	综合测评
CS-COM-01-005	创业意愿测评
CS-COM-01-006	创业特质测评
CS-COM-01-007	创业精神测评
CS-COM-01-008	创业知识测评
CS-COM-01-009	创业能力测评
CS-COM-01-010	创业测评结果分析
CS-COM-01-011	CEO候选人竞选演讲
CS-COM-01-012	参加投票选举CEO
CS-COM-01-013	现场招聘团队组建
CS-COM-01-014	自助维护组织与岗位

图 3-6　依次完成任务

六、线下填单

CEO 候选人竞选环节属于线上完成内容，线下无须操作。教师将确定的 CEO 人选予以公布，并提示 CEO 委任人力资源总监，开始进行现场招聘。

任务三　现场招聘团队组建

一、任务描述

招聘工作是企业人力资源的重要工作，是企业获得所需人才的主要途径，与企业的各项业务工作开展有着紧密的联系。企业在组织招聘时会依据实际岗位需求确定招聘人员。

二、情景导入

好佳童车厂在确定 CEO 后，CEO 将带领人力资源部经理进行现场招聘，需要在短时间内集中各方力量完成企业团队组建工作。根据岗位设置共需招聘 16 人，组建 7 个部门。

全体成员在线下填写《求职简历》，如图 3-7 所示。(简历没有固定格式，资料仅供参考)

个 人 简 历

姓名		性别		民族		照片
出生日期		籍贯		身体状况		
学历		学制		政治面貌		
毕业学校				专业		
联系方式				家庭住址		
求职意向						
教育背景						
所学课程						
相关证书						
职业技能						
奖励情况						
校内外工作经历						
自我评价						

图 3-7　《求职简历》空白版

三、知识储备

1. 人力资源关注重点及注意事项

1) 面试官关注重点

(1) 应聘者的实际工作能力能否满足岗位要求。

(2) 应聘者的职业发展方向是否与岗位发展路径一致。

(3) 应聘者潜力如何，是否有更高的发展空间。

(4) 应聘者的性格是否与岗位要求吻合，是否能适应公司文化氛围，能否与其直接上级搭配。

(5) 应聘者对公司、岗位的认可程度如何，能否加盟。

2) 面试官注意事项

(1) 面试礼仪：面试官是公司形象的代言人，要做到专业、谦虚、亲和。

(2) 扬长避短：应聘者不乏专家、高管，人力资源不可能对每个领域都见长，在了解专业技能时可以就自己擅长的方面发问。

(3) 随机应变：应聘者性格、能力各异，所以针对口若悬河的应聘者注意适时制止，而对于紧张、内向的应聘者要给予鼓励，把握面试的主动权和节奏。

2. 求职者注意事项

1) 服装仪表

服装要干净、整洁，选择的服装能够适应所应聘的职业岗位的职业要求。

2) 礼貌礼节

(1) 主动打招呼，适时地进行面试中的自我介绍。

(2) 结束时要致谢。

(3) 对用人单位自然地表达出称赞。

3) 要讲信誉

遵守时间，略微提前到达应聘地点。

4) 聆听要求

切勿抢答问题，更勿松散自己的注意力。

5) 语言要求

普通话交流，随时注意自己的语调、语速，以及条理性。

6) 注意情感

保持热情、冷静与平静，切勿失态。

注：

以上仅为部分注意事项，请大家酌情参考。

四、实施步骤

CEO 协同人力资源进行现场招聘，组建团队，如表 3-5 所示。

表 3-5　现场招聘组建团队

序号	操作步骤	角色	操作内容
1	现场招聘组建团队	总经理	1. 组织机构设计、岗位设置 2. 撰写招聘启事 3. 发布招聘公告 4. 收集简历 5. 简历筛选 6. 组织面试、评价

五、线上操作

为了更好地进行团队组建，全体成员需进入 VBSE 系统，进行关于简历筛选、面试等资料学习。操作步骤如下。

(1) 输入用户名和密码进入系统，如图 3-8 所示。

(2) 进入知识点编码为 004108-2，名称为"现场招聘团队组建"的学习，如图 3-9 所示。

图 3-8　输入用户名和密码

知识点编码	知识点名称	知识点说明			
004108-2	现场招聘团队组建		简历筛选.xps	面试.xps	业务流程描述一…

图 3-9　学习相关资料

(3) 依据流程界面所列任务，依次完成任务，如图 3-10 所示。

任务编码	任务名称
CS-COM-01-001	实习动员
CS-COM-01-002	系统操作培训
CS-COM-01-003	了解各组织及对应岗位职责
CS-COM-01-004	综合测评
CS-COM-01-005	创业意愿测评
CS-COM-01-006	创业特质测评
CS-COM-01-007	创业精神测评
CS-COM-01-008	创业知识测评
CS-COM-01-009	创业能力测评
CS-COM-01-010	创业测评结果分析
CS-COM-01-011	CEO候选人竞选演讲
CS-COM-01-012	参加投票选举CEO
CS-COM-01-013	现场招聘团队组建
CS-COM-01-014	自助维护组织与岗位

图 3-10　依次完成任务

六、线下填单

全体成员根据企业招聘信息，填写《求职简历》并提交到人力资源处，有序参加面试，等待招聘结果。

《求职简历》具体填写如图 3-11 所示，仅供参考。

个 人 简 历

姓名	××	性别	女	民族	汉	照片
出生日期	19xx.10	籍贯	天津市	身体状况	健康	
学历	专科(高职)	学制	三年	政治面貌	团员	
毕业学校	天津商务职业学院			专业	会计	
联系方式	139×××××××			家庭住址	天津市××××××	
求职意向	期望从事行业：出纳、会计助理等财务类相关工作 期望工作地点：天津					
教育背景	201×年9月—201×年7月　　天津×××学院　　　　　学生(班长) 201×年9月—201×年7月　　天津市×××中学　　　学生(班长) 200×年9月—201×年7月　　天津市×××中学　　　学生(班长)					
所学课程	基础会计……					
相关证书	《会计从业资格证》 ……					
职业技能	熟练操作各种办公自动化软件，以及能够对文字处理运用灵活 掌握了基本的财会小键盘录入技术 ……					
奖励情况	201×年×月　被评为"院级优秀三好学生""校级优秀学生干部" ……					
校内外 工作经历	2016年×月—2016年×月　　×××公司做会计助理工作 ……					
自我评价	性格方面：开朗，善于与他人沟通…… 工作方面：细心，耐心，做事情有主见，敢于承担责任……					

图 3-11　《求职简历》填写参考

任务四　岗位维护

一、任务描述

在实训过程中，学员依照自己的专长及现场情况应聘工作岗位，获得单位的聘书后在 VBSE

系统中维护自己的组织及岗位信息。

二、情景导入

在岗位维护实训当天，张兴成功通过竞聘，入职北京宝乐童车制造厂行政助理岗，成为企业正式员工，张兴准备自助上岗。

三、知识储备

自助维护组织与岗位要求在竞聘职位成功后，必须马上进行自助上岗，为后续的实际业务操作奠定基础。各组织负责人应检查本企业上岗情况，确保每位员工登录成功。

四、实施步骤

员工根据当天的实际应聘情况，进行自助维护组织与岗位，如表3-6所示。

表3-6　自助维护组织与岗位

序号	操作步骤	角色	操作内容
1	维护组织与岗位	全体岗位	实训者依照聘书内容设置自己所属的组织及岗位信息

五、线上操作

为了更好地完成岗位维护，全体成员需进入VBSE系统，进行相关的资料学习。操作步骤如下。

(1) 输入用户名和密码进入系统，如图3-12所示。

(2) 进入知识点编码为 004310-2，名称为"自助维护组织与岗位"的学习，如图3-13所示。

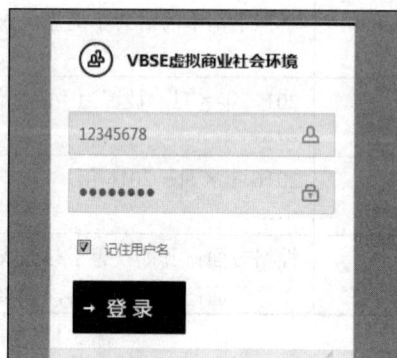

图3-12　输入用户名和密码

知识点编码	知识点名称	知识点说明	
004310-2	自助维护组织与岗位		业务操作手册一…　业务流程描述一…

图3-13　学习相关资料

(3) 依据流程界面所列任务，依次完成任务，如图3-14所示。

(4) 岗位维护。

① 单击"选择组织"蓝色选择框,弹出组织名称。

② 选择自己所在的组织,如"北京宝乐童车制造厂"进行确定。如图 3-15 所示为岗位维护—选择组织。

③ 单击"选择组织"蓝色选择框,弹出岗位名称。

④ 选择自己的岗位,如"行政助理"进行确定。如图 3-16 所示为岗位维护—选择岗位。

任务编码	任务名称
CS-COM-01-001	实习动员
CS-COM-01-002	系统操作培训
CS-COM-01-003	了解各组织及对应岗位职责
CS-COM-01-004	综合测评
CS-COM-01-005	创业意愿测评
CS-COM-01-006	创业特质测评
CS-COM-01-007	创业精神测评
CS-COM-01-008	创业知识测评
CS-COM-01-009	创业能力测评
CS-COM-01-010	创业测评结果分析
CS-COM-01-011	CEO候选人竞选演讲
CS-COM-01-012	参加投票选举CEO
CS-COM-01-013	现场招聘团队组建
CS-COM-01-014	自助维护组织与岗位

图 3-14 依次完成任务

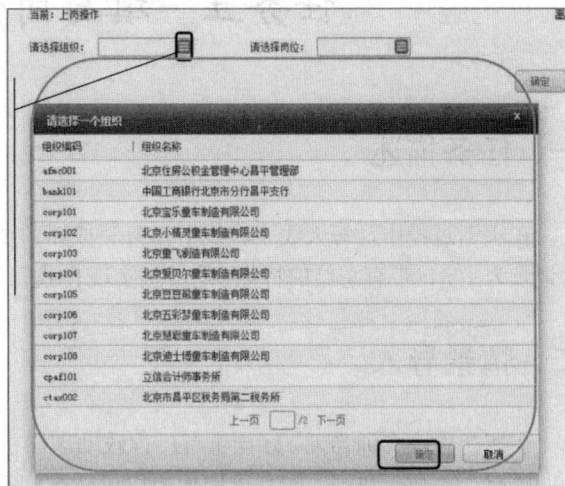

图 3-15 岗位维护—选择组织

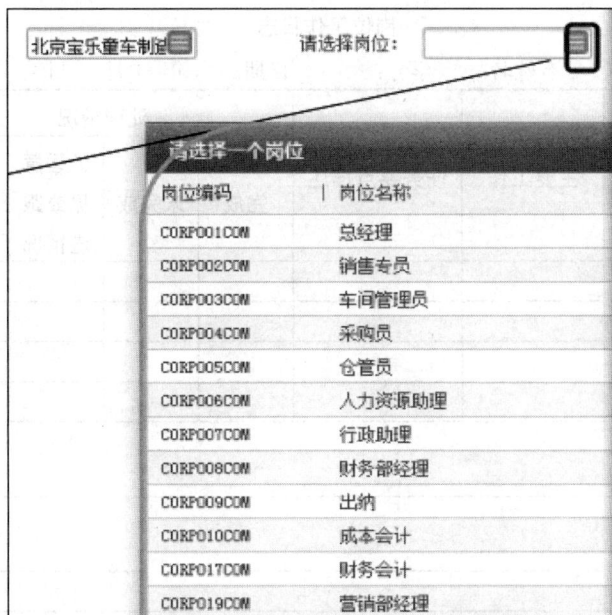

图 3-16 岗位维护—选择岗位

六、线下填单

岗位维护实训环节属于线上完成内容，线下无须操作，实训结束后填写当天的"岗位工作日志"即可。关于"岗位工作日志"如何填写，详见"任务五 填写岗位工作日志"。

任务五 填写岗位工作日志

一、任务描述

在实训过程中，每天线上、线下任务完成后，要求全体员工填写"岗位工作日志"。日志以记录为主，也带有总结的特点，是员工实现自我管理和管理者实现跟踪检查管理的重要手段。

二、情景导入

在期初建账实训当天，好佳童车厂行政助理岗位，就企业固定资产卡片、固定资产登记簿、企业国有土地使用权证、国有土地使用权出让合同等进行全面掌握，并在线下填写"岗位工作日志"，如图 3-17 所示。(日志没有固定格式，资料仅供参考)

岗位工作日志

公司名称： 　岗位： 　姓名： 　学号： 　　日期： 年 月 日

内容　　项目		主要工作	任务要点描述	处理情况				CEO审核意见
				完成	未完成	处理意见或跟进情况	预计完成时间	
当天推送任务	常规任务							
	其他分配事务							
计划外工作	突发事件处理							
	临时事务处理							
组织内部交流(以企业为单位)								
同部门交流体会(以科室为单位)								
当日工作总结								
次日工作计划								

图 3-17 《岗位工作日志》空白版

三、知识储备

1. 填写"岗位工作日志"的目的

在每天的实训环节中，要求每一位员工需要翔实清晰地撰写当天的基本工作内容，包括工作完成的任务，接洽到的信息，工作完成的进度等方面。基本撰写内容较为开放，核心在于展现员工实际的工作内容。目的在于通过日志这一载体记录自己的工作，并改进欠缺之处，真正让自己的岗位技能在锻炼中不断提升。同时也能有效提升总结、归纳能力。

2. 如何填写"岗位工作日志"

(1) 岗位处需填写任职岗位的名称，如行政助理。

(2) 如实填写当天完成的主要任务。这些任务有的是按照计划进行推送的，有的是临时的或者突发的。记录的详略，也因员工的工作岗位和所发生事情的重要性而不同，既可以用几句话概述，分条列项来写，也可以详细描述，把工作过程、相关细节以及涉及的其他项目和人员等事项记录下来。

(3) 计划通常需列出第二天需要完成的主要任务。

3. 填写"岗位工作日志"的注意事项

(1) 及时性

日志必须在当天记录，可以随时填写，也可以在下班前集中完成。当日事，当日记，不仅可以保证填写内容的真实性，而且有助于实现工作进程的自我控制。需要注意的是，不管采用哪一种方式填写，都不能因此影响正常的工作。

(2) 重点性

日志不能完全地平铺直叙，在记录时要突出重点，关注细节，体现关键，这样才能使日志成为有价值的参考资料。

(3) 思考性

要及时针对当天工作中的一些疑难问题、突发事件处理、独创的方式方法等进行分析和反思，这样能使日志更加有价值，经过积累，可以形成一整套指导手册。

四、实施步骤

"岗位工作日志"是自制表格，企业中一般不强制要求所有员工记录工作内容。但是在实际工作中，包括实习实训过程中，及时记录自己的工作内容、问题，有助于使整个工作过程有的放矢，提高效率。

员工根据当天的实际工作情况，据实填写"岗位工作日志"，如表3-7所示。

表 3-7　填写"岗位工作日志"

序号	操作步骤	角色	操作内容
1	填写岗位 工作日志	全体岗位	1. 填写岗位工作日志 2. 将岗位工作日志提交给实习指导教师

五、线上操作

为了更好地完成"岗位工作日志"的填写，全体成员需进入 VBSE 系统，进行关于日志填写说明的资料学习。操作步骤如下。

(1) 输入用户名和密码进入系统，如图 3-18 所示。

图 3-18　输入用户名和密码

(2) 进入知识点编码为 002071-2，名称为"各岗位填写工作日志"的学习，如图 3-19 所示。

知识点编码	知识点名称	知识点说明	
002071-2	各岗位填写工作日志	各岗位填写工作日志	填写岗位工作日…　业务流程描述一…

图 3-19　学习相关资料

(3) 完成相应任务，撰写并提交岗位工作日志，如图 3-20 所示。

任务编码▼	任务名称	执行角色	执行人	任务类型
KF002071-2-002	撰写并提交岗位工作日志	学生		手工操作

图 3-20　依次完成任务

六、线下填单

"岗位工作日志"的填写如图 3-21 所示，以下日志以行政助理岗位为例，仅供参考。

岗位工作日志

公司名称：好佳童车厂　岗位：行政助理　姓名：　学号：　　日期：××××年××月××日

项 目 / 内 容		主要工作	任务要点描述	处理情况				CEO审核意见
				完成	未完成	处理意见或跟进情况	预计完成时间	
当天推送任务	常规任务	1. 整理固定资产卡片 2. 查询固定资产登记簿 3. 明确企业国有土地使用权证 4. 清晰国有土地使用权出让合同	1. 截至2011年9月30日企业拥有固定资产33项 2. 登记簿已将所有固定资产卡片统一记录、管理 3. 知晓企业国有土地使用权证及国有土地使用权出让合同	完成				完成
	其他分配事务	协助CEO进行人员调配	财务岗位任务量较重，可协调人员进行协助	完成				完成
计划外工作	突发事件处理							
	临时事务处理							
组织内部交流(以企业为单位)		协助CEO召开晨会，要求各部门完成期初建账的工作						完成
同部门交流体会(以科室为单位)		企业管理部期初建账工作主要是协助CEO部署工作、完成资料整理、审查工作						完成
当日工作总结		期初建账工作主要整理好企业拥有固定资产33项，并如实登记在固定资产卡片上面，明确国有土地使用权出让合同，为后续工作做好准备						完成
次日工作计划		填写借款单；领取备用金；草拟《公章、印鉴使用管理制度》；开会讨论修改制度；填写《公章、印鉴、资质证照使用申请表》；《公章、印鉴使用管理制度》公示，开会组织员工学习						完成

图 3-21 "岗位工作日志"填写参考

项目二 制造企业读懂数据/期初建账

项目概述：

制造企业读懂数据/期初建账是制造企业 18 个工作岗位在 VBSE 系统中第一阶段的任务。该任务是日常工作的起点，是各岗位接收前任工作，对自己工作职责进行掌握的开端。

任务一 总经理读懂期初数据

一、任务描述

新上任的总经理接手公司工作，要明确自己的岗位职责，研读前任交接的资料，熟悉公司的组织结构，对现有的财务状况、已确定的经营规划及实施方案进行全面掌握，对公司经营管理目标负责。

二、情景导入

根据企业年度经营规划书，获得并掌握以下重要信息及相关指标，指标要求如表 3-8 所示。

表 3-8　重要指标解读

重要指标		目前基本情况	未来发展目标
公司组织结构及岗位设置		___部门、___车间、___岗位	——
经营方针及目标	年度经营方针	——	?
	经营目标	——	收入目标/利润目标/权益变动
市场分析	产品种类及地区	阅读、了解	——
	市场定位	经济型童车	?
	经销渠道	传统分销渠道	?
	产品定价	已定价产品：	待定价产品：
	市场份额	——	?
各部门计划安排	采购、生产、仓储	现有设备 现有厂房 注意安全生产、意外发生的处理	拟购置设备 拟新增厂房 注意生产运营的各阶段安排及责任岗位
	销售部	广告费投放策略	业绩目标
	企管部、人力资源部	重点工作及责任人	重点考核指标
	财务部	目前资产、负债、所有者权益状况	筹资方式及费率

三、知识储备

1. 企业年度经营规划书

企业年度经营规划书为列示企业经营目标、生存环境及阶段计划的指导性文件，同时也包含企业运行中的具体策略和实施工作。

2. 权益增长

权益增长指所有者权益的变化幅度，即(期末所有者权益–期初所有者权益)/期初所有者权益。

3. 部分考核指标计算方法

(1) 存货周转率=营业成本/存货的平均余额。

(2) 广告产出比=订单销售额/广告投入。

(3) 产品市场占有率指一定时期内，企业所生产的产品在其市场上的销售量或销售额占同类产品销售总量或销售总额的比例。

四、实施步骤

总经理根据年度经营规划书，解读期初数据，如表 3-9 所示。

表 3-9　总经理读懂期初数据

序号	操作步骤	角色	操作内容
1	了解公司组织机构和岗位设置	总经理	认知
2	阅读企业年度经营规划书	总经理	解读规划书并向各部门主管明确本阶段的工作任务

五、线上操作

为完成总经理读懂期初数据的任务，好佳童车厂总经理需进入 VBSE 系统，进行期初数据的解读。操作步骤如下。

(1) 输入用户名和密码进入系统，如图 3-22 所示。

图 3-22　输入用户名和密码

(2) 单击任务中心任务，进入流程界面，如图 3-23 所示。

图 3-23　单击任务中心任务

(3) 依据流程界面所列任务，先进入任务说明进行学习，如图 3-24 所示。

(4) 再进入如图 3-25 所示的业务资料。

图 3-24　任务说明　　　　　图 3-25　业务资料

(5) 依据业务流程依次完成任务，如图 3-26 和图 3-27 所示。

图 3-26　任务流程

| KF002034-2-001 | 读懂期初数据 | 总经理 | 1 | 手工操作 |
| KF002034-2-002 | 阅读常用单据一览表 | 总经理 | 1 | 手工操作 |

图 3-27　依次完成任务

六、线下填单

本任务不需进行线下手工操作，只需进行重要指标解读，如表 3-10 所示。

表 3-10 重要指标解读

重要指标		目前基本情况	未来发展目标
公司组织结构及岗位设置		7 部门、2 车间、18 岗位	——
经营方针及目标	年度经营方针	灵活策略赢市场，加强保管保利润	?
	经营目标	——	收入目标 3250 万元/利润目标 450 万元/权益变动 5.6%
市场分析	产品种类及地区	阅读、了解	——
	市场定位	经济型童车	争取农村市场
	经销渠道	传统分销渠道	网络新媒介销售渠道
	产品定价	已定价产品：经济型童车 660 元/辆	待定价产品：舒适型、豪华型
	市场份额	——	?
各部门计划安排	采购、生产、仓储	现有设备：普通机床 10 台、组装生产机床 1 台 现有厂房：厂房、仓库各 1 个 注意安全生产、意外发生的处理	拟购置设备：数控机床 1 台 拟新增厂房：将新建或租赁 注意生产运营的各阶段安排及责任岗位
	销售部	广告费投放策略	业绩目标：900 万辆
	企管部、人力资源部	重点工作及责任人	重点考核指标
	财务部	目前资产、负债、所有者权益状况	筹资方式及费率

任务二 行政助理读懂期初数据

一、任务描述

新上任的行政助理接手公司工作，要明确自己的岗位职责，研读前任交接的资料，负责企业固定资产的管理。

二、情景导入

截至 2011 年 9 月 30 日，企业共有固定资产 33 项，每项固定资产均登记在固定资产卡片上。以一项固定资产业务数据说明，如表 3-11 所示。

表 3-11　业务数据

固定资产	购入时间	原价(元)	净残值	预计 使用年限	折旧方法	使用部门
办公大楼	2009/12/31	6 000 000.00	0	40	直线法	企管部

三、知识储备

1. 固定资产卡片

固定资产卡片是指登记固定资产各种资料的卡片，是固定资产进行明细分类核算的一种账簿形式。它是每一项固定资产的全部档案记录，即固定资产从进入企业开始到退出企业的整个生命周期所发生的全部情况，都要在卡片上予以记载。固定资产卡片上的栏目有：类别、编号、名称、规格、型号、建造单位、年月、投产日期、原始价值、预计使用年限、折旧率、存放地点、使用单位、大修理日期和金额，以及停用、出售、转移、报废清理等内容。其属于卡片式账簿，如图 3-28 所示。

卡片编号			日期	
固定资产编号		固定资产名称		
类别编号		类别名称		
规格型号		使用部门		
增加方式		存放地点		
使用状况	预计使用年限	折旧方法		
开始使用日期	已计提月份			
原值	净残值			
累计折旧				
净值	折旧费用类别管理费用	保管人		
附属设备				
	资产变动历史			

注：变动事项主要包括资产大修理、资产转移、原值变动、资产减少等类型

图 3-28　固定资产卡片

2. 固定资产登记簿

固定资产登记簿是对所有固定资产卡片进行统一管理的表格。"固定资产登记簿"中记录企业所有办公固定资产的种类、购买时间、使用年限及折旧有关年限；"固定资产卡片"上填列资产类别、名称、原值、使用年限、购置日期、年折旧率、折旧额等信息，方便企业进行固定资产的查找、管理，如表 3-12 所示。

表 3-12 固定资产登记簿

卡片编号	资产编号	资产名称	使用部门	使用状态	预计使用年限	开始使用日期	已计提月份	资产原值	累计折扣	资产净值	折扣费用类别
001	012001	办公大楼	企管部	在用	40	2009-12-31	21	6 000 000.00	262 500.00	5 737 500.00	管理费用
002	022002	笔记本电脑	企管部	在用	4	2009-12-31	21	8000.00	3500.00	4500.00	管理费用
003	022003	笔记本电脑	人事部	在用	4	2009-12-31	21	8000.00	3500.00	4500.00	管理费用
004	022004	笔记本电脑	财务部	在用	4	2009-12-31	21	8000.00	3500.00	4500.00	管理费用
005	022005	笔记本电脑	采购部	在用	4	2009-12-31	21	8000.00	3500.00	4500.00	管理费用
006	022006	笔记本电脑	销售部	在用	4	2009-12-31	21	8000.00	3500.00	4500.00	管理费用
007	022007	笔记本电脑	仓储部	在用	4	2009-12-31	21	8000.00	3500.00	4500.00	管理费用
008	022008	台式电脑	财务部	在用	4	2009-12-31	21	5000.00	2100.00	2900.00	管理费用
009	022009	台式电脑	财务部	在用	4	2009-12-31	21	5000.00	2100.00	2900.00	管理费用
010	022010	台式电脑	企管部	在用	4	2009-12-31	21	5000.00	2100.00	2900.00	管理费用
011	022011	台式电脑	人事部	在用	4	2009-12-31	21	5000.00	2100.00	2900.00	管理费用
012	022012	台式电脑	财务部	在用	4	2009-12-31	21	5000.00	2100.00	2900.00	管理费用
013	022013	台式电脑	采购部	在用	4	2009-12-31	21	5000.00	2100.00	2900.00	管理费用
014	022014	台式电脑	销售部	在用	4	2009-12-31	21	5000.00	2100.00	2900.00	管理费用
015	022015	台式电脑	销售部	在用	4	2009-12-31	21	5000.00	2100.00	2900.00	管理费用
016	022016	台式电脑	仓储部	在用	4	2009-12-31	21	5000.00	2100.00	2900.00	管理费用
017	022017	打印复印一体机	企管部	在用	5	2009-12-31	21	20 000.00	7000.00	13 000.00	管理费用
018	013018	仓库	仓储部	在用	10	2009-12-31	21	1 000 000.00	175 000.00	825 000.00	管理费用

(续表)

卡片编号	资产编号	资产名称	使用部门	使用状态	预计使用年限	开始使用日期	已计提月份	资产原值	累计折扣	资产净值	折扣费用类别
019	022019	台式电脑	生产部	在用	4	2009-12-31	21	5000.00	2100.00	2900.00	制造费用
020	022020	台式电脑	生产部	在用	4	2009-12-31	21	5000.00	2100.00	2900.00	制造费用
021	022021	笔记本电脑	生产部	在用	4	2009-12-31	21	8000.00	3500.00	4500.00	制造费用
022	011022	大厂房	生产部	在用	30	2009-12-31	21	5 000 000.00	291 667.00	4 708 333.00	制造费用
023	021023	普通机床(金工生产线)	生产部	在用	10	2009-12-31	21	10 000.00	1750.00	8250.00	生产成本
024	021024	普通机床(金工生产线)	生产部	在用	10	2009-12-31	21	10 000.00	1750.00	8250.00	生产成本
025	021025	普通机床(金工生产线)	生产部	在用	10	2009-12-31	21	10 000.00	1750.00	8250.00	生产成本
026	021026	普通机床(金工生产线)	生产部	在用	10	2009-12-31	21	10 000.00	1750.00	8250.00	生产成本
027	021027	普通机床(金工生产线)	生产部	在用	10	2009-12-31	21	10 000.00	1750.00	8250.00	生产成本
028	021028	普通机床(金工生产线)	生产部	在用	10	2009-12-31	21	10 000.00	1750.00	8250.00	生产成本
029	021029	普通机床(金工生产线)	生产部	在用	10	2009-12-31	21	10 000.00	1750.00	8250.00	生产成本
030	021030	普通机床(金工生产线)	生产部	在用	10	2009-12-31	21	10 000.00	1750.00	8250.00	生产成本
031	021031	普通机床(金工生产线)	生产部	在用	10	2009-12-31	21	10 000.00	1750.00	8250.00	生产成本
032	021032	普通机床(金工生产线)	生产部	在用	10	2009-12-31	21	10 000.00	1750.00	8250.00	生产成本
033	021033	组装生产线	生产部	在用	10	2009-12-31	21	30 000.00	5250.00	24 750.00	生产成本

四、实施步骤

行政助理依据固定资产资料，解读期初数据，如表 3-13 所示。

表 3-13 行政助理读懂期初数据

序号	操作步骤	角色	操作内容
1	检查实习装备	行政助理	1. 进入出纳岗位 2. 检查实训装备,包括固定资产卡片和固定资产登记簿
2	掌握企业固定资产现状	行政助理	阅读固定资产卡片及固定资产登记簿,明确企业现有固定资产类型、数量、总金额
3	登记固定资产卡片(本应由前任行政助理填写,交由现任行政助理)	行政助理	结合已有固定资产资料练习登记固定资产卡片

五、线上操作

为完成行政助理读懂期初数据的任务,好佳童车厂行政助理需进入 VBSE 系统,进行期初数据解读。操作步骤如下。

(1) 输入用户名和密码进入系统,如图 3-29 所示。

(2) 单击任务中心任务,进入流程界面,如图 3-30 所示。

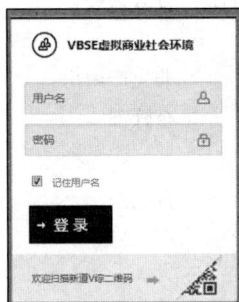

图 3-29 输入用户名和密码

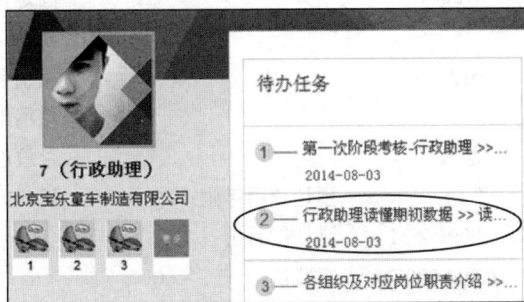

图 3-30 单击任务中心任务

(3) 依据流程界面所列任务,先进入任务说明进行学习,如图 3-31 所示。

(4) 再进入如图 3-32 所示的业务资料。

图 3-31 任务说明

图 3-32 业务资料

(5) 依据业务流程依次完成任务(注意每完成一项后,单击右上角的"完成任务"图标),如图 3-33 和图 3-34 所示。

图 3-33　任务流程

任务编码	任务名称	执行角色	执行人	任务类型
KF002035-2-001	读懂期初数据	行政助理	7	手工操作
KF002035-2-002	阅读常用单据一览表	行政助理	7	手工操作

图 3-34　依次完成任务

六、线下填单

填制如表 3-14 所示的固定资产卡片。

表 3-14　固定资产卡片

卡片编号	001			日期	2009/12/31
固定资产编号	012001		固定资产名称	办公大楼	
类别编号	012		类别名称	非生产用房	
规格型号			使用部门	企管部	
增加方式	购入		存放地点		
使用状况	在用	预计使用年限 40	折旧方法	直线法	
开始使用日期	2009/12/31	已计提月份 21			
原值	6 000 000.00	净残值 0			
累计折旧	262 500.00			保管人	
净值	5 737 500.00	折旧费用类别 管理费用			

附属设备

资产变动历史

日期	变动事项	变动原因		变动说明

温馨提示：当月新购入固定资产不提折旧，因此该办公大楼折旧从 2010 年 1 月开始计提，至 2011 年 9 月 30 日是 21 个月，按年限平均法提折旧，月折旧额=6 000 000.00/480.00=12 500.00 元

任务三　销售部经理读懂期初数据

一、任务描述

新上任的销售部经理接手公司销售部工作，要明确自己的岗位职责，研读前任交接的资料，熟悉公司的销售预测、销售订单情况，分析市场发展方向，制定销售策略。

二、情景导入

根据企业销售业务期初数据，获得并掌握以下重要指标，指标要求如表 3-15 所示。

表 3-15　重要指标解读

序号	需解读的重要指标	数据来源
1	企业下季度预计销量与生产能力的匹配度	销售预测、车间产能报表
2	下一年销售策略	市场预测
3	客户管理	客户信息汇总表

三、知识储备

1. 销售预测

销售预测是指对未来特定时间内，全部产品或特定产品的销售数量与销售金额的估计。销售预测是在充分考虑未来各种影响因素的基础上，结合本企业的销售实绩，通过一定的分析方法提出切实可行的销售目标。销售预测影响包括计划、预算和销售额确定在内的销售管理的各方面工作。

2. 市场预测

市场预测是指企业在通过市场调查获得一定资料的基础上，针对企业的实际需要以及相关的现实环境因素，运用已有的知识、经验和科学方法，对企业和市场未来发展变化的趋势做出适当的分析和判断，为企业营销活动提供可靠的依据。

3. 产能

产能是指在计划期内，企业参与生产的全部固定资产，在既定的组织技术条件下，所能生产的产品数量，或者能够处理的原材料数量。生产能力是反映企业所拥有的加工能力的一个技术参数，它也可以反映企业的生产规模。每位企业主管之所以十分关心生产能力，是因为他随时需要知道企业的生产能力能否与市场需求相适应。

四、实施步骤

销售部经理解读期初数据，如表 3-16 所示。

表 3-16　销售部经理读懂期初数据

序号	操作步骤	角色	操作内容
1	明确销售目标	销售部经理	1. 进入销售部经理岗位 2. 解读销售预测指标数据
2	研讨营销策略	销售部经理 市场专员	依据市场预测资料确定未来广告费投放策略
3	管理日常销售业务	销售部经理	根据销售发货明细表、库存报表、车间产能报表完成
4	客户关系管理	销售部经理	根据客户信息汇总表完成
5	检查实训资料	销售部经理	对照营销部常用单据一览表，核实手中单据是否齐全

五、线上操作

为完成销售部经理读懂期初数据的任务，好佳童车厂销售部经理需进入 VBSE 系统，进行期初数据解读。操作步骤如下。

(1) 输入用户名和密码进入系统，如图 3-35 所示。

(2) 单击任务中心任务，进入流程界面，如图 3-36 所示。

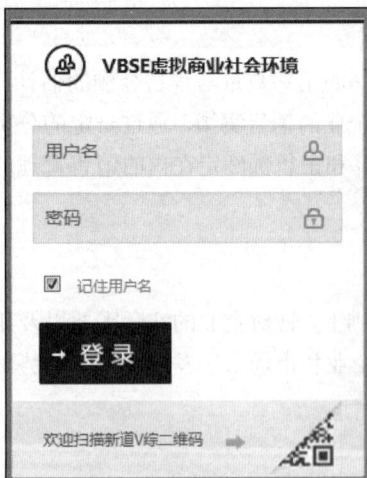

图 3-35　输入用户名和密码

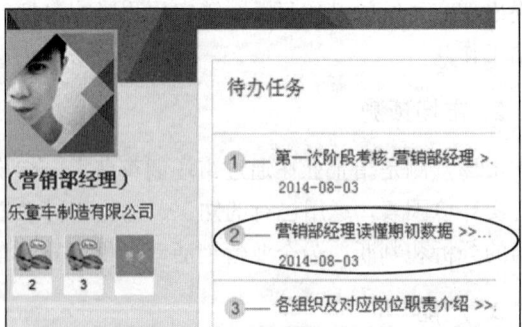

图 3-36　单击任务中心任务

(3) 依据流程界面所列任务，先进入任务说明进行学习，如图 3-37 所示。

(4) 再进入如图 3-38 所示的业务资料。

图 3-37 任务说明

图 3-38 业务资料

(5) 依据业务流程依次完成任务，如图 3-39 和图 3-40 所示。

图 3-39 任务流程

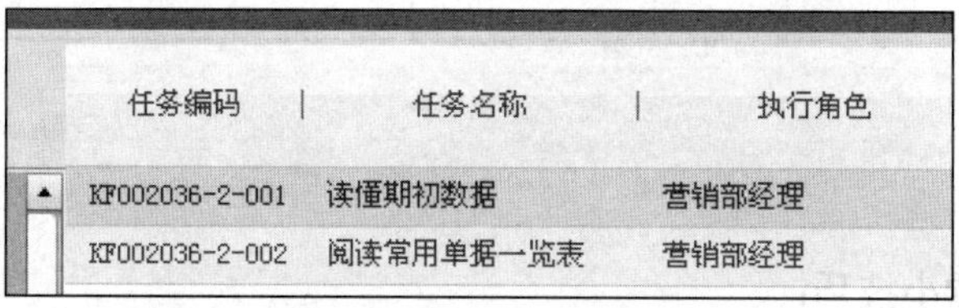

图 3-40 依次完成任务

六、线下填单

本任务不需进行线下手工操作，只需进行重点指标解读，如表 3-17 所示。

表 3-17 重要指标解读

序号	需解读的重要指标	数据来源	解读参考
1	企业下季度预计销量与生产能力的匹配度	销售预测、车间产能报表	预计销售量 14 000 辆，预计可用产能 15 000 辆
2	下一年销售策略	市场预测	销售量上升、价格下降，制定广告投放策略
3	客户管理	客户信息汇总表	两个长期客户

任务四　销售专员读懂期初数据

一、任务描述

新上任的销售专员接手公司的销售工作，要明确自己的岗位职责，研读前任交接的资料，掌握公司的销售计划执行情况、跟踪销售订单、跟催货款进行应收账款管理等。

二、情景导入

根据企业销发货明细表，确定销售发货管理，应收账款的管理，如表 3-18 所示。

表 3-18　销售发货明细表

单据编号	销售订单号	客户名称	产品名称	数量(辆)	货款金额(元)	合同约定交货期	合同约定回款期	实际发货数量	发票开具情况	回款额(元)
0001	U110001	旭日贸易公司	经济童车	4000	2 808 000.00	2011-9-08	2011-10-08	4000	已开	

三、知识储备

营销工作中回款小技巧：

在营销工作中应收账款回收是销售人员比较头痛的一件事，因为客户的多样性决定了回收货款的处理方案烦琐复杂，因此，合同约定在业务开始同客户合作之初，销售人员就应该依据有法律效力的文书、条款，详细地对货款结算做出规定和说明。这样，会让回款工作的开展变得有据可依，减少"后遗症"和一些不必要的麻烦。

到了约定的收款时间，需登门拜访的，销售人员上门的时间一定要提早，这是收款的一个基本诀窍，否则客户会说："我等你很久了，你没有来，钱被其他公司结走了。"登门催款时，不要看到客户处有另外的客人就走开，一定要说明来意，专门在旁边等候，这本身就是一种有效的催款方式。因为客户不希望他的客人看到债主登门，这样做会影响他的生意，或者在亲朋好友面前没有面子。在这种情况下，只要所欠款项不多，一般会赶快还款，打发你了事。

四、实施步骤

销售专员解读期初数据，如表 3-19 所示。

表 3-19 销售专员读懂期初数据

序号	操作步骤	角色	操作内容
1	应收账款的管理	销售专员	1. 进入销售专员岗位 2. 解读销发货明细表
2	跟踪销售订单的执行	销售专员	根据销售发货明细表完成
3	客户关系管理	销售专员	根据客户信息汇总表完成
4	检查实训资料	销售专员	对照营销部常用单据一览表，核实手中单据是否齐全

五、线上操作

为完成销售专员读懂期初数据的任务，好佳童车厂销售专员需进入 VBSE 系统，进行期初数据解读。操作步骤如下。

(1) 输入用户名和密码进入系统，如图 3-41 所示。

(2) 单击任务中心任务，进入流程界面，如图 3-42 所示。

图 3-41 输入用户名和密码

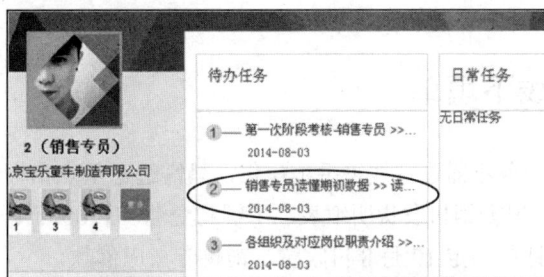

图 3-42 单击任务中心任务

(3) 依据流程界面所列任务，先进入任务说明进行学习，如图 3-43 所示。

(4) 再进入如图 3-44 所示的业务资料。

图 3-43 任务说明

图 3-44 业务资料

(5) 依据业务流程依次完成任务，如图 3-45 和图 3-46 所示。

图 3-45　任务流程

任务编码	任务名称	执行角色	执行人	任务类型
KF002037-2-001	读懂期初数据	销售专员	2	手工操作
KF002037-2-002	阅读常用单据一览表	销售专员	2	手工操作

图 3-46　依次完成任务

六、线下填单

本任务不需进行线下手工操作，只需进行重点指标解读。

(1) 根据销售发货明细表，了解到企业 U110001 订单销售 4000 辆经济型童车，款项尚未收回，订单约定 10 月 8 日收款，销售专员应催款。

(2) 根据库存报表了解到企业 10 月初库存 2000 辆经济型童车。

(3) 根据客户信息汇总表掌握企业两名客户信息。

任务五　市场专员读懂期初数据

一、任务描述

新上任的市场专员接手公司市场预测、分析工作，要明确自己的岗位职责，研读前任交接的资料，通过对市场(包括竞争对手、竞争产品、竞争策略)的搜集、分析，理解行业政策，进行市场预测、趋势分析。

二、情景导入

研读市场预测信息，分析市场发展趋势，如表 3-20～表 3-24 所示。

表 3-20　销售预测表　　　　　　　　　　　　　　　　　　　（单位：辆）

产品	2011 年						2012 年		
年份	7 月	8 月	9 月	10 月	11 月	12 月	1 月	2 月	3 月
经济型童车				4000	5000	5000	6000	5000	7000
舒适型童车									
豪华型童车									

表 3-21　2011 年本地市场经济型童车销量预测(手工阶段)　　　　　（单位：辆）

市场	产品名称	第 1 季度	第 2 季度	第 3 季度	第 4 季度
本地	经济型童车	130 000	138 000	151 000	160 000

注：以上预测数据为 10 家企业的预测数据

表 3-22　2011 年本地市场经济型童车价格预测(手工阶段)　　　　　（单位：元）

市场	产品名称	第 1 季度	第 2 季度	第 3 季度	第 4 季度
本地	经济型童车	702.00	690.00	677.00	655.00

表 3-23　2011 年本地市场经济型童车销量预测(信息化阶段)　　　　（单位：辆）

市场	产品名称	10 月	11 月	12 月
本地	经济型童车	60 600	62 000	61 800

表 3-24　2011 年本地市场经济型童车价格预测(信息化阶段)　　　　（单位：元）

市场	产品名称	10 月	11 月	12 月
本地	经济型童车	624.39	595.12	564.48

三、知识储备

市场预测就是运用科学的方法，对影响市场供求变化的诸多因素进行调查研究，分析和预见其发展趋势，掌握市场供求变化的规律，为经营决策提供可靠的依据。预测为决策服务，是为了提高管理的科学水平，减少决策的盲目性，我们需要通过预测来把握经济发展或者未来市场变化的有关动态，减少未来的不确定性，降低决策可能遇到的风险，使决策目标得以顺利实现。

四、实施步骤

市场专员解读期初数据，如表 3-25 所示。

表 3-25　市场专员读懂期初数据

序号	操作步骤	角色	操作内容
1	进行市场趋势分析	市场专员	1. 进入市场专员岗位 2. 根据市场预测表和预测图进行分析
2	配合进行营销策划	营销部经理 市场专员	结合前一步骤的市场趋势分析完成
3	检查实训资料	市场专员	对照营销部常用单据一览表，核实手中单据是否齐全

五、线上操作

为完成市场专员读懂期初数据的任务，好佳童车厂市场专员需进入 VBSE 系统，进行期初数据解读。操作步骤如下。

(1) 输入用户名和密码进入系统，如图 3-47 所示。

(2) 单击任务中心任务，进入流程界面，如图 3-48 所示。

图 3-47　输入用户名和密码

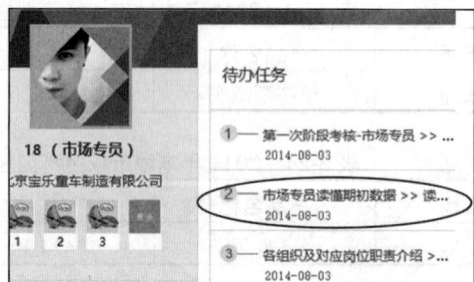

图 3-48　单击任务中心任务

(3) 依据流程界面所列任务，先进入任务说明进行学习，如图 3-49 所示。

(4) 再进入如图 3-50 所示的业务资料。

图 3-49　任务说明

图 3-50　业务资料

(5) 依据业务流程依次完成任务，如图 3-51 和图 3-52 所示。

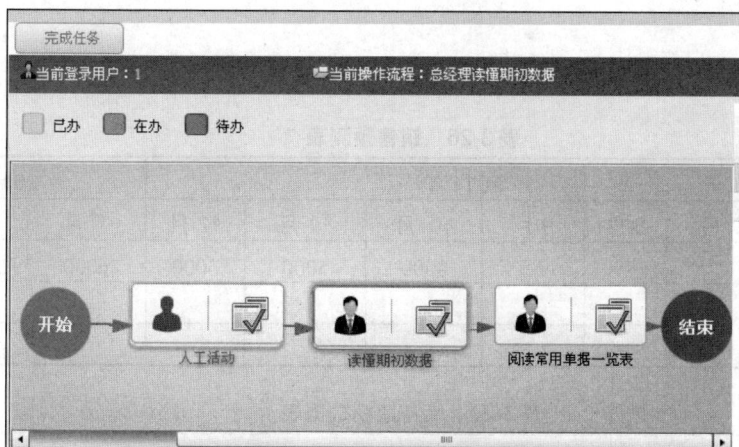

图 3-51　任务流程

任务编码	任务名称	执行角色
KF002038-2-001	读懂期初数据	市场专员
KF002038-2-002	阅读常用单据一览表	市场专员

图 3-52　依次完成任务

六、线下填单

本任务不需进行线下手工操作，只需进行重点指标解读。

(1) 未来市场前景良好，需求量会有明显增加，但是随着竞争的激烈，产品的单价呈下降趋势。

(2) 产品型号更加丰富，出现舒适型和豪华型童车的需求。

(3) 根据市场预测准备广告方案并进行新一轮的产品销售竞争。

任务六　生产计划部经理读懂期初数据

一、任务描述

新上任的生产计划部经理，研读前任交接的资料，包括期初派工单、生产执行情况表、车间产能报表等。明确自己的工作职责，审核生产计划相关资料，制定生产策略。

二、情景导入

研读市场预测信息和库存情况，制订生产计划，如表 3-26 和表 3-27 所示。

表 3-26　销售预测表　　　　　　　　　　　　　　　　　　（单位：辆）

产品＼年份	2011 年						2012 年		
	7 月	8 月	9 月	10 月	11 月	12 月	1 月	2 月	3 月
经济型童车				4000	5000	5000	6000	5000	7000
舒适型童车									
豪华型童车									

表 3-27　库存期初数据表　　　　　　　　　　　　　　　　（单位：辆）

存货分类	存货名称	库存期初数量	在途(产)数量
库存商品	经济型童车	2000	4000
原材料	经济型车架	0	5000
	钢管	5000	15 000
	坐垫	5000	5000
	车篷	5000	5000
	车轮	20 000	20 000
	包装套件	10 000	0

三、知识储备

车间产能报表产能(capacity)，即生产能力，是指在一定时期内(通常是一年)，企业的全部生产性固定资产，在先进合理的技术组织条件下，经过综合平衡后，所能生产的一定种类和一定质量的最大数量，或者能够加工处理的一定原材料的最大数量。

理解生产能力指标的如下几个要点。

(1) 企业先进的生产性固定资料。

(2) 生产能力是在企业可能达到的技术组织条件下确定，不考虑劳动力不足和物质供应中断等不正常现象。

(3) 以实物指标为计量单位。

(4) 综合平衡的结果。

(5) 一般以最大产品数量来表示，有时也可以加工的原材料的最大数量表示。

四、实施步骤

生产计划部经理解读期初数据，如表 3-28 所示。

表 3-28 生产计划部经理读懂期初数据

序号	操作步骤	角色	操作内容
1	领取、分发实训资料	生产计划部经理 计划员 车间管理员	1. 进入市场专员岗位 2. 对照生产计划部常用单据一览表,核实手中单据是否齐全并分发
2	审核生产计划,明确产能	生产计划部经理	结合销售预测、库存清单,根据产能制订生产计划,审核计划员的派工单

五、线上操作

为完成生产计划部经理读懂期初数据的任务,好佳童车厂生产计划部经理需进入 VBSE 系统,进行期初数据解读。操作步骤如下。

(1) 输入用户名和密码进入系统,如图 3-53 所示。

(2) 单击任务中心任务,进入流程界面,如图 3-54 所示。

图 3-53 输入用户名和密码

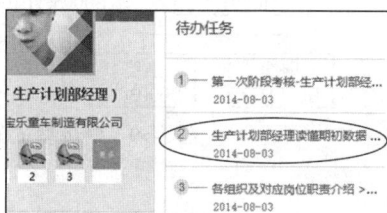

图 3-54 单击任务中心任务

(3) 依据流程界面所列任务,先进入任务说明进行学习,如图 3-55 所示。

(4) 再进入如图 3-56 所示的业务资料。

图 3-55 任务说明

图 3-56 业务资料

(5) 依据业务流程依次完成任务,如图 3-57 和图 3-58 所示。

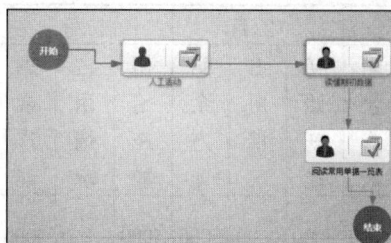

图 3-57 任务流程

| KF002039-2-001 | 读懂期初数据 | 生产计划部经理 | 16 | 手工操作 |
| KF002039-2-002 | 阅读常用单据一览表 | 生产计划部经理 | 16 | 互操作 |

图 3-58　依次完成任务

六、线下填单

本任务不需进行线下手工操作，只需进行重点指标解读。

(1) 结合图 3-59，理解表 3-29。

(2) 掌握如表 3-30 所示的生产车间产能报表的制定方法。

(3) 审核生产计划。

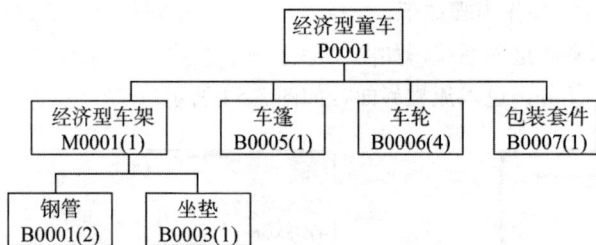

图 3-59　经济型童车 BOM 结构

表 3-29　经济型童车的 BOM 表

结构层次	物料编码	物料名称	单位	总数量	备注
0	P0001	经济型童车	辆	1	自产成品
1	M0001	经济型车架	个	1	自产半成品
1	B0005	车篷	个	1	外购原材料
1	B0006	车轮	个	4	外购原材料
1	B0007	包装套件	套	1	外购原材料
2	B0001	钢管	根	2	外购原材料
2	B0003	坐垫	个	1	外购原材料

表 3-30　生产车间产能报表

制表部门：生产计划部　　　　　　　　　　　　　　　　　　　　制表日期：2011 年 9 月 30 日

车间名称	10 月			11 月			12 月			1 月			2 月			3 月		
	初始产能	占用情况	剩余产能	初始产能	占用情况	剩余产能	初始产能	占用情况	剩余产能	初始产能	占用情况	剩余产能	初始产能	占用情况	剩余产能	初始产能	占用情况	剩余产能
普通机床	5000	0	5000	5000	0	5000	5000	0	5000	5000	0	5000	5000	0	5000	5000	0	5000

（续表）

车间名称	10 月			11 月			12 月			1 月			2 月			3 月		
	初始产能	占用情况	剩余产能	初始产能	占用情况	剩余产能	初始产能	占用情况	剩余产能	初始产能	占用情况	剩余产能	初始产能	占用情况	剩余产能	初始产能	占用情况	剩余产能
数控机床	0	0	0	0	0	0	3000	0	3000	3000	0	3000	3000		3000	3000	0	3000
组装生产线	7000	0	7000	7000	0	7000	7000	0	7000	7000	0	7000	7000	0	7000	7000	0	7000
组装生产线实际可用产能	5000	0	5000	5000	0	5000	5000	0	5000	7000	0	7000	7000	0	7000	7000	0	7000

任务七 生产计划员读懂期初数据

一、任务描述

新的生产计划员接手生产计划工作后，需要先研读前任交接的资料，熟悉生产领料、生产加工、成品入库、生产统计、设备维护的日常工作。本任务重点是派工单的添置。

二、情景导入

根据派工单，解读派工单的信息。派工单如表 3-31 所示。

表 3-31 经济型童车派工单

派工部门：生产计划部

派工单号：SC-PG-201109002　　　　　　　　　　派工日期：2011 年 9 月 8 日

产品名称	工序	工序名称	工作中心	生产数量	计划进度	
					开始日期	完工日期
经济型童车	20	组装	组装生产线	4000	9 月 8 日	10 月 8 日

生产计划部经理：右润　　　　　　　　　　　　　车间管理员：周群

三、知识储备

派工单(又称工票或传票)是指生产管理人员向生产人员派发生产指令的单据，是工业企业中对工人分配生产任务并记录其生产活动的原始记录。派工单是一种面向工作中心说明加工工序优先级的文件，说明工作中心的工序在一周或一个时期内要完成的生产任务。它还说明什么时间开始加工，什么时间完成，计划加工数量是多少，计划加工时数是多少，在制的生产货位是什么，计时的费率，计件的费率，加班的费率，外协的费率，等等。

四、实施步骤

生产计划员解读期初数据，如表 3-32 所示。

表 3-32　生产计划员读懂期初数据

序号	操作步骤	角色	操作内容
1	读懂派工单，会填制	生产计划员	1. 进入生产计划员岗位 2. 解读前任留下的派工单并会填制
2	登记生产执行情况表	车间管理员	车间管理员依据派工单登记生产执行情况表
3	检查实训资料	生产计划员	对照生产计划部常用单据一览表，核实手中单据是否齐全

五、线上操作

为完成生产计划员读懂期初数据的任务，好佳童车厂生产计划员需进入 VBSE 系统，进行期初数据解读。操作步骤如下。

(1) 输入用户名和密码进入系统，如图 3-60 所示。

(2) 单击任务中心任务，进入流程界面，如图 3-61 所示。

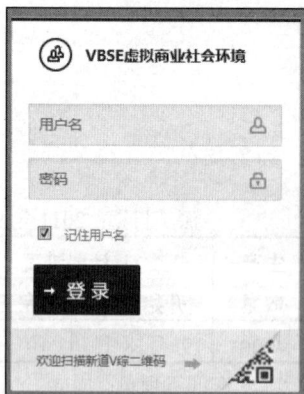

图 3-60　输入用户名和密码　　　　图 3-61　单击任务中心任务

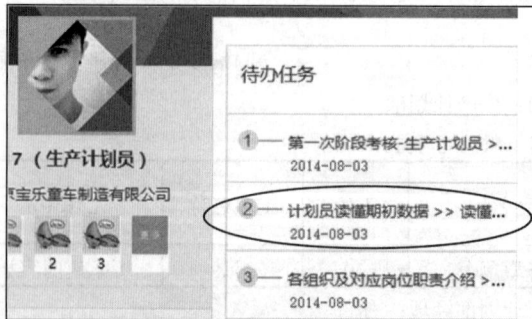

(3) 依据流程界面所列任务，先进入任务说明进行学习，如图 3-62 所示。

(4) 再进入如图 3-63 所示的业务资料。

图 3-62　任务说明

图 3-63　业务资料

(5) 依据业务流程依次完成任务，如图 3-64 和图 3-65 所示。

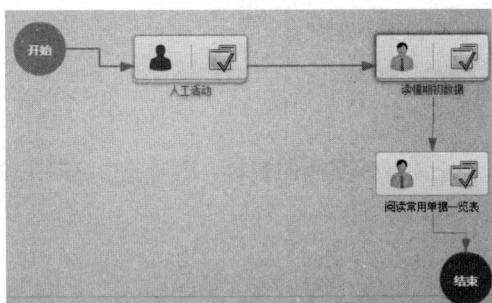

图 3-64　任务流程

图 3-65　依次完成任务

六、线下填单

派工单是前任岗位人员填制好的，期初建账时，由生产计划员根据 word 文档资料，抄写派工单。

生产计划员于 2011 年 9 月 8 日发出派工指令，包括两种产品，分别是经济型车架 5000 个，经济型童车 4000 辆，计划完成时间是 2011 年 10 月 8 日，填写派工单如表 3-33 和表 3-34 所示。

表 3-33　经济型车架派工单

派工部门：生产计划部

派工单号：SC-PG-201109001　　　　　　　　　　　　　　　派工日期：2011 年 9 月 8 日

产品名称	工序	工序名称	工作中心	生产数量	计划进度	
					开始日期	完工日期
经济型车架	20	机加工	普通机床	5000	9 月 8 日	10 月 8 日

生产计划部经理：右润　　　　　　　　　　　　　　　　　　车间管理员：周群

表 3-34　经济型童车派工单

派工部门：生产计划部

派工单号：SC-PG-201109002　　　　　　　　　　　　派工日期：2011 年 9 月 8 日

产品名称	工序	工序名称	工作中心	生产数量	计划进度	
					开始日期	完工日期
经济型童车	20	组装	组装生产线	4000	9 月 8 日	10 月 8 日

生产计划部经理：右润　　　　　　　　　　　　　　　　车间管理员：周群

任务八　车间管理员读懂期初数据

一、任务描述

新的车间管理员接手车间管理工作后，需要先研读前任交接的资料，读懂并会编制主生产计划、物料需求计划。本任务重点是生产执行情况表的登记。

二、情景导入

车间计划员送来派工单，车间管理员依据派工单，登记生产执行情况表。派工单如表 3-35所示。生产执行情况表如表 3-36 所示。

表 3-35　经济型童车派工单

派工部门：生产计划部

派工单号：SC-PG-201109002　　　　　　　　　　　　派工日期：2011 年 9 月 8 日

产品名称	工序	工序名称	工作中心	生产数量	计划进度	
					开始日期	完工日期
经济型童车	20	组装	组装生产线	4000	9 月 8 日	10 月 8 日

生产计划部经理：右润　　　　　　　　　　　　　　　　车间管理员：周群

表 3-36　生产执行情况表

制表部门：生产计划部　　　　　　　　　　　　　　　　制表日期：2011 年 9 月 30 日

单号	产品名称	领料情况	开工数量	完工数量	开工日期	计划完工日期	完工日期	在产品数量	完工入库数量	产品入库日期	备注

三、知识储备

企业在下达生产任务后，每一张生产任务单所需要生产的产品有没有按时生产完工，已完工的产品是分多少批完工入库的，以及何时生产完工的，是按计划生产完工的还是延期完工，都需要适时把握相关情况，以免造成出货延期，生产执行情况表就专为解决此问题而设计。

四、实施步骤

车间管理员读懂期初数据，如表 3-37 所示。

表 3-37　车间管理员读懂期初数据

序号	操作步骤	角色	操作内容
1	检查实训资料	车间管理员	1. 进入生产计划员岗位 2. 对照生产计划部常用单据一览表，核实手中单据是否齐全
2	接收派工单	生产计划员	车间管理员接收生产计划员传递的派工单
3	登记生产执行情况表	车间管理员	车间管理员依据派工单登记生产执行情况表

五、线上操作

为完成车间管理员读懂期初数据的任务，好佳童车厂车间管理员需进入 VBSE 系统，进行期初数据解读。操作步骤如下。

(1) 输入用户名和密码进入系统，如图 3-66 所示。

(2) 单击任务中心任务，进入流程界面，如图 3-67 所示。

图 3-66　输入用户名和密码

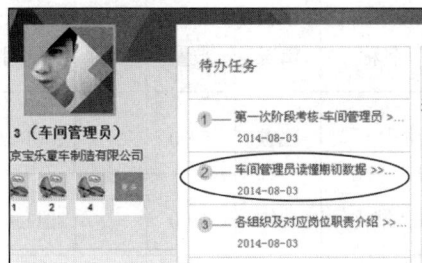

图 3-67　单击任务中心任务

(3) 依据流程界面所列任务，先进入任务说明进行学习，如图 3-68 所示。

(4) 再进入如图 3-69 所示的业务资料。

图 3-68　任务说明

图 3-69　业务资料

(5) 依据业务流程依次完成任务，如图 3-70 所示。

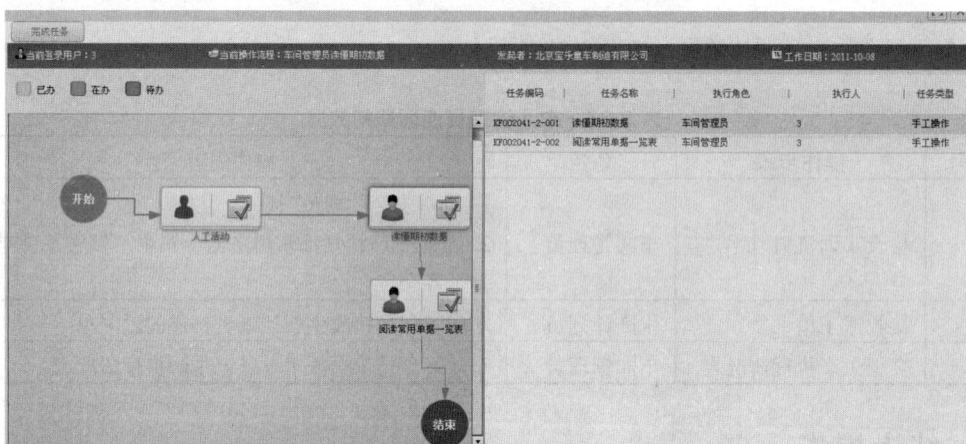

图 3-70　任务流程

六、线下填单

依据派工单填写生产执行情况表，如表 3-38 所示。

表 3-38　生产执行情况表

制表部门：生产计划部　　　　　　　　　　　　　　　　　　制表日期：2011 年 9 月 30 日

派工单号	产品名称	领料情况	开工数量	完工数量	开工日期	计划完工日期	完工日期	在产品数量	完工入库数量	产品入库日期	备注
SC-PG-201109001	经济型车架	已领	5000		2011.9.08	2011.10.08		5000			
SC-PG-201109002	经济型童车	已领	4000		2011.9.08	2011.10.08		4000			
……											

任务九 仓储部经理期初建账

一、任务描述

新的团队接手仓储管理工作后,需要先研读前任交接的资料,包括期初采购订单、车间产能报表和期初物料卡等。仓储部经理主要填写库存台账、起草仓储制度一份,掌握期初库存情况,依据物料清单 BOM 掌握产品结构,依据产能报告了解产能情况。

二、情景导入

依据如表 3-39 所示的期初库存,登记如表 3-40 所示的期初台账。请思考,作为仓储部经理应该登记多少个库存台账?

表 3-39　库存期初数据表

存货分类	存货名称	库存期初数量	
库存商品	经济型童车	2000	4000
原材料	经济型车架	0	5000
	钢管	5000	15 000
	坐垫	5000	5000
	车篷	5000	5000
	车轮	20 000	20 000
	包装套件	10 000	0

注:在途数量是指企业已经下采购订单并收到对方的结算凭证,但仍在运输途中,或已经运达企业但是尚未验收入库的材料的数量。在产数量是指已经投产,正在车间加工、组装的,未完工的半成品和成品的数量

表 3-40　库存台账

存货台账—钢管												
2011 年		凭证号数	摘要	出库			入库			结存		
月	日			数量	单价	金额	数量	单价	金额	数量	单价	金额

三、知识储备

1. 库存台账

库存台账是用来核算、监督库存物料和成品的。所以需将各种物品分别设账,以便能把该

物品的进、销、存清晰地反映出来。

初次建账，先将所有物品的实物库存数量盘点出来，再按各种物品分别建账，将盘点出来的实物库存数作为台账的期初库存，以后每次入库和出库的物品数量都能及时准确地在台账上进行登记，算出结存数量。

2. 安全库存

安全库存又称为缓冲库存，设置安全库存是为了应对供应和需求或提前期中偶然出现的不可预测的波动。如果需求大于预测，就会发生缺货，设置安全库存是为了预防这种可能性的发生，从而避免生产中断或为客户交货中断。

3. 产品 BOM 结构

产品 BOM 结构反映产品物料需求结构和各物料的需求比例关系。物料清单(Bill Of Material，称 BOM)详细介绍了一种产品所用到的所有原材料及相关属性。产品结构表反映了生产产品与其物料需求的数量和从属关系。

BOM 不仅是一种技术文件，还是一种管理文件，是联系与沟通各部门的纽带，企业各个部门都要用到 BOM 表。经济型童车的 BOM 表如表 3-41 所示。

表 3-41 经济型童车的 BOM 表

结构层次	物料编码	物料名称	单位	总数量	备注
0	P0001	经济型童车	辆	1	自产成品
1	M0001	经济型车架	个	1	自产半成品
1	B0005	车篷	个	1	外购原材料
1	B0006	车轮	个	4	外购原材料
1	B0007	包装套件	套	1	外购原材料
2	B0001	钢管	根	2	外购原材料
2	B0003	坐垫	个	1	外购原材料

经济型童车 BOM 结构如图 3-71 所示。

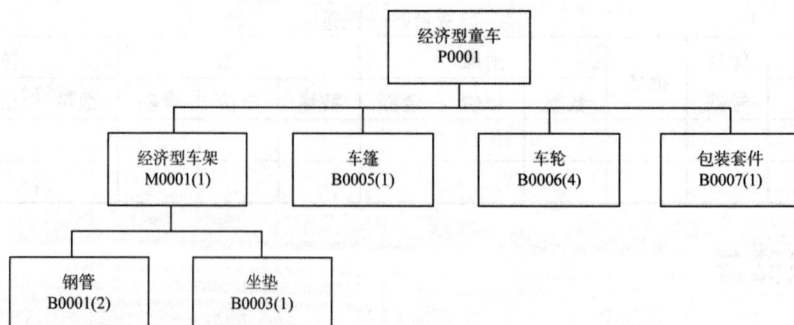

图 3-71 经济型童车 BOM 结构

四、实施步骤

仓储部经理期初建账实施步骤，如表 3-42 所示。

表 3-42 仓储部经理期初建账

序号	操作步骤	角色	操作内容
1	读懂期初库存	仓储部经理	1. 进入仓储部经理岗位 2. 解读期初库存数据
2	登记库存台账	仓储部经理	依据期初库存情况登记库存台账
3	读懂 BOM 表及结构图	仓储部经理	掌握产品材料构成情况
4	检查实训资料	仓储部经理	对照仓储部常用单据一览表，核实手中单据是否齐全

五、线上操作

为完成仓储部经理期初建账的任务，好佳童车厂仓储部经理需进入 VBSE 系统，进行期初建账。操作步骤如下。

(1) 输入用户名和密码进入系统，如图 3-72 所示。

(2) 单击任务中心任务，进入流程界面，如图 3-73 所示。

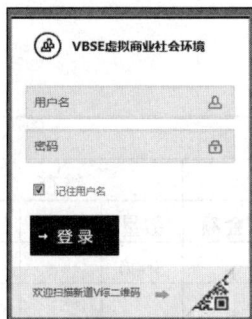

图 3-72 输入用户名和密码

图 3-73 单击任务中心任务

(3) 依据流程界面所列任务，先进入任务说明进行学习，如图 3-74 所示。

(4) 再进入如图 3-75 所示的业务资料。

图 3-74 任务说明

图 3-75 业务资料

(5) 依据业务流程依次完成任务，如图 3-76 和图 3-77 所示。

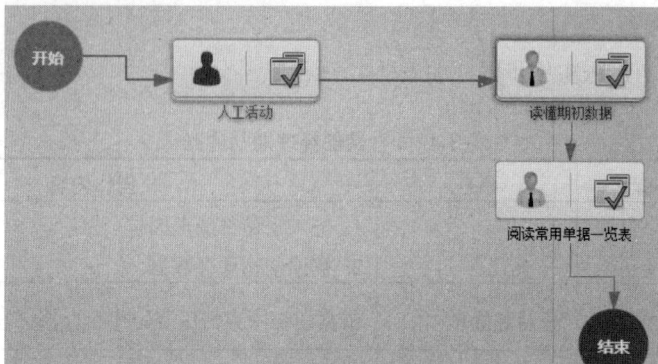

图 3-76　任务流程

任务编码	任务名称	执行角色	执行人	任务类型
KF002042-2-001	读懂期初数据	仓储部经理	14	手工操作
KF002042-2-002	阅读常用单据一览表	仓储部经理	14	手工操作

图 3-77　依次完成任务

六、线下填单

仓储部经理根据期初库存(任务导入)，建立库存台账，一物一账，将物料的库存期初数量填入库存台账，如表 3-43 所示。

表 3-43　库存台账

存货台账—钢管											
2011 年		凭证号数	摘要	出库			入库			结存		
月	日			数量	单价	金额	数量	单价	金额	数量	单价	金额
10	1		上月盘存							5000		

注：有多少种产品、原材料，就要建多少个库存台账

任务十　仓储员期初建账

一、任务描述

新的团队接手仓储管理工作后，需要先研读前任交接的资料，包括期初采购订单、车间产

能报表和期初物料卡等。仓储员主要填写物料卡、仓库占用统计表。

二、情景导入

仓储员负责仓储材料、产品的保管和统计，要做到账实相符。请通过期初库存盘点(通过库存期初数据体现，见表 3-44)，登记物料卡。同时，请思考仓储员如何掌握到货材料的情况。

表 3-44 库存期初数据表

存货分类	存货名称	库存期初数量	在途(产)数量
库存商品	经济型童车	2000	4000
原材料	经济型车架	0	5000
	钢管	5000	15 000
	坐垫	5000	5000
	车篷	5000	5000
	车轮	20 000	20 000
	包装套件	10 000	0

注：在途数量是指企业已经下采购订单并收到对方的结算凭证，但仍在运输途中，或已经运达企业但是尚未验收入库的材料的数量。在产数量是指已经投产，正在车间加工、组装的，未完工的半成品和成品的数量

三、知识储备

物料卡是一种实物标签，是仓储员管理物品的"耳目"。能够直接反映物料的名称、型号、规格、数量、单位及进出动态和库存数量。"账、卡、物相符"原则是仓库管理的传统原则，也是基本原则，一直为各种类型的仓库管理所采用，其中，"卡"就是指仓库现场的物料卡(每个仓库的叫法不同，有叫物料卡、登记卡、标识卡、库存卡、库位卡等)，使用物料标识卡主要着重于物料标识卡的作用，其主要作用如下。

(1) 在账实之间增加一道检验工序，便于库存差异查询，确保账实相符。

(2) 起标识作用，现场物料一目了然，对于仓库新人及参观者有帮助。

(3) 在仓库现场可以清楚查到物料数量，便于及时发现差异，也便于检查监督工作。

(4) 便于各种盘点操作，采购订单的一联传递给库管员，库管员据此掌握材料入库的时间以及种类、规格等。

四、实施步骤

仓储员期初建账实施步骤，如表 3-45 所示。

表 3-45　仓储员期初建账

序号	操作步骤	角色	操作内容
1	读懂期初库存	仓储员	1. 进入仓储员岗位 2. 熟悉仓库期初库存情况
2	取得采购订单	仓储员	从采购部取得采购订单，掌握未来到货情况
3	登记物料卡	仓储员	依据期初数据登记物料卡
4	检查实训资料	仓储员	对照仓储部常用单据一览表，核实手中单据是否齐全

五、线上操作

为完成仓储员期初建账的任务，好佳童车厂仓储员需进入 VBSE 系统，进行期初建账。操作步骤如下。

(1) 输入用户名和密码进入系统，如图 3-78 所示。

(2) 单击任务中心任务，进入流程界面，如图 3-79 所示。

图 3-78　输入用户名和密码

图 3-79　单击任务中心任务

(3) 依据流程界面所列任务，先进入任务说明进行学习，如图 3-80 所示。

(4) 再进入如图 3-81 所示的业务资料。

图 3-80　任务说明

图 3-81　业务资料

(5) 依据业务流程依次完成任务，如图 3-82 和图 3-83 所示。

图 3-82　任务流程

任务编码	任务名称	执行角色	执行人	任务类型
KP002043-2-001	读懂期初数据	仓管员	5	手工操作
KP002043-2-002	填写物料卡	仓管员	5	手工操作
KP002043-2-003	阅读常用单据一览表	仓管员	5	手工操作

图 3-83　依次完成任务

六、线下填单

仓管员根据期初资料，建立物料卡，一物一卡，将物料的库存期初数量填入物料卡，如表 3-46 所示。

表 3-46　库存台账

存货类别：　　　　　　　　　　　　　　　　　　　原材料仓位：A01

物料名称：钢管　　　　　　　　　　　　　　　　　　规格：Φ 外 16/Φ 内 11/L5000mm

日期	入库	出库	结余	经手人	备注
2011.9.30			5000	王宝珠	9 月盘存

注：有多少种产品、原材料，就要建多少个库存台账

任务十一　采购部经理期初建账

一、任务描述

新上任的采购部经理，接手公司要明确自己的岗位职责，研读前任交接的资料，掌握前期采购情况，掌握供应商资料，读懂供应商考核评价表，起草采购制度。

二、情景导入

在熟悉产品结构的基础上，请采购部经理找到构成产品的原材料的供应商有哪些，又应该从哪些方面进行供应商的考核，公司的采购制度是怎样的。

三、知识储备

1. 供应商审核

供应商审核是对现有供应商进行表现考评及年度质量体系的审核，是供应商管理过程中的重要内容，它是在完成供应市场调研分析、对潜在的供应商已做初步筛选的基础上对可能发展的供应商进行的审核。

2. 产能计划表对采购部门的作用

企业产能是企业在一个周期内(本案例为 1 个月)最大产出能力，是采购部制订采购计划时是否增加采购批量获得采购价格折扣需要考虑的因素之一。

四、实施步骤

采购部经理期初建账实施步骤，如表 3-47 所示。

表 3-47　采购部经理期初建账

序号	操作步骤	角色	操作内容
1	读懂期初采购订单	采购部经理	1. 进入采购部经理岗位 2. 从采购员处取得采购订单，注意订单时间、材料入库时间、付款时间 3. 掌握本月需支付多少钱给供应商
2	读懂产能计划表	采购部经理	理解产能计划对采购计划的重要作用

（续表）

序号	操作步骤	角色	操作内容
3	掌握供应商情况	采购部经理	1. 读懂供应商信息汇总表 2. 读懂供应商详细信息 3. 读懂供应商考核评价表，注意考核指标及考核等级
4	起草采购制度	采购部经理	从签订采购合同，下达采购订单，采购材料入库，采购款项支付，采购相关单证的登记及传递几方面进行制定
5	检查实训资料	采购部经理	对照采购部常用单据一览表，核实手中单据是否齐全

五、线上操作

为完成采购部经理期初建账的任务，好佳童车厂采购部经理需进入 VBSE 系统，进行期初建账。操作步骤如下。

(1) 输入用户名和密码进入系统，如图 3-84 所示。

(2) 单击任务中心任务，进入流程界面，如图 3-85 所示。

图 3-84　输入用户名和密码

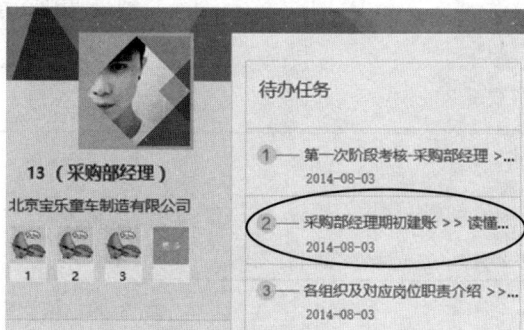

图 3-85　单击任务中心任务

(3) 依据流程界面所列任务，先进入任务说明进行学习，如图 3-86 所示。

(4) 再进入如图 3-87 所示的业务资料。

图 3-86　任务说明

图 3-87　业务资料

(5) 依据业务流程依次完成任务, 如图 3-88 和图 3-89 所示。

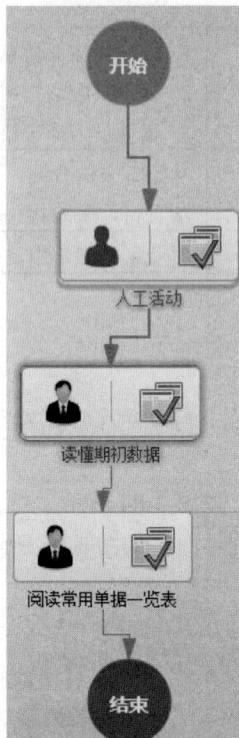

图 3-88　任务流程

任务编码	任务名称	执行角色	执行人	任务类型
KF002044-2-001	读懂期初数据	采购部经理	13	手工操作
KF002044-2-002	阅读常用单据一览表	采购部经理	13	手工操作

图 3-89　依次完成任务

六、线下填单

采购部经理用 word 起草采购制度并打印。采购部根据企业的需要做出如下决定：按季度与供应商签订采购合同；每月向各供应商下达 1 次订单；从发出采购订单到收到采购物料的时间为 1 个月，即采购提前期为 1 个月，收到物料及收到货物后的次月支付货款；发出订单和收到物料后，填写"采购合同执行情况表"和"供应商考核记录表"。

任务十二 采购员期初建账

一、任务描述

新上任的采购员，要明确自己的岗位职责，研读前任交接的资料，完成采购订单的填写(本任务本应由前任填写、保管、移交，这里为让新任采购员熟悉采购情况，由现任采购员完成)，填制采购合同执行情况表。

二、情景导入

已知 8 月份的一条采购信息：2011 年 8 月 8 日与邦尼工贸有限公司签订采购订单，正常采购规格为 Φ 外 16/Φ11/L5000mm 的钢管，合同编号为 CG-HT-201107001，付款方式为月结，订单编号为 CG-DD-201108001，单价为 70.20 元，数量为 5000 根，共计 351 000.00 元，折扣率为 0，到货时间为 2011 年 9 月 1 日。请根据上述信息填写采购订单，再依据采购订单登记采购合同执行情况表，并根据采购制度，考虑 2011 年 10 月的付款情况。

三、知识储备

1. 采购订单

采购订单是采购部根据生产部物料需求计划和库存状况所制订的切实可行的采购订单计划，并下达至供应商执行，在执行的过程中要注意对订单进行跟踪，以使企业能从采购环境中购买到企业所需的商品，为生产部门和需求部门输送合格的原材料和配件。采购订单一式四联，第一联采购部留存，第二联仓储部留存，第三联财务部留存，第四联寄送供应商。

2. 采购合同执行情况表

采购员下达采购订单后及时填写"采购合同执行情况表"，并根据采购物料入库情况、货款支付情况等及时完善。

四、实施步骤

采购员期初建账实施步骤，如表 3-48 所示。

表 3-48 采购员期初建账

序号	操作步骤	角色	操作内容
1	读懂采购制度	采购员	1. 进入采购员岗位 2. 读懂采购经理制定的采购制度，以此执行采购任务

（续表）

序号	操作步骤	角色	操作内容
2	填写采购订单	采购员	根据期初信息填写采购订单(本应由前任填写、保管、移交，这里为了让新任采购员熟悉采购情况，由现任采购员完成)
3	填制采购合同执行情况表	采购员	依据采购订单填制采购合同执行情况表
4	传递采购订单，确定采购金额	采购员	采购订单按照四联进行相关部门传递，并依据采购制度确定 10 月份需支付的采购款
5	检查实训资料	采购员	对照采购部常用单据一览表，核实手中单据是否齐全

五、线上操作

为完成采购员期初建账的任务，好佳童车厂采购员需进入 VBSE 系统，进行期初建账。操作步骤如下。

(1) 输入用户名和密码进入系统，如图 3-90 所示。

(2) 单击任务中心任务，进入流程界面，如图 3-91 所示。

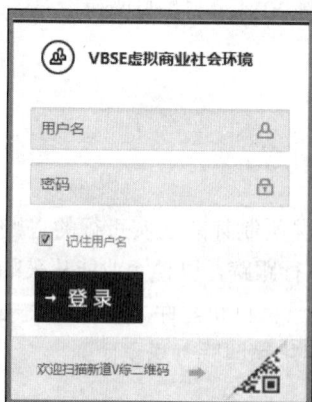

图 3-90　输入用户名和密码

图 3-91　单击任务中心任务

(3) 依据流程界面所列任务，先进入任务说明进行学习，如图 3-92 所示。

(4) 再进入如图 3-93 所示的业务资料。

图 3-92　任务说明

图 3-93　业务资料

(5) 依据业务流程依次完成任务，如图 3-94 和图 3-95 所示。

任务编码	任务名称	执行角色	执行人	任务类型
KP002045-2-001	读懂期初数据	采购员	4	手工操作
KP002045-2-002	阅读常用单据一览表	采购员	4	手工操作

图 3-94 任务流程   图 3-95 依次完成任务

六、线下填单

好佳童车厂采购员，需依据线上操作流程中子任务的顺序，完成采购订单和采购合同情况表的填写、传递。整个过程中，好佳童车厂采购员要学会采购订单和采购合同情况的填写。下面是填写一个示例，采购员在填写时要完成 8 月份的采购订单，9 月份的采购订单。依据采购订单完成采购合同执行情况表的填写，采购订单填制和执行情况表样例如表 3-49 和表 3-50 所示。

表 3-49 采购订单填制样例

采购订单

供应商名称：邦尼工贸有限公司　　　　　　采购类别：正常采购

合同编号：CG-HT-201107001　　　　　　　付款方式：月结

制单日期：2011.08.08　　　　　　　　　　订单编号：CG-DD-201108001

序号	品名	规格	单位	到货时间	数量	单价	折扣率	金额小计
1	钢管	Φ 外 16/Φ 内11/ L5000mm	根	2011.09.08	5000	70.20	0	351 000.00
2	——							
3	——							
金额合计	(大写)：叁拾伍万壹仟元整					(小写)：￥ 351 000.00		
备注								

第一联采购部留存

采购部经理：**李斌**　　　　　　　　　　　采购员：**付海生**

表 3-50 采购合同执行情况表填制样例

采购合同执行情况表

伽表部门：采购部

合同编号	合同总数	订单编号	供应商名称	物料编号	物料名称	计量单位	订货日期	订货数量	单价	总金额	计划交期	计划付款	已到数量	入库数量	不合格数量	到货日期	应付金额	已付金额	实际付款	开票情况	开票时间	备注
CG-HT-201107001	30 000	CG-DD-201108001	邦尼	B0001	销钉	根	2011/08/08	5000	70.20	351 000.00	2011/09/01	2011/10/08	5000	5000	0	2011/09/01	351 000.00			已开	2011/09/01	

任务十三　人力资源部经理期初建账

一、任务描述

新上任的人力资源部经理，要明确自己的岗位职责，研读前任交接的资料，读懂期初数据，掌握公司组织结构，共有确认结构层次，确认公司部门数量，确认机加工车间人员数量和组装车间人员数量；掌握期初人员基本信息，业绩及考核结果数据，薪酬福利规则；等等，起草考勤制度一份，制作公司考勤表。

二、情景导入

根据公司组织结构图(如图3-96所示)确定各部门员工数及岗位职责，明确考勤要求。

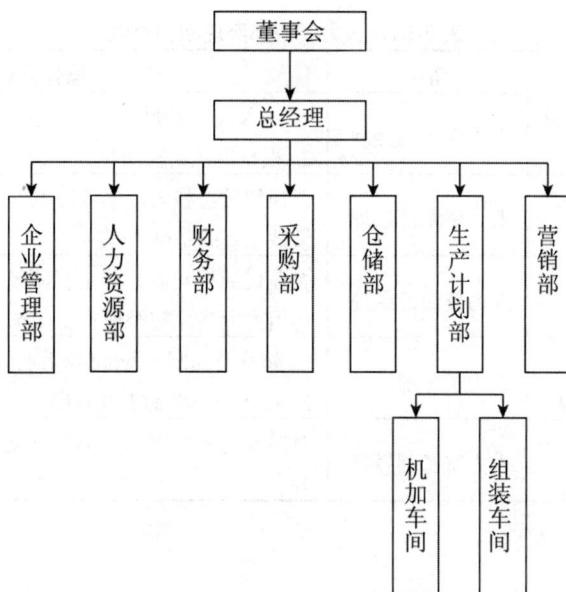

图 3-96　公司组织结构图

三、知识储备

五险一金是指用人单位给予劳动者的几种保障性待遇的合称，包括养老保险、医疗保险、失业保险、工伤保险和生育保险，及住房公积金。

在职职工个人应当按照规定缴存住房公积金。住房公积金为"应当缴纳"项目，法律上应当即为必须，同时缴纳也表现出这是一项义务。

2016 年 3 月 23 日"十三五"规划纲要提出，将生育保险和基本医疗保险合并实施。这意味着，未来随着生育保险和基本医疗保险的合并，人们熟悉的"五险一金"或将变为"四险一金"，医疗保险将与生育保险合并，有些大型企业会为员工购买福利，如人身意外险、重大疾病保险。

2016 年 12 月 19 日，全国人民代表大会常务委员会审议相关决定草案，拟授权国务院在河北省邯郸市等 12 个生育保险和基本医疗保险合并实施试点城市行政区域暂时调整实施《中华人民共和国社会保险法》有关规定，拟将邯郸、郑州等 12 个城市作为试点，实施生育保险基金并入职工基本医疗保险基金征缴和管理。两险合并之后，未来就是四险一金了。参加医疗保险的人可以享受到生育保险的待遇。

四、实施步骤

人力资源部经理期初建账实施步骤，如表 3-51 所示。

表 3-51　人力资源部经理期初建账

序号	操作步骤	角色	操作内容
1	读懂组织结构及人员设置	人力资源部经理	1. 进入人力资源部经理岗位 2. 根据组织结构图掌握部门、人员设置情况
2	读懂业绩及绩效考核数据	人力资源部经理	读懂绩效考核表，季度净利润、销售额、产量是确定绩效工资的基础
3	读懂各种薪酬表格及填制要求	人力资源部经理	企业代缴福利表、职工薪酬统计表、职工薪酬汇总表均由人力资源部经理负责制作
4	起草考勤制度，设计公司考勤表	人力资源部经理	1. 起草考勤制度 word 版并打印 2. 设计公司考勤表并打印
5	检查实训资料	人力资源部经理	对照人力资源部常用单据一览表，核实手中单据是否齐全

五、线上操作

为完成人力资源部经理期初建账的任务，好佳童车厂人力资源部经理需进入 VBSE 系统，进行期初建账。操作步骤如下。

(1) 输入用户名和密码进入系统，如图 3-97 所示。

(2) 单击任务中心任务，进入流程界面，如图 3-98 所示。

(3) 依据流程界面所列任务，先进入任务说明进行学习，如图 3-99 所示。

(4) 再进入如图 3-100 所示的业务资料。

图 3-97 输入用户名和密码

图 3-98 单击任务中心任务

图 3-99 任务说明

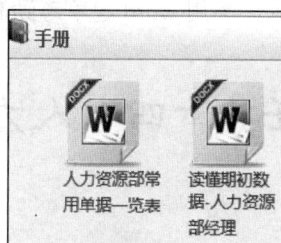

图 3-100 业务资料

(5) 依据业务流程依次完成任务，如图 3-101 和图 3-102 所示。

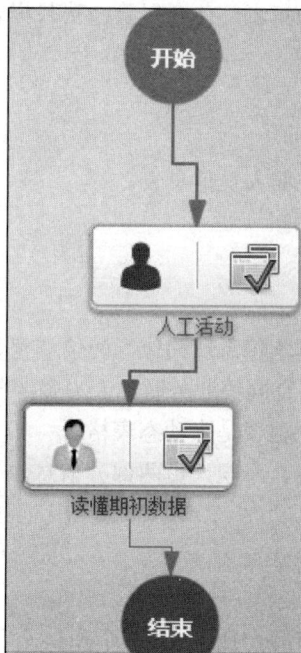

图 3-101 任务流程

任务编码	任务名称	执行角色	执行人	任务类型
KF002047-2-001	读懂期初数据	人力资源部经理	15	手工操作

图 3-102　依次完成任务

六、线下填单

好佳童车厂人力资源部经理，明确公司分为 4 个管理层次，7 个部门，2 个车间。总经理对董事会负责并可以对企业管理部、人力资源部、财务部、采购部、仓储部、生产计划部、营销部下达命令或指挥。截至 2011 年 9 月 30 日，管理人员在岗 18 人，机加工车间人员 20 人，组装车间人员 20 人。另用 word 起草考勤制度一份，设计公司考勤表(自行设计)并打印。

任务十四　人力资源助理期初建账

一、任务描述

新上任的人力资源部助理，要明确自己的岗位职责，研读前任交接的资料，读懂期初数据，明确人事登记表、社会保险基数采集表、社会保险缴费月报表、五险一金核算表的填制方法。

二、情景导入

根据公司员工基本信息制作在职人员信息表。

三、知识储备

人事登记表是用于记录员工基本信息及岗位、岗位调整、劳动合同期限等信息的表格。当发生入职、离职、岗位变动、续签合同等业务时，人力资源部工作人员需要及时更新人事登记表，保证数据的准确，因此人事登记表是张动态表格。

"人事登记表"包含在职人员、离职人员两部分信息。

四、实施步骤

人力资源助理期初建账实施步骤，如表 3-52 所示。

表 3-52　人力资源助理期初建账

序号	操作步骤	角色	操作内容
1	读懂期初数据	人力资源助理	1. 进入人力资源助理岗位 2. 根据组织结构图掌握部门、人员设置情况
2	制作在职人员信息表	人力资源助理	用 Excel 制作在职人员信息表
3	明确工作职责	人力资源助理	负责制作人事登记表、社会保险基数采集表、社会保险缴费月报表、五险一金核算表
4	检查实训资料	人力资源助理	对照人力资源部常用单据一览表，核实手中单据是否齐全

五、线上操作

为完成人力资源助理期初建账的任务，好佳童车厂人力资源助理需进入 VBSE 系统，进行期初建账。操作步骤如下。

(1) 输入用户名和密码进入系统，如图 3-103 所示。

(2) 单击任务中心任务，进入流程界面，如图 3-104 所示。

图 3-103　输入用户名和密码

图 3-104　单击任务中心任务

(3) 依据流程界面所列任务，先进入任务说明进行学习，如图 3-105 所示。

(4) 再进入如图 3-106 所示的业务资料。

图 3-105　任务说明

图 3-106　业务资料

(5) 依据业务流程依次完成任务，如图 3-107 和图 3-108 所示。

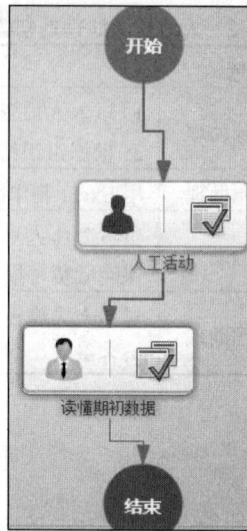

图 3-107 任务流程

任务编码	任务名称	执行角色	执行人	任务类型
KF002048-2-001	读懂期初数据	人力资源助理	张6	手工操作

图 3-108 依次完成任务

六、线下填单

好佳童车厂人力资源助理，需依据线上操作流程中子任务的顺序，完成各项任务，用 Excel 制作在职人员信息表，如表 3-53 所示。

表 3-53 在职人员信息表

姓名	员工编号	部门	职位	身份证号码	性别	出生日期	联系电话	入司时间	是否试用期	劳动合同期限
梁天	1	企业管理部	总经理	110105198212099812	男	1982/12/9	13198162544	2010.1.1	否	2010.1.1—2013.12.31
叶瑛	2	企业管理部	行政助理	120201196204117521	女	1962/4/11	15920981761	2010.9.20	否	2010.9.20—2014.1.19
张万军	3	人力资源部	人力资源部经理	211432199107316544	男	1991/7/31	15109873622	2011.1.13	否	2011.1.13—2014.1.12

任务十五 财务经理期初建账

一、任务描述

新上任的财务经理接手公司工作，要明确自己的岗位职责，研读前任交接的资料，掌握企业财务状况、经营成果及财务制度，根据已有期初资料，开设总账账簿。

二、情景导入

依据 2011 年 9 月底的科目结算余额表(如表 3-54 所示)，好佳童车厂财务经理进行现总分类账的期初建账。

表 3-54　期初科目余额表(部分)

科目编码	科目名称	数量	期初余额	
			借方	贷方
1001	库存现金		20 000.00	
1002	银行存款		2 480 000.00	
100201	工行存款		2 480 000.00	
100202	中行存款			
1122	应收账款		2 808 000.00	
112201	旭日贸易公司		702 000.00	
112202	华晨商贸城		70 2000.00	
112203	百联集团有限公司		702 000.00	
112204	五洲进出口有限公司		702 000.00	
1403	原材料		1 450 000.00	
140301	钢管	5000	300 000.00	
140302	坐垫	5000	250 000.00	
140303	车轮	20 000	400 000.00	
140304	车篷	5000	300 000.00	
140305	经济型童车包装套件	10 000	200 000.00	

三、知识储备

总账是指总分类账簿，又称总分类账，是根据总分类科目开设账户，用来登记全部经济业务，进行总分类核算，提供总括核算资料的分类账簿。总分类账所提供的核算资料，是编制会计报表的主要依据，任何单位都必须设置总分类账。总分类账一般采用订本式账簿。总分类账的账页格式，一般采用"借方""贷方""余额"三栏式。总账的样式如图 3-109 所示。

总　账

第1页

年		凭证		摘　要	对方 科目	借　　方										贷　　方										借 或 贷	余　　额									
月	日	字	号数			千	百	十	万	千	百	十	元	角	分	千	百	十	万	千	百	十	元	角	分		千	百	十	万	千	百	十	元	角	分

图 3-109　总账样式

四、实施步骤

依据科目结算余额表，财务经理进行期初建账，如表 3-55 所示。

表 3-55　财务经理期初建账操作步骤一览表

序号	操作步骤	角色	操作内容
1	检查实习装备，读懂期初数据	财务经理	1. 进入财务经理岗位 2. 检查实训装备，包括总分类账 3. 看懂 9 月份资产负债表反映的财务状况和利润表反映的经营成果
2	启用账簿	财务经理	1. 根据科目余额表启用总分类账 2. 填写账簿启用页
		总经理	在账簿启用页签字盖章
		财务部经理	在账簿启用页签字盖章
		行政助理	在账簿启用页加盖单位公章
3	期初建账	财务经理	根据科目余额表逐一登记总分类账
4	试算平衡	财务经理	对总分类账各个账户进行期初余额的试算平衡

五、线上操作

为完成财务经理期初建账的任务，好佳童车厂财务经理需进入 VBSE 系统，进行期初建账。操作步骤如下。

(1) 输入用户名和密码进入系统，如图 3-110 所示。

(2) 单击任务中心任务，进入流程界面，如图 3-111 所示。

图 3-110　输入用户名和密码　　　　　　图 3-111　单击任务中心任务

(3) 依据流程界面所列任务，先进入任务说明进行学习，如图 3-112 所示。

(4) 再进入如图 3-113 所示的业务资料。

图 3-112　任务说明　　　　　　　　　　图 3-113　业务资料

(5) 依据业务流程依次完成任务，如图 3-114 和图 3-115 所示。

任务编码	任务名称	执行角色	执行人	任务类型
KP002049-2-001	读懂期初数据	财务部经理	张8	手工操作
KP002049-2-002	阅读常用单据一览表	财务部经理	张8	手工操作

图 3-114　任务流程　　　　　　　　　　图 3-115　依次完成任务

六、线下填单

好佳童车厂财务经理,需依据线上操作流程中子任务的顺序,与任务相关人员一起完成总账的启用和建账。整个过程中,好佳童车厂财务经理要学会启用账簿和依据期初科目余额登记总账(部分填写样例如图3-116～图3-120所示)。

经管人员一览表

单位名称	好佳童车厂				
账簿名称	总账				
账簿页数	100页				
使用日期	2011.10.01				
单位领导签章		郝灵	会计主管签章	钱坤	
经管人员职别	姓名	经管或接管日期	签章	移交日期	签章
财务经理	钱坤	2011年10月01日	钱坤	年 月 日	
		年 月 日		年 月 日	
		年 月 日		年 月 日	
		年 月 日		年 月 日	
		年 月 日		年 月 日	
		年 月 日		年 月 日	
		年 月 日		年 月 日	

图3-116　账簿启用页填制样例

现 金 总 账

第1页

2011年		凭证		摘　要	对方科目	借　方									贷　方									借或贷	余　额								
月	日	字	号数			千	百	十	万	千	百	十	元	角分	千	百	十	万	千	百	十	元	角分		千	百	十	万	千	百	十	元	角分
10	1			结转上年																				借			2	0	0	0	0	0	0

图3-117　总账填制样例1

银行存款总 账

第1页

2011年		凭证		摘　要	对方科目	借　方									贷　方									借或贷	余　额								
月	日	字	号数			千	百	十	万	千	百	十	元	角分	千	百	十	万	千	百	十	元	角分		千	百	十	万	千	百	十	元	角分
10	1			结转上年																				借	2	4	8	0	0	0	0	0	0

图3-118　总账填制样例2

应收账款总 账

第1页

2011年		凭证		摘 要	对方科目	借 方										贷 方										借或贷	余 额									
月	日	字	号数			千	百	十	万	千	百	十	元	角	分	千	百	十	万	千	百	十	元	角	分		千	百	十	万	千	百	十	元	角	分
10	1			结转上年																						借		2	8	0	8	0	0	0	0	0

图 3-119 总账填制样例 3

原材料总 账

第1页

2011年		凭证		摘 要	对方科目	借 方										贷 方										借或贷	余 额									
月	日	字	号数			千	百	十	万	千	百	十	元	角	分	千	百	十	万	千	百	十	元	角	分		千	百	十	万	千	百	十	元	角	分
10	1			结转上年																						借		1	4	5	0	0	0	0	0	0

图 3-120 总账填制样例 4

财务经理在进行期初建账时，需将余额表中各个账户逐一进行总账的期初建账。

任务十六 出纳期初建账

一、任务描述

新上任的出纳接手公司工作，要明确自己的岗位职责，研读前任交接的资料，进行现金、银行存款日记账的启用和期初建账。

二、情景导入

依据 2011 年 9 月底的科目结算余额表(如表 3-56 所示)，好佳童车厂出纳人员进行现金日记账和银行存款日记账的期初建账。

表 3-56　期初科目余额表(部分)

科目编码	科目名称	期初余额	
		借方	贷方
1001	库存现金	20 000.00	
1002	银行存款	2 480 000.00	
100201	工行存款	2 480 000.00	
100202	中行存款		

三、知识储备

日记账是按照经济业务发生的时间先后顺序,逐日逐笔登记经济业务的账簿。企业在确定日记账的种类和数量时,要根据经济业务的数量和管理的要求,选择设置特种日记账或普通日记账。特种日记账包括三栏式和多栏式。经济单位都会设置现金和银行存款日记账,我们最常见到三栏式的现金和银行存款日记账。

1. 三栏式现金日记账的登记

现金日记账是用来核算和监督库存现金每天的收入、支出和结存情况的账簿。企业应按币种设置现金日记账并进行明细分类核算。出纳人员根据审核无误的现金收、付款凭证和与现金有关的银行付款凭证(记录从银行提取现金的业务),按经济业务发生的先后顺序,逐日逐笔进行登记现金日记账,并根据"上日余额+本日收入-本日支出=本日余额"的公式,逐日结算出现金余额,与库存现金核对,以检查每日现金收付是否有误,如图 3-121 所示。

现 金 日 记 账

第1页

2011年		凭证		摘　要	对方科目	借　方										贷　方										借或贷	余　额									
月	日	字	号数			千	百	十	万	千	百	十	元	角	分	千	百	十	万	千	百	十	元	角	分		千	百	十	万	千	百	十	元	角	分

图 3-121　现金日记账样例

现金日记账的具体登记方法如下。

(1) 日期栏:指记账凭证的日期,应与现金实际收付日期一致。

(2) 凭证栏:指登记入账的收、付款凭证的种类和编号。如:"现金收(付)款凭证"简写为"现收(付)";"银行存款付款凭证"简写为"银付"。凭证栏还应登记凭证的编号数,以便查账和核对。

(3) 摘要栏：简要说明登记入账的经济业务内容，文字要简练，但要说明问题。

(4) 对方科目栏：是为了便于观察每笔现金收入的来源或付出的去向，根据记账凭证所列的对方科目登记，其作用在于了解经济业务的来龙去脉。

(5) 借方栏：指实际收到现金的金额。根据现金收款凭证和反映从银行提取现金业务的银行存款付款凭证登记。

(6) 贷方栏：指实际支付现金的金额。根据现金付款凭证登记。

(7) 余额栏：每日终了，应分别计算现金收入和付出的合计数，结出余额，同时将余额与库存现金核对，做到"日清日结"。如账款不符应查明原因并记录备案。月终同样要计算本月现金收入、付出和结存的合计数，通常称为"月结"。

2. 三栏式银行存款日记账的登记

银行存款日记账是用来核算和监督银行存款每日的收入、支出和结存情况的账簿。银行存款日记账应按企业在银行开立的账户和币种分别设置，每个银行账户设置一本日记账。由出纳员根据审核无误的银行收款凭证、银行存款付款凭证和现金付款凭证(记录将现金存入银行的业务)，按经济业务的发生的先后顺序，逐日逐笔进行登记银行存款日记账，如图 3-122 所示。

银 行 存 款 日 记 账

第1页

2011年		凭证		摘　　要	对方	借　　方									贷　　方									借或	余　　额								
月	日	字	号数		科目	千	百	十	万	千	百	十	元	角	分	千	百	十	万	千	百	十	元	角	分	贷	千	百	十	万	千	百	十	元	角	分

图 3-122　银行存款日记账样例

银行存款日记账的登记方法与现金日记账基本相同，需说明的是。

(1) 支票种类和号数栏：指所记录经济业务如果以支票付款结算，应在该栏内填写相应的支票种类和号数，以便与开户银行对账。

(2) 对方科目栏：是为了注明每笔银行存款收入的来源渠道或支出的用途，根据记账凭证所列的对方科目登记。其作用是便于了解银行存款收、付的来龙去脉。

(3) 借方栏：指实际收到银行存款的金额。根据银行存款收款凭证和反映从银行提取现金业务的银行存款付款凭证登记。

(4) 贷方栏：指实际支付银行存款的金额。根据银行存款付款凭证登记。

(5) 余额栏：每日终了，应分别计算银行存款的收入和支出的合计数，结算出余额，做到"日清"，月终应计算出银行存款全月收入、支出的合计数，做到"月结"。

四、实施步骤

依据科目结算余额表，出纳进行期初建账，如表 3-57 所示。

表 3-57　出纳期初建账操作步骤一览表

序号	操作步骤	角色	操作内容
1	检查实习装备	出纳	1. 进入出纳岗位 2. 检查实训装备，包括现金日记账和银行存款日记账
2	启用账簿	出纳	1. 根据科目结算表启用现金日记账、银行存款日记账(工行户)、银行存款日记账(中行户) 2. 填写账簿启用页
		总经理	在账簿启用页签字盖章
		财务部经理	在账簿启用页签字盖章，交给出纳
		行政助理	在账簿启用页加盖单位公章
3	期初建账	出纳	出纳根据科目结算表登记现金、银行存款日记账

五、线上操作

为完成出纳期初建账的任务，好佳童车厂出纳需进入 VBSE 系统，进行期初数据解读。操作步骤如下。

(1) 输入用户名和密码进入系统，如图 3-123 所示。

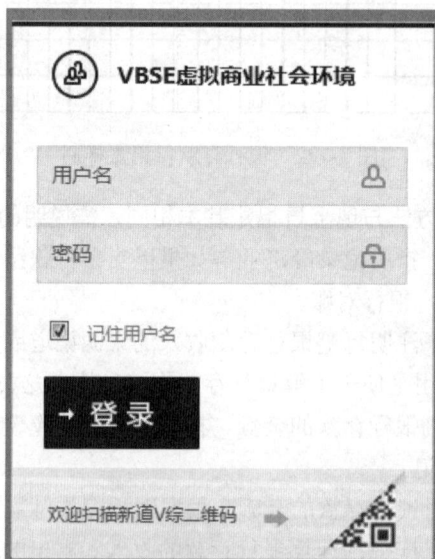

图 3-123　输入用户名和密码

(2) 单击任务中心任务，进入流程界面，如图 3-124 所示。

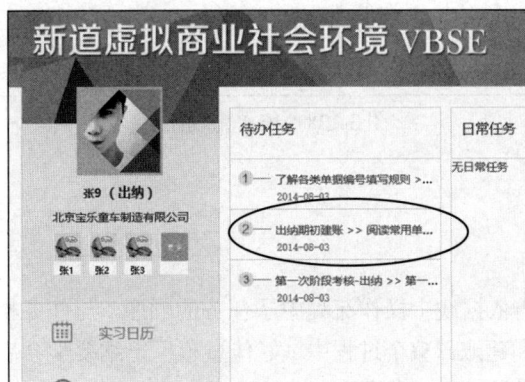

图 3-124 单击任务中心任务

(3) 依据流程界面所列任务，先进入任务说明进行学习，如图 3-125 所示。

(4) 再进入如图 3-126 所示的业务资料。

图 3-125 任务说明

图 3-126 业务资料

(5) 依据业务流程依次完成任务，如图 3-127 和图 3-128 所示。

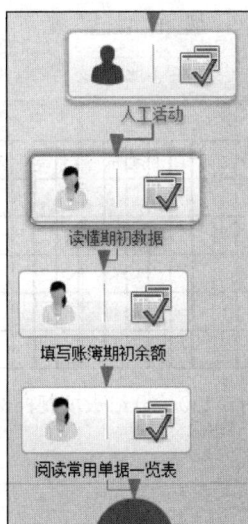

图 3-127 任务流程

任务编码	任务名称	执行角色	执行人	任务类型
KF002050-2-001	读懂期初数据	出纳	张9	手工操作
KF002050-2-002	填写账簿期初余额	出纳	张9	手工操作
KF002050-2-003	阅读常用单据一览表	出纳	张9	手工操作

图 3-128　依次完成任务

六、线下填单

好佳童车厂出纳，需依据线上操作流程中子任务的顺序，与任务相关人员一起完成现金和银行存款日记账的启用和建账。整个过程中，好佳童车厂出纳要学会启用账簿和登记现金日记账及银行存款日记账，如图 3-129 和图 3-130 所示。

图 3-129　账簿启用页填制样例

现 金 日 记 账

第1页

2011年		凭证		摘　要	对方科目	借　方									贷　方									借或贷	余　额								
月	日	字	号数			千	百	十	万	千	百	十	元	角	分	千	百	十	万	千	百	十	元	角	分		千	百	十	万	千	百	十	元	角	分
10	1			结转上年																						借			2	0	0	0	0	0	0

图 3-130　日记账填制样例

任务十七 财务会计期初建账

一、任务描述

新上任的财务会计接手公司工作，要明确自己的岗位职责，研读前任交接的资料，进入财务会计岗位，首先需要检查实习装备，包括科目余额表、期初文档及相关办公用品等；然后，根据已经具备的实习装备，开设负责的各个明细账账簿。

二、情景导入

依据 2011 年 9 月底的科目结算余额表(如表 3-58 所示)，好佳童车厂财务会计进行所负责账户明细账的期初建账。

表 3-58　期初科目余额表(部分)

科目编码	科目名称	数量	期初余额	
			借方	贷方
1001	库存现金		20 000.00	
1002	银行存款		2 480 000.00	
100201	工行存款		2 480 000.00	
100202	中行存款			
1122	应收账款		2 808 000.00	
112201	旭日贸易公司		702 000.00	
112202	华晨商贸城		702 000.00	
112203	百联集团有限公司		702 000.00	
112204	五洲进出口有限公司		702 000.00	
1403	原材料		3 620 000.00	
140301	钢管	5000	300 000.00	
140302	坐垫	5000	250 000.00	
140303	车轮	20 000	400 000.00	
140304	车篷	5000	300 000.00	
140305	经济型童车包装套件	10 000	200 000.00	
140312	在制品		2 170 000.00	

三、知识储备

本教学实训中，财务会计负责财务会计、薪资会计、应收会计、应付会计、税务会计、费用会计等多方面的会计工作，即包括往来科目、固定资产、累计折旧、应付职工薪酬、应交税费、损益类账户、所有者权益类账户的多类账户明细账的登记，具体涉及的账页格式包括三栏式明细账和多栏式明细账。

明细账也称明细分类账，是根据总账科目所属的明细科目设置的，用于分类登记某一类经济业务事项，提供有关明细核算资料。

明细账是按照二级或明细科目设置的账簿，一般采用活页式账簿。各单位应结合自己的经济业务的特点和经营管理的要求，在总分类账的基础上设置若干明细分类账，作为总分类账的补充。明细分类账按账页格式不同可分为三栏式、数量金额式和多栏式。

1. 三栏式明细账

三栏式明细账的账页只设借方、贷方和余额三个金额栏，不设数量栏。这种格式适用于只需要进行金额核算而不需要进行数量核算的明细核算，如"应收账款""应付账款"等债权债务结算科目的明细分类核算和"实收资本"等所有者权益类明细账的核算。三栏式明细账的样式如图 3-131 所示。

<u>明细账</u>

二级科目名称:

年		凭证		摘　要	借　方										贷　方										借或贷	余　额										记账
月	日	种类	号数		千	百	十	万	千	百	十	元	角	分	千	百	十	万	千	百	十	元	角	分		千	百	十	万	千	百	十	元	角	分	

图 3-131　三栏式明细账样例

2. 多栏式明细账

多栏式明细账的账页按照明细科目或明细项目分设若干专栏，以在同一账页上集中反映各有关明细科目或某明细科目各明细项目的金额。这种格式适用于成本类、损益类的明细核算，如"制造费用""管理费用""营业外收入"和"营业外支出"等科目的明细分类核算。多栏式明细账的样式如图 3-132 所示。

多栏式明细账

年		凭证号数	摘要	借方（或贷方）			合计
月	日						

图 3-132 多栏式明细账样例

四、实施步骤

依据科目结算余额表，财务会计进行期初建账，如表 3-59 所示。

表 3-59　财务会计期初建账操作步骤一览表

序号	操作步骤	角色	操作内容
1	检查实习装备，明确任务责任	财务会计	1. 进入财务会计岗位 2. 检查实训装备，包括三栏式明细分类账和多栏式明细分类账 3. 明确负责建账的账户
2	启用账簿	财务会计	1. 启用明细分类账 2. 填写账簿启用页
		总经理	在账簿启用页签字盖章
		财务部经理	在账簿启用页签字盖章
		行政助理	在账簿启用页加盖单位公章
3	期初建账	财务会计	根据科目余额表逐一登记对应明细分类账

五、线上操作

为完成财务会计期初建账的任务，好佳童车厂财务会计需进入 VBSE 系统，进行期初建账。操作步骤如下。

(1) 输入用户名和密码进入系统，如图 3-133 所示。

(2) 单击任务中心任务，进入流程界面，如图 3-134 所示。

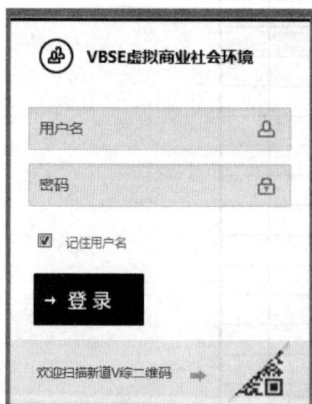

图 3-133　输入用户名和密码

图 3-134　单击任务中心任务

(3) 依据流程界面所列任务，先进入任务说明进行学习，如图 3-135 所示。

(4) 再进入如图 3-136 所示的业务资料。

图 3-135　任务说明

图 3-136　业务资料

(5) 依据业务流程依次完成任务，如图 3-137 和图 3-138 所示。

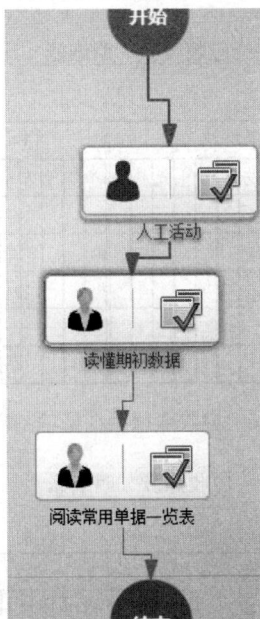

图 3-137　任务流程

任务编码	任务名称	执行角色	执行人	任务
KP002051-2-001	读懂期初数据	财务会计	张11	手工据
KP002051-2-002	填写账簿期初余额	财务会计	张11	手工据
KP002051-2-003	阅读常用单据一览表	财务会计	张11	手工据

图 3-138　依次完成任务

六、线下填单

好佳童车厂财务会计，需依据线上操作流程中子任务的顺序，与任务相关人员一起完成相关明细账的启用和建账。整个过程中，好佳童车厂财务会计要学会启用账簿和依据期初科目余额登记三栏式和多栏式明细账(部分填写样例如图 3-139~图 3-141 所示)。

经管人员一览表

单位名称	好佳童车厂商				
账簿名称	三栏式明细账				
账簿页数					
使用日期	2011.10.01				
单位领导签章	第灵		会计主管签章	钱坤	
经管人员职别	姓名	经管或接管日期	签章	移交日期	签章
财务会计	朱中华	2011年10月01日		年 月 日	
		年 月 日		年 月 日	
		年 月 日		年 月 日	
		年 月 日		年 月 日	
		年 月 日		年 月 日	

图 3-139 账簿启用页填制样例

应收账款 明细账

二级科目名称：旭日贸易公司

2011年		凭证		摘要	借方										贷方										借或贷	余额										记账
月	日	种类	号数		千	百	十	万	千	百	十	元	角	分	千	百	十	万	千	百	十	元	角	分		千	百	十	万	千	百	十	元	角	分	
10	1			上月结转																					借		7	0	2	0	0	0	0	0	0	

图 3-140 应收账款明细账填制样例 1

应收账款 明细账

二级科目名称：华晨商贸城

2011年		凭证		摘要	借方										贷方										借或贷	余额										记账
月	日	种类	号数		千	百	十	万	千	百	十	元	角	分	千	百	十	万	千	百	十	元	角	分		千	百	十	万	千	百	十	元	角	分	
10	1			上月结转																					借		7	0	2	0	0	0	0	0	0	

图 3-141 应收账款明细账填制样例 2

任务十八 成本会计期初建账

一、任务描述

新上任的成本会计接手公司工作，要明确自己的岗位职责，研读前任交接的资料，进入成本会计岗位，首先需要检查实习装备，包括科目余额表、期初文档及相关办公用品等；然后，根据已经具备的实习装备，开设负责的各个明细账账簿。

二、情景导入

依据 2011 年 9 月底的科目结算余额表(如表 3-60 所示)，好佳童车厂成本会计进行所负责账户明细账的期初建账。

表 3-60　期初科目余额表(部分)

科目编码	科目名称	数量	期初余额	
			借方	贷方
1001	库存现金		20 000.00	
1002	银行存款		2 480 000.00	
100201	工行存款		2 480 000.00	
100202	中行存款			
1122	应收账款		2 808 000.00	
112201	旭日贸易公司		702 000.00	
112202	华晨商贸城		702 000.00	
112203	百联集团有限公司		702 000.00	
112204	五洲进出口有限公司		702 000.00	
1403	原材料		3 620 000.00	
140301	钢管	5000	300 000.00	
140302	坐垫	5000	250 000.00	
140303	车轮	20 000	400 000.00	
140304	车篷	5000	300 000.00	
140305	经济型童车包装套件	10 000	200 000.00	
140312	在制品		2 170 000.00	

三、知识储备

本教学实训中，成本会计负责存货类账户成本类账户的明细分类账的登记，具体涉及的账页格式包括数量金额式和多栏式明细账。

明细账也称明细分类账，是根据总账科目所属的明细科目设置的，用于分类登记某一类经济业务事项，提供有关明细核算资料。

明细账是按照二级或明细科目设置的账簿，一般采用活页式账簿。各单位应结合自己的经济业务的特点和经营管理的要求，在总分类账的基础上设置若干明细分类账，作为总分类账的补充。明细分类账按账页格式不同可分为三栏式、数量金额式和多栏式。

1. 数量金额式明细账

数量金额式明细账就是在借、贷、余三栏明细分类账的基础上，增设数量和单价栏，这种格式适用于既需要进行金额核算，又需要进行实物数量核算的各种财产物资的明细核算，如"原材料""库存商品"等财产物资科目的明细分类核算。在这种明细分类账格式的上端，一般应该根据实际需要，设置一些必要的项目，如材料、产品的类别、名称、规格、计量单位、存放地点，有的还要标明最高和最低储备数量等。通过数量金额式明细账的记录，就能了解各种材料、产成品的增加、减少和结存的详细情况，以利于对材料、产成品的管理和日常监督。数量金额式账簿如图 3-121 所示。

<u>最高存量最低存量</u> **材料明细账**

最高存量：

最低存量：

储存地点：　　　　　计量单位：　　　　规格：　　　　类别：　　　　货号：

图 3-142　数量金额式明细账样例

2. 多栏式明细账

多栏式明细账的账页按照明细科目或明细项目分设若干专栏，以在同一账页上集中反映各有关明细科目或某明细科目各明细项目的金额。这种格式适用于成本类、损益类的明细核算，如"制造费用""生产成本"等科目的明细分类核算。多栏式明细账的样式如图 3-143 所示。

生产成本明细账

明细科目 <u>经济童车成品</u>

2011年		凭证号数	摘要	借方									核对号	贷方									借或贷	余额											√	直接材料	直接人工	制造费用
月	日			千	百	十	万	千	百	十	元	角分		千	百	十	万	千	百	十	元	角分		亿	千	百	十	万	千	百	十	元	角分					
10	1		上月结转																				借		1	3	2	0	0	0	0	0	0		1,320,000.00		

图 3-143　多栏式明细账样例

四、实施步骤

依据科目结算余额表，成本会计进行期初建账，如表 3-61 所示。

表 3-61　成本会计期初建账操作步骤一览表

序号	操作步骤	角色	操作内容
1	检查实习装备，明确任务责任	成本会计	1. 进入成本会计岗位 2. 检查实训装备，包括数量金额式明细分类账和多栏式明细分类账 3. 明确负责建账的账户
2	启用账簿	成本会计	1. 启用明细分类账 2. 填写账簿启用页
		总经理	在账簿启用页签字盖章
		财务部经理	在账簿启用页签字盖章
		行政助理	在账簿启用页加盖单位公章
3	期初建账	成本会计	根据科目余额表逐一登记对应明细分类账

五、线上操作

为完成成本会计期初建账的任务，好佳童车厂成本会计需进入 VBSE 系统，进行期初建账。操作步骤如下。

(1) 输入用户名和密码进入系统，如图 3-144 所示。

(2) 单击任务中心任务，进入流程界面，如图 3-145 所示。

图 3-144　输入用户名和密码

图 3-145　单击任务中心任务

(3) 依据流程界面所列任务，先进入任务说明进行学习，如图 3-146 所示。

(4) 再进入如图 3-147 所示的业务资料。

图 3-146　任务说明

图 3-147　业务资料

(5) 依据业务流程依次完成任务，如图 3-148 和图 3-149 所示。

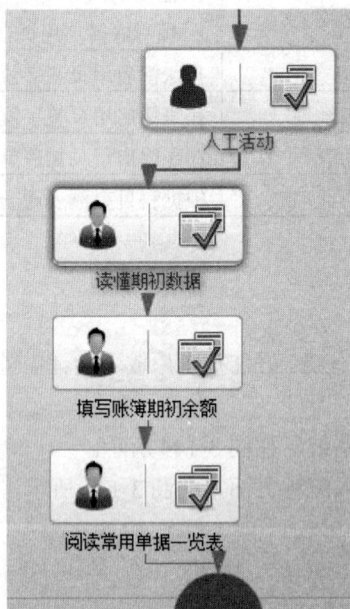

图 3-148　任务流程

任务编码	任务名称	执行角色
KF002052-2-001	读懂期初数据	成本会计
KF002052-2-002	填写账簿期初余额	成本会计
KF002052-2-003	阅读常用单据一览表	成本会计

图 3-149　依次完成任务

六、线下填单

好佳童车厂成本会计,需依据线上操作流程中子任务的顺序,与任务相关人员一起完成相关明细账的启用和建账。整个过程中,好佳童车厂成本会计要学会启用账簿和依据期初科目余额登记数量金额式和多栏式明细账(部分填写样例如图3-150～图3-152所示)。

经管人员一览表

单位名称	好佳童车厂				
账簿名称	数量金额明细账				
账簿页数					
使用日期	2011.10.01				
单位领导签章	聂天		会计主管签章		钱坤
经管人员职别	姓名	经管或接管日期	签章	移交日期	签章
成本会计	刘自强	2011年10月01日	刘自强	年 月 日	
		年 月 日		年 月 日	
		年 月 日		年 月 日	
		年 月 日		年 月 日	
		年 月 日		年 月 日	
		年 月 日		年 月 日	

图 3-150 账簿启用页填制样例

最高存量最低存量 钢管——原材料明细账

储存地点:A01 计量单位:根 规格:Φ外16/Φ内11/L5000mm 类别:原材料 货号:B0001

2011年		凭证号数	摘要	收入			发出			结存			稽核
月	日			数量	单价	金额 十万千百十元角分	数量	单价	金额 十万千百十元角分	数量	单价	金额 十万千百十元角分	
10	1		上月结							500	60.00	3 0 0 0 0 0 0 0	

图 3-151 原材料明细账填制样例1

最高存量最低存量 <u>坐垫</u>——原材料明细账

储存地点：A02　　　　计量单位：个　　　规格：HJM500　　类别：原材料　　　货号：B0003

2011年		凭证号数	摘要	收　入				发　出				结　存				稽核
				数量	单价	金　额		数量	单价	金　额		数量	单价	金　额		
月	日					十万千百十元角分				十万千百十元角分				十万千百十元角分		
10	1		上月结									500	50.00	2 5 0 0 0 0 0 0		

图 3-152　原材料明细账填制样例 2

项目三　供应商—虚拟供应商购销业务

项目概述：

制造企业在一定的条件下，从供应市场获取产品作为企业资源，以保证企业生产及经营活动正常开展的一项企业经营活动。

任务一　签订采购订单(供应商—虚拟供应商)

一、任务描述

生产企业的生产，是以采购作为前提条件的，没有采购，生产就不能进行。

二、任务导入

供应商(恒通橡胶厂)业务主管，按照生产的需求与经济采购的原则，决定采购原料的品种、数量及虚拟供应商，向虚拟供应商下达采购订单，同时仓管员对采购订单备案。业务数据如表 3-62 所示。

表 3-62　业务数据

订单编号	1期	1期金额	2期	2期金额	3期	3期金额	货品名称	规格型号
QC0043	2012-01-13	80 500.00	2012-01-30	80 500.00		0	坐垫	HJM500
QC0044	2012-01-13	149 500.00	2012-01-30	14 9500.00		0	记忆太空棉坐垫	HJM500
QC0045	2012-01-13	92 000.00	2012-01-30	92 000.00		0	车篷	HJ72*32*40
QC0046	2012-01-13	46 000.00	2012-01-30	46 000.00		0	车轮	HJΦ外125*Φ内60 mm
QC0047	2012-01-06	46 000.00	2012-01-13	46 000.00		0	经济型童车包装套件	HJTB100
QC0048	2012-01-06	253 000.00	2012-01-13	253 000.00		0	数控芯片	MCX3154A

三、知识储备

采购订单是企业根据产品的用料计划和实际能力以及相关的因素,所制订的切实可行的采购订单计划,并下达至供应商执行,在执行的过程中要注意对订单进行跟踪,以使企业能从采购环境中购买到企业所需的商品,为生产部门和需求部门输送合格的原材料和配件,如图 3-153 所示。

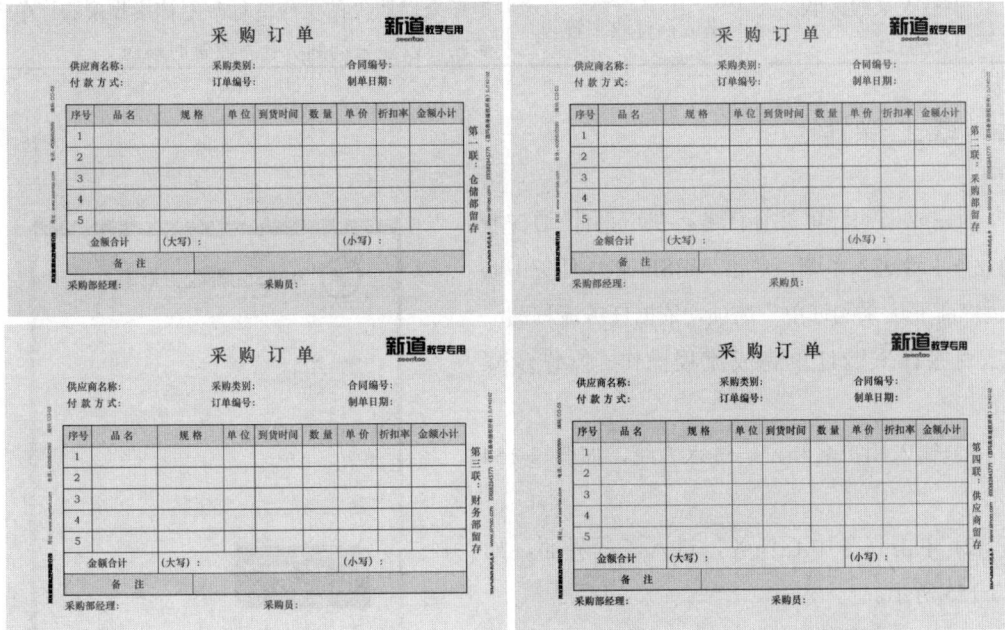

图 3-153　采购订单(一式四联)样图

四、实施步骤

依据生产需要，确定供应商(恒通橡胶厂)准备采购的商品，填写、审核采购订单，并登记采购合同执行情况表，按照表 3-63 所示步骤，完成采购订单的签订。

表 3-63　采购订单签订业务流程

序号	操作步骤	角色	操作内容
1	准备填制采购订单	供应商业务主管	查看流程图，做好记录系统选单的准备
2	在 VBSE 系统中进行选单	供应商业务主管	供应商从虚拟市场中选择自己的采购料品，并下达采购订单
3	填写采购订单	供应商业务主管	填写纸质采购订单，并送交总经理审核
4	审核采购订单	供应商总经理	接收业务主管送交的采购订单，审核无误后在"采购部经理"位置签字确认
5	登记采购合同执行情况表	供应商业务主管	业务主管将采购订单的采购部留存联和供应商留存联保管，并在"采购合同执行情况表"上记录此次采购的明细
6	接收采购订单财务联	供应商总经理	在供应商企业担任财务职能的供应商总经理接收采购订单的财务联，以便采购到货进行记账时核对
7	接收采购订单仓储联	供应商行政主管	担任仓储职能的供应商行政主管接收采购订单仓储联，以便采购到货仓库收货时核对

五、线上操作

为完成采购订单签订任务，供应商(恒通橡胶厂)业务主管进入系统，单击 VBSE 软件任务中心"供应商下达采购订单"选项，依据任务流程图—供应商签订采购订单完成流程操作。操作步骤如下。

(1) 输入用户名和密码进入系统，如图 3-154 所示。

(2) 单击任务中心任务，进入流程界面，如图 3-155 所示。

(3) 依据流程界面所列任务，依次完成任务，如图 3-156 所示。

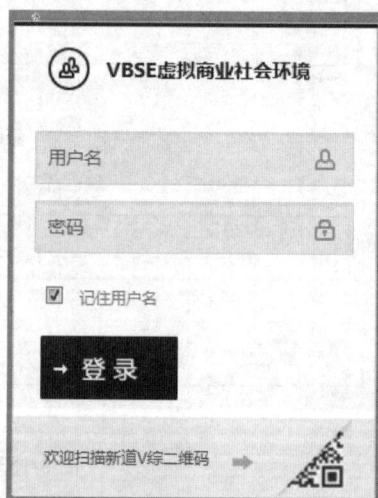

图 3-154　输入用户名和密码

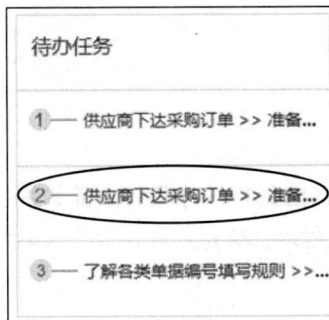

图 3-155 单击任务中心

图 3-156 依次完成任务

六、线下填单

供应商(恒通橡胶厂)业务主管，需依据线上操作流程中子任务的顺序，与任务相关人员一起完成单据的填制和信息传递。整个过程中，供应商(恒通橡胶厂)业务主管要学会填制采购订单、登记采购执行情况表。采购订单填制样例如图 3-157 所示。

图 3-157 采购订单填制样例

任务二　采购入库(供应商)

一、任务描述

物料验收人员根据系统中采购员填写的收货通知单或供应商的随货同行联清点货品并登记手工收货记录。如存在验收不合格的货品，应根据代管入库流程入代管保管账，货品入不合格区，待采购员与供应商联系后处理。

二、情景导入

河北钢铁厂10月的钢管材料已经到达恒通橡胶厂仓库外，供应商行政主管与业务主管共同完成钢管材料入库工作。业务数据如表 3-64 所示。

表 3-64　采购订单

供应商名称：河北钢铁厂　　　　　　　　采购类别：正常采购

合同编号：CG-HT-201109001　　　　　　付款方式：月结

制单日期：2011.09.08　　　　　　　　　订单编号：CG-DD-2011010001

序号	品名	规格型号	单位	到货时间	数量	单价	折扣率	金额小计
1	钢管	外径16/壁厚5/长50000(mm)	根	2011.10.28	15 000	70.00	0	1 050 000.00
合计								1 050 000.00

三、知识储备

1. 物料验收

物料验收是仓管员按照验收标准和验收业务流程，依据掌握的计量与测试知识及质量检验知识，对入库物料进行数量和质量检验的经济技术活动的总称。

2. 采购入库单

采购入库单是指企业从其他单位采购的原材料或产品入库时所填写的单据。它除了记录物品的编号、名称、规格型号、计量单位、实际验收数量等内容外，还要记录与采购有关的供应商名称、采购订单号等内容，其具体格式如图 3-158 所示。

3. 物料卡

"账、卡、物相符"原则是仓库管理的传统原则，也是基本原则，一直为各种类型的仓库管理所采用，其中，"卡"就是指仓库现场的物料标识卡(每个仓库叫法不同，其他可叫物料卡、登记卡、标识卡、库存卡、库位卡等)，其具体格式如图 3-159 所示。

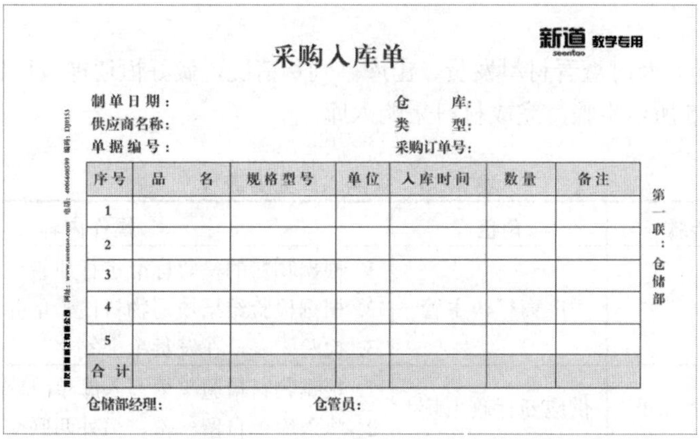

新道 教学专用 seentao

采购入库单

制单日期：　　　　　　　　　　　　仓　　库：
供应商名称：　　　　　　　　　　　类　　型：
单据编号：　　　　　　　　　　　　采购订单号：

序号	品　名	规格型号	单位	入库时间	数量	备注
1						
2						
3						
4						
5						
合计						

仓储部经理：　　　　　　　　仓管员：

第一联：仓储部

图 3-158　采购入库单(一式三联)样图

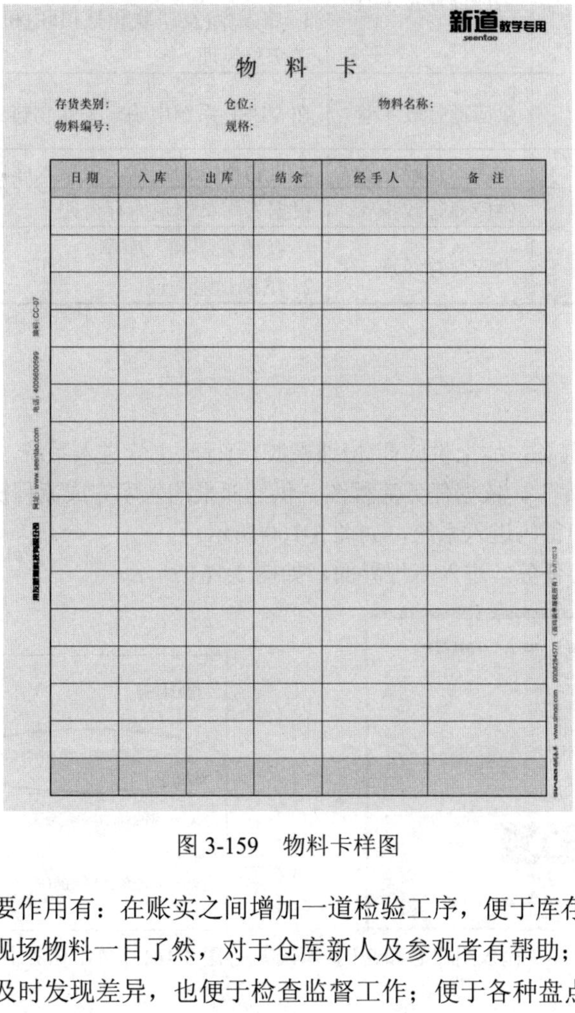

新道 教学专用 seentao

物　料　卡

存货类别：　　　　　　仓位：　　　　　　物料名称：
物料编号：　　　　　　规格：

日期	入库	出库	结余	经手人	备注

图 3-159　物料卡样图

使用物料卡的主要作用有：在账实之间增加一道检验工序，便于库存差异查询，确保账实相符；起标识作用，现场物料一目了然，对于仓库新人及参观者有帮助；在仓库现场可以清楚查到物料数量，便于及时发现差异，也便于检查监督工作；便于各种盘点操作。

四、实施步骤

依据采购订单，及时查看材料发货、出库、到货情况，做好恒通橡胶厂钢管材料验收入库工作，按照表 3-65 所示步骤，完成材料采购入库。

表 3-65　采购入库业务流程

序号	操作步骤	角色	操作内容
1	物料验收	供应商行政主管	1. 根据物料的检验标准进行质量、数量、包装检测 2. 根据检验结果填写物料检验单并签字确认 3. 检验无误，在发货单上签字
2	填写采购入库单	供应商行政主管	1. 根据物料检验单填写入库单(一式三联) 2. 将入库单自留一份，另外两联交业务主管及总经理
3	登记采购合同执行情况表	供应商业务主管	1. 接收仓库员送来的入库单 2. 登记采购合同执行情况表 3. 将发票(发票联和抵扣联)和对应的入库单的财务联送交总经理
4	在系统中处理采购到货	供应商行政主管	在 VBSE 系统中确定采购物料到货
5	填写物料卡	供应商行政主管	将货物摆放到货位，根据入库单数量填写物料卡
6	登记库存台账	供应商行政主管	根据入库单登记库存台账
7	填制记账凭证	供应商总经理	1. 接收发票和入库单 2. 填制记账凭证

五、线上操作

为完成采购入库任务，线上供应商(恒通橡胶厂)行政主管进入系统，单击 VBSE 软件任务中心"供应商采购入库"，依据任务流程图—供应商采购入库完成流程操作。操作步骤如下。

(1) 输入用户名和密码进入系统，如图 3-160 所示。

(2) 单击任务中心任务，进入流程界面，如图 3-161 所示。

图 3-160　输入用户名和密码

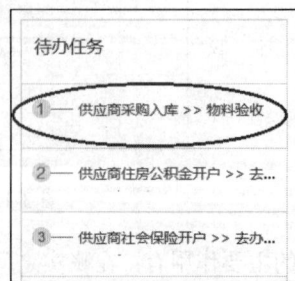

图 3-161　单击任务中心任务

(3) 依据流程界面所列任务，依次完成任务，如图 3-162 所示。

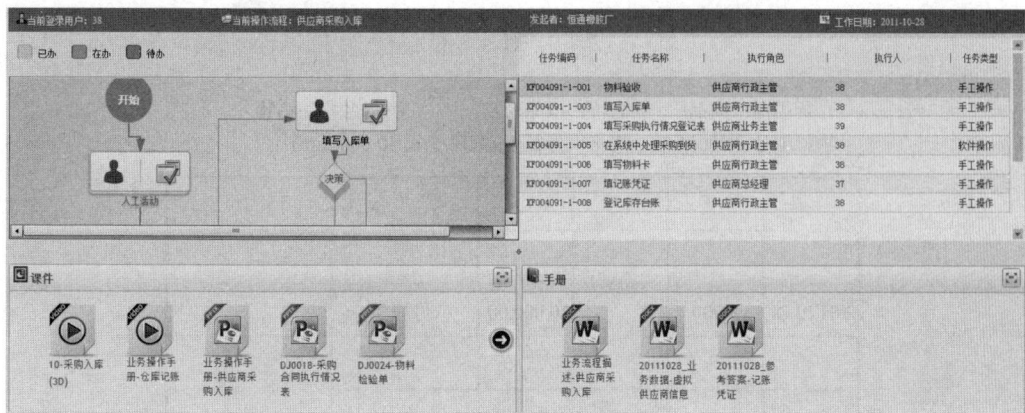

图 3-162　依次完成任务

六、线下填单

供应商(恒通橡胶厂)行政主管，需依据线上操作流程中子任务的顺序，与任务相关人员一起完成单据的填制和信息传递。整个过程中，供应商(恒通橡胶厂)行政主管要学会填制采购入库单、物料卡。采购入库单、物料卡填制样例如图 3-163 和图 3-164 所示。

采购入库单

新道 教学专用
seentao

制单日期：	2011.10.28	仓　　库：	普通仓库
供应商名称：	河北钢铁厂	类　　型：	原材料采购
单据编号：	CK-CLRK-2011010001	采购订单号：	CG-DD-201109001

序号	品　名	规格型号	单位	入库时间	数量	备注
1	钢管	外径16/壁厚5/长50 000(mm)	根	2011.10.28	15 000	
2						
3						
4						
5						
合　计						

仓储部经理：李斌　　　　　　　　仓管员：付海生

图 3-163　采购入库单填制样例

第一联：仓储部

电话：4006600599　编码：DJ0153

网址：www.seentao.com　用友新道科技有限公司

新道 教学专用
seentao

物　料　卡

存货类别：商品　　　仓位：成品仓　　　　物料名称：钢管

物料编号：00001　　规格：外径 16/壁厚 5/长 50 000(mm)

日　期	入　库	出　库	结　余	经手人	备　注
2011.10.28	15 000		20 000.00	付海生	

图 3-164　物料卡填制样例

任务三　支付货款(供应商)

一、任务描述

到期未付款货款，由采购部提出付款申请，填制"付款申请书"，填写收款单位、货款所属期及货款金额等，连同收款人发票或收据、到货单、验收单、供应商对账单等交负责人签字确认。

二、情景导入

依据采购订单、采购合同执行情况，供应商(恒通橡胶厂)将货款支付给河北钢铁厂。业务数据如表 3-66 所示。

表 3-66 业务数据

回款日期	虚拟供应商	供应商	支付方式	回收金额
2011 年 10 月 28 日	河北钢铁厂	恒通橡胶厂	VBSE 系统在线支付	1 050 000.00

三、知识储备

1. 代开增值税专用发票

为加强税务机关代开增值税专用发票的管理工作，国家税务总局制定了《税务机关代开增值税专用发票管理办法(试行)》。增值税小规模纳税人向一般纳税人销售货物或应税劳务，购货方要求销货方提供增值税专用发票时，税务机关可以为其代开增值税专用发票，其他单位和个人不得代开。增值税专用发票样例如图 3-165 所示。

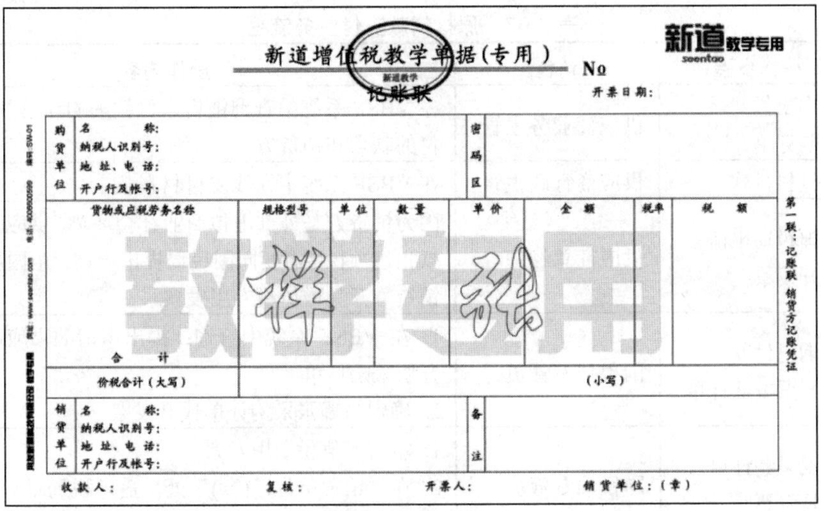
新道增值税教学单据(专用)

记账联

No

开票日期：

购货单位	名称： 纳税人识别号： 地址、电话： 开户行及帐号：	密码区	

货物或应税劳务名称	规格型号	单位	数量	单价	金额	税率	税额
合计							
价税合计（大写）					（小写）		

销货单位	名称： 纳税人识别号： 地址、电话： 开户行及帐号：	备注	

收款人： 复核： 开票人： 销货单位：（章）

第一联：记账联 销货方记账凭证

图 3-165 增值税专用发票(一式三联)样图

2. 代开发票项目填写

(1)“单价”栏和“金额”栏分别填写不含增值税税额的单价和销售额。

(2)“税率”栏填写增值税征收率。

(3) 销货单位栏填写代开税务机关的统一代码和代开税务机关名称。

(4) 销货方开户银行及账号栏内填写税收完税凭证号码。

(5) 备注栏内注明增值税纳税人的名称和纳税人识别号。

其他项目按照专用发票的有关规定填写。

3. 代开发票需要提供的资料

(1) 《税务登记证》副本原件。

(2) 到主管国税局办税服务大厅领取并填写《代开发票申请表》一式二份。

(3) 购货方《增值税一般纳税人资格证书》复印件或《国税税务登记证》(副本)复印件。

(4) 进货发票原件及复印件(销售货物需提供)。

(5) 发票专用章印模(国税)。

提供的资料完整、填写内容准确、各项手续齐全的,当场办结。税务机关采取"先缴税后开发票"的方法,普遍采用一窗式服务。

$$应纳增值税税额=开票金额÷(1+3\%)×3\%$$

四、实施步骤

依据采购合同、采购合同执行情况表,查询供应商(恒通橡胶厂)应付货款情况,按照表 3-67 所示步骤,完成货款支付。

表 3-67　原材料款支付业务流程

序号	操作步骤	角色	操作内容
1	查询未付款采购订单	供应商业务主管	在 VBSE 系统中查询销售未付款采购订单,确定需要支付的款项和销货方
2	支付材料款	供应商行政主管	在 VBSE 系统中在线支付材料款
3	去国税局申请代开发票	供应商总经理	因为销货方是外部虚拟商业社会环境,供应商为了能够抵扣进项税,需要向国税局提出申请:由国税局为虚拟销货方开具增值税专用发票
4	查询已付款未开票采购订单	国税局专管员	1. 在 VBSE 系统中查询:提出申请的供应商已付款未开票采购订单 2. 确定为哪张采购订单代开发票
5	根据采购订单开具发票	国税局专管员	1. 填写增值税专用发票 2. 在"销货单位:(章)"处,盖国税局章 3. 将发票交给供应商总经理
6	填写记账凭证	供应商总经理	根据增值税专用发票,填写记账凭证
7	登记银行存款日记账	供应商行政主管	根据记账凭证登记银行存款日记账

五、线上操作

为完成材料款支付任务，线上供应商(恒通橡胶厂)业务主管进入系统，单击 VBSE 软件任务中心"供应商支付货款"，依据任务流程图—供应商支付货款完成流程操作。操作步骤如下。

(1) 输入用户名和密码进入系统，如图 3-166 所示。

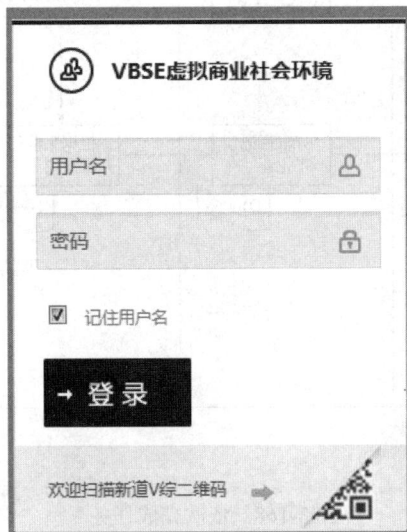

图 3-166 输入用户名和密码

(2) 单击任务中心任务，进入流程界面，如图 3-167 所示。

(3) 依据流程界面所列任务，依次完成任务，如图 3-168 所示。

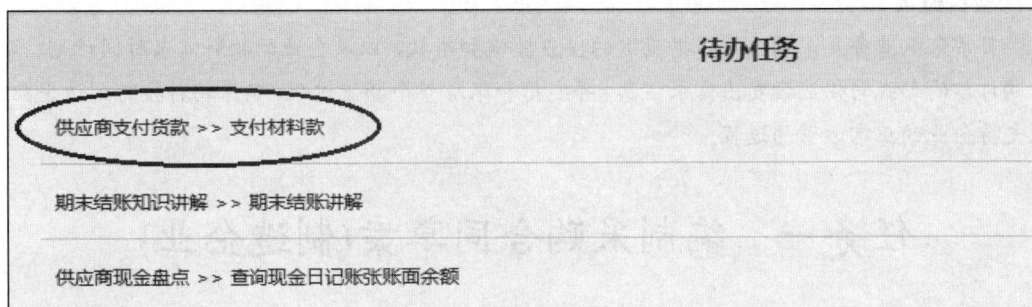

待办任务
供应商支付货款 >> 支付材料款
期末结账知识讲解 >> 期末结账讲解
供应商现金盘点 >> 查询现金日记账张账面余额

图 3-167 单击任务中心任务

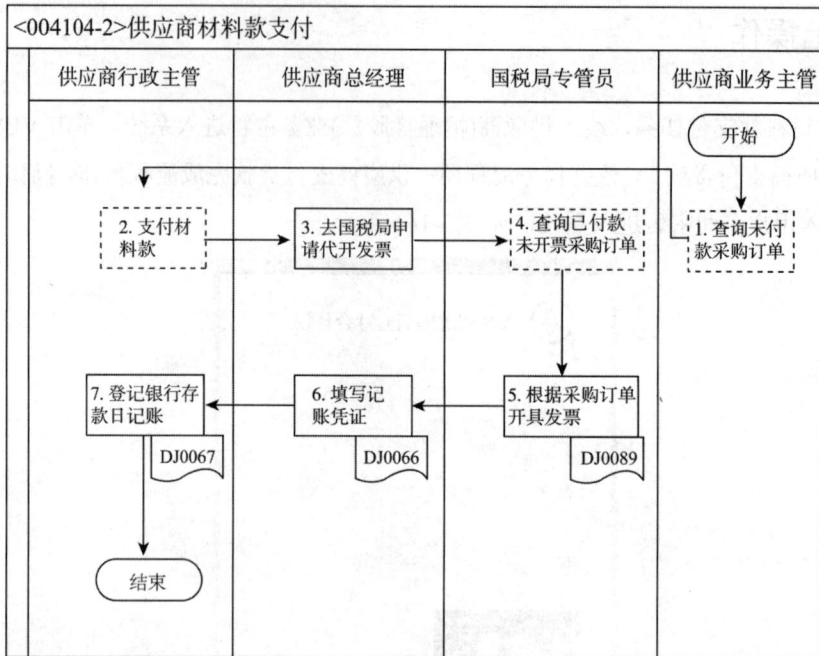

<004104-2>供应商材料款支付

| 供应商行政主管 | 供应商总经理 | 国税局专管员 | 供应商业务主管 |

<DJ0089>:增值税专用发票
<DJ0066>:记账凭证
<DJ0067>:日记账

图 3-168　依次完成任务

项目四　制造企业—供应商购销业务

项目概述:

日常采购业务是采购人员根据确定的供应协议和条款,以及企业的物料需求时间计划,以采购订单的形式向供应方发出需求信息,并安排和跟踪整个物流过程,确保物料按时到达企业,以支持企业的正常运营的过程。

任务一　编制采购合同草案(制造企业)

一、任务描述

好佳童车厂是大批量生产组装童车的企业。为了实现大批量产品的生产组装,也就需要大批量原材料及零部件的采购。生产企业的生产,是以采购作为前提条件的,没有采购,生产就不能进行。

二、任务导入

依据生产需求，好佳童车厂需采购钢管等原材料。业务数据如表 3-68 所示。

表 3-68 业务数据

序号	品名	规格	单位	到货时间	数量	单价	金额小计
1	钢管	Φ外 16/Φ内 11/L5000mm	根	2011.11.28	3500	70.20	245 700.00

三、知识储备

采购合同草案是根据采购物料的品类、供应市场状况，针对采购物品的规格、技术标准、质量保证、订购数量、包装要求、售后服务、价格、交货日期与地点、运输方式、付款条件等与供应商沟通后，按照采购合同的规定格式制定规范文本，如图 3-169 所示。

钢管采购合同草案

甲方：

乙方：

经甲、乙双方友好协商，本着平等互利的原则，根据《中华人民共和国合同法》及相关法律法规的规定，同就乙方供应甲方××钢管，达成一致意见，为明确双方权利和义务，特订立本合同。

一、采购物品名称、规格、数量及价格

序号	品名	规格	单位	数量	含税价	折扣率	合计	备注
1	钢管	D16*S3*L5000MM	根					协议价
—	—	—	—					
合计		(大写)			(小写)：￥			

表中所列数据为合同期内预计的总采购数量，仅供乙方作计划参考时使用，甲方对此不作采购承诺，实际的订货数量以每月下达的采购订单为准。

二、质量标准

甲方授权乙方供应符合国家质量标准和甲方生产要求的货物，乙方的物资符合规定的标准与随货文件一致。

三、付款方式

整张订单的所有货物都运到甲方后，经检验合格，于次月付清本张订单的货物的款项。乙方给甲方发票为17%的增值税发票，货到票到。

四、交货地点

好佳童车厂材料仓库

五、验收方式

数量验收，以"捆"为单位，每捆 100 根钢管，每批抽检 10 捆，重量验收，重量应在标准重量的±1 范围内，质量验收，每批货物的质量以随货文件注明的质量为依据，负担所有费用，若给甲方造成损失的，乙方应赔偿甲方全部损失。

六、供货时间

每批货物的供货时间以每月下达的采购订单上的交货日期为准，甲方承诺在交货日期前至少一个月下达采购订单。

七、货物包装与运输

1. 如乙方提供的货物包装或产品规格不符合要求，甲方有权拒收货物，具体检验要求见细则，如甲方拒收，乙方必须按照合同的约定另行提供符合要求的货物，且由此造成的各种损失均由乙方承担责任。

2. 乙方负责货物运输与装卸作业，乙方将货物运送至交货地点，并卸货到指定货位后，甲方及时验收。

3. 运输过程中，货物破损、灭失等各种风险均由乙方承担责任。

八、其他事项

1. 如果供应的货物行情有较大幅度的变化，经双方协商可根据市场价格对供货产品的价格做出必要的调整，协商不成，则按原条款执行。

2. 如不可抗力造成损失，双方应协商解决，但不承担对方损失的赔偿责任。

3. 双方都应保守对方的商业机密。

九、不可预见的争议

对于不可预见的争议，双方协商解决，如有异议，申请"北京市仲裁委员会"仲裁，仲裁为最终裁决。

十、本合同有效期：2011 年 10 月 8 日起至 2011 年 12 月 30 日止

十一、本合同一式两份：甲乙双方各执一份，且有同等的法律效力，双方签字盖章后生效。

十二、合同签订地点：好佳童车厂

甲方：(盖章)	乙方：(盖章)
法人代表：	法人代表：
委托代理人：	委托代理人：
电话：	电话：
传真：	传真：
开户行：	开户行：
账号：	账号：
签字日期：	签字日期：

包装说明

规则

1. 每捆 50 根钢管，横向 10 根，高 5 根。

2. 每捆用 3 道 w10*h1mm 的钢条紧密捆扎，形成一个整体。

图 3-169 钢管采购合同草案样图

四、实施步骤

根据采购物料的品类、供应市场状况，针对采购物品的规格、质量保证、订购数量、价格、交货日期等与供应商沟通，按照表 3-69 所示步骤，完成采购合同草案的编制工作。

表 3-69　编制采购合同草案业务流程

序号	操作步骤	角色	操作内容
1	编制采购合同草案	采购部经理	1. 查看现有供应商的考评档案及原采购合同的到期日期 2. 采购部内部开会，启动采购合同草案的编写 3. 采购合同草案的编制由采购部经理主导，采购员协助完成 4. 制订工作计划，指定采购合同编写工作的分工 5. 确定采购合同的结构
2	确定合同条款	采购员	确定采购合同需要强化的条款：数量条款、价格条款、品质条款、支付条款、检验条款、包装条款、装运条款、保险条款、仲裁条款、不可抗力条款
3	确定合同样本	采购部经理	1. 接收采购员送来的采购合同条款，审核采购合同条款的合理性 2. 形成采购合同草案 3. 与采购员一起讨论，共同确定采购合同样本

五、线上操作

为完成编制采购合同草案任务，需让好佳童车厂采购部经理进入系统，单击 VBSE 软件任务中心"制造企业编制采购合同草案"选项，依据任务流程图—采购合同签订(制造企业)完成流程操作。操作步骤如下。

(1) 输入用户名和密码进入系统，如图 3-170 所示。

图 3-170　输入用户名和密码

(2) 单击任务中心任务，进入流程界面，如图 3-171 所示。

图 3-171　单击任务中心任务

(3) 依据流程界面所列任务，依次完成任务，如图 3-172 所示。

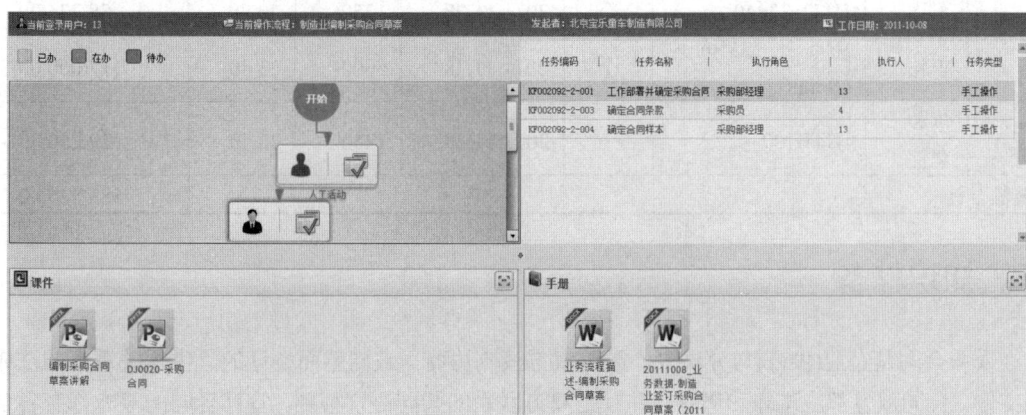

图 3-172　依次完成任务

任务二　签订采购合同(制造企业—供应商)

一、任务描述

企业购销双方经过谈判协商一致同意而签订"供需关系"采购合同，合同双方都应遵守和履行。签订合同的双方都有各自的经济目的，采购合同是经济合同，双方受《中华人民共和国合同法》(以下简称《合同法》)保护和承担责任。

二、任务导入

依据生产需求，好佳童车厂需采购钢管等原材料。业务数据如表 3-70 所示。

表 3-70　业务数据

甲方：好佳童车厂

乙方：恒通橡胶厂

合同编号：CG-HT-2011100001

为了保护买卖双方的合法权益，买卖双方根据《合同法》的有关规定，经友好协商，一致同意签订本合同。

序号	品名	规格	单位	到货时间	数量	单价	金额小计
1	钢管	Φ外 16/Φ内 11/L5000mm	根	2011.11.28	3500	70.20	245 700.00
2	坐垫	HJM500	个	2011.11.28	1750	62.00	108 500.00
3	车篷	HJ72*32*40	个	2011.11.28	1250	70.70	88 375.00
4	车轮	HJΦ 外 125*Φ 内 60 mm	个	2011.11.28	5000	23.40	117 000.00
5	包装套件	HJTB100	个	2011.11.28	1250	23.40	29 250.00
金额合计							588 825.00

三、知识储备

采购合同是企业(供方)与分供方，经过双方谈判协商一致同意而签订的“供需关系”的法律性文件，合同双方都应遵守和履行，并且是双方联系的共同语言基础。签订合同的双方都有各自的经济目的，采购合同是经济合同，双方受《经济合同法》保护和承担责任，如图 3-173 所示。

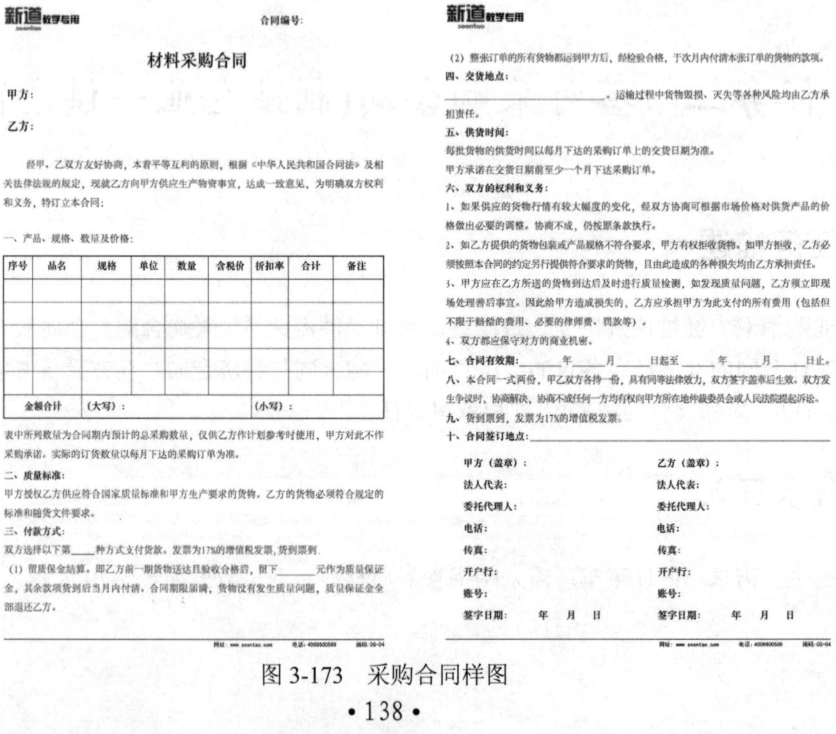

合同编号:

材料采购合同

甲方:

乙方:

经甲、乙双方友好协商，本着平等互利的原则，根据《中华人民共和国合同法》及相关法律法规的规定，现就乙方向甲方供应生产物资事宜，达成一致意见，为明确双方权利和义务，特订立本合同:

一、产品、规格、数量及价格:

序号	品名	规格	单位	数量	含税价	折扣率	合计	备注
金额合计	（大写）:					（小写）:		

表中所列数量为合同期内预计的总采购数量，仅供乙方作计划参考时使用，甲方对此不作采购承诺。实际的订货数量以每月下达的采购订单为准。

二、质量标准:

甲方授权乙方供应符合国家质量标准和甲方生产要求的货物。乙方的货物必须符合规定的标准和随货文件要求。

三、付款方式:

双方选择以下第____种方式支付货款。发票为17%的增值税发票，货到票到.

（1）留质保金结算。即乙方前一期货物送达且验收合格后，留下______元作为质量保证金，其余款项货到后当月内付清。合同期限届满，货物没有发生质量问题，质量保证金全部退还乙方。

（2）整张订单的所有货物都运到甲方后，经检验合格，于次月内付清本张订单的货物的款项。

四、交货地点:

______________。运输过程中货物毁损、灭失等各种风险均由乙方承担责任。

五、供货时间:

每批货物的供货时间以每月下达的采购订单上的交货日期为准。

甲方承诺在交货日期前至少一个月下达采购订单。

六、双方的权利和义务:

1、如果供应的货物行情有较大幅度的变化，经双方协商可根据市场价格对供货产品的价格做出必要的调整。协商不成，仍按原条款执行。

2、如乙方提供的货物包装或产品规格不符合要求，甲方有权拒收货物。如甲方拒收，乙方必须按照本合同的约定另行提供符合要求的货物，且由此造成的各种损失均由乙方承担责任。

3、甲方应在乙方所送的货物到达后及时进行质量检测，如发现质量问题，乙方须立即现场处理善后事宜。因此给甲方造成损失的，乙方应承担甲方为此支付的所有费用（包括但不限于赔偿的费用、必要的律师费、罚款等）。

4、双方都应保守对方的商业机密。

七、合同有效期:______年_____月_____日起至_____年_____月_____日止。

八、本合同一式两份，甲乙双方各持一份，具有同等法律效力，双方签字盖章后生效。双方发生争议时，协商解决，协商不成任何一方均有权向甲方所在地仲裁委员会或人民法院提起诉讼。

九、货到票到，发票为17%的增值税发票。

十、合同签订地点:______________

甲方（盖章）:	乙方（盖章）:
法人代表:	法人代表:
委托代理人:	委托代理人:
电话:	电话:
传真:	传真:
开户行:	开户行:
账号:	账号:
签字日期:　年　月　日	签字日期:　年　月　日

图 3-173　采购合同样图

四、实施步骤

根据采购物料的品类、供应市场状况，针对采购物品的规格、技术标准、质量保证、订购数量、包装要求、售后服务、价格、交货日期与地点、运输方式、付款条件等与供应商沟通后，按照采购合同的规定格式制定规范文本，按照表 3-71 所示的步骤，完成采购合同的签订。

表 3-71　签订采购合同

序号	操作步骤	角色	操作内容
1	起草采购合同	采购员	1. 采购人员根据采购计划选择合适的供应商，沟通采购细节内容 2. 起草采购合同，一式两份
2	合同会签	采购员	1. 采购员填写合同会签单 2. 采购员将采购合同和合同会签单送采购部经理审核
3	审核采购合同	采购部经理	1. 采购部经理接收采购员交来的采购合同及合同会签单 2. 采购部经理审核采购合同内容填写的准确性和合理性 3. 采购部经理在合同会签单上签字确认
4	审核采购合同	财务部经理	1. 财务部经理接收采购员交来的采购合同及合同会签单 2. 财务部经理审核采购合同的准确性和合理性 3. 财务部经理在合同会签单上签字确认
5	审批采购合同	总经理	1. 总经理接收采购员送来的采购合同及合同会签单 2. 总经理审核采购部经理和财务部经理是否审核签字 3. 总经理审核采购合同的准确性和合理性 4. 总经理在合同会签单上签字 5. 总经理在采购合同上签字 6. 总经理签完交给采购员
6	合同盖章	行政助理	1. 采购部经理把采购合同和合同会签单交给采购员去盖章 2. 采购员拿采购合同和合同会签单找到行政助理盖章 3. 行政助理检查合同会签单是否签字 4. 行政助理给合同盖章 5. 行政助理将盖完章的采购合同交给采购员
7	采购合同存档	行政助理	1. 行政助理收到采购合同 2. 行政助理更新合同管理表——采购合同 3. 行政助理登记完，把采购合同留存备案

五、线上操作

为完成采购合同签订任务，线上好佳童车厂采购员进入系统，单击 VBSE 软件任务中心的"制造企业签订采购合同"选项，依据任务流程图——采购合同签订(制造企业)完成流程操作。操作步骤如下。

(1) 输入用户名和密码进入系统，如图 3-174 所示。

(2) 单击任务中心任务，进入流程界面，如图 3-175 所示。

图 3-174　输入用户名和密码

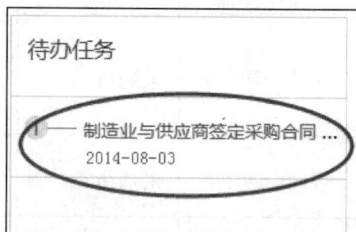

图 3-175　单击任务中心任务

(3) 依据流程界面所列任务，依次完成任务，如图 3-176 所示。

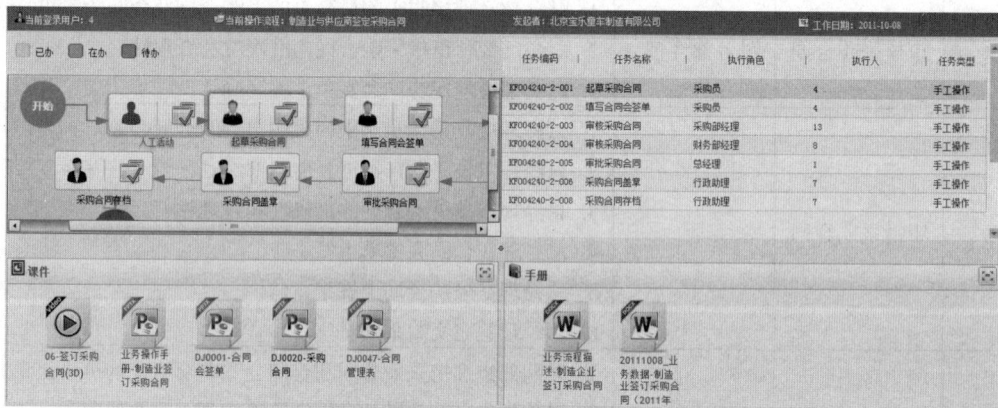

图 3-176　依次完成任务

六、线下填单

好佳童车厂采购员，需依据线上操作流程中子任务的顺序，与任务相关人员一起完成单据的填制和信息传递。整个过程中，好佳童车厂采购员要学会填制采购合同。采购合同填制样例如图 3-177 所示。

图 3-177　采购合同填制样例

任务三　录入材料采购订单(制造企业)

一、任务描述

依据材料采购合同录入采购订单，并下达至供应商执行，在执行的过程中要注意对订单进行跟踪，以使企业能从采购环境中购买到企业所需的商品，为生产部门和需求部门输送合格的原材料和配件。

二、任务导入

依据材料采购合同，好佳童车厂在 VBSE 系统中录入材料采购订单。业务数据如表 3-72 所示。

表 3-72　业务数据

供应商名称：**恒通橡胶厂**　　　　　　采购类别：正常采购

合同编号：CG-HT-201110001　　　　付款方式：月结

制单日期：2011.10.8　　　　　　　订单编号：CG-DD-201110001

序号	品名	规格	单位	到货时间	数量	单价	金额小计
1	钢管	Φ 外 16/Φ 内 11/L5000mm	根	2011.11.28	3500	70.20	245 700.00
2	坐垫	HJM500	个	2011.11.28	1750	62.00	108 500.00
3	车篷	HJ72*32*40	个	2011.11.28	1250	70.70	88 375.00
4	车轮	HJΦ 外 125*Φ 内 60 mm	个	2011.11.28	5000	23.40	117 000.00
5	包装套件	HJTB100	个	2011.11.28	1250	23.40	29 250.00
金额合计							588 825.00

三、知识储备

采购订单是企业根据产品的用料计划和实际能力以及相关的因素，所制订的切实可行的采购订单计划，并下达至供应商执行，在执行的过程中要注意对订单进行跟踪，以使企业能从采购环境中购买到企业所需的商品，为生产部门和需求部门输送合格的原材料和配件，如图 3-178 所示。

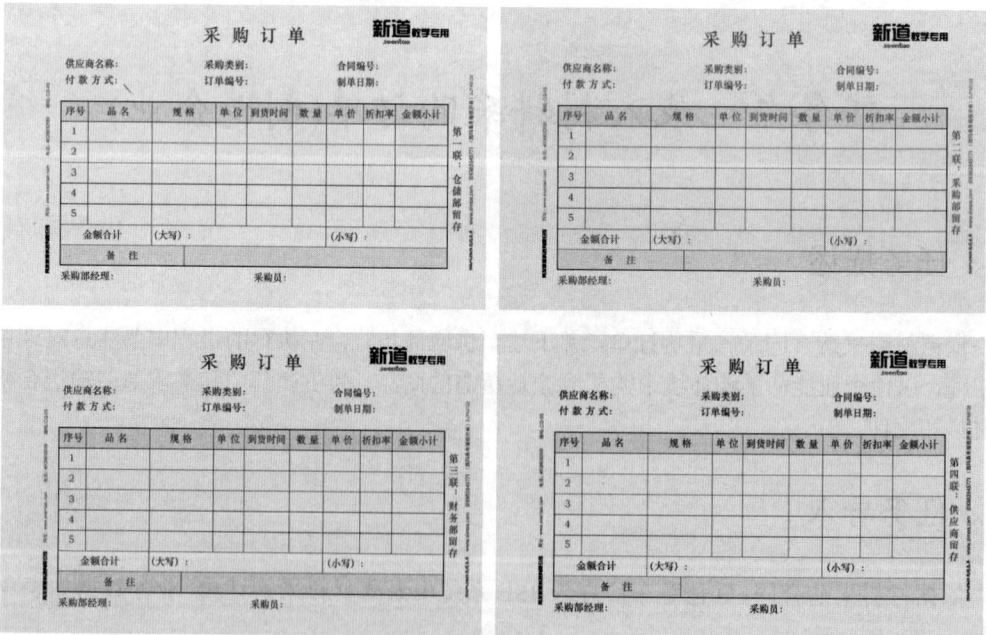

图 3-178　采购订单样图

四、实施步骤

依据材料采购合同，好佳童车厂采购员录入材料采购订单，供应商(恒通橡胶厂)业务主管审核确认订单，按照表 3-73 所示步骤，完成材料采购订单的录入工作。

表 3-73 录入材料采购订单业务流程

序号	操作步骤	角色	操作内容
1	在 VBSE 系统中录入采购订单	采购员	根据制造业与供应商签订好的采购合同，将采购订单信息录入 VBSE 系统
2	在 VBSE 系统中进行制造企业订单确认	供应商业务主管	供应商业务主管根据双方之前签订的采购合同审核采购订单的内容，无误后确认订单

五、线上操作

为完成材料款支付任务，线上好佳童车厂采购员进入系统，单击 VBSE 软件任务中心的"核心制造企业录入采购订单"选项，依据任务流程图—录入采购订单(制造企业)完成流程操作。操作步骤如下。

(1) 输入用户名和密码进入系统，如图 3-179 所示。

图 3-179 输入用户名和密码

(2) 单击任务中心任务，进入流程界面，如图 3-180 所示。

图 3-180 单击任务中心任务

· 143 ·

(3) 依据流程界面所列任务，依次完成任务，如图 3-181 所示。

图 3-181　依次完成任务

六、线下填单

线下好佳童车厂采购员，需依据线上操作流程中子任务的顺序，完成单据的填制和信息传递。整个过程中，好佳童车厂采购员要学会填制采购订单，并及时录入 VBSE 系统中。采购订单填制样例如图 3-182 所示。

采购订单

新道 教学专用
seentao

供应商名称：恒通橡胶厂　　采购类别：正常采购　　合同编号：CG-HT-2011100001
付款方式：月结　　订单编号：CG-DD-201110001　　制单日期：2011.11.12

序号	品名	规格	单位	到货时间	数量	单价	折扣率	金额小计
1	钢管	Φ外16Φ内11/L5000mm	根	2012.11.28	3500	70.20	0	245 700.00
2	坐垫	HJM500	个	2011.11.28	1750	62.00	0	108 500.00
3	车篷	HJ72*32*40	个	2011.11.28	1250	70.70	0	88 375.00
4	车轮	HΦ外125Φ内60mm	个	2011.11.28	5000	23.40	0	117 000.00
5	包装套件	HJTB100	个	2011.11.28	1250	23.40	0	29 250.00
金额合计		(大写)：伍拾捌万捌仟捌佰贰拾伍元整					(小写)：￥588 825.00	
备　注								

采购部经理：李斌　　　　　　采购员：付海生

图 3-182　采购订单填制样例

任务四 确认材料采购订单(供应商)

一、任务描述

购销业务中，销售方要及时确认销售订单，按照销售合同的相关内容，以确保在交货前保质、保量提交货物。

二、任务导入

依据销售合同的内容，供应商(恒通橡胶厂)业务主管审核并确认好佳童车厂采购订单。业务数据如表 3-74 所示。

表 3-74 业务数据

序号	品名	规格	单位	到货时间	数量	单价	金额小计
1	钢管	Φ外16/Φ内11/L5000mm	根	2011.11.28	3500	70.20	245 700.00
2	坐垫	HJM500	个	2011.11.28	1750	62.00	108 500.00
3	车篷	HJ72*32*40	个	2011.11.28	1250	70.70	88 375.00
4	车轮	HJΦ外125*Φ内60 mm	个	2011.11.28	5000	23.40	117 000.00
5	包装套件	HJTB100	个	2011.11.28	1250	23.40	29 250.00
金额合计							588 825.00

三、知识储备

采购订单审核的内容主要包括货物的名称、质量、数量、单价、交货期限、交货方式、付款方式及包装等要求。

四、实施步骤

供应商(恒通橡胶厂)业务主管审核订单中货物的名称、质量、数量、单价、交货期限、交货方式、付款方式及包装等，按照表 3-75 所示步骤，完成制造企业采购订单的确认。

表 3-75　确认制造企业采购订单业务流程

序号	操作步骤	角色	操作内容
1	在 VBSE 系统中进行订单确认	供应商业务主管	供应商业务主管根据双方之前签订的采购合同审核采购订单的内容，无误后确认订单

五、线上操作

为完成编制采购合同任务，供应商(恒通橡胶厂)业务主管进入系统，单击 VBSE 软件任务中心的"核心制造企业录入采购订单"选项，依据任务流程图—确认材料采购订单(供应商)完成流程操作。操作步骤如下。

(1) 输入用户名和密码进入系统，如图 3-183 所示。

(2) 单击任务中心任务，进入流程界面，如图 3-184 所示。

图 3-183　输入用户名和密码

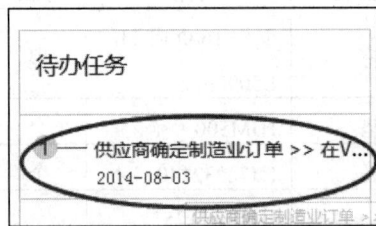

图 3-184　单击任务中心任务

(3) 依据流程界面所列任务，依次完成任务，如图 3-185 所示。

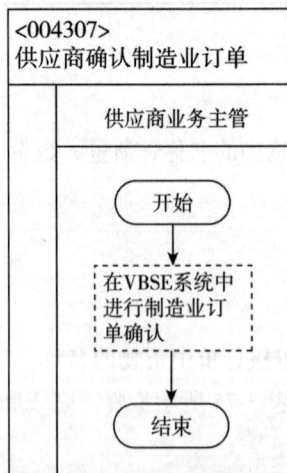

图 3-185　依次完成任务

任务五 销售发货(供应商)

一、任务描述

销售方将货物发向客户,销售发货业务是销售流程的核心,通过销售发货向库存、存货、应收等系统传递信息来实现企业物流的运转。

二、任务导入

依据销售合同的内容,供应商(恒通橡胶厂)向好佳童车厂发出商品。业务数据如表3-76所示。

表3-76 业务数据

序号	品名	规格	单位	到货时间	数量	单价	金额小计
1	钢管	Φ外16/Φ内11/L5000mm	根	2011.11.28	3500	70.20	245 700.00
2	坐垫	HJM500	个	2011.11.28	1750	62.00	108 500.00
3	车篷	HJ72*32*40	个	2011.11.28	1250	70.70	88 375.00
4	车轮	HJΦ外125*Φ内60 mm	个	2011.11.28	5000	23.40	117 000.00
5	包装套件	HJTB100	个	2011.11.28	1250	23.40	29 250.00
金额合计							588 825.00

三、知识储备

销售发货是指将货物发向客户,销售发货单是销售发货的信息载体,销售发货业务是销售流程的核心,通过销售发货向库存、存货、应收等系统传递信息来实现企业物流的运转,承接订单、通知实物出库、接收对方签收信息、生成发票。销售发货单如图3-186所示。

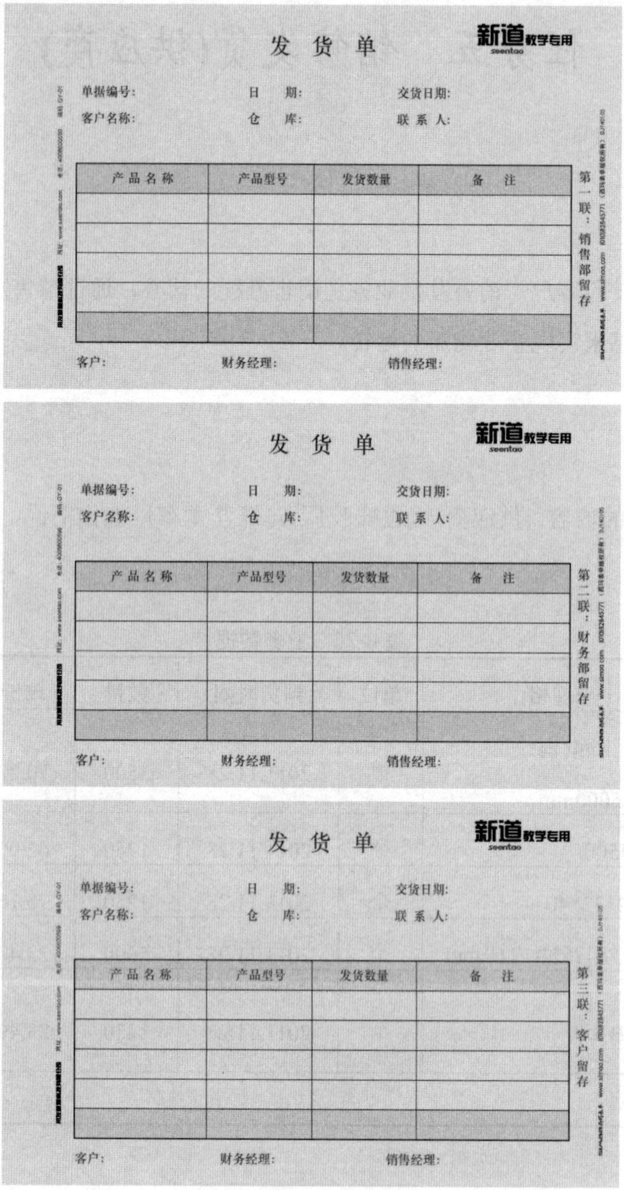

发 货 单

新道教学专用

单据编号：　　日　期：　　交货日期：

客户名称：　　仓　库：　　联 系 人：

产品名称	产品型号	发货数量	备　注

第一联：销售部留存

客户：　　财务经理：　　销售经理：

发 货 单

新道教学专用

单据编号：　　日　期：　　交货日期：

客户名称：　　仓　库：　　联 系 人：

产品名称	产品型号	发货数量	备　注

第二联：财务部留存

客户：　　财务经理：　　销售经理：

发 货 单

新道教学专用

单据编号：　　日　期：　　交货日期：

客户名称：　　仓　库：　　联 系 人：

产品名称	产品型号	发货数量	备　注

第三联：客户留存

客户：　　财务经理：　　销售经理：

图 3-186　发货单样图

四、实施步骤

供应商(恒通橡胶厂)业务主管依据销售订单交货日期填写产品发货单，仓管员填写出库单由销售人员发货给客户，财务部根据发货出库单开具销售发票，当客户收货确认后销售人员需登记销售发货明细，按照表 3-77 所示步骤，完成销售发货。

表 3-77　销售发货业务流程

序号	操作步骤	角色	操作内容
1	填制发货单	供应商业务主管	1. 根据销售订单明细表和发货计划填制发货单 2. 审核发货单并签字
2	审核发货单	供应商总经理	1. 审核该企业的应收账款额度是否高, 如果高, 则限制发货 2. 审核发货单, 确认数量和金额 3. 发货单签字 4. 将签字后的发货单交给客户行政主管
3	填制销售出库单	供应商行政主管	1. 根据发货单填制销售出库单 2. 请业务主管签字 3. 本部门进行审批
4	填写物料卡	供应商行政主管	1. 办理出库手续, 更新物料卡 2. 把出库单给业务主管一联 3. 把出库单送总经理一联
5	开具增值税专用发票	供应商总经理	1. 从业务主管处获取卖给该客户的销售价格 2. 根据销售出库单, 结合销售价格, 开具销售发票(增值税专用发票)
6	填制收入记账凭证	供应商总经理	根据开具的收入发票填制记账凭证
7	登记库存台账	供应商行政主管	根据出库单填写库存台账
8	在系统中处理销售发货	供应商业务主管	在 VBSE 系统中选择发货的订单并确认
9	登记销售发货明细表	供应商业务主管	1. 根据发货单进行销售发运 2. 登记销售发货明细表

五、线上操作

为完成销售合同任务, 供应商(恒通橡胶厂)业务主管进入系统, 单击 VBSE 软件任务中心的"供应商销售发货"选项, 依据任务流程图—销售发货(供应商)完成流程操作。操作步骤如下。

(1) 输入用户名和密码进入系统, 如图 3-187 所示。

(2) 单击任务中心任务, 进入流程界面, 如图 3-188 所示。

图 3-187　输入用户名和密码

图 3-188　单击任务中心任务

(3) 依据流程界面所列任务，依次完成任务，如图 3-189 所示。

图 3-189　依次完成任务

六、线下填单

好佳童车厂采购员，需依据线上操作流程中子任务的顺序，完成单据的填制和信息传递。整个过程中，好佳童车厂采购员要学会填制采购订单、销售发票、记账凭证并及时录入 VBSE 系统中。记账凭证填制样例如图 3-190 所示。

记账凭证

总第　　号

2011 年 10 月 8 日　记字第 0001 号

摘　要	总账科目	明细账科目	√	借　方	贷　方	
销售发货（钢管 3750 根）、开具发票_某某童车厂_2011.10.0	应收账款	某某童车厂		263250		附件张
销售发货（钢管 3750 根）、开具发票（4130）_某某童车厂_2011.10.1	主营业务收入	主营业务收入			225000	
销售发货（钢管 3750 根）、开具发票_某某童车厂_2011.10.2	应交税费/应交增值税	销项税额			38250	

会计主管　　　　记账　　　　出纳　　　　审核　　　　制证

图 3-190　记账凭证填制样例

任务六　采购入库(制造企业)

一、任务描述

由采购人员填写采购单和采购明细，并根据采购单生成入库单。库管人员根据收到的货物确认入库单入库，可根据实际收到货物的数量修改入库单明细数字。

二、任务导入

恒通橡胶厂 10 月的钢管等材料已经到达好佳童车厂仓库外，采购员协助仓管员进行钢管材料入库。9 月份下达的采购订单，10 月份材料入库，11 月制造业支付原材料款。业务数据如表 3-78 所示。

表 3-78　采购订单(9 月份)

供应商名称：恒通橡胶厂　　　　　　　采购类别：正常采购
合同编号：CG-HT-201108001　　　　　付款方式：月结
制单日期：2011.09.08　　　　　　　　订单编号：CG-DD-201109001

序号	品名	规格型号	单位	到货时间	数量	单价	折扣率	金额小计
1	钢管	Φ外16/Φ内11/L5000mm	根	2011.10.08	3750	70.20	0	263 250.00
2	坐垫	HJM500	个	2011.10.08	1250	58.50	0	73 125.00
3	车篷	HJ72*32*40	个	2011.10.08	1250	70.20	0	87 750.00
4	车轮	HJΦ外125*Φ内60 mm	个	2011.10.08	5000	23.40	0	117 000.00
合计								541 125.00

三、知识储备

1. 采购入库

采购入库是指供应商发出的货物抵达企业，同时开具了该张采购订单所对应的发票。

采购员协助仓管员办理采购入库手续，仓管员填写入库单确认货物入库，仓储部经理登记库存台账，材料会计登记存货明细账，成本会计凭发票确认应付账款。

2. 采购入库单

采购入库单是指企业从其他单位采购的原材料或产品入库时所填写的单据。它除了记录物品的编号、名称、规格型号、计量单位、实际验收数量等内容外，还要记录与采购有关的供应商名称、采购订单号等内容，其具体格式如图 3-191 所示。

新道 seentao 教学专用

采购入库单

网址：www.seentao.com 电话：4006600599 编码：DJ0153

制单日期：　　　　仓　　库：
供应商名称：　　　类　　型：
单据编号：　　　　采购订单号：

序号	品　名	规格型号	单位	入库时间	数量	备注
1						
2						
3						
4						
5						
合 计						

仓储部经理：　　　仓管员：

第一联：仓储部

新道 seentao 教学专用

采购入库单

网址：www.seentao.com 电话：4006600599 编码：DJ0153

制单日期：　　　　仓　　库：
供应商名称：　　　类　　型：
单据编号：　　　　采购订单号：

序号	品　名	规格型号	单位	入库时间	数量	备注
1						
2						
3						
4						
5						
合 计						

仓储部经理：　　　仓管员：

第二联：采购部

新道 seentao 教学专用

采购入库单

网址：www.seentao.com 电话：4006600599 编码：DJ0153

制单日期：　　　　仓　　库：
供应商名称：　　　类　　型：
单据编号：　　　　采购订单号：

序号	品　名	规格型号	单位	入库时间	数量	备注
1						
2						
3						
4						
5						
合 计						

仓储部经理：　　　仓管员：

第三联：财务部

图 3-191　采购入库单(一式三联)样图

四、实施步骤

采购部根据生产部物料需求计划和库存状况，9 月份执行采购合同下达采购订单。依据采购订单，及时查看材料发货、出库、到货情况，做好好佳童车厂材料验收入库工作，按照表 3-79 所示步骤，完成材料的采购入库。

表 3-79 采购入库业务流程

序号	操作步骤	角色	操作内容
1	通知供应商发货	采购员	通知供应商业务主管发货
2	填制发货单	供应商业务主管	1. 根据销售订单明细表和发货计划填制发货单 2. 审核发货单并签字
3	审核发货单	供应商总经理	1. 审核该企业的应收账款额度是否高，如果高，则限制发货 2. 审核发货单，确认数量和金额 3. 发货单签字 4. 将签字后的发货单交给客户行政主管
4	填制销售出库单	供应商行政主管	1. 根据发货单填制销售出库单 2. 请业务主管签字 3. 本部门进行审批
5	办理出库填写物料卡	供应商行政主管	1. 办理出库手续，更新物料卡 2. 把出库单给业务主管一联 3. 把出库单送总经理一联
6	开具增值税专用发票	供应商总经理	1. 从业务主管处获取卖给该客户的销售价格 2. 根据销售出库单，结合销售价格，开具销售发票(增值税专用发票)
7	填制收入记账凭证	供应商总经理	根据开具的收入发票填制收入记账凭证
8	登记库存台账	供应商行政主管	根据出库单填写库存台账
9	在系统中处理销售发货	供应商业务主管	在 VBSE 系统中选择发货的订单并确认
10	登记销售发货明细表	供应商业务主管	1. 根据发货单进行销售发运 2. 登记销售发货明细表
11	核对发货单、发票及实物	采购员	1. 采购员接收供应商发来的材料，附有发货单、发票和实物 2. 根据采购订单核对发货单和发票及实物 3. 协助仓管员进行原料验收
12	物料验收	仓管员	1. 根据发货单和检验标准进行质量、数量、包装检测 2. 根据检验结果填写物料检验单，并签字确认 3. 检验无误，在发货单上签字

(续表)

序号	操作步骤	角色	操作内容
13	填写采购入库单	仓管员	1. 根据物料检验单填写采购入库单(一式三联) 2. 将采购入库单送交仓储部经理审核 3. 将审核后的入库单自留一份,另外两联交采购部和财务部
14	审核采购入库单	仓储部经理	审核原材料入库单的准确性和合理性,在入库单上签字
15	登记采购合同执行情况表	采购员	1. 采购员接收到仓库员送来的采购入库单 2. 采购员登记采购合同执行情况表 3. 采购员将发票(发票联和抵扣联)和对应的采购入库单的财务联送交财务部
16	在系统中处理采购到货	仓储部经理	在 VBSE 系统中确定采购物料到货
17	填写物料卡	仓管员	1. 仓管员将货物摆放到货位,根据入库单数量填写物料卡 2. 将入库单交仓储部经理登记台账
18	登记库存台账	仓储部经理	仓储部经理根据入库单登记库存台账
19	填制记账凭证	成本会计	1. 接收采购员交来的发票和入库单 2. 填制记账凭证 3. 送财务部经理审核
20	审核记账凭证	财务部经理	1. 接收财务会计交来的记账凭证,进行审核 2. 审核后,交成本会计登记科目明细账
21	登记明细账	成本会计	1. 根据入库单登记存货明细账 2. 根据记账凭证登记科目明细账(应付账款)
22	登记明细账	财务会计	根据记账凭证登记科目明细账(应交税费)

五、线上操作

为完成采购入库任务,线上好佳童车厂采购员进入系统,单击 VBSE 软件任务中心的"采购入库(制造企业)"选项,依据任务流程图—采购入库(制造企业)完成流程操作。操作步骤如下。

(1) 输入用户名和密码进入系统,如图 3-192 所示。

(2) 单击任务中心任务,进入流程界面,如图 3-193 所示。

图 3-192　输入用户名和密码　　　图 3-193　单击任务中心任务

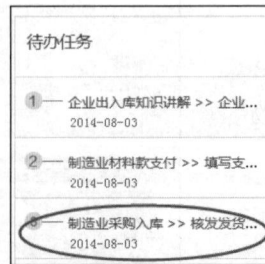

(3) 依据流程界面所列任务，依次完成任务，如图 3-194 所示。

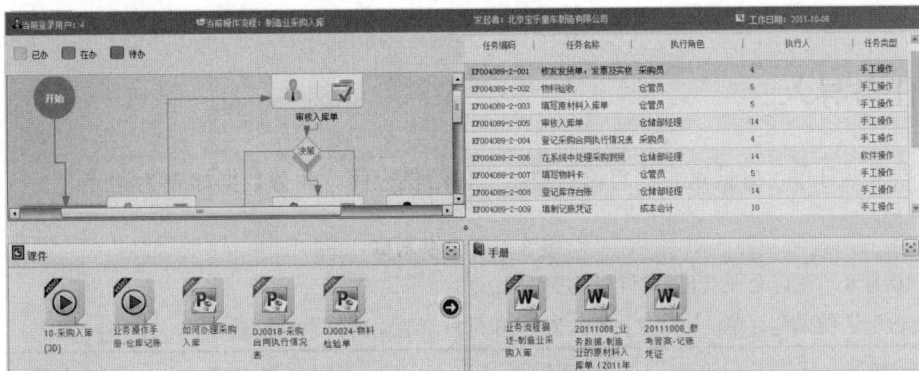

图 3-194　依次完成任务

六、线下填单

好佳童车厂采购员，需依据线上操作流程中子任务的顺序，与任务相关人员一起完成单据的填制和信息传递。整个过程中，好佳童车厂仓管员要学会填制采购入库单。采购入库单填制样例如图 3-195 所示。

图 3-195　采购入库单填制样例

任务七　材料款支付(制造企业)

一、任务描述

到期未付材料款，由采购部提出付款申请，填制"付款申请书"，填写收款单位、货款所属期及货款金额等,连同收款人发票或收据、到货单、验收单、供应商对账单等交负责人签字确认。

二、任务导入

依据采购订单,好佳童车厂将原材料款支付给供应商。业务数据如表 3-80 所示。

表 3-80　业务数据

2011 年 10 月 8 日制造企业支付原材料款明细账如下:

注:8 月份下达的采购订单,9 月份材料入库,10 月份制造业支付原材料款。

科目编码	科目名称	借/贷方	金额
2202	应付账款	贷	1 696 500.00
220201	恒通橡胶厂	贷	424 125.00
220202	邦尼工贸有限公司	贷	424 125.00
220203	海天装饰有限责任公司	贷	424 125.00
220204	北京新耀不锈钢加工厂	贷	424 125.00

三、知识储备

支票是出票人签发,委托办理支票存款业务的银行或者其他金融机构在见票时无条件支付确定的金额给收款人或持票人的票据,如图 3-196 所示。

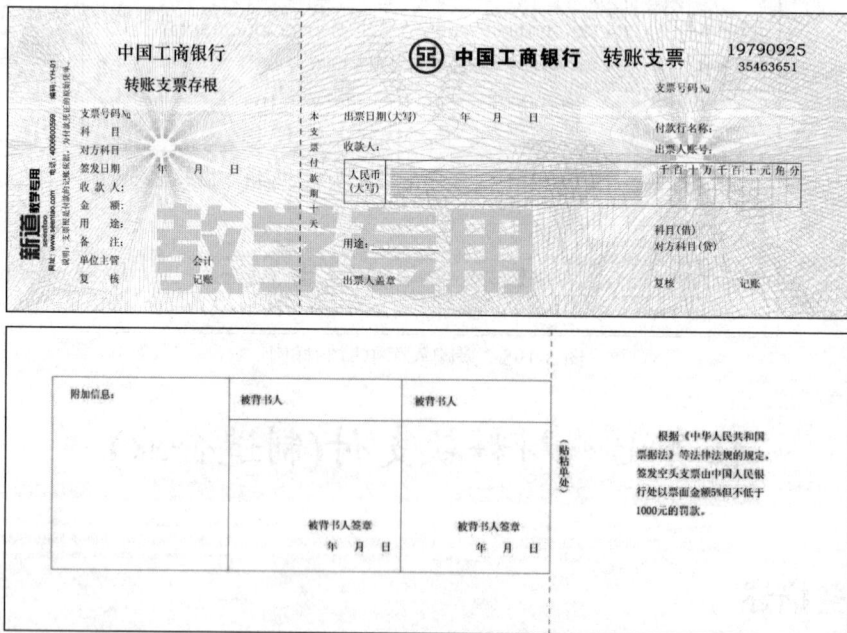

图 3-196　转账支票样图

四、实施步骤

依据采购合同，及时查看采购合同执行情况表，确认好佳童车厂应付原材料款情况，按照表 3-81 所示步骤，完成材料款支付。

表 3-81 制造业支付材料款业务流程

序号	操作步骤	角色	操作内容
1	填写支出凭单	采购员	1. 填写支出凭单(把对应的采购订单的单号和入库单的单号写上) 2. 将填写的支出凭单交给采购部经理审核 3. 将采购部经理审核后的支出凭单交给应付会计审核 4. 将支出凭单交给财务部经理审核 5. 拿支出凭单去财务部出纳处办理付款手续
2	业务审核	采购部经理	1. 接收采购员送来的支出凭单 2. 根据采购合同执行情况表及订单、入库单、发票等资料审核支出凭单内容填写的准确性和合理性 3. 审批无误，签字
3	审核支出凭单	应付会计	1. 审核支出凭单填写准确性 2. 审核支出凭单附件的合法性和真实性 3. 审批无误，签字
4	业务审核	财务部经理	1. 审核支出凭单填写准确性 2. 审核支出凭单附件的合法性和真实性 3. 审核资金使用的合理性 4. 审批无误，签字
5	填制支票	出纳	1. 出纳根据审核的支出凭单填写转账支票 2. 将支出凭单及支票根交应付会计
6	登记支票登记簿	出纳	1. 登记支票登记簿 2. 将支票交给采购员
7	接收转账支票并送交给卖方	采购员	1. 接收财务部经理交给的审核后的记账凭证 2. 根据记账凭证登记银行存款日记账
8	编制记账凭证	应付会计	1. 接收出纳交来的支票根和支票凭单 2. 编制记账凭证 3. 送财务部经理审核
9	审核记账凭证	财务部经理	1. 接收应付会计交给的记账凭证 2. 审核记账凭证填写的准确性 3. 审核无误签字，交给出纳登记银行存款日记账
10	登记银行存款日记账	出纳	1. 接收财务部经理交来的审核后的记账凭证 2. 根据记账凭证登记银行存款日记账 3. 将记账凭证交给应付会计登记科目明细账
11	登记科目明细账	应付会计	1. 接收出纳交来的记账凭证 2. 根据记账凭证登记科目明细账

五、线上操作

为完成材料款支付任务,线上好佳童车厂采购员进入系统,单击 VBSE 软件任务中心的"制造企业材料款支付"选项,依据任务流程图—材料款支付(制造企业)完成流程操作。操作步骤如下。

(1) 输入用户名和密码进入系统,如图 3-197 所示。

(2) 单击任务中心任务,进入流程界面,如图 3-198 所示。

图 3-197 输入用户名和密码

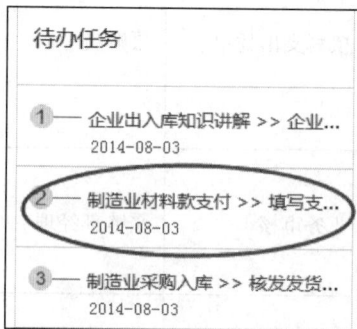

图 3-198 单击任务中心任务

(3) 依据流程界面所列任务,依次完成任务,如图 3-199 所示。

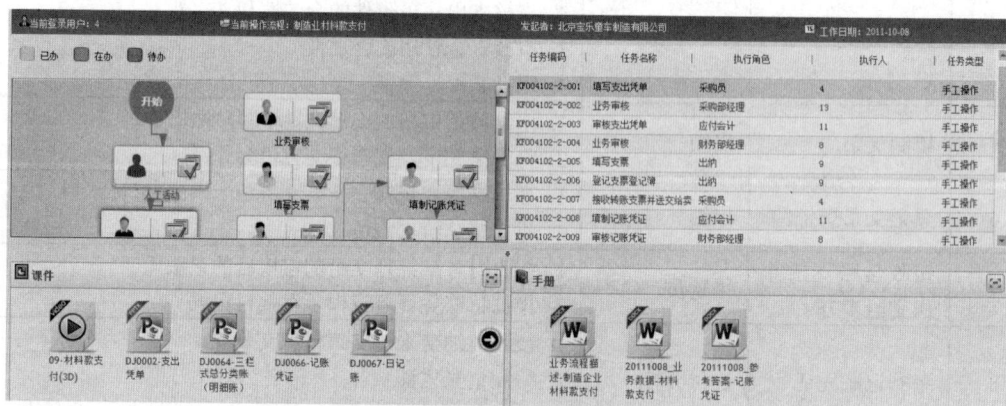

图 3-199 依次完成任务

六、线下填单

好佳童车厂采购员,需依据线上操作流程中子任务的顺序,与任务相关人员一起完成单据的填制和信息传递。整个过程中,好佳童车厂要学会填制转账支票、记账凭证及登记账簿。记账凭证填制样例如图 3-200 所示。

记账凭证

总第　　号

2011.10.08　　记字第 0013 号

摘　要	总账科目	明细账科目	√	借　方	贷　方	
支付上月材料_供应商001_2011.10.08_ -	应付账款	恒通橡胶厂		424125		附件
支付上月材料	银行存款	工行存款			424125	张

会计主管　　　　记账　　　　出纳　　　　　　审核　　　　制证

图 3-200　记账凭证填制样例

任务八　货款回收(供应商)

一、任务描述

收款单位出纳人员收到付款单位交来的支票后，首先应对支票进行审查，审查无误后，填制一式两联进账单，连同支票一并送交其开户银行。开户银行审核无误后在进账单第一联上加盖"转讫"章退回收款单位。收款单位根据银行盖章退回的进账单第一联编制银行存款收款凭证。

二、任务导入

依据销售合同执行情况，供应商(恒通橡胶厂)收回销售给好佳童车厂的材料款项。业务数据如表 3-82 所示。

表 3-82　业务数据

2011 年 10 月 8 日，供应商从每家制造企业回收的货款详情如下：

供应商名称	回收日期	回收金额(每家制造企业)
供应商(恒通橡胶厂)	2011 年 10 月 8 日	424 125.00

三、知识储备

1. 货款回收

货款回收是一种资金流动形式，也是销售中的一种业务模式。销售方通过先销售后收款的方式提高销量，通过催缴回款用于再生产或投资，以实现第二次销售业务。

2. 银行进账单

银行进账单是持票人或收款人将票据款项存入其开户银行账户的凭证，也是开户银行将票据款项记入持票人或收款人账户的凭证。持票人填写银行进账单时，必须清楚地填写票据种类、票据张数、收款人名称、收款人开户银行及账号、付款人名称、付款人开户银行及账号、票据金额等栏目，并连同相关票据一并交给银行经办人员，如图 3-201 所示。

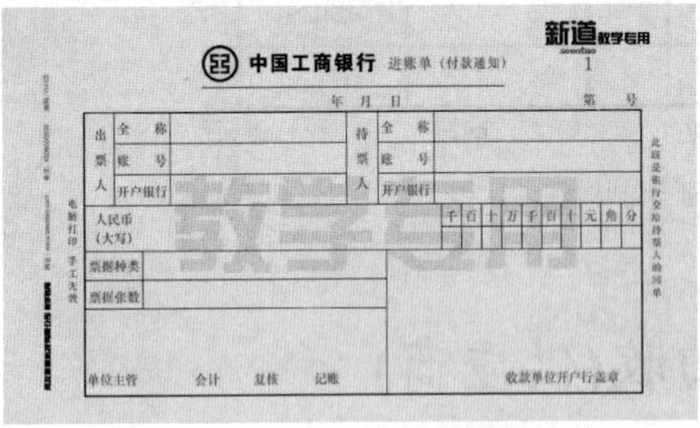
新道教学专用
中国工商银行 进账单（付款通知） 1
年 月 日 第 号
出票人 全称 账号 开户银行
持票人 全称 账号 开户银行
人民币（大写） 千 百 十 万 千 百 十 元 角 分
票据种类
票据张数
单位主管 会计 复核 记账 收款单位开户行盖章
此联是银行交给持票人的回单
电脑打印 手工无效

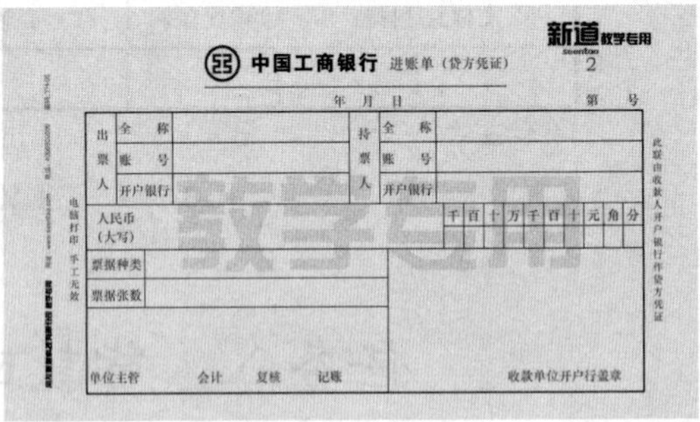
新道教学专用
中国工商银行 进账单（贷方凭证） 2
年 月 日 第 号
出票人 全称 账号 开户银行
持票人 全称 账号 开户银行
人民币（大写） 千 百 十 万 千 百 十 元 角 分
票据种类
票据张数
单位主管 会计 复核 记账 收款单位开户行盖章
此联由收款人开户银行作贷方凭证
电脑打印 手工无效

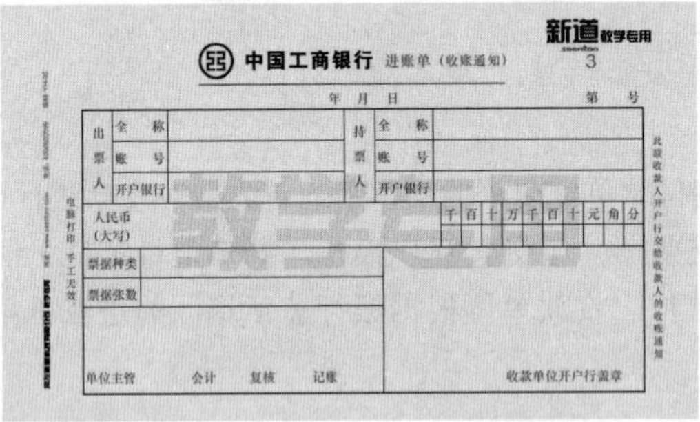
新道教学专用
中国工商银行 进账单（收账通知） 3
年 月 日 第 号
出票人 全称 账号 开户银行
持票人 全称 账号 开户银行
人民币（大写） 千 百 十 万 千 百 十 元 角 分
票据种类
票据张数
单位主管 会计 复核 记账 收款单位开户行盖章
此联是收款人开户银行交给收款人的收账通知
电脑打印 手工无效

图 3-201　银行进账单样图

四、实施步骤

销售实现之后，销售人员(供应商—恒通橡胶厂业务主管)需要按照销售合同的约定期限跟踪催促货款的收回。客户通过支票方式进行付款，企业出纳员(供应商—恒通橡胶厂行政主管)前往银行办理支票进账业务，财务部做记账处理，按照表 3-83 所示步骤，完成货款收回。

表 3-83　供应商货款收回业务流程

序号	操作步骤	角色	操作内容
1	接收制造企业签发的支票	供应商业务主管	1. 接收制造企业签发的转账支票 2. 将转账支票提交给行政主管
2	填写进账单	供应商行政主管	1. 接收供应商业务主管提交的转账支票 2. 按照支票上填写的金额填写进账单 3. 去银行送存转账支票

（续表）

序号	操作步骤	角色	操作内容
3	付款业务(支票)	银行柜员	1. 接收转账支票及进账单 2. 在系统中办理"付款业务(支票)" 3. 在进账单上盖"转讫"章 4. 将进账单回单退还给供应商行政主管
4	回单交总经理	供应商行政主管	将经银行盖章后的进账单回单交供应商总经理
5	填写记账凭证	供应商总经理	1. 接收供应商行政主管送来的进账单回单 2. 编制记账凭证

五、线上操作

为完成货款收回任务，线上供应商(恒通橡胶厂)业务主管进入系统，单击 VBSE 软件任务中心的"供应商货款收回"选项，依据任务流程图—货款收回(供应商)完成流程操作。操作步骤如下。

(1) 输入用户名和密码进入系统，如图 3-202 所示。

(2) 单击任务中心任务，进入流程界面，如图 3-203 所示。

图 3-202 输入用户名和密码

图 3-203 单击任务中心任务

(3) 依据流程界面所列任务，依次完成任务，如图 3-204 所示。

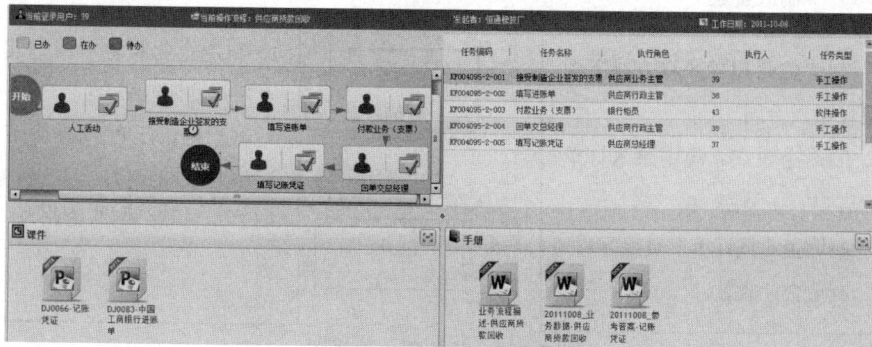

图 3-204 依次完成任务

六、线下填单

供应商(恒通橡胶厂)业务主管，需依据线上操作流程中子任务的顺序，与任务相关人员一起完成单据的填制和信息传递。整个过程中，供应商(恒通橡胶厂)要学会填制银行进账单、记账凭证。记账凭证填制样例如图 3-205 所示。

记账凭证

总第　号

2011 年 10 月 8 日　记字第 0005 号

摘　要	总账科目	明细账科目	√	借　方	贷　方	
货款回收	银行存款	工商银行		424125		附件张
货款回收_某某童车厂_2011.10.08_-	应收账款厂	某某童车厂			424125	

会计主管　　　　记账　　　　出纳　　　　审核　　　　制证

图 3-205　记账凭证填制样例

项目五　制造企业—客户购销业务

项目概述:

制造企业—客户购销业务是 VBSE 系统中，制造企业—客户就童车购销进行的一系列任务的统称。任务之间具有承上启下的关系，具体关系如图 3-206 所示。

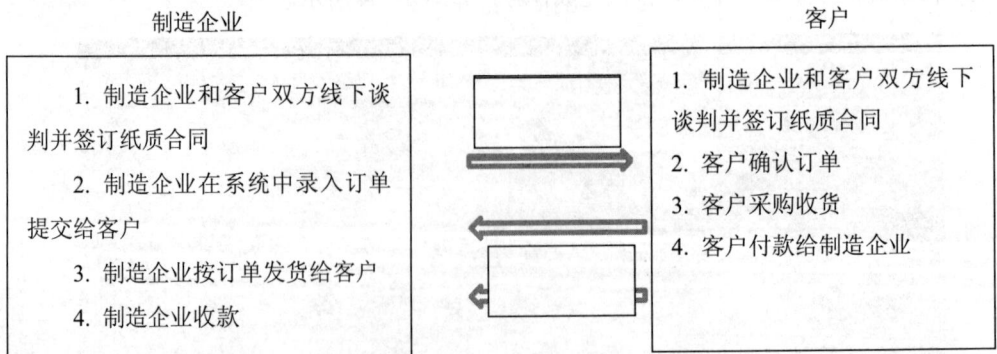

制造企业　　　　　　　　　　　　　　　　　　　　客户

制造企业	客户
1. 制造企业和客户双方线下谈判并签订纸质合同 2. 制造企业在系统中录入订单提交给客户 3. 制造企业按订单发货给客户 4. 制造企业收款	1. 制造企业和客户双方线下谈判并签订纸质合同 2. 客户确认订单 3. 客户采购收货 4. 客户付款给制造企业

图 3-206　任务顺序关系图

任务一　客户谈判(制造企业—客户)

一、任务描述

制造企业的销售专员，收集客户的需求，并与客户就合同主要条款(品名规格、数量、价格、交货期等)进行磋商。

二、情景导入

好佳童车厂销售专员根据本厂产品和客户需求，与客户进行销售谈判。

三、知识储备

1. 销售谈判

销售谈判是指销售人员为了把自己的产品以最高的价位、最低的成本推销给采购方所进行的磋商。目的是成功地签订销售合同。

2. 销售谈判的三个阶段

销售谈判大致划分为三个阶段：计划与准备阶段、面谈阶段、后续收尾阶段。讲到谈判，大多数人总联想到面谈，计划与准备阶段是其中最关键的阶段。

3. 销售谈判的计划与准备阶段的内容

(1) 确定谈判目标
(2) 认真考虑对方的需要
(3) 评估相对实力和弱点
(4) 制定谈判策略

四、实施步骤

客户根据市场需求变化，确定开发新的市场，如表3-84所示。

表3-84　客户谈判业务流程

序号	操作步骤	角色	操作内容
1	确定客户并谈判	销售专员	1. 走访客户或以其他方式与客户保持联系，获得潜在客户的采购信息 2. 与客户进行沟通，落实意向客户 3. 与意向客户就供货时间、数量、价格、结算条件、运输方式等进行磋商，为签订购销合同做准备

五、线上操作

为完成销售谈判，好佳童车厂需进入 VBSE 系统，进行销售谈判操作。操作步骤如下。

(1) 输入用户名和密码进入系统，如图 3-207 所示。

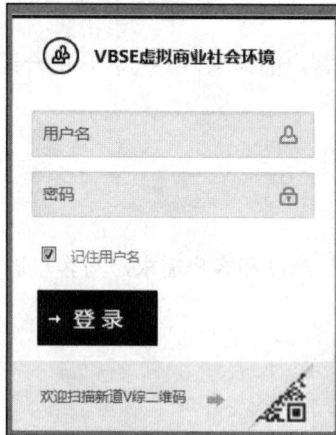

图 3-207　输入用户名和密码

(2) 单击任务中心任务，进入流程界面，如图 3-208 所示。

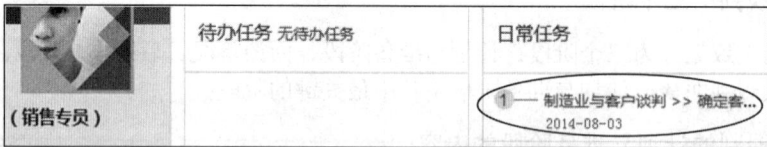

图 3-208　单击任务中心任务

(3) 依据流程界面所列任务并根据如图 3-209 所示的业务资料，依据业务流程依次完成任务，如图 3-210 和图 3-211 所示。

图 3-209　业务资料

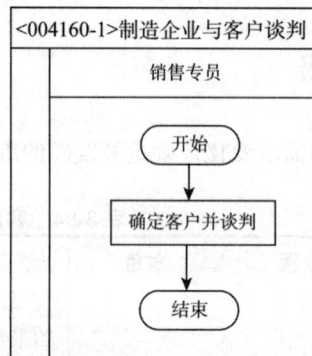

图 3-210　任务流程

任务编码	任务名称	执行角色	执行人	任务类型
KF004160-1-001	确定客户并谈判	销售专员	张2	手工操作

图 3-211 依次完成任务

六、线下填单

好佳童车厂销售专员做好谈判准备，与客户进行谈判。

任务二 签订销售合同(制造企业—客户)

一、任务描述

销售合同的签订并不仅仅是公司派人盖章那么简单，销售专员需按照企业管理制度与客户草拟销售合同，签订程序要求经相关人员审批、盖章。销售合同不仅为建立双方满意的购销关系的办理提供法律手续，也为生产计划提供依据。

二、情景导入

参照合同样例，与华晨商贸城签订购销合同(合同号：SX0003)，其中包含如表 3-85 所示的订单。

表 3-85 购销合同订单

产品名称	含税单价	数量	金额(元)	交货日期	付款日期
经济型童车	655.20	3000	1 965 600.00	2011.10.28	2011.11.28
经济型童车	655.20	4000	2 620 800.00	2011.12.28	2012.1.28
合计			4 586 400.00		

制造业洽谈童车销售合同时可参考以下价格，见图 3-212。

童车市场平均单价如表 3-86 所示。

表 3-86 童车市场平均单价一览表

存货名称	计量单位	平均单价(不含税)
经济型童车	辆	650.00
舒适型童车	辆	860.00
豪华型童车	辆	1380.00

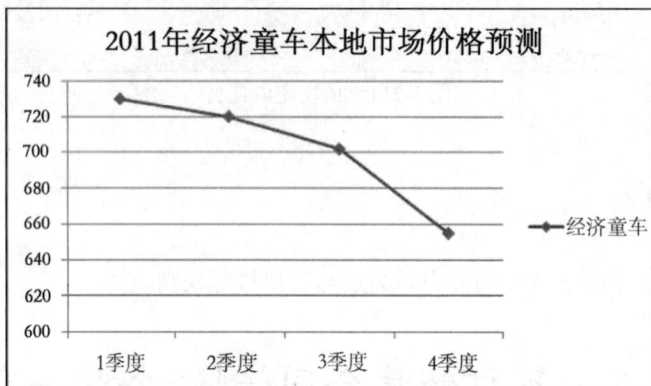

图 3-212　经济型童车 2011 年本地市场价格预测图

三、知识储备

买卖双方经过协商或谈判达成共识之后，为了保证双方的合法权益，需要签订销售合同。

1. 销售合同的主要内容

销售合同的主要内容包括如下几项。

(1) 当事人的名称或者姓名、住所。

(2) 标的。买卖合同的标的是指买卖双方当事人的权利和义务共同指向的对象。

(3) 交货数量。

(4) 质量要求。对于标的物的质量，国家规定有技术标准的，双方当事人应在合同中写明标的物的技术标准及标准编号和代号；国家没有规定技术标准的，由双方当事人通过商定，在合同中明确约定。

(5) 价款。价款的确定，要符合国家的价格政策和价格管理法规；价款的支付，除法律另有规定外，必须用人民币支付；价款的结算，除国家规定允许使用现金者之外，必须通过银行办理转账或票据结算。

(6) 履行的期限、地点和方式。履行的期限是指双方当事人履行义务的时间范围；履行的地点是指当事人完成所承担义务的具体地方，应根据标的物的法律特征或法律规定和当事人的约定而确定；履行的方式是指采用什么样的方法来履行合同规定的义务，如一次履行还是分批履行、汽车送达还是火车送达等。

(7) 违约责任。违约责任是指合同当事人由于自己的过错，没有履行或没有完全履行应承担的义务，按照法律和合同的规定应该承担的法律责任。违约责任的具体条款，当事人可以依据合同法在合同中进一步约定。

(8) 解决争议的方法。合同法规定解决合同争议有和解、调解、仲裁和诉讼四种方法，当事人应在合同中约定解决合同争议所采用的方法。除此之外，合同中还包括包装方式、检验标准和方法等条款。

2. 销售合同注意事项

购销合同在书定时，不能有任何涂改；购销合同中，首页的甲乙双方当事人与最后一页甲乙双方当事人，需要保持一致；购销合同盖章时，合同专用章和法人章不能重叠；购销合同必须盖骑缝章(为防止合同被篡改)。

合同盖章如图 3-213 所示，甲乙双方均应有合同专用章和法人章。

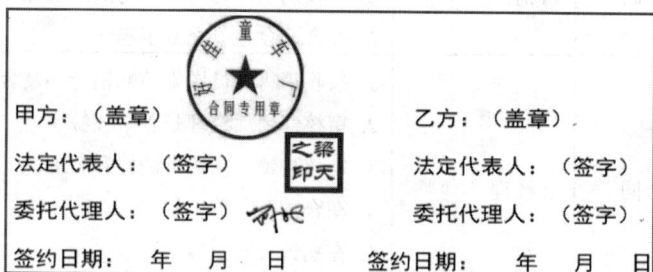

图 3-213　合同盖章示例

骑缝章如图 3-214 所示。

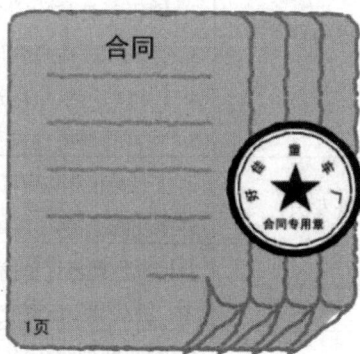

图 3-214　骑缝章示例

四、实施步骤

销售专员主要负责与客户签订销售合同，按照公司制度进行合同签订的审批及报备，按照表 3-87 所示步骤，完成制造企业与客户销售合同的签订。

表 3-87　制造企业与客户销售合同的签订步骤一览表

序号	操作步骤	角色	操作内容
1	拟定购销合同	销售专员	1. 销售专员根据销售计划与客户沟通销售合同细节内容 2. 起草购销合同，一式两份

(续表)

序号	操作步骤	角色	操作内容
2	填写合同会签单	销售专员	1. 填写合同会签单 2. 将购销合同和合同会签单送交营销部经理审核
3	审核购销合同	营销部经理	1. 接收销售专员交给的购销合同及合同会签单 2. 审核购销合同内容填写的准确性和合理性 3. 在合同会签单上签字确认
4	审批购销合同	总经理	1. 接收销售专员送来的购销合同及合同会签单 2. 审核营销部经理是否审核签字 3. 审核购销合同的准确性和合理性 4. 在合同会签单上签字 5. 在购销合同上签字 6. 总经理签完交给营销部经理
5	合同盖章	行政助理	1. 营销部经理把购销合同和合同会签单交给销售专员去盖章 2. 销售专员拿购销合同和合同会签单找行政助理盖章 3. 行政助理检查合同会签单是否签字 4. 行政助理给合同盖章 5. 行政助理将盖完章的购销合同交还销售专员
6	登记销售订单明细表	销售专员	销售专员根据购销合同内容将销售订单信息登记在销售订单明细表中
7	汇总销售订单	营销部经理	营销部经理将订单信息的主要内容登记在"汇总销售订单"中，并将其中一联交生产部经理，以便生产部安排生产
8	购销合同存档	行政助理	1. 行政助理收到购销合同 2. 行政助理更新合同管理表—购销合同 3. 行政助理登记完，把购销合同留存备案

五、线上操作

为完成好佳童车厂与客户签订销售合同的任务，好佳童车厂销售专员需首先进入 VBSE 系统，进行销售合同的签订(其他相关人员按照任务流程步骤先后进入 VBSE 系统，完成对应操作)。操作步骤如下。

(1) 输入用户名和密码进入系统，如图 3-215 所示。

(2) 单击任务中心任务，进入流程界面，如图 3-216 所示。

图 3-215　输入用户名和密码

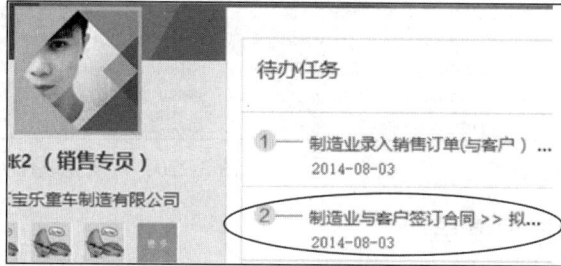

图 3-216　单击任务中心任务

(3) 依据流程界面所列任务，先进入任务说明进行学习，如图 3-217 所示。

(4) 再进入如图 3-218 所示的业务资料。

图 3-217　任务说明

图 3-218　业务资料

(5) 依据业务流程依次完成任务。如图 3-219 和图 3-220 所示。

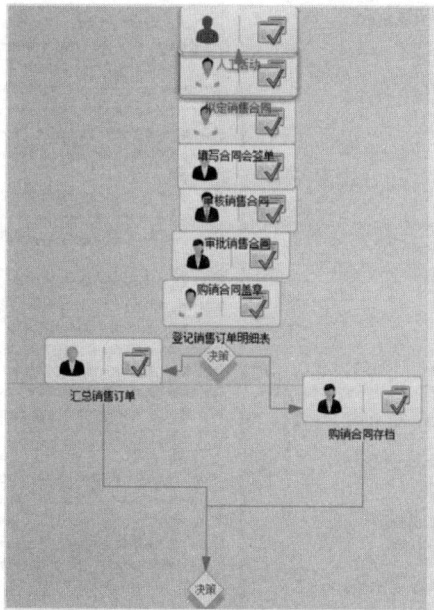

图 3-219　任务流程

任务编码	任务名称	执行角色	执行人	任务类型
KF004201-2-001	拟定销售合同	销售专员	张2	手工操作
KF004201-2-002	填写合同会签单	销售专员	张2	手工操作
KF004201-2-003	审核销售合同	营销部经理	张12	手工操作
KF004201-2-004	审批销售合同	总经理	张1	手工操作
KF004201-2-005	购销合同盖章	行政助理	张7	手工操作
KF004201-2-006	登记销售订单明细表	销售专员	张2	手工操作
KF004201-2-007	汇总销售订单	营销部经理	张12	手工操作
KF004201-2-009	购销合同存档	行政助理	张7	手工操作

图 3-220　依次完成任务

六、线下填单

好佳童车厂销售专员，需依据线上操作流程中子任务的顺序，与任务相关人员一起完成销售合同的签订。整个过程中，好佳童车厂销售专员及相关人员要学会如表 3-88 所示的单据的填写。

表 3-88　制造企业与客户销售合同签订线下填单

单据编号	单据名称	使用者角色	使用份数
DJ0006	购销合同	销售专员	2
DJ0001	合同会签单	销售专员	2
DJ0008	销售订单明细表	销售专员	1
DJ0009	销售订单汇总表	营销部经理	1
DJ0047	合同管理表	行政助理	1

销售合同的签订样例如图 3-221 所示。

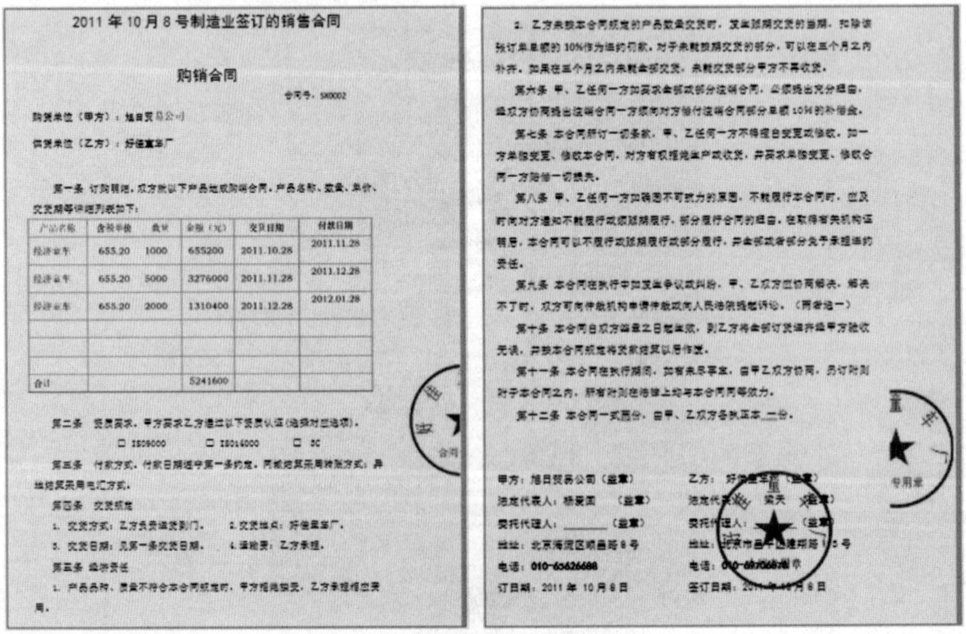

图 3-221　销售合同的签订样例

任务三　录入产品销售订单(制造企业)

一、任务描述

制造业与客户经过磋商签订了销售合同后，制造业的销售专员将销售订单的基本信息录入 VBSE 系统，系统将根据录入的信息执行未来的销售发货及收款等业务。

二、情景导入

依据与北京华晨商贸有限公司签订的 SX0005 号销售合同，录入产品基本信息，其中包含下列订单信息，如表 3-89 所示。

表 3-89　SX0005 号销售合同的产品销售信息

产品名称	含税单价	数量	金额(元)	交货日期	付款日期
经济型童车	655.20	1000	655 200.00	2011.10.28	2011.11.28
经济型童车	655.20	1250	819 000.00	2011.11.28	2011.12.28
经济型童车	655.20	1500	982 800.00	2011.12.28	2012.1.30
合计			2 457 000.00		

三、知识储备

销售合同是买卖合同的变化形式，它同买卖合同的要求基本上是一致的。主要是指买卖双方根据协商一致的意见，由卖方将产品交付给买方，买方接受产品并按规定支付价款的协议。

四、实施步骤

销售专员按照表 3-90 所示步骤，完成制造企业录入产品订单的操作。

表 3-90　制造企业录入产品销售订单步骤一览表

序号	操作步骤	角色	操作内容
1	在 VBSE 系统中录入销售订单	销售专员	根据制造业与客户签订好的销售合同，将销售订单信息录入 VBSE 系统

五、线上操作

为完成好佳童车厂录入产品销售订单的任务，好佳童车厂销售专员需首先进入 VBSE 系统，进行产品销售订单录入。操作步骤如下。

(1) 输入用户名和密码进入系统，如图 3-222 所示。

(2) 单击任务中心任务，进入流程界面，如图 3-223 所示。

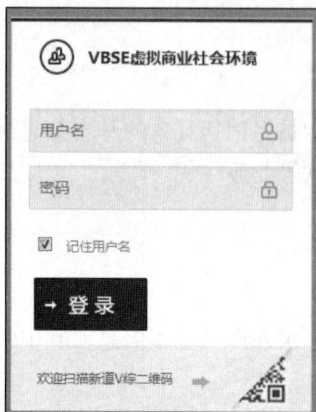

图 3-222　输入用户名和密码

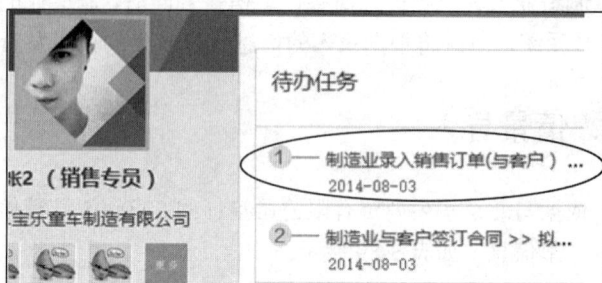

图 3-223　单击任务中心任务

(3) 依据流程界面所列任务，先依据任务说明进行学习，如图 3-224 所示。

(4) 再进入如图 3-225 所示的业务资料。

(5) 点击屏幕左下角图标，如图 3-226 所示。

图 3-224　任务说明

图 3-225　业务资料

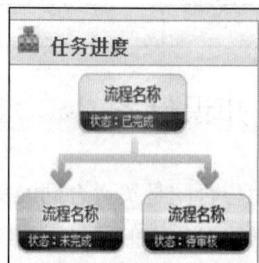

图 3-226　任务进度

(6) 依据业务流程依次完成任务。如图 3-227 和图 3-228 所示。

图 3-227　任务流程

任务编码	任务名称	执行角色	执行人	任务类型
KF004308-2-001	在VBSE系统中录入销售订	销售专员	张2	软件操作

图 3-228　依次完成任务

(7) 销售专员在系统中完成订单录入，如图 3-229 所示，单击"新增"按钮，在如图 3-230 所示的界面中进行订单录入，单击"保存"按钮，完成任务。

图 3-229 订单录入完成

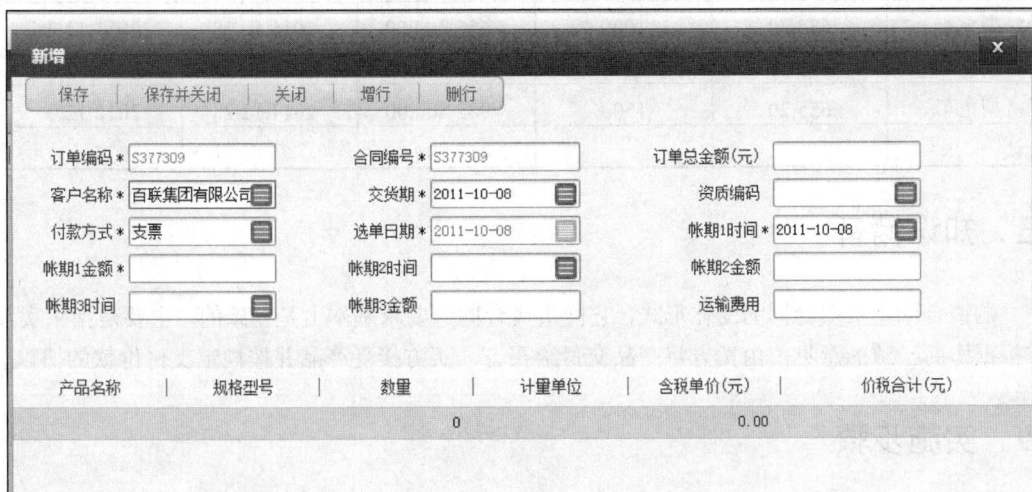

图 3-230 录入新增订单资料

六、线下填单

好佳童车厂销售专员，需依据线上操作流程中子任务的顺序，完成线上操作，无须线下填单。

任务四 确认产品销售订单(客户)

一、任务描述

在制造业销售专员根据制造业与客户签订的销售合同录入销售订单后，客户在 VBSE 系统中，对录入的订单进行确认操作。

二、情景导入

依据北京华晨商贸有限公司与好佳童车厂签订的购销合同，北京华晨商贸有限公司的客户业务主管确认由好佳童车厂销售专员录入产品基本信息，其中包含下列订单信息，如表 3-91 所示。

表 3-91　SX0005 号销售合同产品销售信息

产品名称	含税单价	数量	金额(元)	交货日期	付款日期
经济型童车	655.20	1000	655 200.00	2011.10.28	2011.11.28
经济型童车	655.20	1250	819 000.00	2011.11.28	2011.12.28
经济型童车	655.20	1500	982 800.00	2011.12.28	2012.1.30
合计			2 457 000.00		

三、知识储备

购销合同是买卖合同的变化形式，它同买卖合同的要求基本上是一致的。主要是指买卖双方根据协商一致的意见，由卖方将产品交付给买方，买方接受产品并按规定支付价款的协议。

四、实施步骤

销售专员按照表 3-92 所示步骤，完成制造企业录入产品订单的操作。

表 3-92　客户确认产品销售订单步骤一览表

序号	操作步骤	角色	操作内容
1	在 VBSE 系统中进行订单确认	客户业务主管	客户业务主管根据双方之前签订的销售合同审核销售订单的内容，无误后确认订单

五、线上操作

为完成对好佳童车厂录入产品销售订单的确认任务，北京华晨商贸有限公司的客户业务主管需首先进入 VBSE 系统，进行产品销售订单的确认。操作步骤如下。

(1) 输入用户名和密码进入系统，如图 3-231 所示。

(2) 单击任务中心任务，进入流程界面，如图 3-232 所示。

(3) 依据流程界面所列任务，先依据任务说明进行学习，如图 3-233 所示。

(4) 再进入如图 3-234 所示的业务资料。

(5) 点击屏幕左下角图标，如图 3-235 所示。

图 3-231　输入用户名和密码

图 3-232　单击任务中心任务

图 3-233　任务说明

图 3-234　业务资料

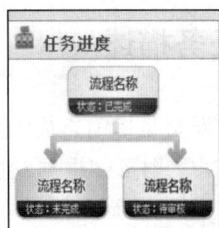

图 3-235　任务进度

(6) 依据业务流程依次完成任务。如图 3-236 和图 3-237 所示。

图 3-236　任务流程

任务编码	任务名称	执行角色	执行人	任务类型
KF004309-2-001	在VBSE系统中进行制造业	客户业务主管	张42	软件操作

图 3-237　依次完成任务

(7) 客户业务主管在系统中完成订单确认，如图 3-238 所示，选中要确认的订单前的复选框，单击"确定"按钮。如果存在问题，单击"拒绝"按钮。

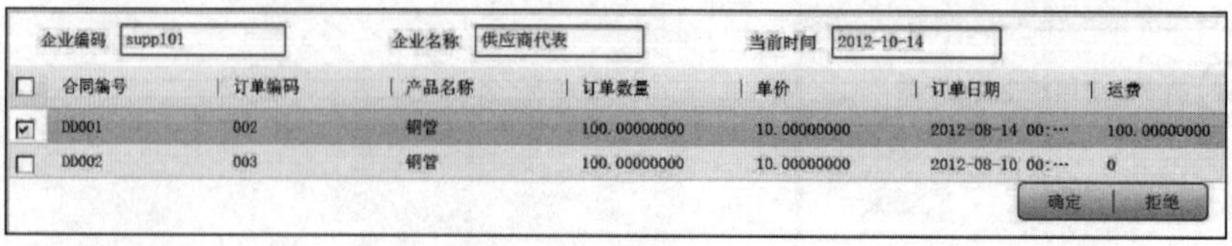

图 3-238　完成订单确认

六、线下填单

北京华晨商贸有限公司的客户业务主管，需依据线上操作流程中子任务的顺序，完成线上操作，无须线下填单。

任务五　童车发货(制造企业)

一、任务描述

销售发货是指销售员依据销售订单交货日期填写产品发货单，仓管员填写出库单由销售员发货给客户，财务部根据发货出库单开具销售发票，当客户收货确认后销售员需登记销售发货明细。

二、情景导入

依据 2011 年 10 月 28 日的销售订单，进行发货，如表 3-93 所示。

表 3-93　销售订单明细表

订单号	客户名称	产品名称	市场	数量(辆)	单价(元)	合同约定交货期	合同约定回款期	货款额(元)
LJ110002	华晨商贸城	经济型童车	本地	3000	655.20	2011.10.28	2011.11.28	1 965 600.00
LJ110003	旭日贸易公司	经济型童车	本地	1000	655.20	2011.10.28	2011.11.28	655 200.00

三、知识储备

发货单是企业或公司把自己或他人的产品发到指定的人或公司并作为提货、运输、验收等过程的票务单据，是企业或公司体现一个销售额的重要依据。发货单一式四联，第一联由营销部门留存，第二联由仓储部留存，第三联由财务部留存，第四联由客户留存，如图 3-239所示。

发货单

单据编号：		日期：		交货日期：	
销售订单：		客户名称：		仓库：	
业务员：		运输方式：		客户联系人：	

产品名称	产品型号	发货数量	备注
合计			

第一联：营销部留存

营销部经理：　　　　　财务部经理：　　　　　客户确认：

图 3-239　发货单样例

发货单填写说明如下。

- 单据编号：销售发货单中的单据编号。
- 日期：发货的日期。
- 交货日期：合同中约定的交货日期。
- 销售订单：涉及发货的销售订单号。
- 客户名称：购货方企业名称。
- 仓库：货物从哪个仓库出库的仓库名称。
- 业务员：进行发货的销售业务员。
- 运输方式：采用什么方式运送给客户。
- 客户联系人：客户方收货的联系人名称。
- 产品名称：发货的产品名称。
- 产品型号：用"——"来表示"无"。
- 发货数量：发给客户的货物数量。
- 备注：填写一些注意事项或说明。
- 注意事项：如果发货单中的发货项有空白的情况，则用斜线勾注。

四、实施步骤

销售专员填写发货单，发出发货指令，销售部、仓储部、财务部按工作流程，配合完成销售产品的发货任务，按照表 3-94 所示步骤，完成童车发货(制造企业)业务。

表 3-94　制造企业发货业务步骤一览表

序号	操作步骤	角色	操作内容
1	填制发货单	销售专员	1. 根据销售订单明细表和发货计划填制发货单 2. 报部门经理和财务部经理审核
2	审核发货单	营销部经理	1. 根据销售订单明细表审核发货单，确认客户名称、产品名称、型号等重要项的填写 2. 发货单签字，将审核完的发货单交还给销售专员 3. 销售专员留存发货单第一联，将第二联送仓储部，第三联送财务部
3	审核发货单	财务部经理	审核发货单并签字
4	填制销售出库单	仓储员	1. 根据发货单填制销售出库单 2. 请销售专员签字 3. 提交至部门经理审批
5	审核销售出库单	仓储部经理	1. 仓储部经理审核销售出库单 2. 办理出库手续
6	开具增值税专用发票	税务会计	1. 从销售专员处获取卖给该客户的销售价格 2. 根据销售出库单，结合销售价格，开具销售发票
7	填制收入记账凭证	应收会计	1. 根据开具的发票填制记账凭证 2. 将记账凭证交给财务经理审核
8	审核记账凭证	财务部经理	1. 接收财务会计交给的记账凭证，并进行审核 2. 审核后，交应收会计登记科目明细账
9	登记数量金额明细账	成本会计	1. 根据出库单填写存货明细账 2. 只填写数量，月末计算成本
10	登记明细账	应收会计	1. 接收财务部经理交给的记账凭证 2. 核对财务部经理是否已审核 3. 根据审核后的记账凭证登记科目明细账
11	填写物料卡	仓储员	1. 办理出库手续，更新物料卡 2. 把出库单给销售专员一联
12	登记库存台账	仓储部经理	根据出库单填写库存台账，登记完交仓管员留存备案
13	在系统中处理销售发货	销售专员	在 VBSE 系统中选择发货的订单，并发货
14	登记销售发货明细表	销售专员	1. 根据发货单进行销售发运，并将发货单第四联送交客户 2. 登记销售发货明细表

五、线上操作

为完成好佳童车厂给客户童车的任务，好佳童车厂销售专员需首先进入 VBSE 系统，进行童车发货业务的处理(其他相关人员按照任务流程步骤先后进入 VBSE 系统,完成对应操作)。
操作步骤如下。

(1) 输入用户名和密码进入系统,如图 3-240 所示。

(2) 单击任务中心任务,进入流程界面,如图 3-241 所示。

图 3-240 输入用户名和密码

图 3-241 单击任务中心任务

(3) 依据流程界面所列任务,先进入任务说明进行学习,如图 3-242 所示。

图 3-242 任务说明

(4) 再进入如图 3-243 所示的业务资料。

图 3-243 业务资料

(5) 依据业务流程依次完成任务,如图 3-244 和图 3-245 所示。

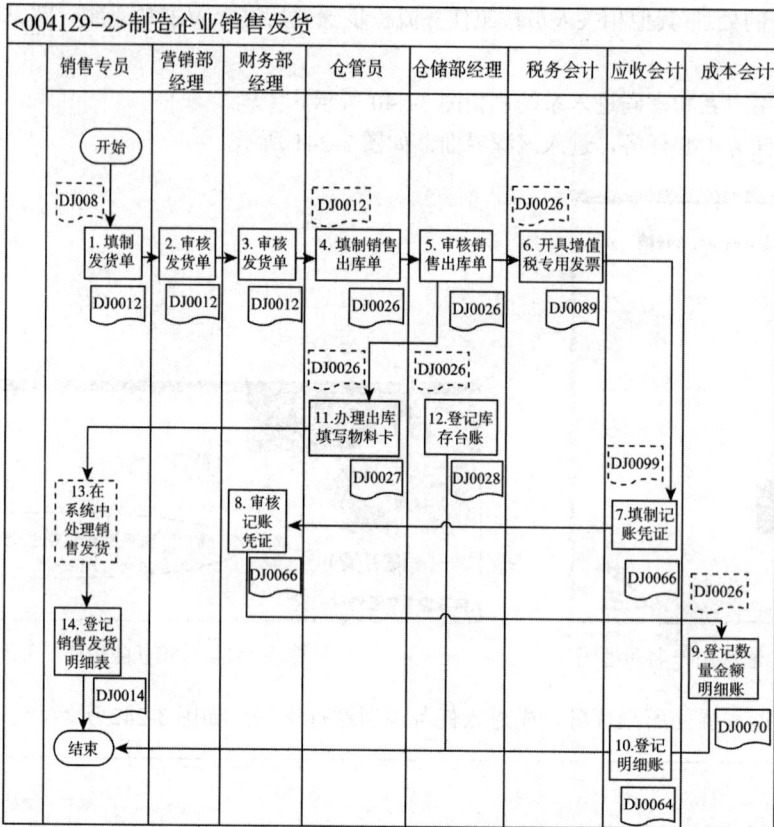

<004129-2>制造企业销售发货

销售专员	营销部经理	财务部经理	仓管员	仓储部经理	税务会计	应收会计	成本会计

开始

DJ008

1.填制发货单 → 2.审核发货单 → 3.审核发货单 → 4.填制销售出库单 → 5.审核销售出库单 → 6.开具增值税专用发票

DJ0012

DJ0012 / DJ0012 / DJ0012 / DJ0026 / DJ0026 / DJ0089

DJ0012 (DJ0026) (DJ0026)

11.办理出库填写物料卡 12.登记库存台账

DJ0027   DJ0028

DJ0026

13.在系统中处理销售发货

8.审核记账凭证

DJ0099

7.填制记账凭证

DJ0066   DJ0066

DJ0026

14.登记销售发货明细表

9.登记数量金额明细账

DJ0014

DJ0070

结束

10.登记明细账

DJ0064

<DJ0008>：销售订单明细表
<DJ0012>：发货单
<DJ0026>：销售出库单
<DJ0089>：增值税专用发票
<DJ0066>：记账凭证
<DJ0070>：数量金额明细账
<DJ0064>：三栏式总分类账(明细账)
<DJ0027>：物料卡
<DJ0028>：库存台账
<DJ0014>：销售发货明细表

图 3-244　任务流程

任务编码	任务名称	执行角色	执行人	任务类型
KF004129-2-001	填制发货单	销售专员	张2	手工操作
KF004129-2-002	审核发货单	营销部经理	张12	手工操作
KF004129-2-003	审核发货单	财务部经理	张8	手工操作
KF004129-2-004	填制销售出库单	仓管员	张5	手工操作
KF004129-2-005	审核销售出库单	仓储部经理	张14	手工操作
KF004129-2-006	办理出库填写物料卡	仓管员	张5	手工操作
KF004129-2-007	在系统中处理销售发货	销售专员	张2	软件操作
KF004129-2-008	登记销售发货明细表	销售专员	张2	手工操作
KF004129-2-009	登记库存台账	仓储部经理	张14	手工操作
KF004129-2-010	开具增值税专用发票	税务会计	张11	手工操作
KF004129-2-011	填制记账凭证	应收会计	张11	手工操作
KF004129-2-012	审核记账凭证	财务部经理	张8	手工操作
KF004129-2-013	登记数量金额明细账	成本会计	张10	手工操作

图 3-245　依次完成任务

(6) 童车发货过程中，销售专员需要在系统中处理销售发货，如图 3-246 所示，单击"发货"按钮，确认发货。

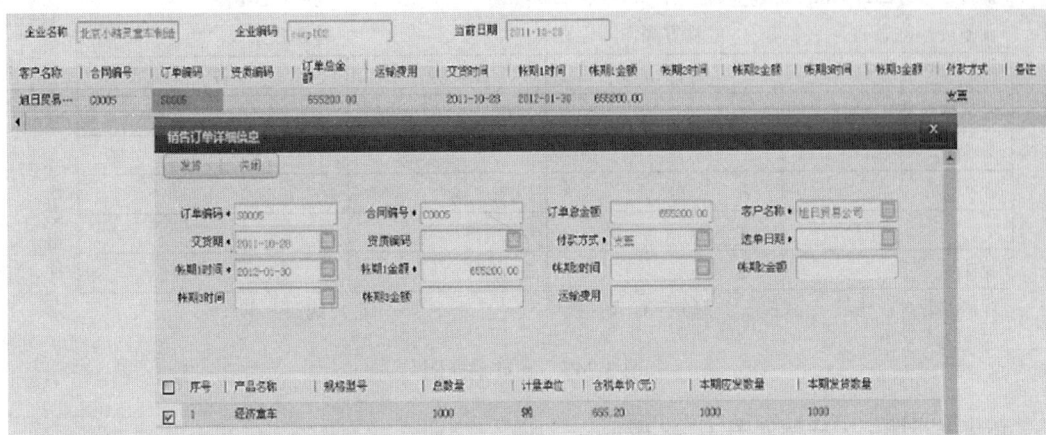

图 3-246 销售专员系统操作界面

六、线下填单

好佳童车厂销售专员，需依据线上操作流程中子任务的顺序，与任务相关人员一起完成童车发货任务。整个过程中，好佳童车厂销售专员及相关人员要学会如表 3-95 所示的单据的填写。

表 3-95 制造企业童车发货线下填单

单据编号	单据名称	使用者角色	使用份数
DJ0012	发货单	销售专员	2
DJ0014	销售发货明细表	销售专员	1
DJ0026	销售出库单	仓管员	2
DJ0027	物料卡	仓管员	
DJ0028	库存台账	仓储部经理	
DJ0066	记账凭证	应收会计	2
DJ0089	增值税专用发票	税务会计	1
DJ0070	数量金额明细账	成本会计	
DJ0064	三栏式总分类账(明细账)	应收会计	

发货单样例如图 3-247 所示。

发货单

单据编号：0001　　　　　　　日期：2011.10.28　　　　　　　交货日期：2011.10.28

销售订单：LJ110002　　　　　客户名称：华晨商贸城　　　　　仓库：c01

业务员：刘思羽　　　　　　　运输方式：陆运　　　　　　　客户联系人：甲

产品名称	产品型号	发货数量	备注
经济型童车	——	3000	
合计		3000	

营销部经理：杨笑笑　　　　　财务部经理：钱坤　　　　　　客户确认：甲

第一联：营销部留存

图 3-247　发货单样例

销售发货明细表样例如图 3-248 所示。

销售发货明细表

单据编号	销售订单号	客户名称	产品名称	数量(辆)	货款额(元)	合同约定交货期	合同约定回款期	实际发货数量	发票开具情况	回款额(元)
0001	LJ110002	华晨商贸城	经济型童车	3000	1 965 600.00	2011.10.28	2011.11.28	3000	已开	
0002	LJ110003	旭日贸易公司	经济型童车	1000	655 200.00	2011.10.28	2011.11.28	1000	已开	

编制人：刘思羽　　　　　　　　　　　　　　　编制日期：2011.10

图 3-248　销售发货明细表样例

任务六　采购入库(客户)

一、任务描述

采购入库是指供应商发出的货物抵达企业，同时开具了该张采购订单所对应的发票。仓储部负责填写入库单确认货物入库，登记库存台账，财务部负责登记记账凭证。本任务是制造企业发货给客户，客户确认入库。

二、情景导入

华晨商贸城按照如下信息收到从好佳童车厂采购的经济型童车，进行采购入库，如表 3-96 所示。

表 3-96　客户采购入库

销售合同号	订单号	客户名称	产品名称	数量(辆)	到货日期
SX0003	LJ110002	华晨商贸城	经济型童车	3000	2011.10.28

三、知识储备

入库单是对采购实物入库数量的确认，也是对采购人员和供应商的一种监控，如果缺乏实物入库的控制，不能防止采购人员与供应商串通舞弊，虚报采购量、实物短少的风险。它是企业内部管理和控制的重要凭证。

四、实施步骤

客户企业业务主管主要负责接收采购的商品，行政主管负责相关入库验收，按照表3-97 所示步骤，客户企业完成采购入库。

表 3-97　制造企业与客户销售合同签订步骤一览表

序号	操作步骤	角色	操作内容
1	核对发货单、发票及实物	客户业务主管	1. 接收供应商发来的物料，附有发货单、发票和实物 2. 根据采购订单核对发货单和发票及实物 3. 协助客户行政主管进行物料验收
2	物料验收	客户行政主管	1. 根据发货单和检验标准进行质量、数量、包装检测 2. 根据检验结果填写物料检验单，并签字确认 3. 检验无误，在发货单上签字
3	填写采购入库单	客户行政主管	1. 根据物料检验单填写入库单(一式三联) 2. 将入库单自留一份，另外两联交业务主管及总经理
4	登记采购合同执行情况表	客户业务主管	1. 接收仓库员送来的入库单 2. 登记采购合同执行情况表 3. 将发票(发票联和抵扣联)和对应的入库单的财务联送交总经理
5	在系统中处理采购到货	客户行政主管	在 VBSE 系统中确定采购物料到货
6	填写物料卡	客户行政主管	将货物摆放到货位，根据入库单数量填写物料卡
7	登记库存台账	客户行政主管	根据入库单登记库存台账
8	填制记账凭证	客户总经理	1. 接收发票和入库单 2. 填制记账凭证

五、线上操作

为完成华晨商贸城从好佳童车厂采购的经济型童车入库的任务，华晨商贸城业务主管需首先进入 VBSE 系统，进行核对收货(其他相关人员按照任务流程步骤先后进入 VBSE 系统，完成对应操作)。操作步骤如下。

(1) 输入用户名和密码进入系统，如图 3-249 所示。

(2) 单击任务中心任务，进入流程界面，如图 3-250 所示。

图 3-249　输入用户名和密码

图 3-250　单击任务中心

(3) 依据流程界面所列任务，先进入任务说明进行学习，如图 3-251 所示。

图 3-251　任务说明

(4) 再进入如图 3-252 所示的业务资料。

图 3-252　业务资料

(5) 依据业务流程依次完成任务。如图 3-253 和图 3-254 所示。

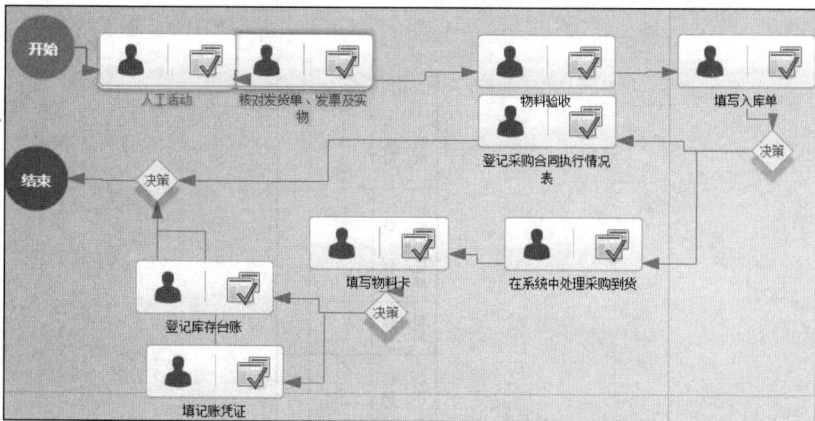

图 3-253 任务流程

图 3-254 依次完成任务

六、线下填单

华晨商贸城业务主管，需依据线上操作流程中子任务的顺序，与任务相关人员一起完成采购入库任务。整个过程中，华晨商贸城业务主管及相关人员要学会如表 3-98 所示的单据的填写。

表 3-98 客户采购入库线下填单

单据编号	单据名称	使用者角色	使用份数
DJ0024	物料检验单	客户行政主管	2
DJ0012	发货单	客户行政主管	
DJ0153	采购入库单	客户行政主管	2
DJ0027	物料卡	客户行政主管	
DJ0028	库存台账	客户行政主管	
DJ0066	记账凭证	客户总经理	2
DJ0018	采购合同执行情况表	客户业务主管	1

采购合同执行情况样例表如表 3-99 所示。

表 3-99 采购合同执行情况样例

采购合同执行情况表

制表部门：业务部

合同编号	合同总数	订单编号	供应商名称	物料编号	物料名称	计量单位	订货日期	订货数量	单价	总金额	计划交货期	计划付款期	已到数量	入库数量	不合格数量	到货日期	应付金额	已付金额	实际付款	开票情况	开票时间	备注
SX0003		LJ110002	华兴商贸城		经济型牛	辆	2011.9.28	3000	655.20	1965600.00	2011.10.28	2011.11.28	3000	3000	0	2011.10.28	1965600.00			已开	2011.10.28	

任务七 支付货款(客户)

一、任务描述

客户业务员查看客户业务合同执行情况表，确认应付款情况，找到相应的客户业务订单和客户业务入库单，并据此填写支出凭单，经财务部门审核通过，向供应商支付货款。

二、情景导入

旭日贸易公司与好佳童车厂于 2011 年 7 月 8 日签订了购销合同。依据 SX00001 合同可知，旭日贸易公司应该于 2011 年 10 月 8 日，将 702 000.00 元的商品款支付给好佳童车厂。请进行付款业务处理。

三、知识储备

支出凭单是支付公司业务上开支的费用，比如合同款、房租等大额的款项。如果是小企业可以都采用支出凭单代替费用报销单。差旅费有专用的差旅费报销单，不可用支出凭证代替。

支出凭单本身属于企业内部的一种原始凭证；后面要粘贴外来原始凭证；支出凭单一式一份，财务部留存，作为编制记账凭证的依据。企业对外的结算业务，无论是先借款后报销，还是先个人垫付再报销，报销时都需要填写支出凭单，如图 3-255 所示。

支 出 凭 单

部门：　　　　　　　　　201　年　月　日　　　　　预算项目：

即付：＿＿＿＿＿＿＿＿＿＿＿＿＿＿＿＿＿＿＿＿＿＿＿＿＿

＿＿＿＿＿＿＿＿＿＿＿＿＿＿＿＿＿＿＿＿＿＿＿＿＿＿＿款

人民币(大写)＿＿＿＿＿＿＿＿＿＿＿＿＿＿＿＿＿＿¥＿＿＿＿＿

现金＿＿　　　　转账＿＿　　　　电汇＿＿

领款人：　　　　　　　　　会计主管：　　　　出纳付讫：

部门经理：　　　财务部经理：　　　总经理：

图 3-255 支出凭单样例

四、实施步骤

旭日贸易公司业务主管主要负责办理支付好佳童车厂货款业务，按照公司会计制度及工作流程，按表 3-100 所示步骤，完成支付货款任务。

表 3-100　客户支付制造企业货款步骤一览表

序号	操作步骤	角色	操作内容
1	填写支出凭单	客户业务主管	1. 填写支出凭单 2. 将填写的支出凭单交给客户总经理审核
2	审核支出凭单	总经理	1. 接收客户业务主管送来的支出凭单 2. 审核支出凭单内容填写的准确性和合理性 3. 审核无误，签字
3	签发转账支票	客户行政主管	1. 根据经审核的支出凭单签发转账支票 2. 填写支票登记簿 3. 将支票交给客户业务主管 4. 将支出凭单及支票根交给客户总经理
4	登记支票登记簿	客户行政主管	登记支票登记簿
5	接收支票并送交卖方	客户业务主管	1. 接收客户行政主管签发的支票 2. 将转账支票送给卖方以支付货款
6	单据转给总经理	客户总经理	接收客户行政主管交来的支票根和支出凭单
7	编制记账凭证	客户总经理	编制记账凭证

五、线上操作

为完成旭日贸易公司支付好佳童车厂货款的任务，旭日贸易公司需首先进入 VBSE 系统，进行货款支付申请(其他相关人员按照任务流程步骤先后进入 VBSE 系统，完成对应操作)。操作步骤如下。

(1) 输入用户名和密码进入系统，如图 3-256 所示。

(2) 单击任务中心任务，进入流程界面，如图 3-257 所示。

图 3-256　输入用户名和密码　　图 3-257　单击任务中心任务

(3) 依据流程界面所列任务，先进入任务说明进行学习，如图 3-258 所示。

(4) 再进入如图 3-259 所示的业务资料。

图 3-258 任务说明

图 3-259 业务资料

(5) 依据业务流程依次完成任务。如图 3-260 和图 3-261 所示。

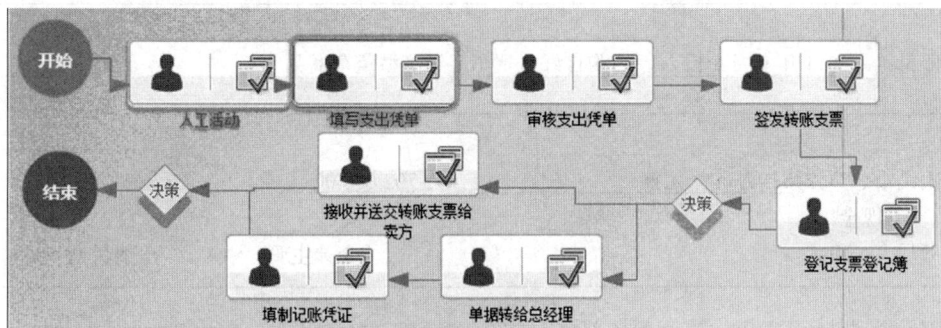

图 3-260 任务流程

任务编码	任务名称	执行角色	执行人	任务类型
KF004103-2-001	填写支出凭单	客户业务主管	张42	手工操作
KF004103-2-002	审核支出凭单	客户总经理	张40	手工操作
KF004103-2-003	签发转账支票	客户行政主管	张41	手工操作
KF004103-2-004	登记支票登记簿	客户行政主管	张41	手工操作
KF004103-2-005	单据转给总经理	客户总经理	张40	手工操作
KF004103-2-006	填制记账凭证	客户总经理	张40	手工操作
KF004103-2-007	接收并送交转账支票给卖	客户业务主管	张42	手工操作

图 3-261 依次完成任务

六、线下填单

旭日贸易公司业务主管，需依据线上操作流程中子任务的顺序，与任务相关人员一起完成支付货款。整个过程中，旭日贸易公司业务主管及相关人员要学会如表 3-101 所示的单据的填写。

表 3-101　客户支付货款线下填单

单据编号	单据名称	使用者角色	使用份数
DJ0002	支出凭单	客户业务主管	1
DJ0080	转账支票	客户行政主管	1
DJ0071	支票登记簿	客户行政主管	
DJ0066	记账凭证	客户总经理	1

支出凭单填写样例如图 3-262 所示。

支 出 凭 单

部门：业务部　　　　　2011　年　　10　月　　08　日　　　　　预算项目：采购款

即付：　2011 年 9 月 8 日入库的购自好佳童车厂经济型童车商品

＿＿＿＿＿＿＿＿＿＿＿＿＿＿＿＿＿＿＿＿＿＿＿＿＿＿＿＿＿＿＿＿＿＿＿＿款

人民币(大写)柒拾万贰仟元整　　　　　￥702 000.00

现金＿＿　　　　　转账 √　　　　　电汇＿＿

领款人：甲某　　　　　　　　　　会计主管：***　　　出纳付讫：***

部门经理：***　　　　财务部经理：***　　　　总经理：杨爱国

图 3-262　支付凭单填写样例

任务八　货款回收(客户)

一、任务描述

销售实现之后，销售专员需要按照销售合同的约定期限跟踪催促货款的收回。客户通过转账支票的方式进行付款，企业出纳员前往银行送存转账支票，财务部做账务处理。

二、情景导入

好佳童车厂和旭日贸易公司于 2011 年 7 月 8 日签订了购销合同。依据 SX00001 合同可知，好佳童车厂于 2011 年 10 月 8 日，收到旭日贸易公司支付的 702 000.00 元的商品款。请进行收款任务处理。

三、知识储备

银行进账单是持票人或收款人将票据款项存入其开户银行账户的凭证，也是开户银行将票据款项记入持票人或收款人账户的凭证。银行进账单一式三联，分别为贷方凭证、回单、收账通知。

持票人填写银行进账单时，必须清楚地填写票据种类、票据张数、收款人名称、收款人开户银行及账号、付款人名称、付款人开户银行及账号、票据金额等栏目，并连同相关票据一并交给银行经办人员，对于两联式银行进账单，银行受理后，应在第一联上加盖转讫章并退给持票人，持票人凭此记账。把支票存入银行后，支票就留在银行了，但银行会给企业出具一个进账单，企业凭进账单来记账，说明支票上的款项划到企业的银行存款账号。

填制方法如图 3-263 所示。

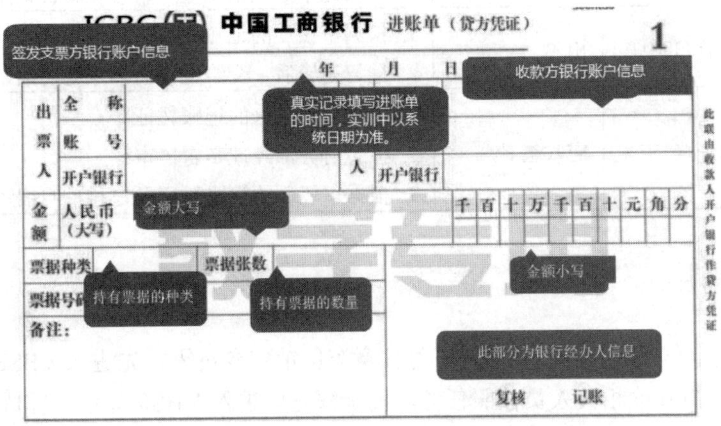

图 3-263 进账单填写说明

四、实施步骤

销售专员主要负责与客户处取得货款，交由财务部完成货款回收，按照表 3-102 所示步骤完成。

表 3-102 制造企业回收客户货款步骤一览表

序号	操作步骤	角色	操作内容
1	接收客户签发的支票	销售专员	接收客户采购员工交付的转账支票
2	填写进账单	出纳	填写银行进账单
3	银行转账(支票)	银行专业	1. 银行柜员接收进账单和转账支票 2. 银行柜员在 VBSE 系统中进行转账操作 3. 银行柜员在进账单上加盖转讫印章，将回单联退还给客户

(续表)

序号	操作步骤	角色	操作内容
4	把进账单交给应付会计	出纳	将银行进账单回单交给会计作为记账凭证
5	编制记账凭证	应收会计	1. 接收出纳送来的银行进账单回单 2. 编制记账凭证 3. 将附件粘贴到记账凭证后面 4. 将记账凭证交财务部经理审核
6	审核记账凭证	财务部经理	1. 接收应收会计送来的记账凭证 2. 审核记账凭证的附件是否齐全、正确 3. 审核记账凭证的编制是否正确 4. 审核完毕，交出纳登记银行存款日记账
7	登记银行日记账	出纳	1. 根据审核后的记账凭证登记银行存款日记账 2. 登记完毕后，交给应收会计登记明细账
8	登记明细账	应收会计	1. 接收出纳送来的记账凭证 2. 核对财务部经理是否已审核 3. 根据审核后的记账凭证登记科目明细账

五、线上操作

为完成好佳童车厂回收货款的任务，好佳童车厂销售专员需首先进入 VBSE 系统，获得客户给付的转账支票(其他相关人员按照任务流程步骤先后进入 VBSE 系统，完成对应操作)。操作步骤如下。

(1) 输入用户名和密码进入系统，如图 3-264 所示。

(2) 单击任务中心任务，进入流程界面，如图 3-265 所示。

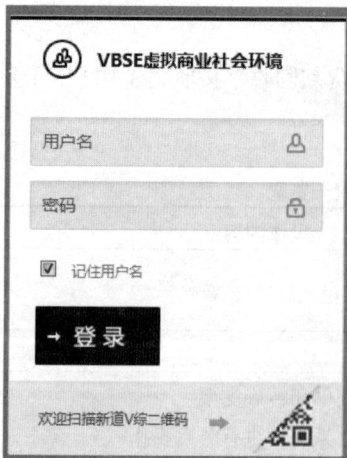

图 3-264　输入用户名和密码

图 3-265　单击任务中心任务

(3) 依据流程界面所列任务，先进入任务说明进行学习，如图 3-266 所示。

图 3-266 任务说明

(4) 再进入如图 3-267 所示的业务资料。

图 3-267 业务资料

(5) 依据业务流程依次完成任务。如图 3-268 和图 3-269 所示。

图 3-268 任务流程

任务编码	任务名称	执行角色	执行人	任务类型
KF004094-2-001	接收客户签发的支票	销售专员	张2	手工操作
KF004094-2-002	填写进账单	出纳	张9	手工操作
KF004094-2-003	银行转账（支票）	银行柜员	张43	软件操作
KF004094-2-004	把进账单交财务会计做账	出纳	张9	手工操作
KF004094-2-005	填制记账凭证	应收会计	张11	手工操作
KF004094-2-006	审核记账凭证	财务部经理	张8	手工操作
KF004094-2-007	登记银行日记账	出纳	张9	手工操作
KF004094-2-008	登记科目明细账	应收会计	张11	手工操作

图 3-269 依次完成任务

六、线下填单

好佳童车厂销售专员，需依据线上操作流程中子任务的顺序，与任务相关人员一起完成货款回收的任务。整个过程中，好佳童车厂销售专员及相关人员要学会如表 3-103 所示的单据的填写。

表 3-103　制造企业回收货款线下填单

单据编号	单据名称	使用者角色	使用份数
DJ0083	中国工商银行进账单	出纳	1
DJ0066	记账凭证	应付会计	1
DJ0067	日记账	出纳	
DJ0064	三栏式总分类账(明细账)	应付会计	

进账单的填写样例如图 3-270 所示。

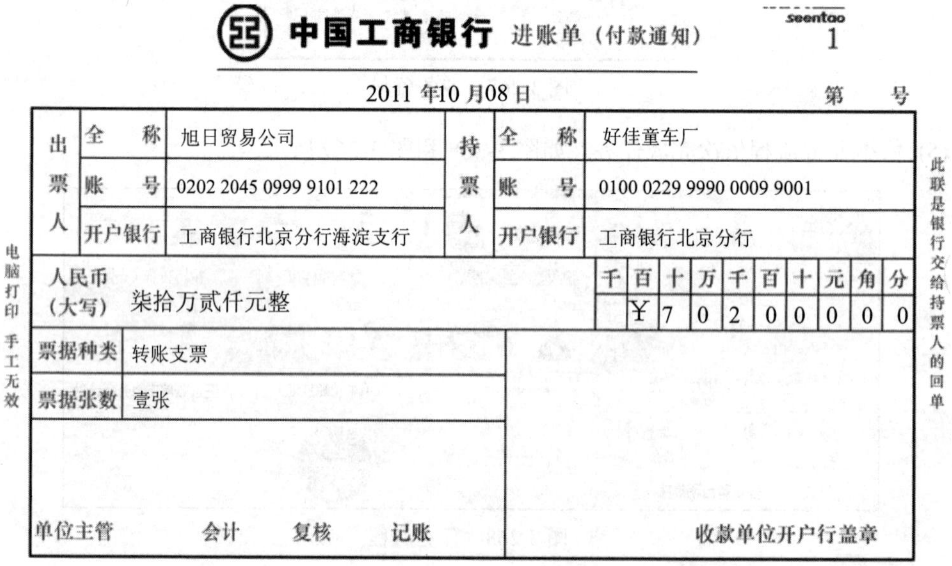

中国工商银行　进账单（付款通知）　1

2011 年10 月08 日　　第　号

出票人	全　称	旭日贸易公司	持票人	全　称	好佳童车厂
	账　号	0202 2045 0999 9101 222		账　号	0100 0229 9990 0009 9001
	开户银行	工商银行北京分行海淀支行		开户银行	工商银行北京分行
人民币（大写）	柒拾万贰仟元整			千百十万千百十元角分	¥ 7 0 2 0 0 0 0 0
票据种类	转账支票				
票据张数	壹张				
单位主管　会计　复核　记账				收款单位开户行盖章	

电脑打印　手工无效

此联是银行交给持票人的回单

图 3-270　进账单的填写样例

项目六　制造企业—虚拟客户购销业务

项目概述：

制造企业与虚拟客户购销业务是 VBSE 系统中，制造企业与下游企业就童车购销进行的一系列任务的统称。任务之间具有承上启下的关系，具体关系如图 3-271 所示。

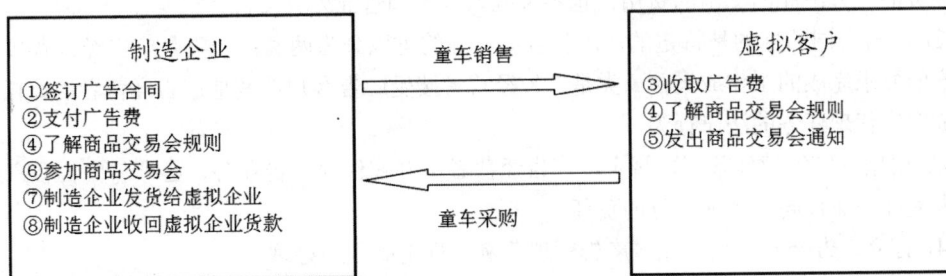

注：制造企业无须开发市场，只须投放广告即可取得市场订单；
　　制造企业第①②④⑥项任务发起人为"市场专员"，第⑦⑧项任务发起人为"销售专员"；
　　虚拟客户第③④⑤项任务发起人为"服务公司业务员"

图 3-271　任务顺序关系图

任务一　签订广告合同(制造企业)

一、任务描述

为了扩大销售市场，广告客户与经营者之间、广告经营者与广告经营者之间签订广告合同。

二、情景导入

好佳童车厂依据企业生产能力、市场预测等，做出向第三方市场(虚拟市场)出售童车的决定。为了打开该市场，好佳童车厂前期需签订广告合同。

业务数据如表 3-104 所示。

表 3-104　业务数据

签订日期	合同甲方	合同乙方	广告时效	广告费
2012 年 1 月 6 日	好佳童车厂	北京融通综合服务有限公司	1 个月	100 000.00

三、知识储备

广告合同是指广告客户与经营者之间、广告经营者与广告经营者之间确立、变更、终止广告承办或代理关系的协议。签订广告合同是双方订立协议的过程。

广告合同除了具备合同的一般法律特征外，还具有下列特征。

(1) 合同一方当事人是特定的。广告合同中的一方当事人必须是经过工商行政管理机关核准登记注册的广告经营者，否则，双方签订的合同无效，而且委托非法广告经营者承办或代理广告业务的一方由此而支出的费用，也不准列入成本和营业外开支。

(2) 广告合同的标的是特定的。广告合同的标的可以分为两类：一类是广告经营者按照广告客户的要求完成的工作成果；一类是广告经营者接受广告客户或其他广告经营者的委托，为其完成广告代理任务的法律行为。

(3) 根据《广告管理条例》规定，广告经营者承办或代理广告业务，必须与广告客户或被代理人签订书面合同，明确各方的责任。

(4) 订立广告合同必须按照《广告管理条例》规定的程序办理。

四、实施步骤

好佳童车厂起草合同后，与服务公司开始洽谈广告合同签订事宜。依据表 3-105 所示步骤，完成广告合同的签订。

表 3-105　签订广告合同步骤一览表

序号	操作步骤	角色	操作内容
1	起草广告合同	市场专员	确定广告合同的主题结构及主要内容
2	签订合同	服务公司业务员	1. 与企业代表商谈合同细节 2. 对广告合同内容确认无误后在合同上签字、盖章
3	填写合同会签单	市场专员	1. 填写合同会签单 2. 将广告合同及合同会签单交部门经理、财务部经理、总经理审核 3. 合同审核完毕后交行政助理盖章
4	审核广告合同	营销部经理	1. 审核广告合同的合理性 2. 在合同会签单上签字
5	审核广告合同	财务部经理	1. 审核广告合同的合理性 2. 在合同会签单上签字
6	审核广告合同	总经理	1. 审核广告合同的合理性 2. 在合同会签单上签字
7	广告合同盖章	行政助理	1. 确认合同会签单是否填写完整 2. 在广告合同上加盖公章
8	开具广告费发票	服务公司业务员	依据合同上确定的广告费金额开具发票并送交市场专员

五、线上操作

好佳童车厂与服务公司洽谈广告合同的签订。VBSE 系统操作步骤如下。

(1) 输入用户名和密码进入系统，如图 3-272 所示。

图 3-272　输入用户名和密码

(2) 单击任务中心任务，进入流程界面，如图 3-273 所示。

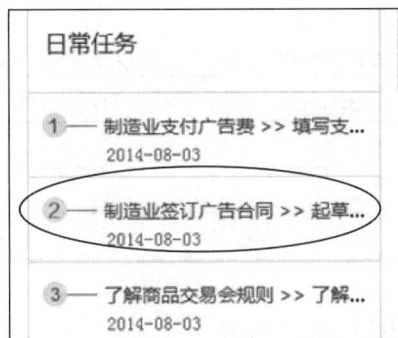

图 3-273　单击任务中心任务

(3) 依据流程界面所列任务，依次完成任务，如图 3-274 所示。

任务编码	任务名称	执行角色	执行人	任务类型
KF002094-2-001	起草广告合同	市场专员	18	手工操作
KF002094-2-002	签订合同	服务公司业务员	44	手工操作
KF002094-2-003	填写合同会签单	市场专员	18	手工操作
KF002094-2-004	审核广告合同	营销部经理	12	手工操作
KF002094-2-008	审核广告合同	财务部经理	8	手工操作
KF002094-2-009	审核广告合同	总经理	1	手工操作
KF002094-2-005	广告合同盖章	行政助理	7	手工操作
KF002094-2-007	合同文件送交服务公司业	市场专员	18	手工操作
KF002094-2-011	开具广告费发票	服务公司业务员	44	手工操作

图 3-274　依次完成任务

六、线下填单

好佳童车厂与服务公司就广告投放合同达成一致后，签订广告合同，如表3-106所示。

表3-106　签订广告合同

广告合同

广告投放单位(甲方)：好佳童车厂有限公司

广告经营单位(乙方)：北京融通综合服务有限公司

根据《中华人民共和国合同法》《中华人民共和国广告法》有关规定，甲、乙双方在平等自愿、互惠互利、协商一致的基础上，就广告代理发布事宜，达成如下协议，共同遵照执行。

一、项目范围

甲方委托乙方代理发布针对以下市场和产品的广告策划及投放(用√标注)。

产品	本地市场	国内市场	国际市场
经济型童车	√		
舒适型童车			
豪华型童车			

二、项目时间

自 2012 年 1 月 6 日始至 2012 年 2 月 6 日止。

三、发布内容

采用甲方签字认可的样稿，未经甲方同意，乙方不得擅自改动广告样稿。

四、价格及付款方式

1. 价格：广告费合计 10 000.00 元　大写：壹拾万元整。

2. 付款方式：转账支票。

五、双方责任与义务

1. 乙方应确保本广告发布审批手续齐全、合法，如因乙方审批手续不全而给甲方造成经济损失及法律责任，则责任全部由乙方承担。

2. 甲方保证委托乙方代理的广告活动的合法性，如因甲方提供的样稿侵犯第三方权利，甲方承担由此产生的一切法律责任。

3. 甲方应在接到乙方通知之日起 3 日内组织验收，验收依据为甲方前期签字确定的样稿；如甲方在 3 日内未对广告发布义务，履行不当应向甲方承担违约责任。

4. 乙方应严格按照合同约定履行广告发布义务，履行不当应向甲方承担违约责任。

5. 甲方应严格按照履行合同约定的付款义务，逾期付款应向乙方承担违约责任。

6. 乙方有权审查广告内容和表现形式，对不符合法律、法规的广告内容和表现形式，乙方有权要求甲方做出修改，甲方做出修改前，乙方有权拒绝发布。

(续表)

7. 乙方应在广告发布后及时向甲方提供广告发布的实景照片作为发布证明。

8. 因不可抗力或者国家法律、法规、政策的变化，造成广告不能正常发布的，双方均不承担违约责任；广告费按照实际发布时间计算，或由双方另行签订补充合同。

9. 如任何一方违约而给对方造成的经济损失及法律责任，由违约方承担。

六、争议的解决方式

合作期间如发生争议，双方应本着友好合作的态度，协商解决，协商不成，双方均可向当地仲裁委员会申请仲裁。

七、本合同一式两份，甲、乙双方各执一份，具有同等法律效力。

八、本合同自甲、乙双方签字、盖章之日起生效。

甲方：(盖章)好佳童车厂　　　　乙方：(盖章)北京融通综合服务有限公司

法定代表人：(签字)李峰　　　　法定代表人：(签字)王红

委托代理人：(签字)　　　　　　委托代理人：(签字)

签约日期：2012 年 1 月 6 日　　签约日期：2012 年 1 月 6 日

任务二　支付广告费(制造企业)

一、任务描述

制造企业销售专员根据收到的服务公司业务员开具的广告费发票金额填制支出凭单，申请对广告费用进行支付。

二、情景导入

依据签订的广告合同，好佳童车厂支付广告费用。业务数据如表 3-107 所示。

表 3-107　业务数据

支付日期	开发企业	市场分布区域	支付方式	开发费用
2012 年 1 月 6 日	好佳童车厂	北京、上海、杭州、南京、无锡	转账支票	100 000.00

三、知识储备

广告费是指同时符合以下条件的费用：广告经工商部门批准的专门机构发布；通过一定的媒体传播；取得合法有效的凭证。制作、发布《中华人民共和国广告法》禁止广告的支出，不属于广告费。

广告费一般是指广告活动所支出的总费用，一般情况下，广告费用由两部分组成：一是直接费用，包括广告调查费用、广告设计制作费、广告媒介发布费用、广告活动的机动费用等；二是间接费用，包括广告人员工资、办公费、管理费、代理费等。

四、实施步骤

服务公司根据广告合同规定的金额开具发票，并送交好佳童车厂。好佳童车厂履行审核等相关手续，签发转账支票，支付广告费。按照表 3-108 所示步骤，完成支付广告费业务。

表 3-108　支付广告费业务步骤一览表

序号	操作步骤	角色	操作内容
1	填写支出凭单	销售专员	1. 根据广告费发票金额填写支出凭单 2. 将发票粘贴在支出凭单后面
2	审核支出凭单	营销部经理、费用会计、财务部经理	审核支出凭单
3	签发转账支票	出纳	1. 将教具中的票据号码补充填写完成，空缺号码是八位，从 00000001 号起按自然顺序编号，同类票据(目前有现金支票、转账支票)不得重复编号 2. 填写转账支票
4	登记支票登记簿	出纳	1. 登记支票登记簿 2. 将支票正联交给销售专员 3. 将支票根粘贴在支出凭单后面
5	将支票交给收款方	销售专员	1. 在支票登记簿上签收 2. 将支票交给收款方即服务公司
6	填制记账凭证	费用会计	1. 接收出纳交来的支出凭单 2. 根据支出凭单金额编制记账凭证
7	审核记账凭证	财务部经理	1. 审核费用会计编制的记账凭证 2. 审核无误在凭证上加盖印章或者签名确认

(续表)

序号	操作步骤	角色	操作内容
8	登记银行存款日记账	出纳	1. 根据记账凭证登记银行存款日记账 2. 在记账凭证上签字或盖章 3. 将记账凭证交给费用会计登账
9	登记科目明细账	费用会计	根据记账凭证登记"销售费用—广告费用"明细账

五、线上操作

好佳童车厂进入 VBSE 系统，进行广告费支付操作。操作步骤如下。

(1) 输入用户名和密码进入系统，如图 3-275 所示。

(2) 单击任务中心任务，进入流程界面，如图 3-276 所示。

图 3-275　输入用户名和密码

图 3-276　单击任务中心任务

(3) 依据流程界面所列任务，依次完成任务，如图 3-277 所示。

任务编码	任务名称	执行角色	执行人	任务类型
KF002095-2-001	填写支出凭单	市场专员	石倩	手工操作
KF002095-2-002	审核支出凭单	营销部经理	辛艳霞	手工操作
KF002095-2-003	审核支出凭单	费用会计	苏胜男	手工操作
KF002095-2-004	审核支出凭单	财务部经理	丁海萍	手工操作
KF002095-2-005	签发转账支票	出纳	熊亚笛	手工操作
KF002095-2-006	登记支票登记簿	出纳	熊亚笛	手工操作
KF002095-2-007	填制记账凭证	费用会计	苏胜男	手工操作
KF002095-2-008	审核记账凭证	财务部经理	丁海萍	手工操作
KF002095-2-009	登记银行存款日记账	出纳	熊亚笛	手工操作
KF002095-2-010	登记明细账	费用会计	苏胜男	手工操作
KF002095-2-011	将支票交给收款方	销售专员	柳岩岩	手工操作

图 3-277　依次完成任务

任务三　收取广告费(服务公司)

一、任务描述

服务公司对已经签订好的广告合同,如果已经开具发票,应当及时收回广告费用款。

二、情景导入

依据达成的广告合同,北京融通综合服务有限公司按期收取广告费。业务数据如表 3-109 所示。

表 3-109　业务数据

广告费收取日期	支出方	收取方	开发费用
2012 年 1 月 6 日	好佳童车厂	北京融通综合服务有限公司	100 000.00

三、知识储备

广告费扣除有以下三个标准。

- 《企业所得税法实施条例》第四十四条：企业发生的符合条件的广告费和业务宣传费支出,除国务院财政、税务主管部门另有规定外,不超过当年销售(营业)收入 15%的部分,准予扣除;超过部分,准予在以后纳税年度结转扣除。
- 《财税〔2012〕48 号》第 1 条：化妆品制造与销售、医药制造和饮料制造(不含酒类制造,下同)企业发生的广告费和业务宣传费支出,不超过当年销售(营业)收入 30%的部分,准予扣除;超过部分,准予在以后纳税年度结转扣除。
- 《财税〔2012〕48 号》第 3 条：烟草企业的烟草广告费和业务宣传费支出,一律不得在计算应纳税所得额时扣除。

广告费的纳税筹划有下列几种途径。

(1) 未符合规定的广告费,转列业务宣传费。对不符合广告费扣除的上述三个条件者,可考虑按业务宣传费列支,以免被税务稽查机关剔除,因新企业所得税法规定广告费及业务宣传费可合并计算,总额在当年度销售收入 15%以内部分可以扣除。

(2) 履行申报手续。企业应及时履行手续申报广告费支出,在企业所得税前扣除且申报扣除的广告费支出需与赞助支出严格区分。

(3) 取得合法凭证。取得合法凭证为纳税筹划最起码的条件。广告费的列支,除应注意取得正式发票和有关附件等外来凭证外,还应注意保存广告样张,以免查账时遭税务稽查机关质疑,此点常为企业所忽略,需特别留意。《中华人民共和国发票管理办法》规定："不符合规定的发票,不得作为财务报销的凭证"。《企业所得税税前扣除办法》规定："申报扣除广告费，需已实际支付费用，并已取得相应发票。"

(4) 必须通过经工商部门批准的专门机构制作广告，并通过一定的媒体传播广告。

四、实施步骤

北京融通综合服务有限公司依据签订的广告合同，收取好佳童车厂支付的广告费。按照表 3-110 所示步骤，完成广告费的收取业务。

表 3-110　收取广告费步骤一览表

序号	操作步骤	角色	操作内容
1	收转账支票	服务公司业务员	收到制造企业签发的广告费用的转账支票
2	广告信息录入保存	服务公司业务员	在 VBSE 系统中录入广告合同信息并保存
3	填写进账单	服务公司业务员	1. 支票金额填写银行进账单 2. 去银行办理支票进账业务
4	支票进账	银行柜员	1. 收到服务公司的转账支票及进账单 2. 办理转账支票进账业务
5	打印银行回单	银行柜员	打印进账单回单

五、线上操作

北京融通综合服务有限公司收取好佳童车厂的转账支票，用以支付广告费。操作步骤如下。

(1) 输入用户名和密码进入系统，如图 3-278 所示。

(2) 单击任务中心任务，进入流程界面，如图 3-279 所示。

图 3-278　输入用户名和密码

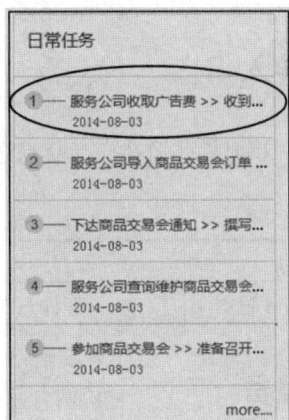

图 3-279　单击任务中心任务

(3) 依据流程界面所列任务，依次完成任务，如图 3-280 所示。

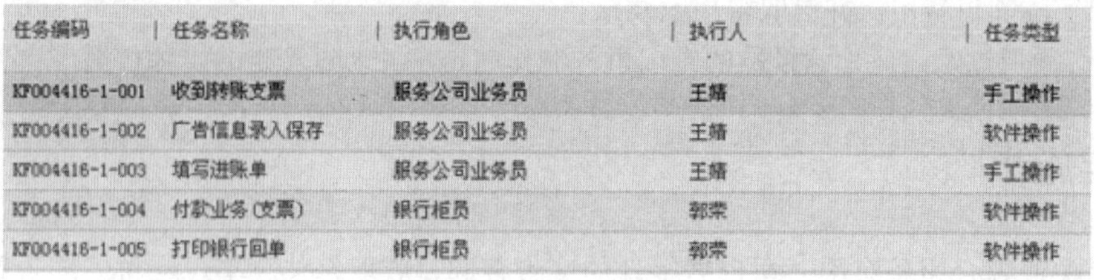

任务编码	任务名称	执行角色	执行人	任务类型
KF004416-1-001	收到转账支票	服务公司业务员	王婧	手工操作
KF004416-1-002	广告信息录入保存	服务公司业务员	王婧	软件操作
KF004416-1-003	填写进账单	服务公司业务员	王婧	手工操作
KF004416-1-004	付款业务（支票）	银行柜员	郭荣	软件操作
KF004416-1-005	打印银行回单	银行柜员	郭荣	软件操作

图 3-280　依次完成任务

服务公司需要在系统中录入广告费，如图 3-281 所示。

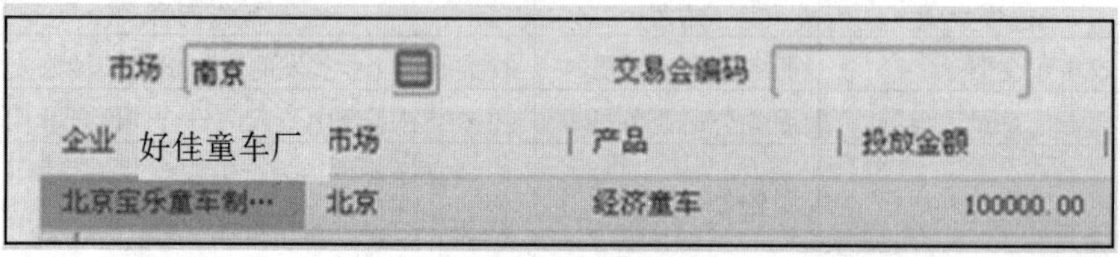

图 3-281　录入广告费

任务四　了解商品交易会规则

一、任务描述

在交易之前，双方要提前了解有关商品交易会的一些规则。

二、情景导入

好佳童车厂和服务公司在商品交易之前熟知商品交易会规则。业务数据如表 3-111 所示。

表 3-111　业务数据

交易日期	交易双方	了解规则
2012 年 1 月 6 日	好佳童车厂和北京融通综合服务有限公司	略

三、知识储备

商品交易规则就是商品交易活动中必须遵循的规则和秩序的根据。商品交易规则主要包括自愿、平等、公平、诚实信用。它们从不同的方面，规范着商场上买卖双方的交易方式和交易行为。

四、实施步骤

制造公司的销售人员和服务公司的业务员私下了解商品交易的各项规定。

五、线上操作

好佳童车厂和服务公司在参加商品交易会之前,通过 VBSE 系统,单击"商品交易会规则任务"选项,提前熟知商品交易会规则,确保下一步商品交易的顺利进行。操作步骤如下。

(1) 输入用户名和密码进入系统,如图 3-282 所示。

(2) 单击任务中心任务,进入流程界面,如图 3-283 所示。

图 3-282　输入用户名和密码

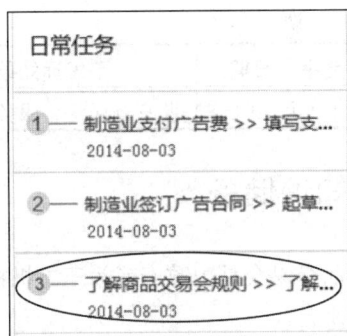

图 3-283　单击任务中心

(3) 学习商品交易规则,如表 3-112 所示。

表 3-112　商品交易规则

序号	规则
1	与服务公司签订广告合同——注意合同中的金额要具体到某城市、某产品
2	制造企业支付广告费——给服务公司支票
3	服务公司收取广告费——注意在系统中录入
4	服务公司导入商品交易会订单——系统已有默认订单,服务公司可酌情导入
5	服务公司下发商品交易会通知——通知时间、地点
6	参加商品交易会——制造企业发起后,由服务公司在系统中操作
7	服务公司在选单结束后查询商品交易会选单明细
8	制造业拿到订单后,要按时发货给虚拟企业
9	制造企业收取虚拟企业货款(符合账期时间的可收回)

任务五　下发商品交易会通知(服务公司)

一、任务描述

服务公司根据市场情况组织开展商品交易会，确定商品交易会的时间、地点后，邀请各家企业参展，若有其他需要告知的事项，应在广告中全部写明。

二、情景导入

北京融通综合服务有限公司下发通知,通知好佳童车厂参加商品交易会。业务数据如表3-113所示。

表3-113　业务数据

交易会举行日期	下发通知单位	市场分布区域	开发费用
2012年1月13日	北京融通综合服务有限公司	北京、上海、杭州、南京、无锡	100 000.00

三、知识储备

商品交易会是由政府或第三方机构组织搭建的，服务于所在区域内有交易需求的各个交易主体的平台。

随着经济社会的不断发展，各级各类商品交易会层出不穷，举办主体、交易内容、参会企业等越来越多样化，成为投资主体判断一国或区域经济发展快慢的"晴雨"表。

四、实施步骤

北京融通综合服务有限公司根据好佳童车厂的需求，撰写商品交易会通知并下发给各企业参加商品交易会，如表3-114所示。

表3-114　下发商品交易会通知步骤一览表

序号	操作步骤	角色	操作内容
1	撰写公告通知企业参加商品交易会	服务公司业务员	1. 确定商品交易会开展的时间、地点 2. 撰写公告并将公告张贴在公告区 3. 准备开展商品交易会

五、线上操作

北京融通综合服务有限公司进入VBSE系统，按照要求撰写商品交易会通知，并下发通知,公告好佳童车厂等企业参加商品交易会。操作步骤如下。

(1) 输入用户名和密码进入系统，如图 3-284 所示。

(2) 单击任务中心任务，进入流程界面，如图 3-285 所示。

图 3-284 输入用户名和密码

图 3-285 单击任务中心任务

(3) 依据流程界面所列任务，依次完成任务，如图 3-286 所示。

任务编码	任务名称	执行角色	执行人	任务类型
KF004446-1-001	撰写公告通知企业参加商	服务公司业务员	张亚星	手工操作

图 3-286 依次完成任务

六、线下填单

北京融通综合服务有限公司撰写商品交易会通知。撰写内容如表 3-115 所示。

表 3-115 商品交易会通知

商品交易会通知

各童车制造企业：

    根据市场需求变化，现北京、上海、杭州、南京、无锡等市场区域对经济型童车、舒适型童车以及豪华型童车有大量需求，价格适中。欢迎各童车制造企业积极参与商品交易会，选择适合的厂家进行交易。

主办方：北京融通综合服务有限公司

举办时间：2012 年 1 月 6 日、13 日、30 日

公告时间：2012 年 1 月 6 日

任务六 参加商品交易会

一、任务描述

制造企业通过参加广告投放取得参加商品交易会资格，服务公司组织开展商品交易会，在商品交易会上各企业集中选单。

二、情景导入

好佳童车厂依据市场需求、生产能力和未来企业生产规划，决定参加商品交易会。业务数据如表 3-116 所示。

表 3-116 业务数据

参加日期	参加企业	服务公司	参与竞单
2012 年 1 月 13 日	好佳童车厂	北京融通综合服务有限公司	了解竞单规则

三、实施步骤

好佳童车厂依据商品交易会通知，参与竞单。按照表 3-117 所示步骤，完成参加商品交易会业务。

表 3-117 参加商品交易会业务步骤一览表

序号	操作步骤	角色	操作内容
1	去公告区查看是否有召开商品交易会公告	市场专员	1. 去公告区查看服务公司是否张贴了最新参加商品交易会的公告 2. 若有新公告，准备参加商品交易会
2	参加商品交易会、选订单	市场专员	1. 准时参加商品交易会 2. 服从主办方安排，按照竞单规则在 VBSE 系统中选择企业所需商品订单 3. 记录订单具体信息，填写商品订单卡
3	商品订单确认	服务公司、业务员	1. 组织各企业在 VBSE 系统中选取订单 2. 在 VBSE 系统中查询各企业选单情况及具体订单信息 3. 核对市场专员订单信息是否填写完整、准确 4. 在商品订单卡上盖章，并将订单交还给市场专员
4	汇总销售订单、登记销售订单明细表	市场专员	1. 汇总市场专员取回的订单 2. 填写销售订单明细表 3. 将销售订单明细表副本交生产计划员，由其组织生产

四、线上操作

好佳童车厂进入 **VBSE** 操作系统，进行竞单、选单操作。操作步骤如下。

(1) 输入用户名和密码进入系统，如图 3-287 所示。

(2) 单击任务中心任务，进入流程界面，如图 3-288 所示。

图 3-287　输入用户名和密码

图 3-288　单击任务中心

(3) 依据流程界面所列任务，依次完成任务，如图 3-289 所示。

任务编码	任务名称	执行角色	执行人	任务类型
KF002097-2-001	去公告区查看是否有召开	市场专员	石倩	手工操作
KF002097-2-002	参加商品交易会、选订单	市场专员	石倩	手工操作
KF002097-2-003	商品订单确认	服务公司业务员	王婧	软件操作
KF002097-2-004	汇总订单、登记销售订单	市场专员	石倩	手工操作

图 3-289　依次完成任务

五、线下填单

好佳童车厂根据竞单结果，填写商品订单卡，如表 3-118 所示。

表 3-118　填制商品订单卡

订单编号：KA003

订货市场	上海	订货时间	2012 年 1 月 6 日
客户名称	上海乐康妇婴用品有限公司	产品名称	经济型童车
产品数量	4000	产品单价	630.00 元
交货日期	2012 年 1 月 6 日	收款日期	2012 年 1 月 6 日
总价款	710 000.00 元	资质认证	ISO9001
备注			

任务七 制造企业发货给虚拟企业

一、任务描述

制造企业参加商品交易会后获得虚拟企业订单，制造企业完成订单的生产后，在规定的交货期内办理发货事宜。

二、情景导入

好佳童车厂依据订单信息，按时保质保量交货。业务数据如表3-119所示。

表 3-119 业务数据

发货日期	收货企业	产品类型	数量	单价	总金额
2012年1月6日	上海乐康妇婴用品有限公司	经济型童车	4000	630.00	2 520 000.00

三、知识储备

发货是指在经济生活中，在销售环节一方为满足另一方的产品需求完成销售的行为。

四、实施步骤

好佳童车厂依据交易规则，按照表3-120所示步骤，进行发货。

表 3-120 发货业务步骤一览表

序号	操作步骤	角色	操作内容
1	填制发货单	销售专员	1. 销售专员根据销售订单填写发货单 2. 将发货单的财务联送交财务部的应收会计 3. 将发货单的客户联自留(因为对方是虚拟企业，无实体) 4. 携带发货单的仓储联前往仓储部办理发货
2	填制销售出库单	仓管员	仓管员根据发货单填写销售出库单
3	办理出库并更新物料卡	仓管员	仓管员根据销售出库单更新物料卡状态
4	在系统中处理销售发货	销售专员	在VBSE系统中记录销售发货情况
5	登记销售发货明细表	销售专员	在销售发货明细表中记录发货的详细信息
6	登记库存台账	仓储部经理	根据销售出库单登记库存台账
7	填制记账凭证	应收会计	根据发货单填制记账凭证
8	登记存货明细账	成本会计	在数量金额明细账中登记存货变化情况

五、线上操作

为完成发货任务，好佳童车厂销售专员需进入 VBSE 系统，进行发货业务操作。操作步骤如下。

(1) 输入用户名和密码进入系统，如图 3-290 所示。

(2) 单击任务中心任务，进入流程界面，如图 3-291 所示。

图 3-290　输入用户名和密码

图 3-291　单击任务中心任务

(3) 依据流程界面所列任务，依次完成任务，如图 3-292 所示。

任务编码	任务名称	执行角色	执行人	任务类型
KF004414-1-001	填制发货单	销售专员	镡宏妈	手工操作
KF004414-1-002	填制销售出库单	仓管员	李文静	手工操作
KF004414-1-003	办理出库、更新物料卡	仓管员	李文静	手工操作
KF004414-1-004	在系统中处理销售发货	销售专员	镡宏妈	软件操作
KF004414-1-005	登记销售发货明细表	销售专员	镡宏妈	手工操作
KF004414-1-006	登记库存台账	仓储部经理	张震	手工操作
KF004414-1-007	填制记账凭证	应收会计	高通	手工操作
KF004414-1-008	登记存货明细账	成本会计	刘倩文	手工操作

图 3-292　依次完成任务

任务进行中，制造企业需完成在系统中处理销售发货的操作，如图 3-293 所示。

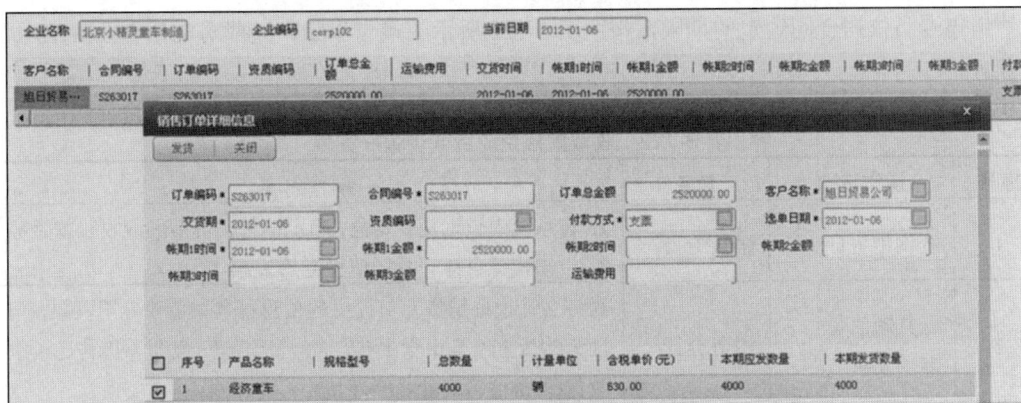

图 3-293　市场开发分布区域

任务八 制造企业收取虚拟企业货款

一、任务描述

销售实现之后,销售专员需要按照销售合同的约定期限跟踪催促货款的收回。在 VBSE 系统中销售货物给虚拟企业,只要根据销售订单执行货款回收即可。

二、情景导入

好佳童车厂依据发货订单约定的收款期,进行跟踪,催促货款回收。业务数据如表 3-121 所示。

表 3-121 业务数据

收款日期	收款企业	收取金额
2012 年 1 月 6 日	好佳童车厂	100 000.00

三、知识储备

代收货款业务为商户解决电视购物、网络购物交易中商品配送与资金结算不方便、不及时的难题,为买卖双方规避非面对面交易带来的信用风险。现代的代收货款业务将物流、资金流、信息流集于一体,让更多商户在享受高效、安全、遍布全国的 EMS 物流体系(普遍采用 EMS 物流体系)的同时,享受以最快的速度回笼资金所带来的资金效率收益。

四、实施步骤

销售专员依据合同约定的期限,按照表 3-122 所示的操作步骤,完成对虚拟企业货款回收的业务。

表 3-122 收取虚拟企业货款步骤一览表

序号	操作步骤	角色	操作内容
1	查询销售订单	销售专员	1. 在系统中查询交易信息,确定销售实现后的应收账款金额 2. 告知税务会计开具增值税专用发票
2	开具增值税专用发票	税务会计	税务会计根据销售专员提供的信息开具增值税专用发票,但因为购货方不是由学生参与的实训组织,发票不用传递给购货方(外部虚拟商业社会环境)

（续表）

序号	操作步骤	角色	操作内容
3	销售回款	出纳	1. 根据税务会计开具的发票金额在系统中做"销售回款" 2. 将发票记账联交给财务会计并告知货款已经回收
4	填制记账凭证	财务会计	1. 根据销售发票和销售回款结果，填制记账凭证 2. 将发票粘贴到记账凭证后面 3. 将记账凭证交财务部经理审核
5	审核记账凭证	财务部经理	1. 审核记账凭证的附件是否齐全、正确 2. 审核记账凭证的编制是否正确 3. 审核完毕，交出纳登记银行存款日记账
6	登记银行存款日记账	出纳	1. 根据审核后的记账凭证登记银行存款日记账 2. 登记完毕后，交税务会计登记明细账
7	登记应交税费科目明细账	税务会计	1. 接收出纳送来的记账凭证 2. 核对财务部经理是否已审核 3. 根据审核后的记账凭证登记应交税费科目明细账
8	登记主营业务收入科目明细账	财务会计	1. 接收税务会计送来的记账凭证 2. 核对财务部经理是否已审核 3. 根据审核后的记账凭证登记主营业务收入科目明细账

五、线上操作

为完成货款收取任务，好佳童车厂销售专员需进入 VBSE 系统，进行收取货款操作。操作步骤如下。

(1) 输入用户名和密码进入系统，如图 3-294 所示。

(2) 单击任务中心任务，进入流程界面，如图 3-295 所示。

图 3-294　输入用户名和密码

图 3-295　单击任务中心任务

(3) 依据流程界面所列任务，依次完成任务，如图 3-296 所示。

在系统中，好佳童车厂执行查询销售订单任务，核实选单信息与查询销售订单是否一致。如图 3-297 所示。

图 3-296　任务流程界面

图 3-297　执行查询销售订单

项目七　客户—虚拟客户购销业务

项目概述：

　　客户与虚拟客户购销业务是VBSE系统中，客户与下游企业就童车购销进行的一系列任务的统称。任务之间具有承上启下的关系，具体关系如图3-298所示。

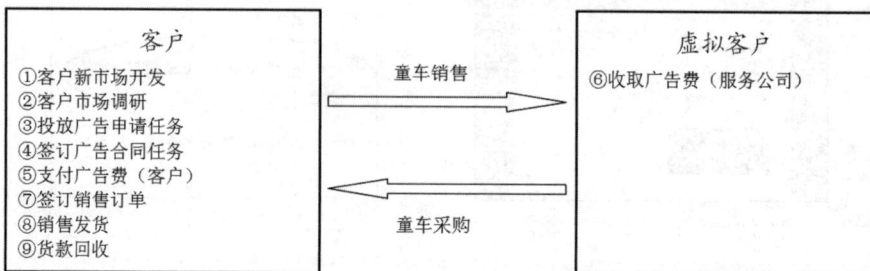

　　注：新市场客户只需开发一次，后续只需从第②项任务开始进行投放广告即可取得市场订单；
　　　　客户第①②③④⑤⑦⑧⑨项任务发起人均为"客户业务主管"；
　　　　虚拟客户第⑥项任务发起人为"服务公司业务员"

图 3-298　任务顺序关系图

任务一　开发新市场(客户—服务公司)

一、任务描述

　　客户为了打开更多的市场，需要进行新市场的开发投资，该项业务运作交由第三方服务公司承担。客户确定了要开发的新市场范围，与服务公司商定好市场开发费用，服务公司业务员进行新市场开发运作。完成新市场开发的款项支付后，客户即可在新的市场中进行产品销售。

二、情景导入

　　依据市场供求情况，旭日贸易公司进行新市场的开发。业务数据如表 3-123 所示。

表 3-123　业务数据

市场开发日期	客户	市场分布区域	开发费用
2012 年 1 月 13 日	旭日贸易公司	北京、上海、杭州、南京、无锡	100 000.00

三、知识储备

1. 市场开发

　　市场开发(Market Development)是指应用人口统计市场、地理市场等方法开发新的区域市场，突破进入现有市场。

2. 市场开发战略

　　市场开发战略是由现有产品和新市场组合而产生的战略。它是发展现有产品的新顾客群或新的低于市场从而扩大产品销售量的战略。市场发展可以分为区域性发展、国内市场发展和国际市场发展等。

3. 市场开发战略途径

(1) 在当地发掘潜在顾客，进入新的细分市场。

(2) 在当地开辟新的营销渠道，包括雇佣新类型的中间商和增加传统类型中间商的数目。

(3) 开拓区域外部或国外市场。

四、实施步骤

　　客户根据市场需求变化，按照表 3-124 所示步骤，确定开发新的市场。

表 3-124　开发新市场业务流程

序号	操作步骤	角色	操作内容
1	确定新市场方向并与服务公司业务员商定好开发费用	客户业务主管	客户业务主管根据公司的经营战略确定好要拓展市场的城市名称并线下与服务公司业务员商议好开发费用
2	开具新市场开发费用的转账支票	客户业务主管	根据商议好的开发费用开具费用支票，并携带支票前往服务公司办理新市场开发事宜
3	在 VBSE 系统中办理新市场开发	服务公司业务员	服务公司业务员将新市场名称、开发费用等内容录入 VBSE 系统中
4	开具新市场开发费用的发票	服务公司业务员	业务员收取客户业务主管的支票后，为对方开具发票

五、线上操作

为完成市场开发任务，旭日贸易公司业务主管需进入 VBSE 系统，进行市场开发操作。操作步骤如下。

(1) 输入用户名和密码进入系统，如图 3-299 所示。

(2) 单击任务中心任务，进入流程界面，如图 3-300 所示。

(3) 依据流程界面所列任务，依次完成任务，如图 3-301 所示。

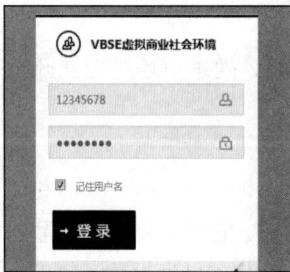

图 3-299　输入用户名和密码

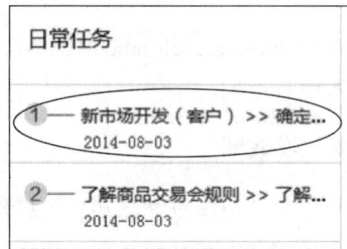

图 3-300　单击任务中心任务

任务编码	任务名称	执行角色	执行人	任务类型
KF004398-1-001	确定新市场方向并与服务	客户业务主管	孙强	手工操作
KF004398-1-002	开具新市场开发费用的转	客户业务主管	孙强	手工操作
KF004398-1-003	在VBSE系统中办理新市场	服务公司业务员	王婧	软件操作
KF004398-1-004	开具新市场开发费用的发	服务公司业务员	王婧	手工操作

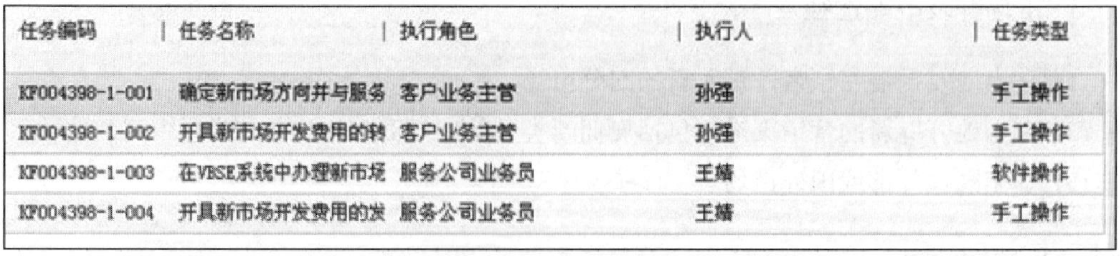

图 3-301　依次完成任务

新市场开发中，客户需要与第三方服务公司在系统中办理新市场开发软件操作，如图 3-302 所示。

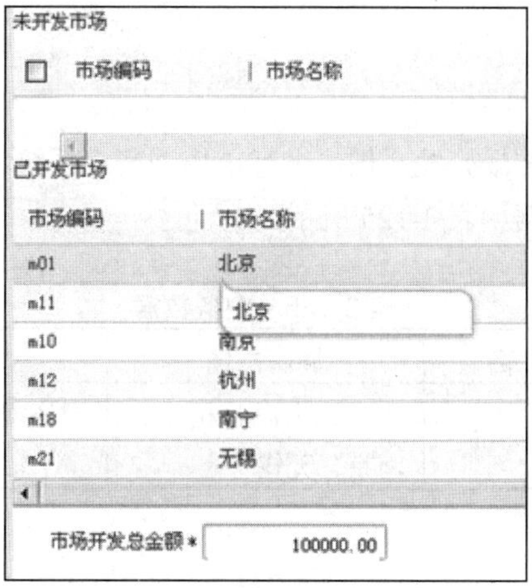

图 3-302　市场开发分布区域

六、线下填单

客户旭日贸易公司开发市场，需要支付开发费用人民币100 000.00 元，通过转账支票支付。转账支票填制样例如图 3-303 所示。

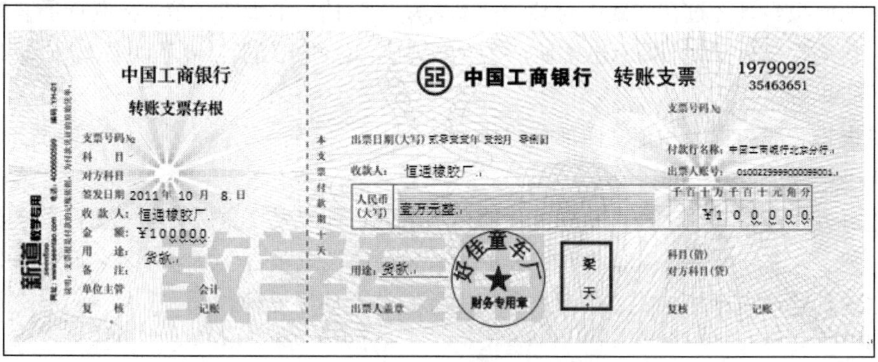

图 3-303　转账支票填制样例

任务二　市场调研(客户)

一、任务描述

市场调研，是指为了提高产品的销售决策质量、解决存在于产品销售中的问题或寻找机会等而系统地、客观地识别、收集、分析和传播营销信息的工作。

二、情景导入

旭日贸易公司对不同的市场开发区域，进行市场调研，系统、客观地收集有关不同类别童车的市场需求信息。业务数据如表 3-125 所示。

表 3-125　业务数据

市场调研日期	调研厂商	调研市场	调研信息
2012 年 1 月 13 日	旭日贸易公司	北京、上海、杭州、南京、无锡	经济型童车、舒适型童车以及豪华型童车市场信息

三、知识储备

1．市场调研

市场调研是市场调查与市场研究的统称，它是个人或组织根据特定的决策问题而系统地设计、搜集、记录、整理、分析及研究市场各类信息资料、报告调研结果的工作过程。

2．市场调研报告

市场调研报告是经过在实践中对某一产品客观实际情况的调查了解，将调查了解到的全部情况和材料进行分析研究，揭示出本质，寻找出规律，总结出经验，最后以书面形式陈述出来。这就是调研报告。

调研报告一般由标题和正文两部分组成。

1) 标题

标题可以有两种写法。一种是规范化的标题格式，即"发文主题"加"文种"，基本格式为"××关于××××的调查报告""关于××××的调查报告""××××调查"等。另一种是自由式标题，包括陈述式、提问式和正副标题结合使用三种。

2) 正文

正文一般分前言、主体、结尾三部分。

(1) 前言。有以下几种写法：第一种是写明调查的起因或目的、时间和地点、对象或范围、经过与方法，以及人员组成等调查本身的情况，从中引出中心问题或基本结论；第二种是写明调查对象的历史背景、大致发展经过、现实状况、主要成绩、突出问题等基本情况，进而提出中心问题或主要观点；第三种是开门见山，直接概括出调查的结果，如肯定做法、指出问题、提示影响、说明中心内容等。前言起到画龙点睛的作用，要精练概括，直切主题。

(2) 主体。这是调查报告最主要的部分，这部分详述调查研究的基本情况、做法、经验，以及分析调查研究所得材料中得出的各种具体认识、观点和基本结论。

(3) 结尾。结尾的写法也比较多，可以提出解决问题的方法、对策或下一步改进工作的建议；或总结全文的主要观点，进一步深化主题；或提出问题，引发人们的进一步思考；或展望前景，发出鼓舞和号召。

四、实施步骤

客户旭日贸易公司确定开发市场之后，开会研究决定进行市场调研。按照表 3-126 所示步骤，完成客户市场调研业务。

表 3-126 客户市场调研业务步骤一览表

序号	操作步骤	角色	操作内容
1	收集市场信息	客户业务主管	通过查询历史订单等方式了解童车的市场需求
2	在 VBSE 系统中查看市场预测信息	客户业务主管	在系统中查看市场预测信息
3	编制市场分析报告	客户业务主管	1. 结合市场需求和市场预测信息编制本企业的市场分析报告 2. 该报告可作为客户与制造业签订购销合同时的参考依据

五、线上操作

旭日贸易公司根据市场开发进行市场调研。操作步骤如下。

(1) 输入用户名和密码进入系统，如图 3-304 所示。

(2) 单击任务中心任务，进入流程界面，如图 3-305 所示。

图 3-304 输入用户名和密码

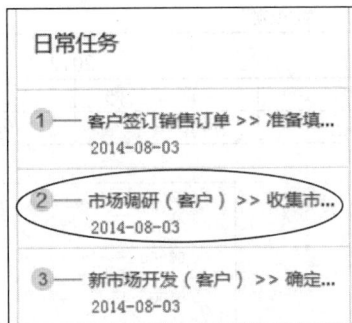

图 3-305 单击任务中心任务

(3) 依据流程界面所列任务，依次完成任务，如图 3-306 所示。

任务编码	任务名称	执行角色	执行人	任务类型
KF004157-1-001	收集市场信息	客户业务主管	孙强	手工操作
KF004157-1-002	在VBSE系统查看市场预测	客户业务主管	孙强	软件操作
KF004157-1-003	编制市场分析报告	客户业务主管	孙强	手工操作

图 3-306 依次完成任务

在市场调研中，客户需要在 VBSE 系统中查看市场预测，如表 3-127 所示。

表 3-127　市场预测信息

日期	经济型童车数量	平均单价	舒适型童车数量	平均单价	豪华型童车数量	平均单价
2012-1-6	48 800	651.00	10 000	1100.00	5000	1200.00
2012-1-13	31 000	636.00	4000	700.00	14 000	620.00
2012-1-30	43 000	650.00	15 000	1030.00	3000	1300.00
2012-2-6	38 000	640.00	15 000	1085.00	4000	1200.00
2012-2-14	21 000	600.00	29 000	900.00	2000	1800.00
2012-2-29	16 000	625.00				
2012-3-15	25 000	616.00	12 000	1000.00	4000	1050.00
2012-3-30	13 000	1050.00	9000	900.00	2000	1075.00
2012-4-6	25 000	1023.00	8000	860.00		

六、线下填单

旭日贸易公司需要在市场调研的基础上，编制市场预测报告，如表 3-128 所示。

表 3-128　编制市场预测报告

2012 年本地经济型童车市场预测报告

一、市场销量预测

2012 年第 1 季度市场销量预测			
市场	产品名称	1 月	2 月	3 月
本地	经济型童车	60 600	62 000	61 800

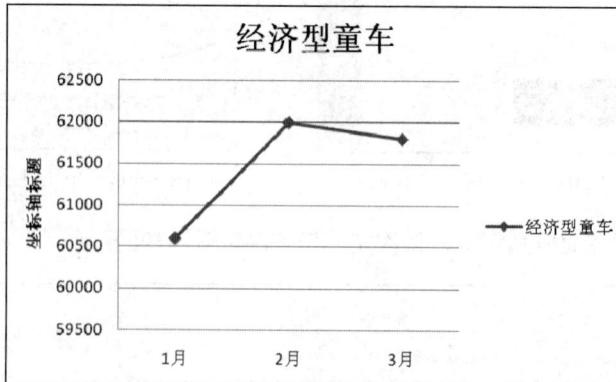

(续表)

二、市场价格预测

2012 年第 4 季度市场销售价格预测				
市场	产品名称	1 月	2 月	3 月
本地	经济型童车	624.39	595.12	564.48

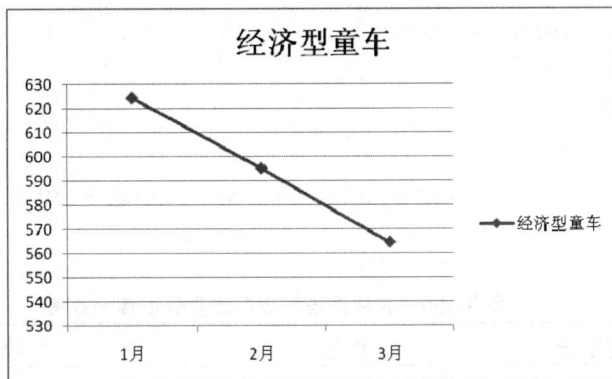

经济型童车

综合 2012 年第 1 个季度 3 个月的情况来看，本地市场经济型童车的销量有一定的波动，整体呈上升趋势，价格呈下降趋势。

任务三 投放广告申请(客户)

一、任务描述

广告是为了某种特定的需要，通过一定形式的媒体，公开而广泛地向公众传递信息的宣传手段。当一个企业或组织为了一定的目的，决定在一定的时间内，在确定的媒体上发布广告，广告投放申请就是为满足广告发布的费用，在公司内部申请广告费用的活动。

二、情景导入

依据市场开发、调研和分析情况，客户旭日贸易公司决定投放广告。业务数据如表 3-129 所示。

表 3-129　业务数据

广告投放日期	广告投放企业	广告费用
2012 年 1 月 13 日	旭日贸易公司	100 000.00

三、知识储备

一般来讲，企业选择媒介做广告，要结合当前与长远的发展战略目标做出决定。比如新产品上市时，为了吸引社会关注和打动经销商，就要考虑选择主流的财经媒介。如果要拉动终端销售，则应考虑选择目标市场的大众媒介，比如当地强势的电视、报纸。在确定了选哪种媒介这个大方向后，要对同一类型的所有媒体进行评估，具体参考指标有：发行量、受众总量、有效受众、受众特征、媒介本身的地域特征、广告的单位成本、广告的时段等。

四、实施步骤

确定开发市场之后，客户开会研究决定投放广告。按照表 3-130 所示步骤，完成广告投放申请业务。

表 3-130　客户广告投放申请业务步骤一览表

序号	操作步骤	角色	操作内容
1	申请广告投放	客户业务主管	1. 编制广告投放申请表 2. 携带广告投放申请表找总经理审核
2	审批广告投放费用	客户总经理	1. 接收业务主管交来的广告投放申请表 2. 审核广告投放申请表填写的准确性 3. 审核广告投放数额测算是否合理
3	广告投放	客户业务主管	准备进行广告投放

五、线上操作

客户旭日贸易公司经过前期的市场调研、预测后，进行广告的投放。系统操作步骤如下。

(1) 输入用户名和密码进入系统，如图 3-307 所示。

(2) 单击任务中心任务，进入流程界面，如图 3-308 所示。

图 3-307　输入用户名和密码

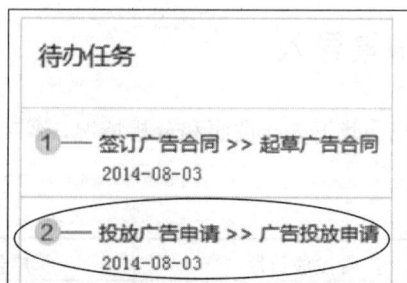

图 3-308　单击任务中心

(3) 依据流程界面所列任务，依次完成任务，如图 3-309 所示。

任务编码	任务名称	执行角色	执行人	任务类型
KF004195-1-001	广告投放申请	客户业务主管	张新萍	手工操作
KF004195-1-002	广告投放费用审批	客户总经理	王秋霞	手工操作
KF004195-1-003	广告投放	客户业务主管	张新萍	手工操作

图 3-309　依次完成任务

六、线下填单

客户旭日贸易公司，依据广告投放要求，填制广告投放申请表，如表 3-131 所示。

表 3-131　填制广告投放申请表

填表日期：2012 年 1 月 6 日

申请人	王珂		所属部门	业务部门	
联系电话	15622358975		邮箱	10308827@sina.com	
广告策划及实施细节					
目标客户	中高端已婚家庭				
广告媒体	√电视 □广播 √网络 □报纸 √杂志				其他
广告费用预算					
广告投放时间： 2012 年 1 月 6 日至 2012 年 2 月 6 日(单位：万元)					
产品	本地市场		国内市场	国际市场	
经济型童车	20 000.00		30 000.00		
舒适型童车			50 000.00		
豪华型童车					
费用合计：￥100 000.00 万元					

任务四　签订广告合同(客户)

一、任务描述

广告合同是指广告客户与经营者之间、广告经营者与广告经营者之间确立、变更、终止广告承办或代理关系的协议。签订广告合同是双方订立协议的过程。

二、情景导入

依据广告合同申请表内容，旭日贸易公司与服务公司签订广告合同。业务数据如表 3-132 所示。

表 3-132　业务数据

签订日期	合同甲方	合同乙方	广告时效	广告费
2012 年 1 月 6 日	旭日贸易有限公司	北京融通综合服务有限公司	1 个月	400 000.00

三、知识储备

广告合同是指广告客户与经营者之间、广告经营者与广告经营者之间确立、变更、终止广告承办或代理关系的协议。签订广告合同是双方订立协议的过程。

广告合同除了具备合同的一般法律特征外，还具有下列特征。

(1) 合同一方当事人是特定的。广告合同中的一方当事人必须是经过工商行政管理机关核准登记注册的广告经营者。否则，双方签订的合同无效，而且委托非法广告经营者承办或代理广告业务的一方由此而支出的费用，也不准列入成本和营业外开支。

(2) 广告合同的标的是特定的。广告合同的标的可以分为两类：一类是广告经营者按照广告客户的要求完成的工作成果；一类是广告经营者接受广告客户或其他广告经营者的委托，为其完成广告代理任务的法律行为。

(3) 根据《广告管理条例》规定，广告经营者承办或代理广告业务，必须与广告客户或被代理人签订书面合同，明确各方的责任。

(4) 订立广告合同必须按照《广告管理条例》规定的程序办理。

四、实施步骤

客户投放广告申请通过之后，开始洽谈广告合同签订事宜，如表 3-133 所示。

表 3-133　客户签订广告合同操作步骤一览表

序号	操作步骤	角色	操作内容
1	起草广告合同	客户业务主管	确定广告合同的主体结构及主要内容，送交总经理审核
2	审核广告合同	客户总经理	审核广告合同的合理性并签字确认
3	签订合同	服务公司业务员	对广告合同内容确认无误后在合同上签字
4	在 VBSE 系统中录入广告费用	服务公司业务员	将合同中的广告金额记录进 VBSE 系统
5	开具广告费发票	服务公司业务员	依据合同上确定的广告费金额开具发票并送交客户总经理
6	开具广告费支票	客户行政主管	根据发票开具广告费支票并送交服务公司业务员

五、线上操作

旭日贸易公司经过广告投放申请后，与服务公司洽谈广告合同的签订。VBSE 系统操作步骤如下。

(1) 输入用户名和密码进入系统，如图 3-310 所示。

(2) 单击任务中心任务，进入流程界面，如图 3-311 所示。

图 3-310　输入用户名和密码

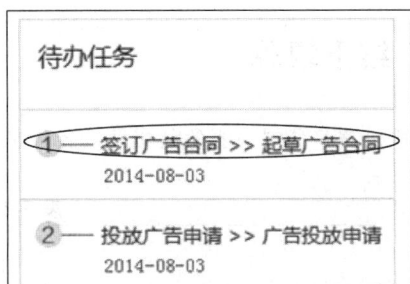

图 3-311　单击任务中心

(3) 依据流程界面所列任务，依次完成任务，如图 3-312 所示。

任务编码	任务名称	执行角色	执行人	任务类型
KF004194-1-001	起草广告合同	客户业务主管	张新萍	手工操作
KF004194-1-002	审核广告合同	客户总经理	王秋蓓	手工操作
KF004194-1-003	签订合同	服务公司业务员	杨春雁	手工操作
KF004194-1-004	在VBSE系统中录入广告收	服务公司业务员	杨春雁	软件操作
KF004194-1-005	开具广告费发票	服务公司业务员	杨春雁	手工操作
KF004194-1-006	开具广告费支票	客户行政主管	郝玥	手工操作

图 3-312　依次完成任务

签订合同的任务中，服务公司需要在 VBSE 系统中录入广告收入，如图 3-313 所示。

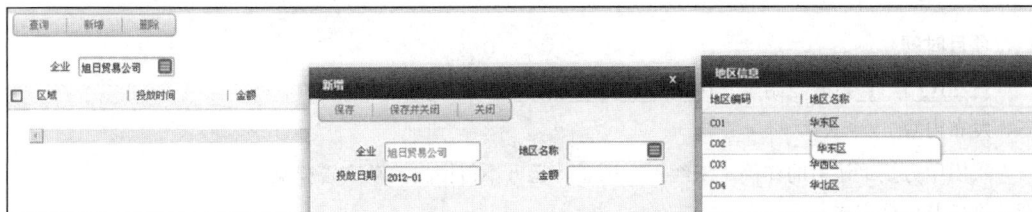

图 3-313　录入广告收入

企业	旭日贸易公司		
□ 区域	投放时间	金额	
□ 华东区	2012-01	100000.00	
□ 华南区	2012-01	100000.00	
□ 华西区	2012-01	100000.00	
□ 华北区	2012-01	100000.00	

图 3-313(续)

六、线下填单

旭日贸易公司与服务公司就广告投放合同达成一致后，签订广告合同，如表 3-134 所示。

表 3-134　签订广告合同

广告合同

广告投放单位(甲方)：旭日贸易有限公司

广告经营单位(乙方)：北京融通综合服务有限公司

根据《中华人民共和国合同法》《中华人民共和国广告法》有关规定，甲、乙双方在平等自愿、互惠互利、协商一致的基础上，就广告代理发布事宜，达成如下协议，共同遵照执行。

一、项目范围

甲方委托乙方代理发布针对以下市场和产品的广告策划及投放(用 √ 标注)。

产品	本地市场	国内市场	国际市场
经济型童车	√		
舒适型童车			
豪华型童车			

二、项目时间

自 2012 年 1 月 6 日始至 2012 年 2 月 6 日止。

三、发布内容

采用甲方签字认可的样稿，未经甲方同意，乙方不得擅自改动广告样稿。

四、价格及付款方式

1. 价格：广告费合计 400 000.00 元　大写：肆拾万元整。

2. 付款方式：转账支票。

（续表）

五、双方责任与义务

1. 乙方应确保本广告发布审批手续齐全、合法，如因乙方审批手续不全而给甲方造成的经济损失及法律责任，责任全部由乙方承担。

2. 甲方保证委托乙方代理的广告活动的合法性，如因甲方提供样稿侵犯第三方权利，甲方承担由此产生的一切法律责任。

3. 甲方应在接到乙方通知之日起 **3** 日内组织验收，验收依据为甲方前期签字确定的样稿；如甲方在 **3** 日内未对广告发布义务，履行不当应向甲方承担违约责任。

4. 乙方应严格按照合同约定履行广告发布义务，履行不当应向甲方承担违约责任。

5. 甲方应严格按照履行合同约定的付款义务，逾期付款应向乙方承担违约责任。

6. 乙方有权审查广告内容和表现形式，对不符合法律、法规的广告内容和表现形式，乙方有权要求甲方做出修改，甲方做出修改前，乙方有权拒绝发布。

7. 乙方应在广告发布后及时向甲方提供广告发布的实景照片作为发布证明。

8. 因不可抗力或者国家法律、法规、政策的变化，造成广告不能正常发布的，双方均不承担违约责任；广告费按照实际发布时间计算，或由双方另行签订补充合同。

9. 如任何一方违约而给对方造成的经济损失及法律责任，由违约方承担。

六、争议的解决方式

合作期间如发生争议，双方应本着友好合作的态度，协商解决，协商不成，双方均可向当地仲裁委员会申请仲裁。

七、本合同一式**两份**，甲、乙双方各执**一份**，具有同等法律效力。

八、本合同自甲、乙双方签字、盖章之日起生效。

甲方：(盖章)旭日贸易有限公司　　　乙方：(盖章)北京融通综合服务有限公司

法定代表人：(签字)李丽　　　　　　法定代表人：(签字)王红

委托代理人：(签字)　　　　　　　　委托代理人：(签字)

签约日期：2012 年 1 月 6 日　　　　签约日期：2012 年 1 月 6 日

任务五　签订销售订单(客户)

一、任务描述

客户在虚拟市场上选择产品需求订单，只有客户进行了新市场开发的城市才会显示在虚拟市场中，同时客户还必须按月在新市场上投放广告费，否则将无法看到市场订单。客户选单完毕后将销售订单的信息记录在销售订单明细表中，同时将销售订单汇总送交负责仓储的行政主管，以备发货。

二、情景导入

客户旭日贸易公司进入虚拟市场选单。业务数据如表 3-135 所示。

表 3-135　业务数据

签单日期	签单企业	产品数量	销售金额
2012 年 1 月 6 日	上海乐康妇婴用品有限公司	经济型童车	4 030 000.00

三、知识储备

销售订单是企业与客户之间签订的一种销售协议，销售订单实现企业与客户之间的沟通，实现客户对企业待售货物的一种请求，同时也是企业对客户的一种销售承诺；是销售管理系统实质性功能的第一步，它上接销售合同，并向下传递至销售发货。通过订单信息的维护与管理，实现企业对销售的计划性控制，使企业的销售活动、生产活动、采购活动处于有序、流畅、高效的状态。

四、实施步骤

客户旭日贸易公司依据销售合同签订销售订单，如表 3-136 所示。

表 3-136　客户签订销售订单操作步骤一览表

序号	操作步骤	角色	操作内容
1	准备填制销售订单明细表	客户业务主管	客户主管准备做好选单记录
2	在 VBSE 系统中进行选单	客户业务主管	在 VBSE 系统中选择产品需求订单，与虚拟市场签订销售订单
3	填写销售订单明细表	客户业务主管	将选择的销售订单信息填写在销售订单明细表中，以便查询
4	审核销售订单明细表	客户总经理	审核销售订单明细表内容是否正确完整，金额数量是否有误
5	汇总销售订单	客户业务主管	将销售订单明细表中的产品名称、数量及交货期填写到"销售订单汇总表"中，并将第二联送给负责仓储职能的客户行政主管，以便发货时查询

五、线上操作

客户旭日贸易公司在系统中进行操作,签订销售订单。操作步骤如下。

(1) 输入用户名和密码进入系统,如图 3-314 所示。

(2) 单击任务中心任务,进入流程界面,如图 3-315 所示。

图 3-314 输入用户名和密码

图 3-315 单击任务中心

(3) 依据流程界面所列任务,依次完成任务,如图 3-316 所示。

任务编码	任务名称	执行角色	执行人	任务类型
KF004202-1-001	准备填制销售订单明细	客户业务主管	张新萍	手工操作
KF004202-1-002	在VBSE系统中进行选单	客户业务主管	张新萍	软件操作
KF004202-1-003	填写销售订单明细	客户业务主管	张新萍	手工操作
KF004202-1-005	审核销售订单	客户总经理	王秋蕴	手工操作
KF004202-1-004	汇总销售订单	客户业务主管	张新萍	手工操作

图 3-316 依次完成任务

其中,旭日贸易公司需在 VBSE 系统中进行选单操作,如图 3-317 所示。

图 3-317 客户公司选单

六、线下填单

旭日贸易公司根据选单情况，填写销售订单明细表，如表 3-137 所示。

表 3-137　填写销售订单明细表

订单号	客户名称	产品名称	市场	数量(辆)	单价(元)	合同约定交货期	合同约定回款期	贷款额(元)
QC0001	上海乐康妇婴用品有限公司	经济型童车	上海	2000	710.00	2012-01-06	2012-01-13	1 420 000.00
QC0002	上海乐康妇婴用品有限公司	经济型童车	上海	1000	650.00	2012-01-13	2012-01-30	655 000.00
QC0002	上海乐康妇婴用品有限公司	经济型童车	上海	2500	784.00	2012-01-13	2012-01-30	1 960 000.00

任务六　销售发货(客户)

一、任务描述

销售人员依据销售订单交货日期填写产品发货单、仓库人员填写出库单后，由销售人员发货给客户，财务部根据发货出库单开具销售发票，当客户收货确认后销售人员需登记销售发货明细。

二、情景导入

依据销售订单，旭日贸易公司将童车销售给上海乐康妇婴用品有限公司。业务数据如表 3-138 所示。

表 3-138　业务数据

交货日期	购买方	商品	支付方式	金额
2012 年 1 月 6 日	上海乐康妇婴用品有限公司	经济型童车	支票	1 420 000.00

三、知识储备

销售发货是指将货物发向客户，销售发货单是销售发货的信息载体，销售发货业务是销售流程的核心，通过销售发货向库存、存货、应收等系统传递信息来实现企业物流的运转。

四、实施步骤

旭日贸易公司依据销售订单，将产品发货给客户，如表 3-139 所示。

表 3-139　客户销售发货步骤一览表

序号	操作步骤	角色	操作内容
1	填制发货单	客户业务主管	1. 根据销售订单明细表和发货计划填制发货单 2. 审核发货单并签字
2	审核发货单	客户总经理	1. 审核该企业的应收账款额度是否高。如果高，则限制发货 2. 审核发货单，确认数量和金额 3. 发货单签字 4. 将签字后的发货单交给客户行政主管
3	填制出库单	客户行政主管	1. 根据发货单填制出库单 2. 请业务主管签字 3. 本部门进行审批
4	填写物料卡	客户行政主管	1. 办理出库手续，更新物料卡 2. 把出库单送给业务主管一联 3. 把出库单送给总经理一联
5	登记库存台账	客户行政主管	根据出库单填写库存台账
6	填制记账凭证	客户总经理	根据出库单填写记账凭证
7	在系统中处理销售发货	客户业务主管	在 VBSE 系统中选择发货的订单，并确认
8	登记销售发货明细表	客户业务主管	1. 根据发货单进行销售发运 2. 登记销售发货明细表

五、线上操作

旭日贸易公司依据订单将童车销售给虚拟市场。操作步骤如下。

(1) 输入用户名和密码进入系统，如图 3-318 所示。

(2) 单击任务中心任务，进入流程界面，如图 3-319 所示。

图 3-318　输入用户名和密码　　　　　　　　图 3-319　单击任务中心

(3) 依据流程界面所列任务，依次完成任务，如图 3-320 所示。

任务编码	任务名称	执行角色	执行人	任务类型
KF004131-1-001	填制发货单	客户业务主管	张新萍	手工操作
KF004131-1-002	审核发货单	客户总经理	王秋蕴	手工操作
KF004131-1-003	填制产成品出库单	客户行政主管	郝玥	手工操作
KF004131-1-007	办理出库填写物料卡	客户行政主管	郝玥	手工操作
KF004131-1-008	登记库存台账	客户行政主管	郝玥	手工操作
KF004131-1-006	填制记账凭证	客户总经理	王秋蕴	手工操作
KF004131-1-009	在系统中处理销售发货	客户业务主管	张新萍	软件操作
KF004131-1-110	登记销售发货明细	客户业务主管	张新萍	软件操作

图 3-320　依次完成任务

旭日贸易公司要在系统中处理销售发货，如图 3-321 所示。

图 3-321　销售发货

六、线下填单

旭日公司填写发货单，如表 3-140 所示。

表 3-140　填写发货单

单据编号：007	日期：2012-01-06		交货日期：2012-01-06
销售订单号：QC0001	客户名称：上海乐康妇婴用品有限公司		仓库：成品库
业务员：刘明	运输方式：陆运		客户联系人：张武
产品名称	产品型号	发货数量	
经济型童车	——	2000	

营销部经理：满江　　　财务部经理：李峰　　　客户确认：张武

任务七　货款回收(客户)

一、任务描述

销售实现之后，客户业务主管定期跟踪催促货款的收回。

二、情景导入

旭日贸易公司依据订单收取货款。业务数据如表 3-141 所示。

表 3-141　业务数据

回款日期	支付方式	回收金额
2012 年 1 月 6 日	支票	10 000.00

三、知识储备

银行回执单是表明个人或单位在银行办理业务的一个有效凭证。主要有 ATM 机上的回执单、柜台上办业务的回执单、企业对账回执单以及银行电子回单，如图 3-322 所示。

中国工商银行 网上银行电子回单

回单类型	网上转账汇款		指令序号		
收款人	户 名	瞿现勇	付款人	户 名	许华
	账号	6228480271059920519		卡(账)号	9558803602158821496
币种	人民币		钞汇标志	钞	
金额	300.00		手续费	7.20	
合计					
用途	还款				
	附言:				
	验证码:				

图 3-322　银行电子回单

四、实施步骤

旭日贸易公司根据签订的销售订单，收取货款，如表 3-142 所示。

表 3-142　客户回收货款操作步骤一览表

序号	操作步骤	角色	操作内容
1	查询销售订单	客户业务主管	1. 在系统中查询交易信息,确定销售发货后应开具的发票金额及回款金额 2. 告知客户总经理开具增值税专用发票
2	开具增值税专用发票	客户总经理	1. 客户总经理根据销售订单开具增值税专用发票,但因为购货方不是由学生参与的实训组织,发票不用传递给购货方(外部虚拟商业社会环境) 2. 告知客户行政主管销售发票已经开具及时收回货款
3	销售回款	客户行政主管	1. 在系统中做"销售回款":因为付款方是外部虚拟商业社会环境,无学员参与,因此无须付款方操作,款项即由收款方通过网银自动回款 2. 前往银行取销售回款的网银回单
4	打印回单	银行柜员	1. 根据客户提供的信息打印回单 2. 将回单提交给客户行政主管
5	编制记账凭证	客户总经理	1. 接收客户行政主管交来的网银回单 2. 根据销售发票和销售回款网银回单,编制记账凭证
6	登记银行存款日记账	客户行政主管	根据记账凭证登记银行存款日记账

五、线上操作

旭日贸易公司依据销售订单，在 VBSE 系统中进行货款回收。操作步骤如下。

(1) 输入用户名和密码进入系统，如图 3-323 所示。

(2) 单击任务中心任务，进入流程界面，如图 3-324 所示。

图 3-323　输入用户名和密码

图 3-324　单击任务中心

(3) 旭日贸易公司进行订单查询，依据查询结果，确认当期应回款。如图 3-325 和图 3-326 所示。

图 3-325　查询订单

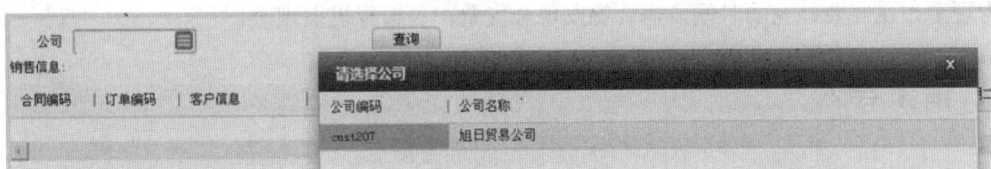

图 3-326　显示订单查询结果

(4) 旭日贸易公司进行货款回收，如图 3-327 所示。

图 3-327　货款回收

项目八　制造企业(供应商、客户)—银行日常结算业务

项目概述：

制造企业(供应商、客户)与银行日常结算业务是VBSE系统中，制造企业(供应商、客户)与各自开户银行就资金结算、存贷款等相关金融活动进行的一系列任务的统称。

任务一　提现

一、任务描述

制造企业(供应商、客户)在日常的业务经营与企业管理中，需要准备充足的库存现金，当库存现金不足需要补充的时候，需要签发现金支票，去银行提取现金。

二、情景导入

2012年1月8日，好佳童车厂的企业库存现金不足，不能满足日常业务需要，出纳需要开具现金支票，需要去中国工商银行提取现金。

在自主经营阶段，业务数据可以根据企业经营需要，自行设置，如表3-143所示的业务数据。

表3-143　业务数据

购买日期	制造企业	开户银行	提现方式	提现金额
2012年1月8日	好佳童车厂	中国工商银行北京分行昌平支行	现金支票	30 000.00

三、知识储备

现金支票是专门制作的用于支取现金的一种支票。由存款人签发用于到银行为本单位提取现金，也可以签发给其他单位和个人用来办理结算或者委托银行代为支付现金给收款人，如图3-328所示。

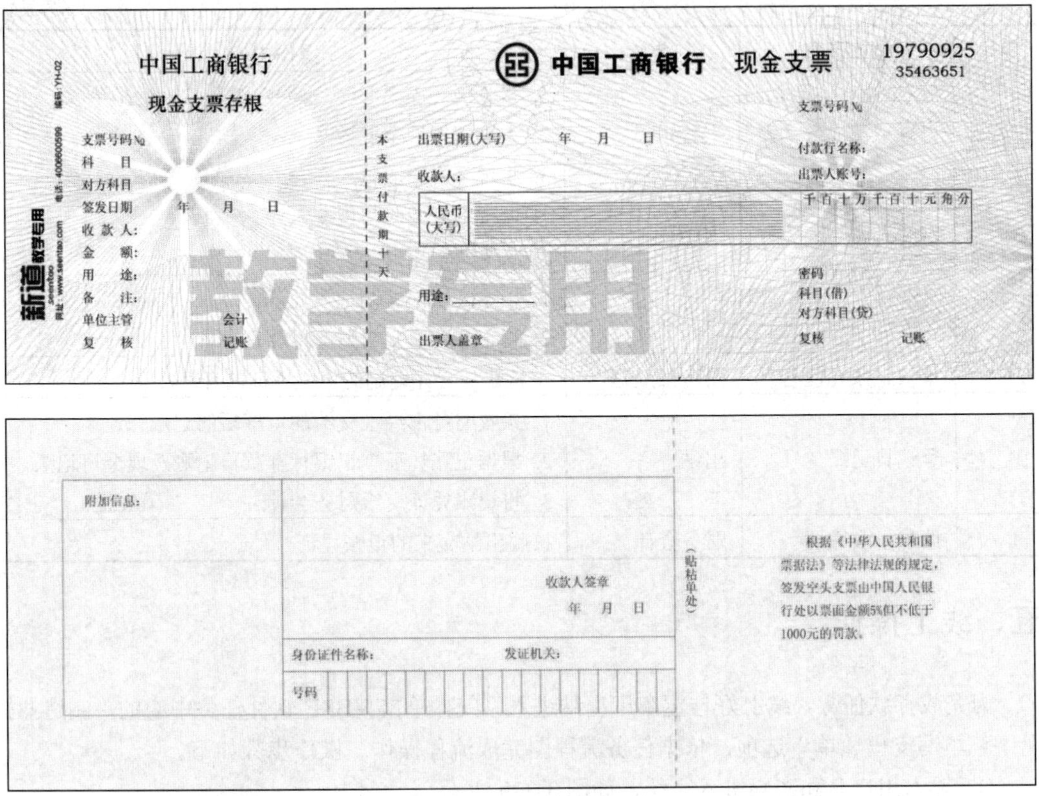

图 3-328　现金支票样例

四、实施步骤

依据系统中的业务需求说明，确认好佳童车厂所需的提现金额，从出纳岗位开始，按照表 3-144 所示步骤，完成提现任务。

表 3-144　提现业务操作步骤一览表

序号	操作步骤	角色	操作内容
1	填写支出凭单	出纳	1. 根据现金需要量填写支出凭单 2. 将支出凭单提交给财务部经理审核
2	审核支出凭单	财务部经理	审核支出凭单的准确、合理性并签字
3	签发现金支票	出纳	1. 接收经审核的支出凭单 2. 签发现金支票
4	加盖印章	财务部经理	在现金支票上加盖印章
5	登记支票簿	出纳	1. 按签发的支票登记支票登记簿 2. 去银行提现金

（续表）

序号	操作步骤	角色	操作内容
6	办理取现业务	银行柜员	1. 接收现金支票 2. 办理提取现金业务 3. 将现金交给取款人
7	现金入库	出纳	1. 取现回来及时将现金入库 2. 将支票根据财务会计记账
8	编制记账凭证	财务会计	1. 根据支票根编制记账凭证 2. 将记账凭证交给财务部经理审核
9	审核记账凭证	财务部经理	审核账务会计编制的记账凭证的合理性
10	登记日记账	出纳	1. 接收财务部经理交给的审核后的记账凭证 2. 根据记账凭证登记银行存款日记账及现金日记账 3. 将记账凭证交给财务会计
11	接收记账凭证	财务会计	接收出纳交来的记账凭证

五、线上操作

为完成存款任务，线上好佳童车厂出纳进入系统，单击 VBSE 软件任务中心的"制造业提现 >> 填写支出凭单"选项，依据任务流程图完成流程操作。操作步骤如下。

(1) 输入用户名和密码进入系统，如图 3-329 所示。

(2) 单击任务中心任务，进入流程界面，如图 3-330 所示。

图 3-329　输入用户名和密码

图 3-330　单击任务中心

(3) 依据流程界面所列任务，依次完成任务，如图 3-331 所示。

图 3-331　依次完成任务

六、线下填单

好佳童车厂的出纳，需依据线上操作流程中子任务的顺序，与任务相关人员一起完成单据的填制和信息传递。整个过程中，好佳童车厂出纳要学会办理提现的业务流程，并会填写支出凭单、签发现金支票和登记支票登记簿。填制支出凭单样例如图 3-332 所示，签发现金支票样例如图 3-333 所示。

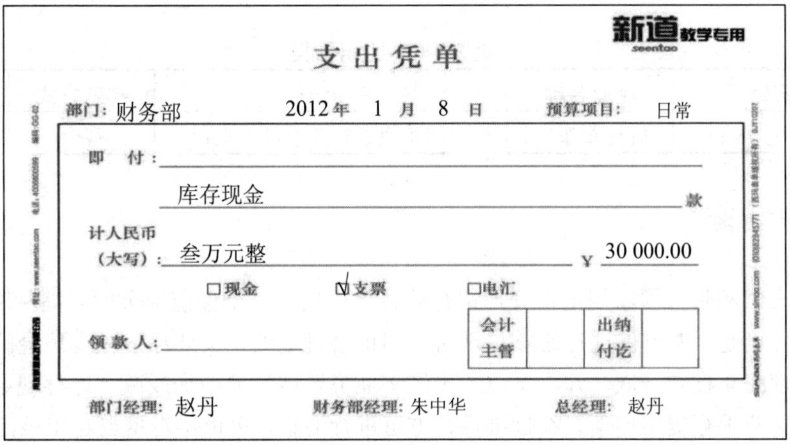
新道教学专用 seentao

支出凭单

部门：财务部　　2012年 1 月 8 日　　预算项目：日常

即　付：

库存现金　款

计人民币（大写）：叁万元整　¥ 30 000.00

□现金　☑支票　□电汇

领款人：

会计主管		出纳付讫	

部门经理：赵丹　　财务部经理：朱中华　　总经理：赵丹

图 3-332　填制支出凭单样例

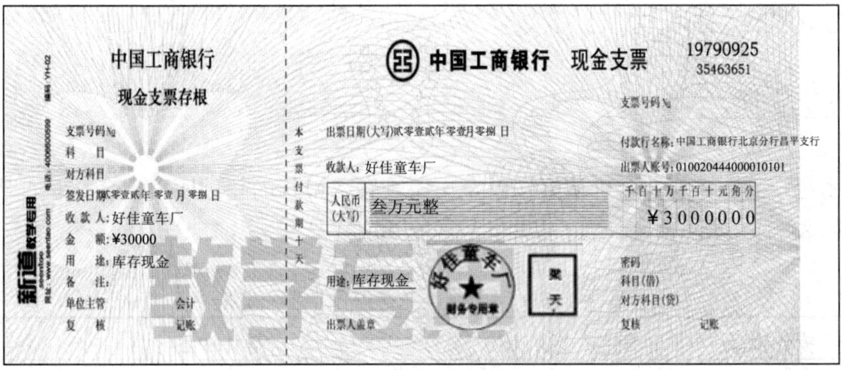
中国工商银行
现金支票存根
支票号码№
科　目
对方科目
签发日期贰零壹贰年 零壹月 零捌 日
收 款 人：好佳童车厂
金　额：¥30000
用　途：库存现金
备　注：
单位主管　会计
复　核　记账

中国工商银行　现金支票　19790925 35463651

支票号码№

出票日期(大写)贰零壹贰年零壹月零捌日　付款行名称：中国工商银行北京分行昌平支行

收款人：好佳童车厂　出票人账号：0100204440000010101

人民币（大写）叁万元整　千百十万千百十元角分　¥3000000

本支票付款期十天

用途：库存现金　密码

出票人盖章　科目(借)

对方科目(贷)

复核　记账

图 3-333　签发现金支票样例

任务二　存款

一、任务描述

制造企业(供应商、客户)依据国家规定，当严格遵守由开户银行给各单位核定的保留现金的最高额度时，每日现金的结存数不得超过核定的限额。因此，每天营业终了，在满足自身需要的前提下将超额库存现金及时送存银行。如果库存现金不足限额时，也可向银行提取现金。

二、情景导入

2012 年 1 月 28 日，好佳童车厂当日营业终了，在满足自身需要的前提下将超额库存现金及时送存开户行中国工商银行。业务数据如表 3-145 所示。

表 3-145 业务数据

存款日期	企业名称	开户银行	存款方式	存款金额
2012 年 1 月 28 日	好佳童车厂	中国工商银行北京昌平支行	现金	30 000.00

三、知识储备

库存现金限额是指国家规定由开户银行给各单位核定一个保留现金的最高额度。核定单位库存限额的原则是，既要保证日常零星现金支付的合理需要，又要尽量减少现金的使用。库存现金限额一般每年核定一次，开户单位由于经济业务发展需要增加或减少库存现金限额，应按必要手续向开户银行提出申请，经批准后，方可进行调整，单位不得擅自超出核定限额增加库存现金。

库存现金限额的计算方式一般是：库存现金=前一个月的平均每天支付的数额(不含每月平均工资数额)×限定天数。

四、实施步骤

依据系统中的业务说明，确认好佳童车厂所需存入银行的超额库存现金数量，从出纳岗位开始，按照表 3-146 所示步骤，完成现金存款任务。

表 3-146 现金存款业务操作步骤一览表

序号	操作步骤	角色	操作内容
1	填写进账单	出纳	1. 填写进账单(按提供的进账单，填写持票人方信息，出票人信息不填写，并在下方空白处注明"现金进账") 2. 将进账单与现金一同送存银行
2	办理现金存款业务	银行柜员	1. 接收出纳送存的现金及进账单 2. 清点现金数量与进账单金额无误后办理存款业务 3. 在进账单上盖"现金收讫"章并将进账单回单交给出纳
3	编制记账凭证	财务会计	1. 接收出纳拿回的进账单回单 2. 编制记账凭证

（续表）

序号	操作步骤	角色	操作内容
4	审核记账凭证	财务部经理	1. 接收财务会计交给的记账凭证，进行审核 2. 审核后，交给出纳登记银行存款日记账及现金日记账
5	登记日记账	出纳	1. 接收财务部经理交给的审核后的记账凭证 2. 根据记账凭证登记银行存款日记账及现金日记账 3. 将记账凭证交给财务会计
6	接收记账凭证	财务会计	接收出纳交来的记账凭证

五、线上操作

为完成现金存款任务，线上好佳童车厂出纳进入系统，单击 VBSE 软件任务中心的"制造业存款>>填制进账单"选项，依据任务流程图完成流程操作。操作步骤如下。

(1) 输入用户名和密码进入系统，如图 3-334 所示。

(2) 单击任务中心任务，进入流程界面，如图 3-335 所示。

图 3-334　输入用户名和密码

图 3-335　单击任务中心

(3) 依据流程界面所列任务，依次完成任务，如图 3-336 所示。

图 3-336　依次完成任务

办理现金存入银行，业务银行柜员需要在系统中完成存款任务，如图 3-337 所示。

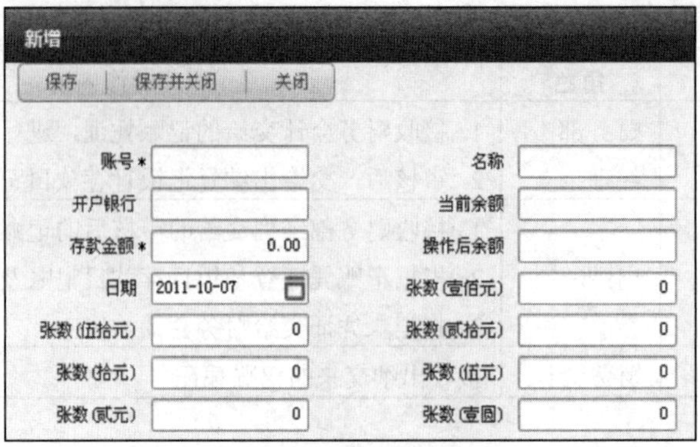

图 3-337　银行柜员完成存款任务

六、线下填单

好佳童车厂的出纳，需依据线上操作流程中子任务的顺序，与任务相关人员一起完成单据的填制和信息传递。整个过程中，好佳童车厂出纳要学会办理现金存款的业务流程，并会填写进账单。银行进账单样例如图 3-338 所示。

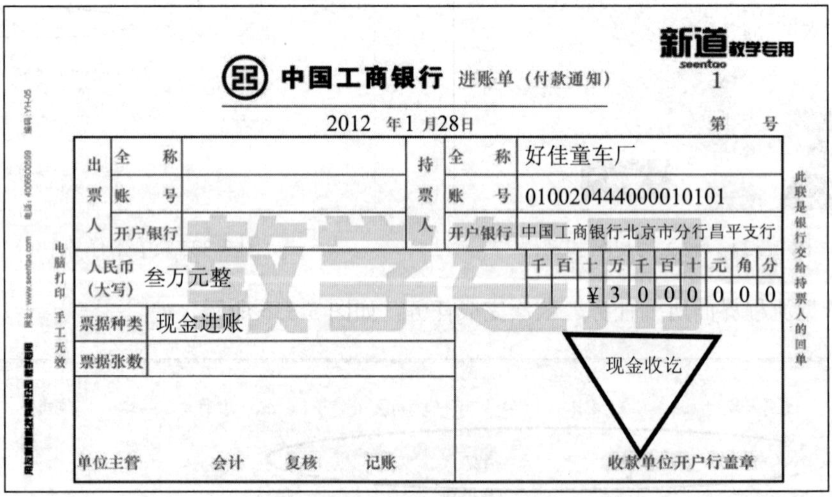
中国工商银行　进账单（付款通知）　1

新道教学专用 seentao

2012 年1 月28日　　第　号

出票人	全　称		持票人	全　称	好佳童车厂
	账　号			账　号	0100204440000l0101
	开户银行			开户银行	中国工商银行北京市分行昌平支行
人民币（大写）	叁万元整			千 百 十 万 千 百 十 元 角 分	¥ 3 0 0 0 0 0 0
票据种类	现金进账				
票据张数					
单位主管　会计　复核　记账				收款单位开户行盖章	

现金收讫

电脑打印　手工无效

此联是银行交给持票人的回单

图 3-338　银行进账单

任务三　购买支票

一、任务描述

制造企业(供应商、客户)与经济往来对象经常使用支票办理结算，支票结算简便、灵活、迅速和可靠,只要付款人在银行有足够的存款,它就可以签发支票给收款人,银行凭支票就可以办理款项的划拨或现金的支付。因此,企业财务部门需要准备充足的支票用于签发结算,支票用完需要及时到开户银行去购买。

二、情景导入

好佳童车厂因业务需要,需要到中国工商银行购买支票。业务数据如表 3-147 所示。

表 3-147 业务数据

购买日期	制造企业	开户银行	支票单价	支票数量
2012 年 1 月 8 日	好佳童车厂	中国工商银行北京昌平支行	20.00/本	2 本

三、知识储备

支票是出票人签发,委托办理支票存款业务的银行或者其他金融机构在见票时无条件支付确定的金额给收款人或持票人的票据。

开立基本存款账户以后便可以在开户行购买现金支票和转账支票,在开户行购买支票时需要带上在银行预留的印鉴(法人章和财务章)。

转账支票只能用于转账,如图 3-339 所示。现金支票是专门制作的用于支取现金的一种支票,如图 3-340 所示。

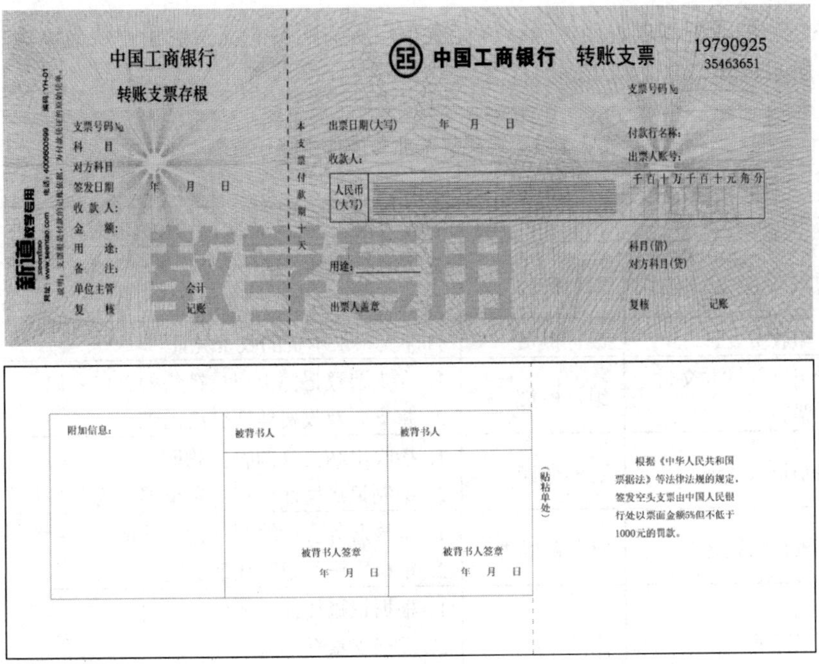

图 3-339 转账支票样例

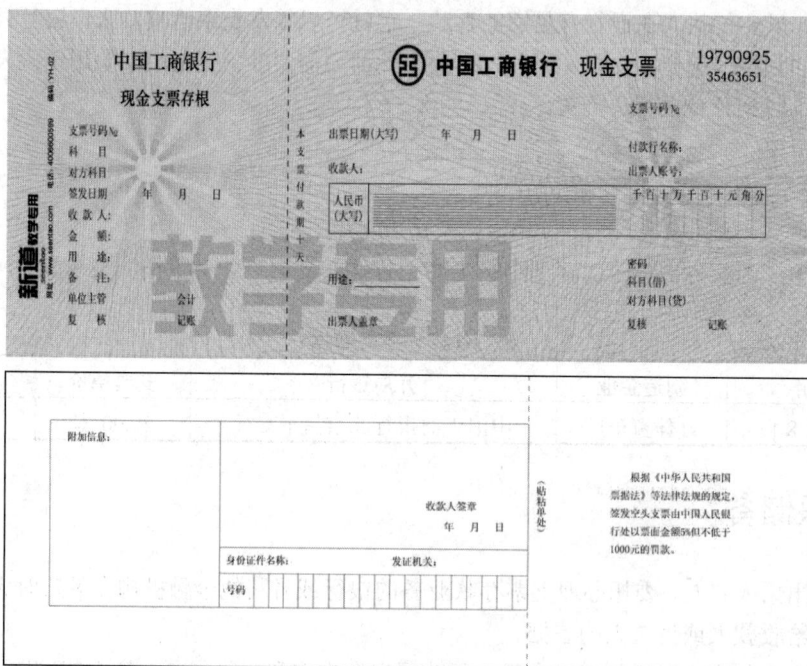

图 3-340   现金支票样例

四、实施步骤

依据系统中的业务需求说明,确认好佳童车厂所需购买的支票数量,从出纳岗位开始,按照表 3-148 所示步骤,完成购买支票任务。

表 3-148   购买支票业务操作步骤一览表

序号	操作步骤	角色	操作内容
1	去银行购买支票	出纳	去银行购买支票(实训中不用携带银行印鉴)
2	销售支票	银行柜员	在 VBSE 系统中销售支票,支票工本费由系统按销售量自动从购买者银行账户中扣除
3	打印收费凭证	银行柜员	打印支票工本费的收费凭证
4	登记支票簿并交付支票	银行柜员	1. 在支票登记簿上记录销售的支票号码 2. 将支票及收费凭证交给出纳
5	编制记账凭证	财务会计	1. 接收出纳交来的收费凭证 2. 编制记账凭证,将原始单据作为附件粘贴
6	审核记账凭证	财务部经理	1. 审核财务会计编制的记账凭证 2. 审核完毕在记账凭证上签字
7	登记账簿	出纳	1. 根据记账凭证登记现金日记账 2. 登记支票登记簿 3. 将记账凭证交财务会计

(续表)

序号	操作步骤	角色	操作内容
8	登记科目明细账	财务会计	1. 接收出纳交来的经审核的记账凭证 2. 登记科目明细账

五、线上操作

为完成购买支票任务，线上好佳童车厂出纳进入系统，单击 VBSE 软件任务中心的"制造业购买支票>>去银行购买支票"选项，依据任务流程图—购买支票完成流程操作。操作步骤如下。

(1) 输入用户名和密码进入系统，如图 3-341 所示。

(2) 单击任务中心任务，进入流程界面，如图 3-342 所示。

图 3-341　输入用户名和密码

图 3-342　单击任务中心任务

(3) 依据流程界面所列任务，依次完成任务，如图 3-343 所示。

KF004180-2-001	去银行购买支票	出纳	9	手工操作
KF004180-2-003	销售支票	银行柜员	92	软件操作
KF004180-2-004	打印收费凭证	银行柜员	92	软件操作
KF004180-2-005	登记支票登记簿并交付支	银行柜员	92	手工操作
KF004180-2-007	编制记账凭证	财务会计	11	手工操作
KF004180-2-008	审核记账凭证	财务部经理	8	手工操作
KF004180-2-009	登记日记账	出纳	9	手工操作
KF004180-2-010	登记明细账	财务会计	11	手工操作

图 3-343　依次完成任务

六、线下填单

好佳童车厂的出纳，需依据线上操作流程中子任务的顺序，与任务相关人员一起完成单据的填制和信息传递。整个过程中，好佳童车厂要学会购买支票的业务流程，银行柜员要学会打印并填制支票工本费的收费凭证。银行支票工本费收费凭证样例如图 3-344 所示。

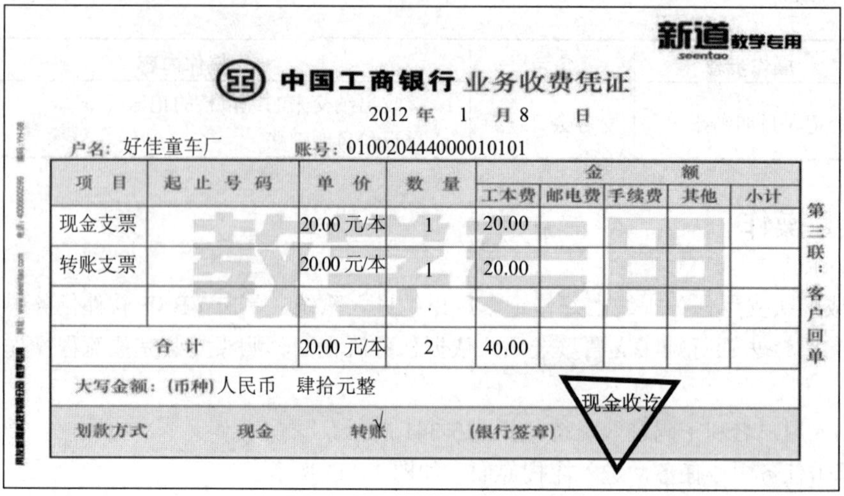
新道教学专用 seentao

中国工商银行 业务收费凭证

2012 年 1 月 8 日

户名：好佳童车厂　　账号：0100204440000101101

项目	起止号码	单价	数量	金额				
				工本费	邮电费	手续费	其他	小计
现金支票		20.00 元/本	1	20.00				
转账支票		20.00 元/本	1	20.00				
合计		20.00 元/本	2	40.00				

大写金额：(币种)人民币　肆拾元整

划款方式　现金　转账√　(银行签章)　现金收讫

第三联：客户回单

图 3-344　支票工本费收费凭证

任务四　申请抵押贷款

一、任务描述

制造企业(供应商、客户)企业在经营过程中遇到的最大难题就是资金短缺，在这种情况下企业主会选择贷款。贷款机构之所以让企业提供抵押物，是因为企业的风险难以把控，如果有抵押物做担保，即使企业逾期不还，贷款机构也可以通过处置抵押物的方式减少自己的损失。申请抵押贷款通常是企业解决资金难题的常用方式。

二、情景导入

好佳童车厂因扩大原材料库存需要，需要去中国工商银行申请办理抵押贷款业务。业务数据如表 3-149 所示。

表 3-149　业务数据

购买日期	企业名称	贷款银行	贷款形式	贷款金额
2012 年 1 月 28 日	好佳童车厂	中国工商银行北京昌平支行	抵押贷款	2 000 000.00

三、知识储备

抵押贷款指借款者以一定的抵押品作为物品保证向银行取得的贷款。它是商业银行的一种放款形式。抵押品通常包括有价证券、国债券、各种股票、房地产以及货物的提单、栈单或其他各种证明物品所有权的单据。贷款到期，借款者必须如数归还，否则银行有权处理抵押品，作为一种补偿。在 VBSE 系统中，银行放贷业务数据如表 3-150 所示。

表 3-150　业务数据

放贷方式	放贷种类	贷款利率	贷款限额	贷款期限	还款约定
银行抵押贷款	长期贷款	8%	按抵押物评估价值的 30%～70%	按年：最长 5 年，最短 2 年	每季付息，到期还本

四、实施步骤

依据系统中的业务说明，确认好佳童车厂所需申请的抵押贷款金额、期限、抵押物明细，从财务部经理岗位开始，按照表 3-151 所示步骤，完成申请抵押贷款任务。

表 3-151　申请抵押贷款业务操作步骤一览表

序号	操作步骤	角色	操作内容
1	确定贷款额度	财务部经理	根据企业资金需要量确定贷款额度
2	填写贷款申请书	财务部经理	1. 实训中不适用格式化贷款申请书，由财务经理填写贷款申请书，主要条款是：发放贷款银行名称、贷款期限、贷款金额、抵押物品名称价值、贷款企业名称等 2. 向总经理提交贷款申请书
3	审批贷款	总经理	根据财务经理提出的贷款额度与企业的资金需求计划审核贷款额度的合理性并签批
4	申请贷款	银行柜员	1. 接收企业财务经理的贷款申请 2. 在系统中为企业发放贷款
5	打印回执	银行柜员	1. 打印借款回单 2. 将回单交财务经理
6	编制记账凭证	财务会计	1. 接收财务经理交来的银行借款回单 2. 根据借款回单编制记账凭证
7	审核记账凭证	财务部经理	审核财务会计编制的记账凭证
8	登记银行存款明细账	出纳	1. 接收财务经理审核凭证 2. 登记银行存款日记账
9	登记科目明细账	财务会计	登记长期借款科目明细账

五、线上操作

为完成购买支票任务，线上好佳童车厂财务部经理进入系统，单击 VBSE 软件任务中心的"制造业申请抵押贷款>>确定贷款额度"选项，依据任务流程图完成流程操作。操作步骤如下。

(1) 输入用户名和密码进入系统，如图 3-345 所示。

图 3-345　输入用户名和密码

(2) 单击任务中心任务，进入流程界面，如图 3-346 所示。

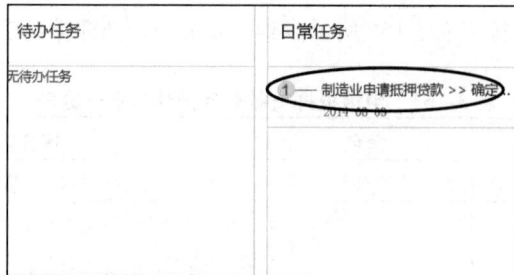

图 3-346　单击任务中心任务

(3) 依据流程界面所列任务，依次完成任务，如图 3-347 所示。

任务编码	任务名称	执行角色	执行人	任务类型
KF004369-2-001	确定贷款额度	财务部经理	8	手工操作
KF004369-2-002	填写贷款申请书	财务部经理	8	手工操作
KF004369-2-003	审批	总经理	1	手工操作
KF004369-2-004	申请贷款	银行柜员	92	软件操作
KF004369-2-005	打印回执	银行柜员	92	软件操作
KF004369-2-006	编制记账凭证（U8）	财务会计	11	软件操作
KF004369-2-007	审核并打印凭证（U8）	财务部经理	8	软件操作

图 3-347　依次完成任务

六、线下填单

好佳童车厂财务部经理、银行柜员等岗位工作人员，需依据线上操作流程中子任务的顺序，与任务相关人员一起完成单据的填制和信息传递。整个过程中，好佳童车厂要学会填写贷款申请书、申请办理抵押贷款的业务流程。

注意，实训中不使用格式化贷款申请书，由财务经理填写贷款申请书，主要条款是：发放贷款银行名称、贷款期限、贷款金额、抵押物名称及价值、贷款企业名称等，范例如下文所示。

贷款申请书

_____支行：

_____有限公司创建于_____年，至今已有_____多年历史。公司拥有_____条生产线年产_____产品_____万吨。公司_____年获得中国质量认证中心认证取得_____质量体系认证书。严密完善系统的管理体系，确保了公司能连续稳定生产各系列高质量产品，并不断创新，提升企业竞争力。公司所在地交通发达，有利于国际国内市场开拓，公司获得_____生产许可证，生产的产品销售到全国_____多个省地市，应用于_____行业。目前产品价格有一定上涨，处于供不应求的局面，公司盈利水平明显提高。公司现有员工_____人，各类专业技术人员_____人。占地_____余亩，注册资本_____万元，资产总额_____万元，年均销售收入可达_____亿元，实现税金_____万元，已经迈入新一轮快速发展的新平台。

_____年市场趋好给公司创造了难得的发展机遇。公司决定同时进行设备挖潜和新技术改造，扩大产能，以满足市场不断增长的需求。今年主要原材料价格涨幅较大，同时公司预计_____年下半年销量都会有一定增加，库存原材料无法满足扩大后生产需求，需要增加流动资金以扩大原材料库存，保障生产。因此特向贵行提请流动资金贷款_____万元，用于购进原材料储藏物资。公司用新增销量所增加的收益及折旧资金作为还款来源，以公司所有的土地使用权及生产厂房\设备作为抵押。贷款使用期为两年。希望贵行给予我公司授信和贷款支持，帮助我公司实现新的发展！

此致

敬礼！

申请人：

申请日期：

任务五 支付贷款利息

一、任务描述

制造企业(供应商、客户)得到银行提供的贷款后，需按照贷款合同规定的偿还方式，采用分期偿还或者到期一次偿还的方式，向银行支付贷款利息。

二、情景导入

好佳童车厂的一笔贷款利息偿还日到期，需要向中国工商银行支付贷款利息。业务数据如表 3-152 所示。

表 3-152　业务数据

购买日期	制造企业	银行	支付方式	利息金额
2012 年 1 月 28 日	好佳童车厂	中国工商银行北京昌平支行	转账支票	56 000.00

三、知识储备

贷款利息是指贷款人因为发出货币资金而从借款人手中获得的报酬，也是借款人使用资金必须支付的代价。

$$贷款利息=贷款金额×贷款利率×贷款期限$$

四、实施步骤

依据系统中的业务需求说明，确认好佳童车厂所需偿还的贷款利息金额，从出纳岗位开始，按照表 3-153 所示步骤，完成支付贷款利息任务。

表 3-153　支付贷款利息业务流程

序号	操作步骤	角色	操作内容
1	签发支票偿还利息	出纳	1. 根据企业贷款额度以及贷款利率计算企业应该归还的利息金额签发转账支票 2. 将转账支票送到银行
2	银行转账	银行柜员	从企业贷款户头扣划应该归还的借款利息
3	打印回执	银行柜员	1. 打印借款利息扣划凭条 2. 在回执联盖"转讫"印章
4	给财务会计送单据	出纳	将利息凭条及支票存根送交财务会计做账务处理
5	填制记账凭证	财务会计	1. 根据利息凭条及支票存根编制记账凭证 2. 将记账凭证交财务经理审核
6	审核记账凭证	财务部经理	审核财务会计的记账凭证
7	登记银行存款日记账	出纳	1. 接收财务经理审核过的记账凭证 2. 登记银行存款日记账
8	登记科目明细账	财务会计	登记多栏式财务费用科目明细账

五、线上操作

为完成支付贷款利息任务，线上好佳童车厂出纳进入系统，单击 VBSE 软件任务中心的“制造业支付贷款利息>>签发支票偿还利息”选项，依据任务流程图完成流程操作。操作步骤如下。

(1) 输入用户名和密码进入系统，如图 3-348 所示。

(2) 单击任务中心任务，进入流程界面，如图 3-349 所示。

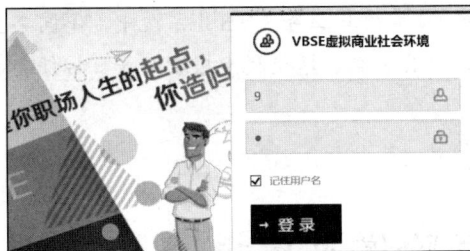

图 3-348 输入用户名和密码

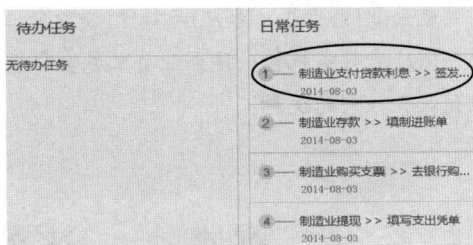

图 3-349 单击任务中心

(3) 依据流程界面所列任务，依次完成任务，如图 3-350 所示。

任务编码	任务名称	执行角色	执行人	任务类型
KF004184-2-001	签发支票偿还利息	出纳	9	手工操作
KF004184-2-002	银行转账	银行柜员	92	软件操作
KF004184-2-003	打印回执	银行柜员	92	软件操作
KF004184-2-005	给财务会计送单据	出纳	9	手工操作
KF004184-2-006	填制记账凭证	财务会计	11	手工操作
KF004184-2-007	审核记账凭证	财务部经理	8	手工操作
KF004184-2-008	登记银行存款日记账	出纳	9	手工操作
KF004184-2-009	登记科目明细账	财务会计	11	手工操作

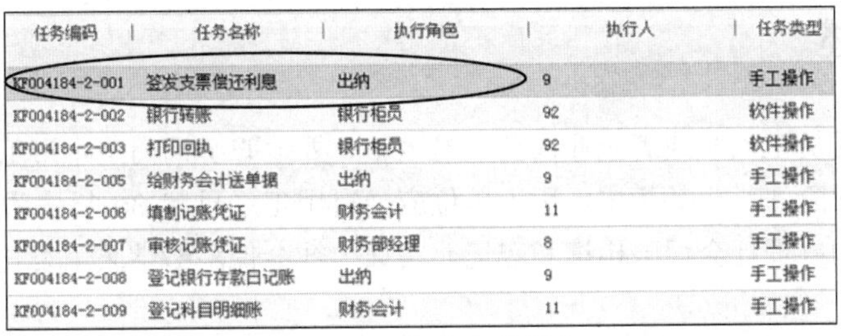

图 3-350 依次完成任务

六、线下填单

好佳童车厂的出纳，需依据线上操作流程中子任务的顺序，与任务相关人员一起完成单据的填制和信息传递。整个过程中，好佳童车厂要学会支付贷款利息业务流程和签发转账支票。转账支票样例如图 3-351 所示。

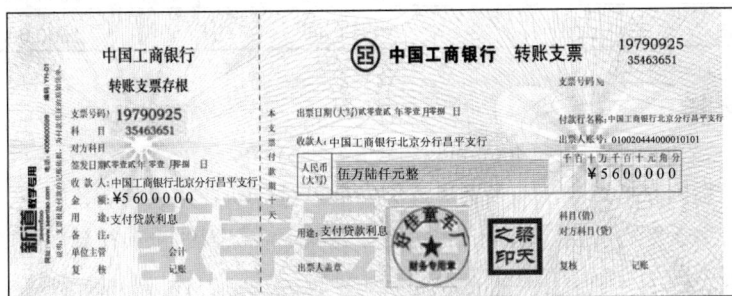

图 3-351 转账支票样例

项目九 制造企业(供应商、客户)—社保 (公积金、税务)日常结算业务

项目概述:

制造企业(供应商、客户)与社保(公积金、税务)日常结算业务是VBSE系统中,不同类型企业与外围政府服务机构,就企业员工社会保险、住房公积金、增值税申报缴纳等日常任务进行一系列业务往来的统称。

任务一 社会保险增员申报

一、任务描述

当企业招聘新员工入职或者企业内部人员调整、外地职工调岗至本市工作时,根据《中华人民共和国社会保险法》相关规定,用人单位应当自用工之日起 30 日内为新入职的员工,向社会保险经办机构办理社会保险申请和登记。实训中社会保险缴纳采用委托银行收款方式。

二、情景导入

2012 年 1 月,好佳童车厂有两名新员工入职,需要向社保中心进行增员申报。新入职员工业务数据如表 3-154 所示。

表 3-154 新入职员工业务数据

员工编码	员工姓名	性别	年龄	所在车间	工作岗位	工资金额	参加险种
1010159	张小东	男	33	组装车间	生产工人	1600.00	五险
1010160	岳亮	男	23	组装车间	生产工人	1600.00	五险

三、知识储备

社会保险是指国家通过立法,多渠道筹集资金,对劳动者在因年老、失业、工伤、生育而减少劳动收入时给予经济补偿,使他们能够享有基本生活保障的一项社会保障制度。中国社会保险主管单位为中国人力资源和社会保障部。

社会保险主要包括"五险"。即:基本养老保险、失业保险、医疗保险、工伤保险和生育

保险。其中养老保险、失业保险、医疗保险由用人单位和职工共同缴纳，工伤保险和生育保险由用人单位依照法定比例为员工缴纳。

四、实施步骤

各个企业根据新入职员工基本信息，向社保中心进行社保增员申报，如表 3-155 所示。

表 3-155 社会保险增员申报

序号	操作步骤	角色	操作内容
1	查询新进职员信息	人力资源助理	登录系统界面，查询当月新入职人员信息
2	填写北京市社会保险参保人员增加表	人力资源助理	根据新增人员实际情况填写社会保险参保人员增加表，《北京市社会保险参保人员增加表》一式两份(缴费基数按照参保人员基本工资标准填写)
3	填写公章、印鉴使用申请表	人力资源助理	1. 去行政助理处领取《公章、印鉴使用申请表》并依照要求填写 2. 将填写完成的《公章、印鉴使用申请表》交给部门经理审批
4	公章、印鉴使用审批	人力资源部经理	1. 审核盖章申请事项是否必要，需盖章资料准备是否齐全 2. 审核完成后在《公章、印鉴使用申请表》上签字，并将签字完成后的申请表交还给人力资源助理
5	盖章	行政助理	1. 核对《公章、印鉴使用申请表》是否填写完整，是否经过审批签字 2. 核对需要盖章的资料与申请表上所列示的内容是否一致 3. 按照使用申请表上列示的章、证的类型及盖章位置等要求为其盖章 4. 将《公章、印鉴使用申请表》留存备查，盖章完成的资料交还给人力资源助理
6	去社会保险中心办理增员	人力资源助理	带齐资料去社会保险中心办理社会保险增员业务
7	社保增员资料审核	社保局专管员	1. 依照《北京市社会保险参保人员增加表》列示的增员原因核对经办业务所需的资料是否齐备，填写是否规范 2. 退还准备不齐、不规范资料，并告知企业经办人员原因，方便其做后续的准备

(续表)

序号	操作步骤	角色	操作内容
8	社保增员业务处理	社保局专管员	1. 读取企业交来的社会保险增员录盘信息，核对录盘信息与交来的文件内容是否一致(本步骤在 VBSE 实习中省略) 2. 在社保中心系统内做企业人员增加(本步骤在 VBSE 实习中省略) 3. 在《北京市社会保险参保人员增加表》上加盖业务章，并将其中的一份交换企业经办人，另一份自己保管
9	资料归档	人力资源助理	将增员业务退还已盖章的《北京市社会保险参保人员增加表》归档，方便核算相关费用

五、线上操作

为完成社会保险增员申报任务，企业人力资源助理进入 VBSE 系统，进行社会保险增员申报操作。操作步骤如下。

(1) 输入用户名和密码进入系统，如图 3-352 所示。

(2) 单击任务中心任务，随后进入流程界面，如图 3-353 所示。

图 3-352　输入用户名和密码

图 3-353　单击任务中心任务

(3) 依据任务界面所显示的企业生产人员的列表清单，查询新入职人员信息，并学习课件中《北京市社会保险参保人员增加表》指标解释和填写说明，完成任务。查询新入职人员信息如图 3-354 所示。

1010153	张世平A	组装车间	10168319740323…	男	38	2	中级职称	外埠城镇	生产工人
1010154	李小春A	组装车间	10168319790821…	男	33	2	初级职称	外埠城镇	生产工人
1010155	蔡丽娟A	组装车间	10110419730901…	男	39	5	中级职称	外埠农村	生产工人
1010156	吴新祥A	组装车间	10168319790407…	男	33	2	初级职称	外埠城镇	生产工人
1010157	胡首科A	组装车间	10168319770501…	女	35	2	中级职称	外埠城镇	生产工人
1010158	邹建榕A	组装车间	10168319780604…	男	34	2	中级职称	外埠城镇	生产工人
1010159	张小东A	组装车间	10168319790517…	男	33	2	初级职称	外埠城镇	生产工人
1010160	岳亮A	组装车间	10111219891218…	男	23	2	初级职称	外埠农村	生产工人

图 3-354　查询新入职人员信息

六、线下填单

企业进行社会保险增员申报，人力资源助理需要填写《北京市社会保险参保人员增加表》，填写样例如图 3-355 所示。

北京市社会保险参保人员增加表

表　号：京劳社统保险 20 表
制表机关：北京市劳动和社会保障局
批准机关：北京市统计局
批准文号：京统函[2009]40 号

填报单位(公章)：好佳[illegible]厂
组织机构代码：745862890
社会保险登记证编码：100870[illegible]2000

序号	*姓名	性别	*公民身份号码	*参加险种					*个人缴费/支付（恢复）原因		申报月工资收入\档次（元）	*增加日期
				养老	失业	工伤	生育	医疗	四险	医疗		
甲	乙	丙	丁	1	2	3	4	5	6	7	8	9
1	张小东	男	33068319790517862X	√	√	√	√	√	新参统	外区转入	1600	2011.10
2	岳亮	男	120112198912180912	√	√	√	√	√	新参统	新参统	1600	2011.10

单位负责人：梁天　　　　社保经（代）办机构经办人员（签章）：
单位经办人：肖红　　　　社保经（代）办机构（盖章）：
填报日期：2011 年 10 月 8 日　　　　办理日期：　　年　　月　　日

备注：1、表格中带*号的项目为必录项，其他有前提条件的必录项请参考指标解释。
2、四险按收缴业务、支付业务分别填报。
3、请依照表格背面的增加原因按规定填写。

图 3-355　《北京市社会保险参保人员增加表》填制样例

任务二　社会保险减员申报

一、任务描述

当企业员工离职、办理退休、企业内部人员调整，或者本地职工调岗至外地工作时，根据

《中华人民共和国社会保险法》相关规定，用人单位应当向社会保险经办机构办理社会保险减员申请和登记。实训中社会保险缴纳采用委托银行收款方式。

二、情景导入

2011 年 4 月，好佳童车厂有 2 名员工办理离职手续，企业需要向社保局进行社会保险减员申报。新离职员工业务数据如表 3-156 所示。

表 3-156　新离职员工业务数据

序号	员工姓名	性别	身份证号	停止缴费原因	停止缴费险种	离职日期
1	王梦琦	男	430382198612292572	转往外区	五险	2011.4.3
2	王睿朴	男	152801198703025310	转往外区	五险	2011.4.5

三、知识储备

社会保险是指国家通过立法，多渠道筹集资金，对劳动者在因年老、失业、工伤、生育而减少劳动收入时给予经济补偿，使他们能够享有基本生活保障的一项社会保障制度。中国社会保险主管单位为中国人力资源和社会保障部。

社会保险主要包括"五险"。即：基本养老保险、失业保险、医疗保险、工伤保险和生育保险。其中养老保险、失业保险、医疗保险由用人单位和职工共同缴纳，工伤保险和生育保险由用人单位依照法定比例为员工缴纳。

1. 养老保险

养老保险是国家依法强制实施、专门面向劳动者并通向企业、个人征收养老基金，用以解决劳动者退休后的生活保障问题的一项社会保险制度。其基本待遇是养老保险金的支付，它是各国社会保险制度中的主体项目，也是各国社会保障制度中的保障项目。

2. 失业保险

失业保险是国家依法强制实施、专门面向劳动者并通过筹集失业保险基金，用以解决符合规定条件的失业者的生活保障问题的一项社会保险制度。其基本待遇是支付失业保险金及失业医疗救助等，它是市场经济条件下适应劳动力市场化发展需要，并缓和失业现象可能带来的严重社会问题的不可或缺的稳定保障机制。

3. 医疗保险

医疗保险是国家依法强制实施、专门面向劳动者并通过向企业及个人征收医疗保险费形成医疗保险基金，用以解决劳动者及其家属医疗保障问题的一项社会保险制度。其基本待遇是提供医疗保障及医疗补助。

4. 工伤保险

工伤保险是国家依法强制实施、面向企业或用人单位筹集工商保险基金,用以补偿职工因工伤事故而导致的收入丧失和医疗保障待遇的一种社会保险制度,其实质是建立在民法基础上的一种用工单位对本单位职工工伤事故进行赔偿的制度。其基本待遇包括工伤期间的收入保障、工伤抚恤、工伤医疗保障等。

5. 生育保险

生育保险是国家依法强制实施、面向用工单位及个人筹集生育保险基金,用以解决生育妇女孕产哺乳期间的收入和生活保障问题的一种社会保险制度。其基本待遇是提供生育医疗保障、产假及产假工资等。

四、实施步骤

企业根据新离职员工基本信息,向社保局进行社保减员申报,如表 3-157 所示。

表 3-157　社会保险减员申报业务操作步骤一览表

序号	操作步骤	角色	操作内容
1	填写北京市社会保险参保人员减少表	人力资源助理	1. 查询人员信息表,汇总当月离职、退休、调岗至外地等可能导致减员的人员信息 2. 汇总整理当月需要社会保险减少的所有员工信息 3. 填写(或打印)北京市社会保险参保人员减少表,一式两份
2	填写公章、印鉴使用申请表	人力资源助理	1. 去行政助理处领取《公章、印鉴使用申请表》并依照要求填写 2. 将填写完成的《公章、印鉴使用申请表》交给部门经理审批
3	公章、印鉴使用审批	人力资源部经理	1. 审核盖章申请事项是否必要,盖章资料准备是否齐全 2. 审核完成后在《公章、印鉴使用申请表》上签字,并将签字完成后的申请表交还给人力资源助理
4	盖章	行政助理	1. 核对《公章、印鉴使用申请表》是否填写完整,是否经过审批签字 2. 核对需要盖章的资料与申请表上所列示的内容是否一致 3. 按照使用申请表上列示的章、证的类型及盖章位置等要求为其盖章 4. 将《公章、印鉴使用申请表》留存备查,盖章完成的资料交还给人力资源助理

(续表)

序号	操作步骤	角色	操作内容
5	去社会保险中心办理减员	人力资源助理	带齐资料去社会保险中心办理社会保险减员业务
6	社保减员资料审核	社保局专管员	1. 依照《北京市社会保险参保人员减少表》列示的减员原因核对经办业务所需的资料是否齐备，填写是否规范 2. 退还准备不齐、不规范的资料，并告知企业经办人员原因，方便其做后续的准备
7	社保减员业务处理	社保局专管员	1. 在社保中心系统内做企业人员减少(本步骤在VBSE实习中省略) 2. 在《北京市社会保险参保人员减少表》上加盖业务章，并将其中的一份交还给企业经办人，另一份自己保管
8	资料归档	人力资源助理	将减员业务退还已盖章的《北京市社会保险参保人员减少表》归档，方便核算相关费用

五、线上操作

为完成社会保险减员申报任务，企业人力资源助理进入 VBSE 系统，进行社会保险减员申报操作。操作步骤如下。

(1) 输入用户名和密码进入系统，如图 3-356 所示。

(2) 单击任务中心任务，进入流程界面，如图 3-357 所示。

图 3-356　输入用户名和密码

图 3-357　单击任务中心

(3) 浏览任务界面所显示的企业在职员工的列表清单，并查询附件中的离职人员登记表，通过学习课件中《北京市社会保险参保人员减少表》填写说明，完成任务。企业在职员工列表清单和离职人员登记表如图 3-358 所示。

| 企业编码 | corp101 | 企业名称 | 北京宝乐童车制造有 | 当前时间 | 2011-12-08 | 操作人 | 6 |

本企业管理人员

管理人员编码	管理人员名称	
1	1	总经理
10	10	成本会计
11	11	财务会计
12	12	营销部经理
13	13	采购部经理
14	14	采购部经理
15	15	人力资源部经理

本企业生产人员　　　导出

生产人员编码	生产人员名称	工资金额	所在车间	身份证号	性别	年龄	工作年限	岗位	户口类型	
1010119	李良钊A		机加车间	10110119871112…	女	25	2	初级职称	本市农村	生产工人
1010120	付玉芳A		机加车间	10110119810918…	男	31	2	初级职称	本市农村	生产工人
1010121	张接义A		机加车间	10110119840322…	男	28	2	初级职称	本市农村	生产工人
1010122	毕红I A		机加车间	10110119760820…	女	36	2	初级职称	本市城镇	生产工人
1010123	吴淑敏A		机加车间	10110119760923…	男	36	2	初级职称	本市农村	生产工人
1010124	毛龙生A		机加车间	10110119790428…	男	33	2	初级职称	本市农村	生产工人
1010125	扈志明A		机加车间	10110419751011…	男	37	2	初级职称	外埠城镇	生产工人
1010126	李龙吉A		机加车间	10110119740515…	男	38	2	初级职称	本市农村	生产工人
1010127	吴官胜A		机加车间	10110119810313…	女	31	2	初级职称	本市农村	生产工人

人事登记表（离职）

序号	姓名	员工编号	部门	职位	离职日期	身份证号码	性别	出生日期	户口类型	联系电话	入司时间	是否试用期	劳动合同期限
1	蒲奕含	2	营销部	市场专员	2010.12.2	321002196708101222	男	1967-8-10	非农业	1.5001E+10	2010.1.13	否	2010.1.13-2013.1.12
2	祁继华	5	企业管理部	助理	2010.6.4	142601198502022232	女	1985-2-2	非农业	1.5001E+10	2010.3.4	否	2010.3.4-2013.3.3
3	秋正	7	生产计划部	计划员	2010.10.20	452730198609123544	男	1986-9-12	农业	1.391E+10	2010.10.25	否	2010.10.25-2013.10.24
4	尚欣悦	9	采购部	采购员	2010.9.25	511024198305191872	男	1983-5-19	农业	1.821E+10	2010.1.21	否	2010.1.21-2013.1.20
5	宋淑贤	3	人力资源部	助理	2010.8.14	130228197401041532	女	1974-1-4	非农业	1.8702E+10	2010.1.12	否	2010.1.12-2013.1.11
6	粟歆	11	机加车间	工人	2010.9.13	440902198212083462	男	1982-12-8	农业	1.3511E+10	2010.3.5	否	2010.3.5-2013.3.4
7	孙柠	18	机加车间	工人	2011.3.2	370783198707123572	男	1987-7-12	非农业	1.3511E+10	2010.4.29	否	2010.4.29-2013.4.28
8	王梦琦	31	组装车间	工人	2011.4.3	430532198612292572	男	1986-12-29	农业	1.3511E+10	2010.3.2	否	2010.3.2-2013.3.1
9	王睿朴	32	组装车间	工人	2011.4.5	152801198703025312	男	1987-3-2	农业	1.5111E+10	2011.1.1	否	2011.1.1-2010.12.31

图 3-358 企业在职员工列表清单和离职人员登记表

六、线下填单

企业进行社会保险减员申报，人力资源助理需要填写《北京市社会保险参保人员减少表》，填写样例如图 3-359 所示。

北京市社会保险参保人员减少表（表十二）

组织机构代码：10000000　　　　单位名称（章）：某公司

序号	姓名	性别	公民身份号码	停止缴费(支付）险种					个人停止缴费(支付）原因		是否清算	缴费（支付）截止日期
				养老	失业	工伤	生育	医疗	四险	医疗		
1	孙某	男	110123456789123	√	√	√	√	√	转往外区	转往外区	否	
2	李某	女	110123456789124	√	√	√	√	√	转往外区	转往外区	否	

单位负责人：某某　　　　经办人：

填报人：某某　　联系电话：12345678　　办理日期：　年　月　日

填报日期：　2006　年　3　月　15　日

图 3-359　《北京市社会保险参保人员减少表》填写样例

任务三　社会保险缴纳

一、任务描述

企业、社会保险中心与银行签订同城特约委托收款协议，企业每月按期计算汇总应缴纳的社会保险费，经由社会保险中心核定该企业当月应缴费金额后，由银行在指定日期内为社会保险中心收取社会保险费。

二、情景导入

2011 年 10 月，北京市昌平区社保局，告知辖区内各企业将当月应缴纳的社会保险费计算汇总并提交，社保局在核定各企业的社会保险费用后，通过中国工商银行划转各企业社会保险费。

各个企业的社会保险缴费数据信息，在 VBSE 系统中该任务下可以查询，社会保险缴费比例如表 3-158 所示。

表 3-158　社会保险缴费比例

分类	养老	失业	工伤	生育	医疗		住房公积金
					基本医疗	大额互助	
单位	20%	1.50%	0.50%	0.80%	9%	1%	10%
个人	8%	0.50%	0	0	2%	3.00 元	10%

三、知识储备

1. 同城特约委托收款

同城特约委托收款是指收款人按照合同约定，在特定期间内委托开户行向同城的付款人收取特定款项，付款人开户行根据付款人的授权，直接从付款人账户支付款项。

2. 社会保险费计算依据

职工本人以本人上年度工资收入总额的月平均数作为本年度月缴费基数，其中新进本单位的人员以职工本人起薪当月的足月工资收入作为缴费基数；参保单位以本单位全部参保职工月缴费基数之和作为单位的月缴费基数。

3. 基本医疗保险缴费

医疗保险费由用人单位和职工双方共同缴纳。用人单位缴费一般为职工工资总额的 9%左右，个人缴费为本人工资的 2%。

4. 基本养老保险缴费

基本养老保险费由用人单位和职工双方共同缴纳。企业缴费费率为上月工资总额的 20%左右，职工个人费率为月平均工资的 8%。

5. 失业保险缴费

失业保险费由用人单位和职工双方共同缴纳。用人单位按照本单位工资总额的 1.5%缴纳，职工按照本人工资的 0.5%缴纳失业保险费。

6. 工伤保险缴费

工伤保险费由企业缴纳，实行行业差别费率，征收标准为企业全部职工工资总额乘以行业差别费率，平均工伤保险费率一般不超过 1%。

7. 生育保险缴费

生育保险费由企业缴纳，生育保险费率一般不超过 1%。

四、实施步骤

各个企业根据新入职员工基本信息，向社保局进行社保增员申报，如表 3-159 所示。

表 3-159　社会保险缴纳

序号	操作步骤	角色	操作内容
1	核定企业社会保险费用	社保局专管员	1. 告知企业将当月应缴纳的社会保险费用计算汇总，并送至社会保险中心 2. 结合该企业过往社会保险信息及当月变动数据核定该企业当月应缴费金额
2	社会保险缴费金额告知	社保局专管员	1. 制作辖区内各企业事业单位月度社会保险缴费表 2. 告知银行应缴费的企业名称、缴费金额、付款账号及社保中心收款账号
3	划转社会保险	银行柜员	将社保局专管员提供的数据录入系统
4	单据分拣	银行柜员	1. 打印同城特约委托收款凭证并在第 1 联加盖银行业务章 2. 将第 1 联放在企业回单箱，银行存留第 2 联

五、线上操作

为完成社会保险缴纳任务，社保局专管员进入 VBSE 系统，进行社会保险缴纳操作。操作步骤如下。

(1) 输入用户名和密码进入系统，如图 3-360 所示。

(2) 单击任务中心任务，进入流程界面，如图 3-361 所示。

图 3-360　输入用户名和密码

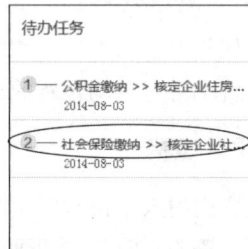

图 3-361　单击任务中心

(3) 依据流程界面所列任务，依次完成任务，如图 3-362 所示。

任务编码	任务名称	执行角色	执行人	任务类型
KF004146-2-001	核定企业社会保险费用	社保局专管员	95	手工操作
KF004146-2-002	社会保险费金额告知	社保局专管员	95	手工操作
KF004146-2-003	划转社会保险	银行柜员	92	软件操作
KF004146-2-004	分拣单据	银行柜员	92	手工操作

图 3-362　依次完成任务

在社会保险缴纳任务中，银行在系统中需办理社保缴纳软件操作，如图3-363所示。

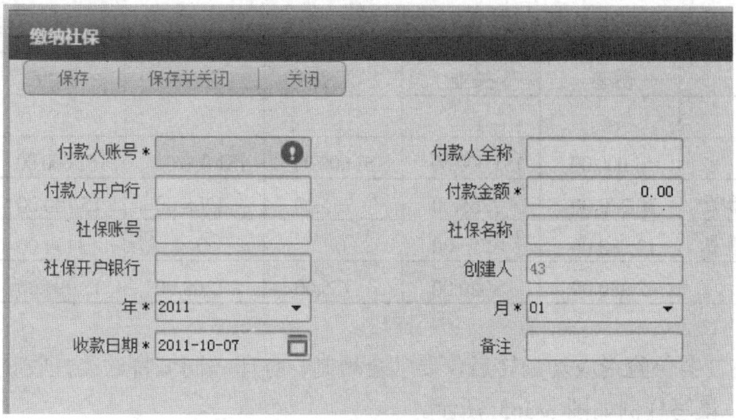

图3-363　银行完成社保缴纳

六、线下填单

(1) 为了完成各企业的社会保险缴纳任务，社保局专管员需要依据线上操作流程中子任务的顺序，与任务相关人员一起完成单据的填制和信息传递。整个过程中，社保局专管员要学会填制《企业社会保险缴费表》，填写方式如图3-364所示。

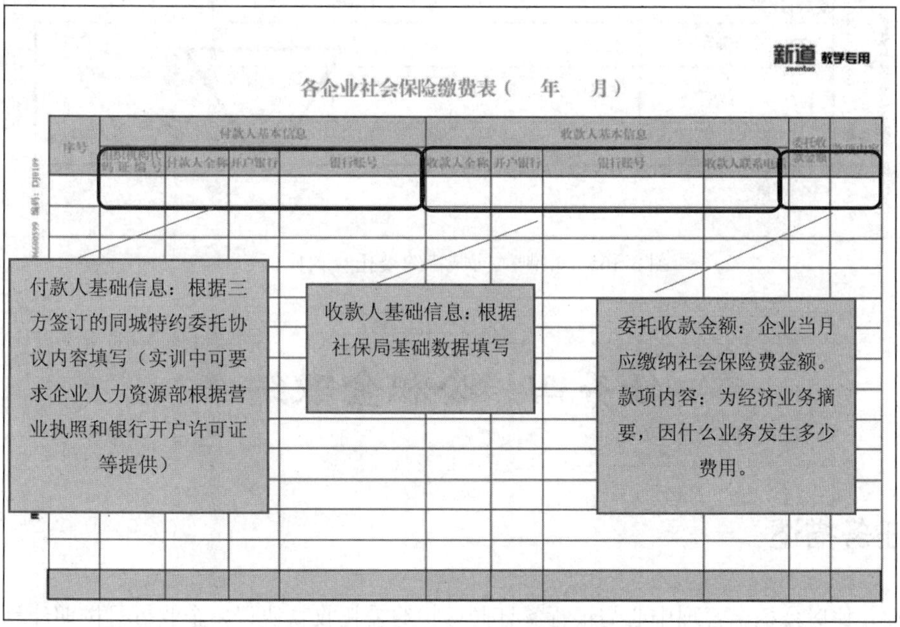

图3-364　填制《各企业社会保险缴费表》

"委托收款金额"计算方法：以好佳童车厂为例，截至2011年9月底缴费人数58人，缴费基数为151 000.00元，其各项目缴费金额=缴费基数×缴费比例，应缴纳的社会保险费计算汇总如表 3-160 所示。

表 3-160　好佳童车厂 2011 年 10 月应缴纳社会保险费

项目		养老	失业	工伤	生育	医疗	合计
缴费单位个数		1	1	1	1	1	——
缴费基数合计		151 000.00	151 000.00	151 000.00	151 000.00	151 000.00	——
应缴纳额	单位缴费	30 200.00	2265.00	755.00	1208.00	15 100.00	49 528.00
	个人缴费	12 080.00	755.00	0	0	3194.00	16 029.00
	应缴合计	42 280.00	3020.00	755.00	1208.00	18 294.00	65 557.00

(2) 银行将社会保险费成功划转后，要学会填制、打印《同城特约委托收款凭证》，并加盖银行业务章。填写样例如图 3-365 所示。

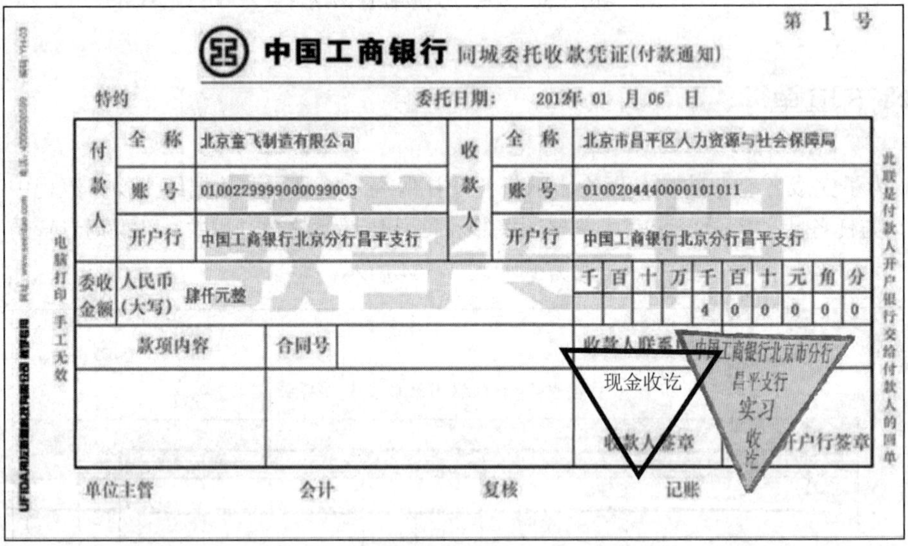
第 1 号

中国工商银行 同城委托收款凭证(付款通知)

特约　　委托日期：2012年 01 月 06 日

付款人	全　称	北京童飞制造有限公司	收款人	全　称	北京市昌平区人力资源与社会保障局
	账　号	0100229999000099003		账　号	0100204440000101011
	开户行	中国工商银行北京分行昌平支行		开户行	中国工商银行北京分行昌平支行
委收金额	人民币(大写)	肆仟元整		千百十万千百十元角分	4 0 0 0 0 0
款项内容		合同号		收款人联系	
				收款人签章	开户行签章

单位主管　　会计　　复核　　记账

电脑打印　手工无效

此联是付款人开户银行交给付款人的回单

图 3-365　填制《同城特约委托收款凭证》

任务四　公积金缴纳

一、任务描述

企业、住房公积金管理中心与银行签订同城特约委托收款协议，企业每月按期计算汇总应缴纳的住房公积金费用，经由住房公积金管理中心核定该企业当月应缴费金额后，由银行在指定日期内为住房公积金管理中心收取住房公积金费用。

二、情景导入

2011 年 10 月，北京市昌平区住房公积金管理中心，告知辖区内各企业将当月应缴纳的公积金费用计算汇总并提交，公积金管理中心在核定后，通过中国工商银行划转各企业公积金。

各个企业的公积金缴费数据信息，在 VBSE 系统中该任务下可以查询，本实训中，公积金缴费比例为单位缴纳 10%，个人缴纳 10%。

三、知识储备

1. 住房公积金

住房公积金是指国家机关、国有企业、城镇集体企业、外商投资企业、城镇私营企业及其他城镇企业、事业单位、民办非企业单位、社会团体及其在职职工缴存的长期住房储金。

建立职工住房公积金制度，为职工较快、较好地解决住房问题提供了保障。每一个城镇在职职工自参加工作之日起至退休或者终止劳动关系的这一段时间内，都必须缴纳个人住房公积金；职工所在单位也应按规定为职工补助缴存住房公积金。职工离休、退休，或完全丧失劳动能力并与单位终止劳动关系，户口迁出或出境定居，等等，缴存的住房公积金将返还职工个人。

2. 住房公积金的月缴存额

职工住房公积金月缴存额为职工本人住房公积金缴存基数乘以职工住房公积金缴存比例，并由所在单位每月从其工资中代扣代缴。住房公积金缴存基数按职工本人上一年度月平均工资计算。职工和单位住房公积金的缴存比例均不得低于职工上一年度月平均工资的 5%，最高比例为 12%。

3. 住房公积金的缴存时限

单位应当于每月发放职工工资之日起 5 日内将单位缴存的和为职工代缴的住房公积金汇缴到住房公积金管理中心的住房公积金专户内。

4. 同城特约委托收款

同城特约委托收款是指收款人按照合同约定，在特定期间内委托开户行向同城的付款人收取特定款项，付款人开户行根据付款人的授权，直接从付款人账户支付款项。

四、实施步骤

公积金专管员告知辖区内各个企业：需根据在职职工基本信息，计算汇总公积金月缴存金额并向住房公积金管理中心进行缴纳。具体步骤如表 3-161 所示。

表 3-161　公积金缴纳

序号	操作步骤	角色	操作内容
1	核定企业住房公积金费用	公积金专管员	1. 告知企业将当月缴纳的公积金费计算汇总,并送至公积金管理中心 2. 结合该企业过往住房公积金信息及当月变动数据核定该企业当月应缴费金额
2	住房公积金缴费金额告知	公积金专管员	1. 制作辖区内各企事业单位月度住房公积金缴费表 2. 告知银行应缴费用的企业名称,缴费金额,付款账号及住房公积金管理中心收款账号
3	划转住房公积金	银行柜员	将住房公积金专管员提供的数据录入系统
4	单据分拣	银行柜员	1. 打印同城特约委托收款凭证,并在第 1、2 联加盖银行业务章 2. 将第 1 联放在企业回单箱,第 2 联放在公积金管理中心回单箱内,银行存留第 3 联

五、线上操作

为完成公积金缴纳任务,公积金专管员进入 VBSE 系统,进行公积金缴纳操作。操作步骤如下。

(1) 输入用户名和密码进入系统,如图 3-366 所示。

(2) 单击任务中心任务,进入流程界面,如图 3-367 所示。

图 3-366　输入用户名和密码

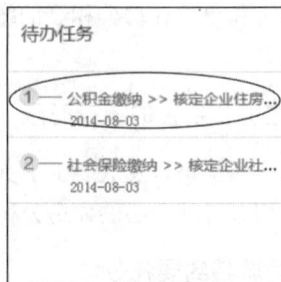

图 3-367　单击任务中心

(3) 依据流程界面所列任务,依次完成任务,如图 3-368 所示。

图 3-368　依次完成任务

公积金缴纳任务中，公积金管理中心在系统中需办理缴纳住房公积金软件操作，如图 3-369 所示。

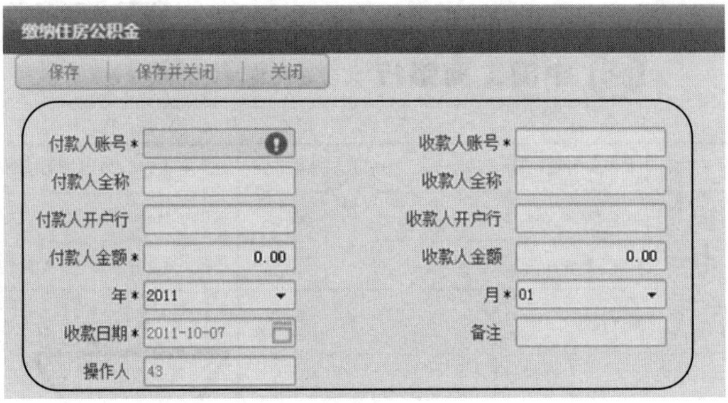

图 3-369 缴纳住房公积金

六、线下填单

(1) 为了完成各企业的公积金缴纳任务，公积金专管员需要依据线上操作流程中子任务的顺序，与任务相关人员一起完成单据的填制和信息传递。整个过程中，公积金专管员要学会填制《各企业住房公积金缴费表》，填写方式如图 3-370 所示。

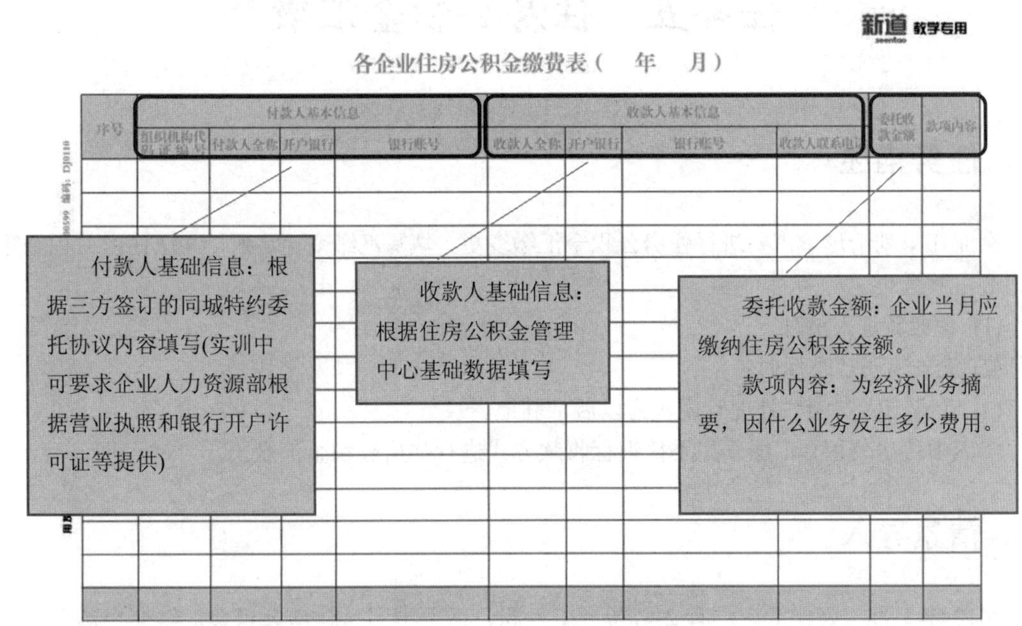

图 3-370 填制《各企业住房公积金缴费表》

(2) 银行将社会保险费成功划转后，要学会填制、打印《同城特约委托收款凭证》，并加盖银行业务章。填写样例如图 3-371 所示。

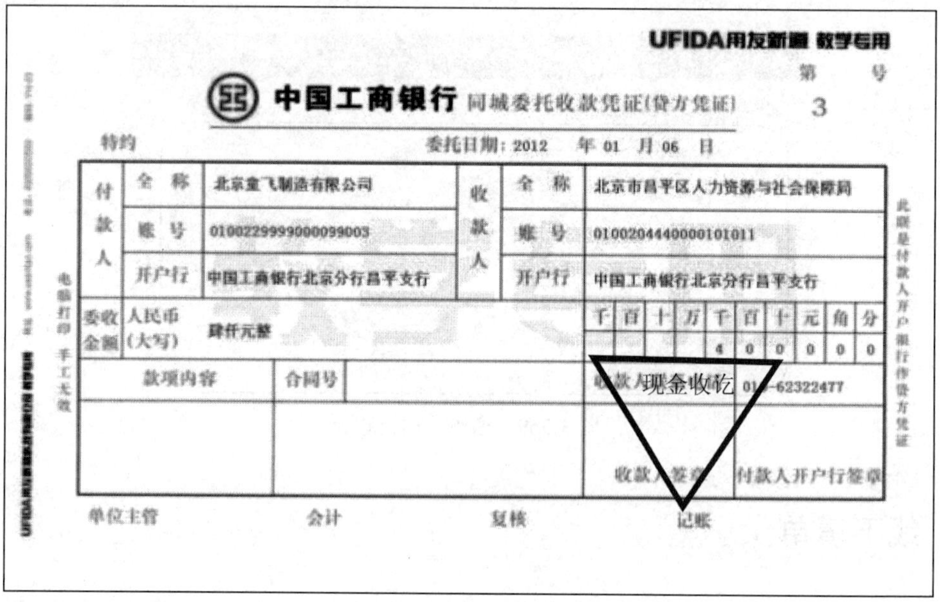
UFIDA用友新道 教学专用

中国工商银行 同城委托收款凭证(贷方凭证)

第 号 3

特约 委托日期：2012 年 01 月 06 日

付款人	全称	北京童飞制造有限公司	收款人	全称	北京市昌平区人力资源与社会保障局
	账号	0100229999000099003		账号	0100204440000101011
	开户行	中国工商银行北京分行昌平支行		开户行	中国工商银行北京分行昌平支行
委收金额	人民币(大写)	肆仟元整		千百十万千百十元角分	4 0 0 0 0 0
款项内容		合同号		收款人电话	010-62322477
				收款人签章	付款人开户行签章

现金收讫

单位主管 会计 复核 记账

电脑打印 手工无效

此联是付款人开户银行作借方凭证

图 3-371 填制《同城特约委托收款凭证》

任务五 住房公积金汇缴

一、任务描述

企业在下列情形下需要进行住房公积金汇缴变更，填写汇缴变更清册，并送住房公积金管理中心审核登记。

(1) 企业新进人员时；

(2) 企业有员工离职时；

(3) 企业有人员调往外地且调入为以后常驻地。

实训中住房公积金汇缴采用委托银行收款方式进行住房公积金汇缴。

二、情景导入

2012 年 1 月，好佳童车厂有 2 名新员工入职，需要填写《住房公积金汇缴变更清册》，并带齐资料去住房公积金管理中心办理住房公积金增员业务。新入职员工业务数据如表 3-162 所示。

表 3-162　业务数据

员工编码	员工姓名	性别	年龄	身份证号码	工作岗位	缴存基数
1010159	张小东	男	33	33068319790517863X	生产工人	1600.00
1010160	岳亮	男	23	120112198912180912	生产工人	1600.00

三、知识储备

1. 住房公积金

根据《住房公积金管理条例》，住房公积金是指国家机关、国有企业、城镇集体企业、外商投资企业、城镇私营企业及其他城镇企业、事业单位及其在职职工缴存的长期住房储金。

2. 住房公积金汇缴方式

(1) 直接交存转账支票、现金(需填制《现金送款簿》)方式。

(2) 通过银行汇款方式。

(3) 委托银行收款方式。

(4) 支取住房基金方式。

3. 住房公积金缴费基数计算方式

职工本人以本人上年度工资收入总额的月平均数作为本年度月缴费基数，其中：新进本单位的人员以职工本人起薪当月的足月工资收入作为缴费基数；参保单位以本单位全部参保职工月缴费基数之和作为单位的月缴费基数。

四、实施步骤

企业人力资源助理，需要根据企业在职员工变动情况，填写《住房公积金变更汇缴清册》并前往住房公积金管理中心做企业人员信息变更工作，如表 3-163 所示。

表 3-163　住房公积金汇缴业务流程

序号	操作步骤	角色	操作内容
1	填写申报表	人力资源助理	1. 查询企业在职人员信息，汇总当月新参加住房公积金、转入本单位人员信息；查询离职人员信息表，汇总当月离职、退休的人员信息 2. 收集需要办理住房公积金员工的身份证复印件(本步骤实训中省略) 3. 在北京市住房公积金系统企业管理子系统中录入新增人员信息，并将信息导出存盘(本步骤在 VBSE 实训中省略) 4. 单位有人员变动时，即有新增、转入、离职、退休、封存时，填写《住房公积金变更汇缴清册》，报表一式两份(缴费基数按该员工基本工资标准填写)

序号	操作步骤	角色	操作内容
2	填写公章、印鉴使用申请表	人力资源助理	1. 去行政助理处领取《公章、印鉴使用申请表》并依照要求填写 2. 将填写完成的《公章、印鉴使用申请表》交给部门经理审批
3	公章、印鉴使用审批	人力资源部经理	1. 审核盖章申请事项是否必要，需盖章资料准备是否齐全 2. 审核完成后在《公章、印鉴使用申请表》上签字，并将签字完成后的申请表交还给人力资源助理
4	盖章	行政助理	1. 核对《公章、印鉴使用申请表》是否填写完整，是否经过审批签字 2. 核对需要盖章的资料与申请表上所列示的内容是否一致 3. 按照使用申请表上列示的章、证的类型及盖章位置等要求为其盖章 4. 将《公章、印鉴使用申请表》留存备查，盖章完成的资料交还给人力资源助理
5	去住房公积金管理中心办理缴存	人力资源助理	带齐资料去住房公积金管理中心办理住房公积金增员业务
6	住房公积金缴存资料审核	住房公积金专管员	1. 依照《住房公积金汇缴变更清册》列示的人员变动信息核对经办业务所需的资料是否齐备，填写是否规范 2. 退还准备不齐、不规范的资料，并告知企业经办人员原因，方便其做后续的准备
7	住房公积金缴存业务处理	住房公积金专管员	1. 读取企业交来的住房公积金增员录盘信息，核对录盘信息与交来的文件内容是否一致(本步骤在 VBSE 实习中省略) 2. 在住房公积金中心系统内做企业人员信息变更(本步骤在 VBSE 实习中省略) 3. 在《住房公积金汇缴变更清册》上加盖业务章，并将其中的一份交还给企业经办人，另一份自己保管
8	资料归档	人力资源助理	将增员业务退还已盖章的《住房公积金变更汇缴清册》归档，方便核算相关费用

五、线上操作

为完成住房公积金汇缴任务，企业人力资源助理进入 VBSE 系统，进行"住房公积金汇缴"操作。操作步骤如下。

(1) 输入用户名和密码进入系统，如图 3-372 所示。

(2) 单击任务中心任务，进入流程界面，如图 3-373 所示。

(3) 依据弹出界面所列的企业人员列表清单，参照课件中的《住房公积金变更汇缴清册》填写说明，完成任务。企业人员列表清单如图 3-374 所示。

图 3-372　输入用户名和密码

图 3-373　单击任务中心任务

| 企业编码 | corp101 | 企业名称 | 北京宝乐童车制造有 | 当前时间 | 2011-12-08 | 操作人 | 6 |

本企业管理人员

管理人员编码	管理人员名称	
1	1	总经理
10	10	成本会计
11	11	财务会计
12	12	营销部经理
13	13	采购部经理
14	14	采购部经理
15	15	人力资源部经理

本企业生产人员　　导出

生产人员编码	生产人员名称	工资金额	所在车间	身份证号	性别	年龄	工作年限	岗位	户口类型	
1010119	李良钊A		机加车间	10110119871112…	女	25	2	初级职称	本市农村	生产工人
1010120	付玉芳A		机加车间	10110119810918…	男	31	2	初级职称	本市农村	生产工人
1010121	张接义A		机加车间	10110119840322…	男	28	2	初级职称	本市农村	生产工人
1010122	毕红A		机加车间	10110119760820…	女	36	2	初级职称	本市城镇	生产工人
1010123	吴淑敏A		机加车间	10110119760923…	男	36	2	初级职称	本市农村	生产工人
1010124	毛龙生A		机加车间	10110119790428…	男	33	2	初级职称	本市农村	生产工人
1010125	扈志明A		机加车间	10110419751011…	男	37	2	初级职称	外埠城镇	生产工人
1010126	李龙吉A		机加车间	10110119740515…	男	38	2	初级职称	本市农村	生产工人
1010127	吴官胜A		机加车间	10110119810313…	女	31	2	初级职称	本市农村	生产工人

图 3-374　企业人员列表清单

六、线下填单

企业人力资源助理，需依据线上操作流程中子任务的顺序，与任务相关人员一起完成单据的填制和信息传递。整个过程中，人力资源助理要学会填制《住房公积金变更汇缴清册》，填写样例如图 3-375 所示。

住房公积金汇缴变更清册

2011年 10月份

单位全称（盖章）：好佳童车厂

单位登记号：100870132000

第 1 页 共 1 页

						住房公积金月缴存额（元）								住房公积金月缴存额（元）		
序号	职工编号	职工姓名	证件名称	证件号码	缴存基数	个人	单位	合计	序号	职工编号	职工姓名	证件名称	证件号码	减少原因	个人	单位	合计
1		张小东	身份证	33068319790517862X	1600	160	160	320									
2		岳亮	身份证	120112198912180912	1600	160	160	320									

本月增加汇缴（新增职工开户）　　本月减少汇缴（职工调出、封存、销户）

本页小计	人数	金额 个人	单位	合计	本页小计	人数	金额 个人	单位	合计
	2	320	320	640					

首页填写　本月增加汇缴合计　　　　　本月减少汇缴合计

单位主管： 梁天
单位经办人：肖红
申报日期： 2011年10月8日
填写说明：

住房公积金经（代）办机构经办人员（签章）：
住房公积金（代）办机构（盖章）：
办理日期： 年 月 日

1、《住房公积金汇缴变更清册》一式两份，加盖单位印章，一份单位留存，一份报管理部。
2、《住房公积金汇缴变更清册》中"增加人数合计"、"增加金额合计"、"减少人数合计"、"减少金额合计"应与《住房公积金汇缴书》中相应栏目一致。
3、《住房公积金汇缴变更清册》中各项内容应准确完整填写。

图 3-375　填制《住房公积金变更汇缴清册》

任务六　增值税计算

一、任务描述

企业需根据主管国税机关核定的纳税期限，自纳税期期满之日起 15 日内，向机构所在地税务机关申报纳税。在计算增值税应纳税额时，企业财务会计需要根据上月资产负债表、利润表及科目余额表填写增值税纳税申报表后，提交公司审批。

二、情景导入

2011 年 10 月，好佳童车厂财务部，需要根据企业上个月的"科目余额表""利润表""资产负债表"等财务报表，进行增值税计算。业务数据请查阅系统中的"填报增值税纳税申报表资料(2011 年 10 月)"，如图 3-376 所示。

图 3-376　填报增值税纳税申报表资料

三、知识储备

1. 增值税

增值税是以商品(含应税劳务)在流转过程中产生的增值额作为计税依据而征收的一种流转税。增值税已经成为中国最主要的税种之一，增值税的收入占中国全部税收的 60%以上，是最大的税种。

2. 增值税应纳税额计算方法

从事货物销售以及提供应税劳务的纳税人，要根据货物或应税劳务的销售额和适用税率计算税款，然后从中扣除上一环节已纳增值税款，其余额为纳税人本环节应纳增值税税款。

计算公式为：应纳税额=当期销项税额-当期进项税额

销项税额=销售额×税率，销售额=含税销售额÷(1+税率)

- 销项税额：指纳税人提供应税货物或服务按照销售额和增值税税率计算的增值税额。
- 进项税额：指纳税人购进应税货物或服务，支付或者负担的增值税税额。

示例：

A 公司 4 月份购买甲产品支付货款 10 000.00 元，增值税进项税额 1700.00 元，取得增值税专用发票。销售甲产品含税销售额为 23 400.00 元。

进项税额=1700.00 元

销项税额=23 400.00/(1+17%)×17%=3400.00 元

应纳税额=3400.00-1700.00=1700.00 元

四、实施步骤

企业财务会计根据上月资产负债表、利润表及科目余额表，填写"增值税纳税申报表"后，提交财务部经理审核，并送总经理审批。具体操作步骤如表 3-164 所示。

表 3-164　增值税计算

序号	操作步骤	角色	操作内容
1	填写纳税申报表	税务会计	1. 根据上月资产负债表、利润表及科目余额表填写增值税纳税申报表，应纳增值税=销项税额-进项税额 2. 将纳税申报表送财务部经理审核后，送总经理审批
2	审核纳税申报表	财务部经理	1. 接收税务会计送来的纳税申报表 2. 审核纳税申报表，审查数据计算及填写的正确性 3. 审核无误后签字
3	审批纳税申报表	总经理	1. 接收税务会计送来的增值税纳税申报表 2. 在审核无误的增值税纳税申报表上签字

五、线上操作

为完成增值税计算任务，企业财务会计进入 VBSE 系统，进行增值税计算操作。操作步骤如下。

(1) 输入用户名和密码进入系统，如图 3-377 所示。

(2) 单击任务中心任务，进入流程界面，如图 3-378 所示。

图 3-377　输入用户名和密码

图 3-378　单击任务中心任务

(3) 依据流程界面所列任务，依次完成任务，如图 3-379 所示。

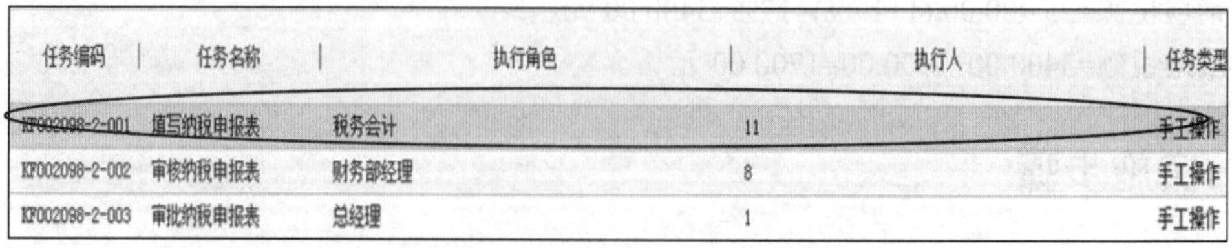

图 3-379　依次完成任务

六、线下填单

企业进行增值税计算，财务会计需要填写“增值税纳税申报表”，填写样例如图 3-380 所示。

增值税纳税申报表

附件1:

（适用于增值税一般纳税人）

根据《中华人民共和国增值税暂行条例》第二十二条和第二十三条的规定制定本表。纳税人不论有无销售额，均应按主管税务机关核定的纳税期限按期填报本表，并于次月一日起十日内，向当地税务机关申报。

税款所属时间：自　　年　　月　　日至　　年　　月　　日　　填表日期：　　年　　月　　日　　金额单位：元至角分

纳税人识别号

纳税人名称	（公章）	法定代表人姓名		注册地址		营业地址	
开户银行及帐号		企业登记注册类型				电话号码	

项目		栏次	一般货物及劳务		即征即退货物及劳务	
			本月数	本年累计	本月数	本年累计
销售额	（一）按适用税率征税货物及劳务销售额	1	8738893.46	73088927.11		
	其中：应税货物销售额	2	8738893.46	73088927.11		
	应税劳务销售额	3				
	纳税检查调整的销售额	4				
	（二）按简易征收办法征税货物销售额	5				
	其中：纳税检查调整的销售额	6				
	（三）免、抵、退办法出口货物销售额	7			——	——
	（四）免税货物及劳务销售额	8			——	——
	其中：免税货物销售额	9			——	——
	免税劳务销售额	10			——	——
税款计算	销项税额	11	1485611.89	12425117.61		
	进项税额	12	1172303.05	8597526		
	上期留抵税额	13		——		——
	进项税额转出	14				

第1页

增值税纳税申报表附列资料（一）

（本期销售情况明细）

税款所属时间：　2011年09月01日至2011年09月30日

税款所属时间：自2011年09月01日至2011年09月30日　　金额单位：元至角分

项目及栏次				开具税控增值税专用发票		开具其他发票		未开具发票		纳税检查调整		合计			应税服务扣除项目本期实际扣除金额	扣除后		合计
				销售额	销项(应纳)税额	销售额	销项(应纳)税额	销售额	销项(应纳)税额	销售额	销项(应纳)税额	销售额	销项(应纳)税额	价税合计		含税(免税)销售额	销项(应纳)税额	
				1	2	3	4	5	6	7	8	9=1+3+5+7	10=2+4+6+8	11=9+10	12	13=11-12	14=13÷(100%+税率或征收率)×税率或征收率	
一、一般计税方法征税	全部征税项目	17%税率的货物及加工修理修配劳务	1	8738893.46	1485611.89									——	——	——	——	
		17%税率的有形动产租赁服务	2															
		13%税率	3											——	——	——	——	8738893
		11%税率	4															8738893
		6%税率	5															
	其中：即征即退项目	即征即退货物及加工修理修配劳务	6	——	——	——	——	——	——	——	——			——	——	——	——	
		即征即退应税服务	7	——	——	——	——	——	——	——	——							
二、简易计税方法征税	全部征税项目	6%征收率	8							——	——			——	——	——	——	
		5%征收率	9							——	——			——	——	——	——	
		4%征收率	10							——	——			——	——	——	——	
		3%征收率的货物及加工修理修配劳务	11							——	——			——	——	——	——	
		3%征收率的应税服务	12							——	——							
	其中：即征即退项目	即征即退货物及加工修理修配劳务	13	——	——	——	——	——	——	——	——			——	——	——	——	1485612
		即征即退应税服务	14	——	——	——	——	——	——	——	——							1172303
三、		货物及加工修理修配劳务	15	——	——		——		——	——	——		——	——	——	——	——	

图 3-380　填制“增值税纳税申报表”

增值税纳税申报表附列资料（二）
（本期进项税额明细）

税款所属时间：2011年09月01日至2011年09月30日

税款所属时间：自2011年09月01日至2011年09月30日　　　　　　金额单位：元至角分

一、申报抵扣的进项税额

项目	栏次	份数	金额	税额
（一）认证相符的税控增值税专用发票	1=2+3	1	6895900.31	1172303.05
其中：本期认证相符且本期申报抵扣	2	1	6895900.31	1172303.05
前期认证相符且本期申报抵扣	3			
（二）其他扣税凭证	4=5+6+7+8			
其中：海关进口增值税专用缴款书	5			
农产品收购发票或者销售发票	6			
代扣代缴税收通用缴款书	7		——	
运输费用结算单据	8			
	9	——	——	——
	10	——	——	——
（三）外贸企业进项税额抵扣证明	11	——	——	
当期申报抵扣进项税额合计	12=1+4+11			

二、进项税额转出额

项目	栏次	税额
本期进项税转出额	13=14至23之和	
其中：免税项目用	14	
非应税项目用、集体福利、个人消费	15	
非正常损失	16	
简易计税方法征税项目用	17	
免抵退税办法不得抵扣的进项税额	18	

增值税纳税申报表附列资料（表三）
（防伪税控增值税专用发票申报抵扣明细）
申报抵扣所属期：2011年09月

纳税人人识别号：110114745862890

纳税人名称：（公章）　　　　　填制日期：2011年10月8日　　　　　金额单位：元至角分

类别	序列	发票代码	发票号码	开票日期	金额	税额	销售方纳税人识	认证日期	备注
		574383	11002346770	20111009	6895900	1172303	1.10155E+14	20110930	
本期认证相符且本期申报抵扣									
	小计	-	-	-	-	-	-	-	
前期认证相符且本期申报抵扣									

图 3-380(续)

任务七　增值税申报

一、任务描述

企业需要定期向国税局进行增值税纳税申报工作。企业的税务会计需要填写纳税申报表、企业内部完成审核，国税局接收企业纳税申报并审核后，出纳去银行缴纳税款，最后获得缴款证明书并交给财务部门记账。

二、情景导入

2012 年 1 月，好佳童车厂财务部已经将应缴增值税税额计算完毕，需要将"增值税纳税申报表"进行内部审核，并向当地国税局进行纳税申报。业务数据如图 3-381 所示。

附件1：

增值税纳税申报表
（适用于增值税一般纳税人）

根据《中华人民共和国增值税暂行条例》第二十二条和第二十三条的规定制定本表。纳税人不论有无销售额，均应按主管税务机关核定的纳税期限按期填报本表，并于次月一日起十日内，向当地税务机关申报。

税款所属时间：自2012　年08　月 01　日至 2012 年 08 月 03 日　　填表日期：2012 年 09月 06日　　　　　金额单位：元至角分

			所属行业：制造业	
纳税人识别号				
纳税人名称	（公章）	法定代表人姓名	注册地址	营业地址
开户银行及帐号		企业登记注册类型：有限责任公司		电话号码

项　目		栏次	一般货物及劳务		即征即退货物及劳务	
			本月数	本年累计	本月数	本年累计
销售额	（一）按适用税率征税货物及劳务销售额	1	8738893.46	73088927.11		
	其中：应税货物销售额	2	8738893.46	73088927.11		
	应税劳务销售额	3				
	纳税检查调整的销售额	4				
	（二）按简易征收办法征税货物销售额	5				
	其中：纳税检查调整的销售额	6				
	（三）免、抵、退办法出口货物销售额	7			—	—
	（四）免税货物及劳务销售额	8			—	—
	其中：免税货物销售额	9			—	—
	免税劳务销售额	10			—	—
销项税额		11	1485611.89	12425117.61		
进项税额		12	1172303.05	8597526.00		
上期留抵税额		13				

图 3-381　增值税纳税申报表

三、知识储备

1. 增值税

增值税是以商品(含应税劳务)在流转过程中产生的增值额作为计税依据而征收的一种流转税。从计税原理上说，增值税是对商品生产、流通、劳务服务中多个环节的新增价值或商品的附加值征收的一种流转税。增值税已经成为中国最主要的税种之一，增值税的收入占中国全部税收的 60% 以上，是最大的税种。

2. 缴纳税款

缴纳税款是指纳税人依照国家法律、行政法规的规定，将实现的税款依法通过不同的方式缴纳入库的过程。纳税人应按照税法规定的期限及时足额缴纳应纳税款，以完全彻底地履行应尽的纳税义务。

四、实施步骤

为完成增值税申报任务，企业税务会计将制作好的"增值税纳税申报表"提交给总经理审批后，去国税局进行纳税申报并缴纳税款。具体操作步骤如表 3-165 所示。

表 3-165　增值税纳税申报表业务流程

序号	操作步骤	角色	操作内容
1	填写《公章、印鉴使用申请表》	税务会计	1. 去行政助理处领取《公章、印鉴使用申请表》 2. 填写《公章、印鉴使用申请表》 3. 将《公章、印鉴使用申请表》、增值税纳税申报表送总经理审批 4. 将审核并签字完毕的《公章、印鉴使用申请表》、增值税纳税申报表送行政助理处盖章
2	纳税申报表审核	财务部经理	1. 接收税务会计送来的《公章、印鉴使用申请表》、增值税纳税申报表 2. 根据增值税纳税申报表审核《公章、印鉴使用申请表》 3. 审核无误，签字
3	纳税申报表审批	总经理	1. 接收税务会计送来的《公章、印鉴使用申请表》、增值税纳税申报表 2. 审核财务部经理是否审核签字 3. 审核无误，签字
4	纳税申报表盖章	行政助理	1. 收到财务会计送来的《公章、印鉴使用申请表》 2. 核对相关领导是否已审核签字 3. 核对无误，在增值税纳税申报表上加盖公章 4. 盖章完毕，《公章、印鉴使用申请表》留存，其他表单税务会计带走
5	登记《公章、印鉴使用登记表》	行政助理	登记《公章、印鉴使用登记表》
6	去国税局申报纳税申报	税务会计	1. 去税务局进行纳税申报 2. 领取税务申报完成后税务人员签字盖章的"税收缴款书" 3. 将"税收缴款书"送交出纳
7	审核纳税申报表	国税局专管员	1. 接收财务会计交来的缴税申报表并审核 2. 签发税收通用缴款书
8	去银行缴纳税款	出纳	1. 接收税务会计送来的"税收缴款书" 2. 持税务局开具的"税收缴款书"到银行缴纳税款 3. 领取银行划款完毕盖章后的"税收缴款书"回单 4. 将"税收缴款书"完税证明送交税务会计

(续表)

序号	操作步骤	角色	操作内容
9	税款入国库	银行柜员	1. 接收"税收缴款书"，办理税款转入国库手续 2. 在"税收缴款书"回单上加盖转讫印章，并退还给出纳回单联
10	打印回单	银行柜员	在 VBSE 系统中打印"税收缴款书"回单
11	填制记账凭证	税务会计	1. 接收出纳送来的"税收缴款书" 2. 编制记账凭证，将"税收缴款书"作为附件粘贴在记账凭证后面 3. 将记账凭证送交财务部经理审核
12	审核记账凭证	财务部经理	1. 接收财务会计送来的记账凭证 2. 审核记账凭证附件的合法性、准确性 3. 审核记账凭证填制的准确性 4. 审核无误，交给出纳
13	登记银行日记账	出纳	1. 接收财务部经理交给的审核后的记账凭证 2. 根据记账凭证登记银行存款日记账 3. 将记账凭证交财务会计登记科目明细账
14	登记科目明细账	税务会计	1. 接收出纳交给的记账凭证 2. 根据记账凭证登记科目明细账

五、线上操作

为完成增值税申报任务，企业税务会计进入 VBSE 系统，进行增值税申报操作。操作步骤如下。

(1) 输入用户名和密码进入系统，如图 3-382 所示。

(2) 单击任务中心任务，进入流程界面，如图 3-383 所示。

图 3-382　输入用户名和密码

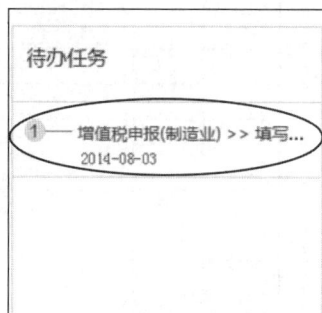

图 3-383　单击任务中心任务

(3) 依据流程界面所列任务，依次完成任务，如图 3-384 所示。

任务编码	任务名称	执行角色	执行人	任务类型
KF004271-2-001	填写公章、印鉴使用申请	税务会计	11	手工操作
KF004271-2-002	审批公章、印鉴使用申请	财务部经理	8	手工操作
KF004271-2-003	审批公章、印鉴使用申请	总经理	1	手工操作
KF004271-2-004	在纳税报表上该企业公章	行政助理	7	手工操作
KF004271-2-005	登记《公章印鉴使用登记	行政助理	7	手工操作
KF004271-2-006	去税务局进行纳税申报	税务会计	11	手工操作
KF004271-2-007	审核纳税申报表	国税局专管员	93	手工操作
KF004271-2-008	去银行缴纳税款	出纳	9	手工操作
KF004271-2-009	银行转账	银行柜员	92	软件操作
KF004271-2-010	打印回单	银行柜员	92	软件操作
KF004271-2-011	填制凭证	税务会计	11	手工操作
KF004271-2-012	审核凭证	财务部经理	8	手工操作
KF004271-2-013	登记账簿	出纳	9	手工操作

图 3-384　依次完成任务

六、线下填单

企业进行增值税申报任务，税务会计需要填写《公章、印鉴使用申请表》，国税局专管员需要签发《税收通用缴款书》(一式四联，分别为缴款单位联、银行联、国库联、税务机关联)。《公章、印鉴使用申请表》填写样例如图 3-385 所示，《税收通用缴款书》填写方法如图 3-386 所示。

新道教学专用

公章、印鉴使用登记表

编制日期：2012 年 1 月 8 日

申请表编号	使用人	部门	文件名称	文件主要内容	盖章时间	公章类别	盖章次数	备注
1	刘自强	财务部	增值税纳税申报表	增值税纳税申报额	2012.1.8	法人	1	

编制人：

图 3-385　填制《公章、印鉴使用申请表》

图 3-386 填制《税收通用缴款书》

项目十 制造企业人力资源业务

项目概述：

制造企业人力资源业务是VBSE系统中，制造业企业为本企业员工进行人力资源管理与服务的一系列任务的统称。其中一些工作任务需要与外围服务公司产生业务关联，具体关系如图3-387所示。

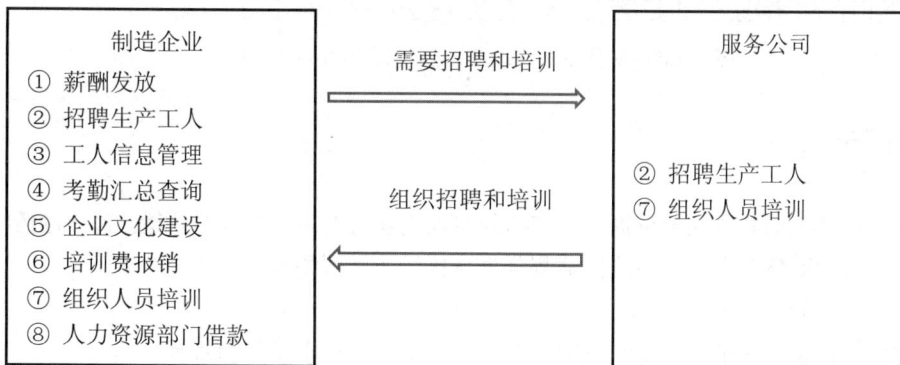

注：任务⑦组织人员培训的发起人为"服务公司业务员"

图 3-387 任务关系图

任务一　薪酬发放

一、任务描述

薪酬发放一般是由人力资源部门和财务部门协同配合完成的一项基础性工作。企业人力资源部经理，需要制作"职工薪酬发放表"交给出纳，出纳签发转账支票，并带齐薪资发放资料去银行办理工资发放，发放完毕人力资源部制作工资条发放给员工核对。

二、情景导入

2011 年 10 月，好佳童车厂要为员工发放本月薪酬，全部薪酬数据可在系统内"好佳童车厂职工薪酬统计表—2011 年 10 月"中查询，部分表如图 3-388 所示。

好佳童车厂职工薪酬统计表-2011年10月

部门：人力资源部

序号	工号	姓名	部门	职务类别	基本工资	缺勤天数	缺勤扣款	代扣款项目									上季度销售总额/企业净利润	奖金系数	季度奖金	辞退福利	应税工资	应扣个人所得税	实发金额
								养老保险	医疗保险	失业保险	工伤保险	生育保险	五险小计	住房公积金	五险一金小计							
1	1	梁天	企业管理	总经理	10000	0	0	800	203	50	0	0	1053	1000	2053	1280136.1	1	4267.12	0	12214.12	1187.82	11026.30
2	2	张万军	人力资源	部门经理	6000	0	0	480	123	30	0	0	633	600	1233	1280136.1	1	3840.41	0	8607.41	466.48	8140.93
3	3	李斌	采购部	部门经理	6000	0	0	480	123	30	0	0	633	600	1233	1280136.1	1	4267.12	0	9034.12	551.82	8482.30
4	4	何明海	仓储部	部门经理	6000	0	0	480	123	30	0	0	633	600	1233	1280136.1	1	3840.41	0	8607.41	466.48	8140.93
5	5	钱坤	财务部	部门经理	6000	0	0	480	123	30	0	0	633	600	1233	1280136.1	1	4693.83	0	9460.83	637.17	8823.66
6	6	叶润中	生产计划	部门经理	6000	0	0	480	123	30	0	0	633	600	1233	1280136.1	1	4693.83	0	9460.83	637.17	8823.66
7	7	杨笑笑	市场营销	部门经理	6000	0	0	480	123	30	0	0	633	600	1233	7200000	0	4320.00	0	9087.00	562.40	8524.60
8	8	叶琪	企业管理	职能主管	4000	0	0	320	83	20	0	0	423	400	823	1280136.1	1	4267.12	0	7444.12	289.41	7154.71
9	9	肖红	人力资源	职能主管	4000	0	0	320	83	20	0	0	423	400	823	1280136.1	1	4693.83	0	7870.83	332.08	7538.75
10	10	付海生	采购部	职能主管	4000	0	0	320	83	20	0	0	423	400	823	1280136.1	1	4267.12	0	7444.12	289.41	7154.71
11	11	王宝珠	仓储部	职能主管	4000	0	0	320	83	20	0	0	423	400	823	1280136.1	1	4267.12	0	7444.12	289.41	7154.71

图 3-388　好佳童车厂职工薪酬统计表(2011 年 10 月)

三、知识储备

薪酬是指员工向其所在单位提供所需要的劳动而获得的各种形式的补偿，薪酬包括经济性薪酬和非经济性薪酬两大类，经济性薪酬分为直接经济性薪酬和间接经济性薪酬。

(1) 直接经济性薪酬

直接经济性薪酬是单位按照一定的标准以货币形式向员工支付的薪酬。

(2) 间接经济性薪酬

间接经济性薪酬不直接以货币形式发放给员工，但通常可以给员工带来生活上的便利，减少员工额外开支或者免除员工后顾之忧。

本实训中，薪酬发放是单位向员工支付直接性经济薪酬的操作流程。

四、实施步骤

完成薪酬发放任务，需要人力资源部和财务部协同配合，具体任务流程如表 3-166 所示。

表 3-166　薪酬发放业务操作步骤一览表

序号	操作步骤	角色	操作内容
1	薪资录盘	人力资源部经理	1. 在 VBSE 系统中打开"查询工人信息"界面 2. 单击"导出"按钮；导出"薪酬发放表"，然后依据"职工薪酬发放表"数据将实训参与角色的薪资详细信息补充填写进导出的"薪酬发放表"中，具体银行卡号根据从银行领回的卡面所示信息填写，生产工人的薪资具体金额有些已经预制在导出的表中，如果导出的表中没有金额，也要根据"职工薪酬发放表"将其填写完整 3. 将导出填写完毕的"薪酬发放表"导入 U 盘，交给出纳
2	填写支出凭单	出纳	1. 依据"薪酬发放表"数据填写支出凭单 2. 将填写好的"支出凭单""职工薪酬发放表"交给财务部经理审核签字
3	审核支出凭单	财务部经理	1. 审核支出人是否是该部门的职工 2. 审核支出日期是否正确 3. 审核支出用途及金额是否符合规定 4. 金额大小写是否正确 5. 审核支出方式是否正确 6. 审核完成后在支出凭单上签字
4	签发支票	出纳	1. 依据支出凭单信息签发转账支票，加盖法人章 2. 将开局完成的支票交给财务部经理审核、盖章
5	审核支票、盖章	财务部经理	1. 核对支票及相关业务单据，判断是否为真是业务所需而签发的支票 2. 检查支票是否填写规范、有无涂改 3. 在转账支票上加盖财务专用章
6	登记支票登记簿	出纳	登记"支票使用登记簿"
7	办理薪酬发放	出纳	带齐薪资发放资料：职工薪酬发放表、转账支票、薪资录盘去银行办理工资发放
8	代发工资	银行柜员	1. 向客户问好，询问客户需要办理什么业务 2. 收到企业交来的职工薪酬表、转账支票、薪酬 U 盘、核对无误后，将信息导入银行系统，并将 U 盘交换给企业经办人 3. 导入成功，自动完成划款 注：实训中此处无须再在系统中做支票转账处理
9	传递原始凭证	出纳	薪资发放完成后将支票存根及支出凭单交给薪资会计进行后续账务处理

(续表)

序号	操作步骤	角色	操作内容
10	制作、发放工资条	人力资源部经理	打印职工薪酬统计表,将每个员工的薪资数据裁剪成独立的小条(即"工资条"。工资条一般是单位发给职工用以使员工了解自己详细的工资收入,并不是每个公司都发放工资条)
11	填制记账凭证	薪资会计	1. 填制记账凭证,将原始单据作为附件粘贴 2. 送财务部经理审核
12	审核记账凭证	财务部经理	1. 接收薪资会计交来的记账凭证 2. 审核凭证附件的准确性,记账凭证的准确性 3. 在纸质凭证上签字审核
13	登记银行存款日记账	出纳	1. 依照审核签字的记账凭证登记银行存款日记账 2. 在记账凭证上签字或盖章 3. 将记账凭证交会计登账
14	登记明细账	薪资会计	1. 依照审核签字的记账凭证登记明细账 2. 保存记账凭证

五、线上操作

为完成薪酬发放任务,人力资源部经理进入 VBSE 系统,与任务相关人员一起,完成"薪酬发放—薪资录盘"操作。操作步骤如下。

(1) 输入用户名和密码进入系统,如图 3-389 所示。

(2) 单击任务中心任务,进入流程界面,如图 3-390 所示。

图 3-389 输入用户名和密码

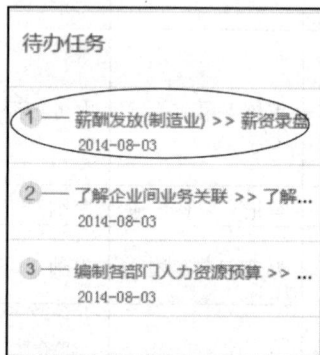

图 3-390 单击任务中心任务

(3) 依据任务界面所列企业人员的列表清单,导出"薪酬发放表",企业人员列表清单如图 3-391 所示。

企业编码 corp101	企业名称 北京宝乐童车制造有	当前时间 2011-12-08	操作人 15

本企业管理人员

管理人员编码	管理人员名称	岗位
1	1	总经理
10	10	成本会计
11	11	财务会计
12	12	营销部经理
13	13	采购部经理
14	14	仓储部经理
15	15	人力资源部经理
16	16	生产计划部经理
17	17	生产计划员
18	18	市场专员
2	2	销售专员
3	3	车间管理员
4	4	采购员
5	5	仓管员
6	6	人力资源助理
7	7	行政助理
8	8	财务部经理
9	9	出纳

本企业生产人员　[导出]

图 3-391　企业人员列表清单

(4) 依据 VBSE 系统提供的"职工薪酬统计表"数据，将实训参与角色的薪资详细信息，补充填写到上一步骤导出的"薪酬发放表"中。"职工薪酬发放表"如图 3-392 所示。

序号	工号	姓名	部门	职务类别	基本工资	缺勤天数	缺勤扣款	代扣款项目								上季度销售总额/企业净利润	奖金系数	季度奖金	辞退福利	应税工资	应扣个人所得税	实发金额
								养老保险	医疗保险	失业保险	工伤保险	生育保险	五险小计	住房公积金	五险一金小计							
1	1	梁天	企业管理	总经理	10000	0	0	800	203	50	0	0	1053	1000	2053	1280136.1	1	4267.12	0	12214.12	1187.82	11026.30
2	2	张万军	人力资源	部门经理	6000	0	0	480	123	30	0	0	633	600	1233	1280136.1	1	3840.41	0	8607.41	466.48	8140.93
3	3	李斌	采购部	部门经理	6000	0	0	480	123	30	0	0	633	600	1233	1280136.1	1	4267.12	0	9034.12	551.82	8482.30
4	4	何明海	仓储部	部门经理	6000	0	0	480	123	30	0	0	633	600	1233	1280136.1	1	3840.41	0	8607.41	466.48	8140.93
5	5	钱坤	财务部	部门经理	6000	0	0	480	123	30	0	0	633	600	1233	1280136.1	1	4693.83	0	9460.83	637.17	8823.66
6	6	叶润中	生产计划	部门经理	6000	0	0	480	123	30	0	0	633	600	1233	1280136.1	1	4693.83	0	9460.83	637.17	8823.66
7	7	杨笑笑	市场营销	部门经理	6000	0	0	480	123	30	0	0	633	600	1233	7200000	0	4320.00	0	9087.00	562.40	8524.60
8	8	叶琪	企业管理	职能主管	4000	0	0	320	83	20	0	0	423	400	823	1280136.1	1	4267.12	0	7444.12	289.41	7154.71
9	9	肖红	人力资源	职能主管	4000	0	0	320	83	20	0	0	423	400	823	1280136.1	1	4693.83	0	7870.83	332.08	7538.75
10	10	付海生	采购部	职能主管	4000	0	0	320	83	20	0	0	423	400	823	1280136.1	1	4267.12	0	7444.12	289.41	7154.71
11	11	王宝珠	仓储部	职能主管	4000	0	0	320	83	20	0	0	423	400	823	1280136.1	1	4267.12	0	7444.12	289.41	7154.71
12	12	刘自强	财务部	职能主管	4000	0	0	320	83	20	0	0	423	400	823	1280136.1	1	4267.12	0	7444.12	289.41	7154.71
13	13	朱中华	财务部	职能主管	4000	0	0	320	83	20	0	0	423	400	823	1280136.1	1	4267.12	0	7444.12	289.41	7154.71
14	14	赵丹	财务部	职能主管	4000	0	0	320	83	20	0	0	423	400	823	1280136.1	1	4267.12	0	7444.12	289.41	7154.71
15	15	周群	生产计划	职能主管	4000	0	0	320	83	20	0	0	423	400	823	1280136.1	1	4267.12	0	7444.12	289.41	7154.71
16	16	孙盛国	生产计划	职能主管	4000	0	0	320	83	20	0	0	423	400	823	1280136.1	1	4267.12	0	7444.12	289.41	7154.71
17	17	马博	市场营销	销售人员	2500	0	0	200	53	12.5	0	0	265.5	250	515.5	7200000	0	8640.00	0	10624.50	869.90	9754.60
18	18	刘思羽	市场营销	销售人员	2500	0	0	200	53	12.5	0	0	265.5	250	515.5	7200000	0	8640.00	0	10624.50	869.90	9754.60
19	19	李良钊	组装车间	生产工人	1600	0	0	128	35	8	0	0	171	160	331	12000	0	300.00	0	1569	0.00	1569
20	20	付玉芳	组装车间	生产工人	1600	0	0	128	35	8	0	0	171	160	331	12000	0	300.00	0	1569	0.00	1569
21	21	张崚义	组装车间	生产工人	1600	0	0	128	35	8	0	0	171	160	331	12000	0	300.00	0	1569	0.00	1569
22	22	毕红	组装车间	生产工人	1600	0	0	128	35	8	0	0	171	160	331	12000	0	300.00	0	1569	0.00	1569

图 3-392　职工薪酬发放表

序号	工号	姓名	部门	职务类别	基本工资	缺勤天数	缺勤扣款	养老保险	医疗保险	失业保险	工伤保险	生育保险	五险小计	住房公积金	五险一金小计	上季度销售总额/企业净利润	奖金系数	季度奖金	辞退福利	应税工资	应扣个人所得税	实发金额
23	23	吴淑敏	组装车间	生产工人	1600	0	0	128	35	8	0	0	171	160	331	12000	1	300.00	0	1569	0.00	1569
24	24	毛龙生	组装车间	生产工人	1600	0	0	128	35	8	0	0	171	160	331	12000	1	300.00	0	1569	0.00	1569
25	25	惠志明	组装车间	生产工人	1600	0	0	128	35	8	0	0	171	160	331	12000	1	300.00	0	1569	0.00	1569
26	26	李龙吉	组装车间	生产工人	1600	0	0	128	35	8	0	0	171	160	331	12000	1	300.00	0	1569	0.00	1569
27	27	黄官胜	组装车间	生产工人	1600	0	0	128	35	8	0	0	171	160	331	12000	1	300.00	0	1569	0.00	1569
28	28	留丹	组装车间	生产工人	1600	0	0	128	35	8	0	0	171	160	331	12000	1	300.00	0	1569	0.00	1569
29	29	刘良生	组装车间	生产工人	1600	0	0	128	35	8	0	0	171	160	331	12000	1	300.00	0	1569	0.00	1569
30	30	余俊美	组装车间	生产工人	1600	0	0	128	35	8	0	0	171	160	331	12000	1	300.00	0	1569	0.00	1569
31	31	徐积福	组装车间	生产工人	1600	0	0	128	35	8	0	0	171	160	331	12000	1	300.00	0	1569	0.00	1569
32	32	潘俊辉	组装车间	生产工人	1600	0	0	128	35	8	0	0	171	160	331	12000	1	300.00	0	1569	0.00	1569
33	33	朱祥松	组装车间	生产工人	1600	0	0	128	35	8	0	0	171	160	331	12000	1	300.00	0	1569	0.00	1569
34	34	刘文钦	组装车间	生产工人	1600	0	0	128	35	8	0	0	171	160	331	12000	1	300.00	0	1569	0.00	1569
35	35	龚文辉	组装车间	生产工人	1600	0	0	128	35	8	0	0	171	160	331	12000	1	300.00	0	1569	0.00	1569
36	36	王小强	组装车间	生产工人	1600	0	0	128	35	8	0	0	171	160	331	12000	1	300.00	0	1569	0.00	1569
37	37	刘胜	组装车间	生产工人	1600	0	0	128	35	8	0	0	171	160	331	12000	1	300.00	0	1569	0.00	1569
38	38	刘贞	组装车间	生产工人	1600	0	0	128	35	8	0	0	171	160	331	12000	1	300.00	0	1569	0.00	1569
39	39	余永俊	机加车间	生产工人	1600	0	0	128	35	8	0	0	171	160	331	12000	1	300.00	0	1569	0.00	1569
40	40	万能	机加车间	生产工人	1600	0	0	128	35	8	0	0	171	160	331	12000	1	300.00	0	1569	0.00	1569
41	41	万俊俊	机加车间	生产工人	1600	0	0	128	35	8	0	0	171	160	331	12000	1	300.00	0	1569	0.00	1569
42	42	张逸君	机加车间	生产工人	1600	0	0	128	35	8	0	0	171	160	331	12000	1	300.00	0	1569	0.00	1569
43	43	肖海根	机加车间	生产工人	1600	0	0	128	35	8	0	0	171	160	331	12000	1	300.00	0	1569	0.00	1569
44	44	田勤	机加车间	生产工人	1600	0	0	128	35	8	0	0	171	160	331	12000	1	300.00	0	1569	0.00	1569

序号	工号	姓名	部门	职务类别	基本工资	缺勤天数	缺勤扣款	养老保险	医疗保险	失业保险	工伤保险	生育保险	五险小计	住房公积金	五险一金小计	上季度销售总额/企业净利润	奖金系数	季度奖金	辞退福利	应税工资	应扣个人所得税	实发金额
45	45	肖鹏	机加车间	生产工人	1600	0	0	128	35	8	0	0	171	160	331	12000	1	300.00	0	1569	0.00	1569
46	46	徐宏	机加车间	生产工人	1600	0	0	128	35	8	0	0	171	160	331	12000	1	300.00	0	1569	0.00	1569
47	47	田军	机加车间	生产工人	1600	0	0	128	35	8	0	0	171	160	331	12000	1	300.00	0	1569	0.00	1569
48	48	郑华珺	机加车间	生产工人	1600	0	0	128	35	8	0	0	171	160	331	12000	1	300.00	0	1569	0.00	1569
49	49	洪梁	机加车间	生产工人	1600	0	0	128	35	8	0	0	171	160	331	12000	1	300.00	0	1569	0.00	1569
50	50	冯奇	机加车间	生产工人	1600	0	0	128	35	8	0	0	171	160	331	12000	1	300.00	0	1569	0.00	1569
51	51	黄骢	机加车间	生产工人	1600	0	0	128	35	8	0	0	171	160	331	12000	1	300.00	0	1569	0.00	1569
52	52	薛萍	机加车间	生产工人	1600	0	0	128	35	8	0	0	171	160	331	12000	1	300.00	0	1569	0.00	1569
53	53	张世平	机加车间	生产工人	1600	0	0	128	35	8	0	0	171	160	331	12000	1	300.00	0	1569	0.00	1569
54	54	李小春	机加车间	生产工人	1600	0	0	128	35	8	0	0	171	160	331	12000	1	300.00	0	1569	0.00	1569
55	55	蔡丽娟	机加车间	生产工人	1600	0	0	128	35	8	0	0	171	160	331	12000	1	300.00	0	1569	0.00	1569
56	56	吴新祥	机加车间	生产工人	1600	0	0	128	35	8	0	0	171	160	331	12000	1	300.00	0	1569	0.00	1569
57	57	胡首科	机加车间	生产工人	1600	0	0	128	35	8	0	0	171	160	331	12000	1	300.00	0	1569	0.00	1569
58	58	邹建峰	机加车间	生产工人	1600	0	0	128	35	8	0	0	171	160	331	12000	1	300.00	0	1569	0.00	1569
59	59	张小东	机加车间	生产工人	1280	0	0	128	35	8	0	0	171	160	331	0		0.00	0	949	0.00	949
60	60	岳亮	机加车间	生产工人	1280	0	0	128	35	8	0	0	171	160	331	0		0.00	0	949	0.00	949
合计								12336	3264	771	0		15420	31791	41282041.5			98033.5	0	219802.51	8896.5	210906

制表人：张方军　2011.10.28　　审核人：钱坤　2011.10.28　　复核人：梁天　2011.10.28

图 3-392(续)

六、线下填单

企业人力资源经理，需依据线上操作流程中子任务的顺序，与任务相关人员一起完成单据的填制和信息传递。整个过程中，企业出纳要学会根据薪酬发放表填写"支出凭单"，签发转账支票和填写支票登记簿。支出凭单样例如图 3-393 所示，转账支票样例如图 3-394 所示。

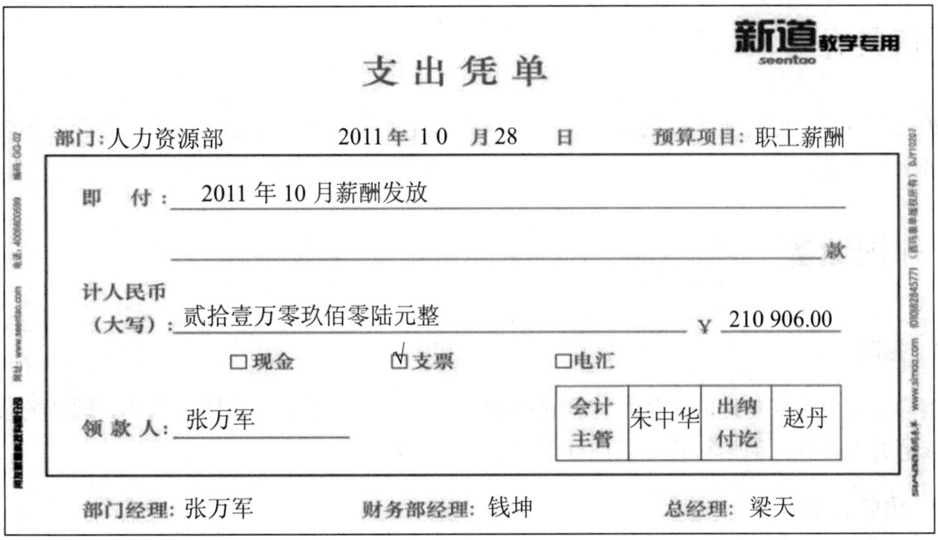

新道教学专用 seentao

支出凭单

部门：人力资源部　　2011年10月28日　　预算项目：职工薪酬

即　付：2011年10月薪酬发放　款

计人民币（大写）：贰拾壹万零玖佰零陆元整　¥ 210 906.00

☐现金　☑支票　☐电汇

领款人：张万军　　会计主管：朱中华　　出纳付讫：赵丹

部门经理：张万军　　财务部经理：钱坤　　总经理：梁天

图 3-393　填制支出凭单

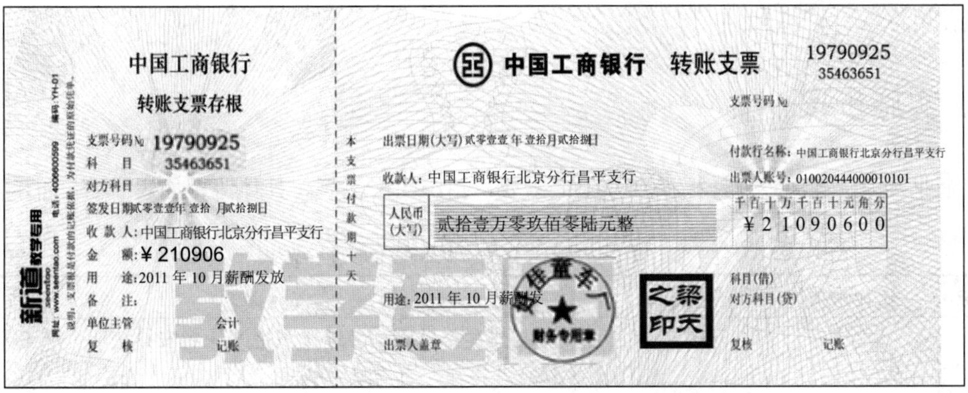

中国工商银行
转账支票存根
支票号码№ 19790925
科　目 35463651
对方科目
签发日期贰零壹壹年壹拾月贰拾捌日
收款人：中国工商银行北京分行昌平支行
金　额：¥210906
用　途：2011年10月薪酬发放
备　注：
单位主管　会计
复　核　记账

中国工商银行　转账支票　19790925 35463651
出票日期(大写)贰零壹壹年壹拾月贰拾捌日　付款行名称：中国工商银行北京分行昌平支行
收款人：中国工商银行北京分行昌平支行　出票人账号：010020444000010101
人民币(大写)　贰拾壹万零玖佰零陆元整　¥21090600
用途：2011年10月薪酬发放
出票人盖章　科目(借)　对方科目(贷)
复核　记账

图 3-394　转账支票样例

任务二　招聘生产工人

一、任务描述

员工招聘就是企业采取一些科学的方法寻找、吸引应聘者，并从中选出企业需要的人员予以录用的过程，是指按照企业经营战略规划的要求把优秀的、合适的人招聘进企业，把合适的人放在合适的岗位。员工招聘包括征召、甄选和录用三个阶段。本任务是企业通过人才服务招聘生产工人。

二、情景导入

2012 年 1 月，好佳童车厂为了弥补生产工人数量不足，决定通过北京通融综合服务公司招聘 4 名生产工人。

三、知识储备

1. 招聘

招聘是人力资源管理的工作，过程包括招聘广告、二次面试、雇佣轮选等。聘请的最后选择应该是用人单位，他们与合适的应征者签署雇佣合约。

2. 招聘渠道

招聘渠道包括校园招聘、职业中介机构招聘、现场招聘会、内部推荐、媒体广告、网上招聘等多种形式，企业在新员工招聘中最好不要局限于采用单一渠道，而应考虑各种渠道的特点灵活使用。

四、实施步骤

企业人力资源部经理，根据企业生产需要，招聘生产工人。具体流程如表 3-167 所示。

表 3-167　招聘生产工人业务操作步骤一览表

序号	操作步骤	角色	操作内容
1	人才招聘	人力资源部经理	1. 要求生产计划部经理按照生产计划安排统计生产工人缺口，并告知人力资源部 2. 与生产计划部经理沟通人才素质要求及职称等 3. 登录系统进行简历筛选 4. 结合招聘需要确定录用名单 5. 与服务公司沟通确定录用人员
2	查询已聘人员、开具发票	服务公司业务员	1. 依据确定的人员录用名单在系统中查询已聘人员 2. 根据协定的人才推介服务费用金额开具服务业务发票，并将发票交给招聘企业，要求其尽快支付费用
3	申请借款	人力资源部经理	1. 依据发票显示内容和金额填写支出凭单 2. 将发票粘贴在支出凭单后面 3. 将填写完成的支出凭单交给财务部经理审核
4	审核借款	财务部经理	1. 审核支出凭单填写是否完整 2. 判断经济业务是否真实 3. 在支出凭单上签字 4. 将支出凭单交给出纳并告知人力资源部经理去出纳处领取支票

(续表)

序号	操作步骤	角色	操作内容
5	开具支票	出纳	1. 依据支出凭单开具转账支票,收款单位名称及账号信息要求人力资源部经理提供 2. 将开具好的转账支票交给财务部经理审核、盖章
6	审核支票	财务部经理	1. 检查支票填写是否规范 2. 在支票上盖财务章 3. 将支票交还给出纳
7	支付支票	出纳	1. 将支票交给人力资源部经理 2. 要求人力资源部经理在支票使用登记簿上签字
8	填制记账凭证	费用会计	1. 依据支出凭单填制记账凭证 2. 将填写完成的记账凭证交给财务部经理审核签字
9	审核记账凭证	财务部经理	1. 审核记账凭证是否填写规范 2. 在记账凭证上签字
10	登记银行存款日记账	出纳	1. 依照记账凭证登记日记账 2. 将记账凭证交还财务会计
11	登记明细账	费用会计	依据记账凭证登记多栏式明细账

五、线上操作

为完成招聘生产工人任务,好佳童车厂人力资源部经理需进入 VBSE 系统,进行"招聘生产工人—人才招聘"的任务操作。操作步骤如下。

(1) 输入用户名和密码进入系统,如图 3-395 所示。

(2) 单击任务中心任务,进入流程界面,如图 3-396 所示。

图 3-395 输入用户名和密码

图 3-396 单击任务中心任务

(3) 人力资源部经理浏览人才库中的人员信息，筛选出企业需要的人员，并选中"人才编码"前的复选框，单击页面上方或下方的"确定"按钮即完成对人才的招聘，如图 3-397 所示。

图 3-397　招聘生产工人

(4) 第三方服务公司单击"企业"选项框，进入"企业信息"对话框，输入需要查询的企业，单击"确定"按钮查询该企业人才招聘信息。处理企业已招聘人员，做人才出库操作，如图 3-398 所示。

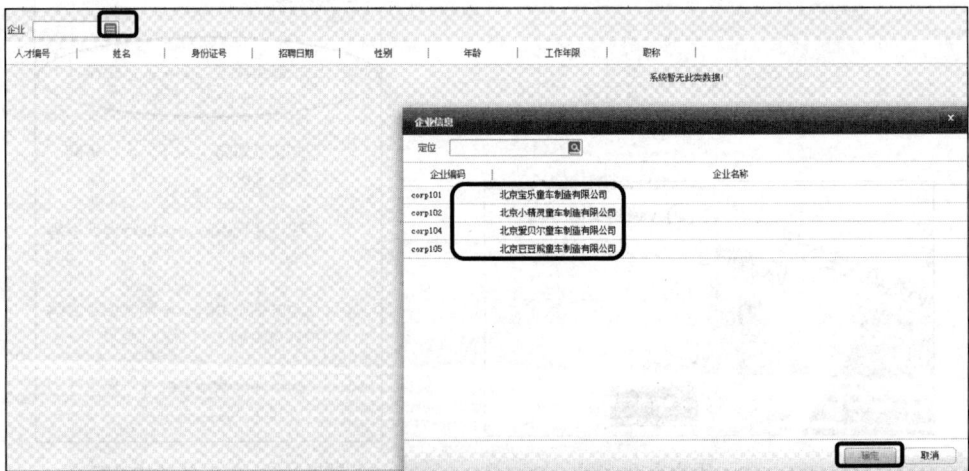

图 3-398　服务公司做人才出库操作

任务三　查询工人信息

一、任务描述

人力资源部在进行五险一金申报、薪资核算与发放、招/解聘员工等工作任务时，需要查看在职人员信息。

二、情景导入

2012年1月，好佳童车厂人力资源部经理，需要查询在职员工信息。

三、知识储备

1. 管理人员

管理人员是指在组织中行使管理职能，指挥或协调他人完成具体任务的人，其工作绩效的好坏直接关系着组织的成败兴衰。

2. 工人

工人一般指工厂中生产工序的人，除了工厂的管理者外，都称为工人。

3. 人力资源管理

人力资源管理是指在经济学与人本思想指导下，通过招聘、甄选、培训、报酬等管理形式对组织内外相关人力资源进行有效运用，满足组织当前及未来发展的需要，保证组织目标实现与成员发展的最大化的一系列活动的总称。

四、实施步骤

企业人力资源部经理，需要查询全体在职人员信息，如表3-168所示。

表3-168　查询工人信息

序号	操作步骤	角色	操作内容
1	查询在职人员信息	人力资源助理	点击查询工人信息任务，查看本企业所有在职人员信息

五、线上操作

为完成查询工人信息任务，好佳童车厂人力资源部经理需进入 VBSE 系统，进行查询工人信息操作。操作步骤如下。

(1) 输入用户名和密码进入系统，如图 3-399 所示。

(2) 单击任务中心任务，进入流程界面，如图 3-400 所示。

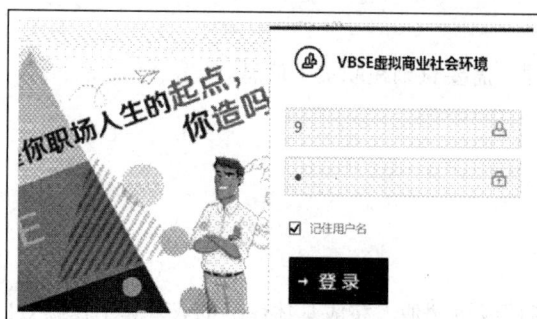

图 3-399　输入用户名和密码

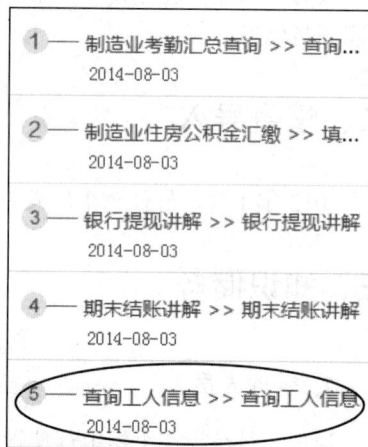

图 3-400　单击任务中心任务

(3) 依据工人信息界面，可以查询到本企业在职的管理人员简要信息和车间工人详细信息，如图 3-401 所示。

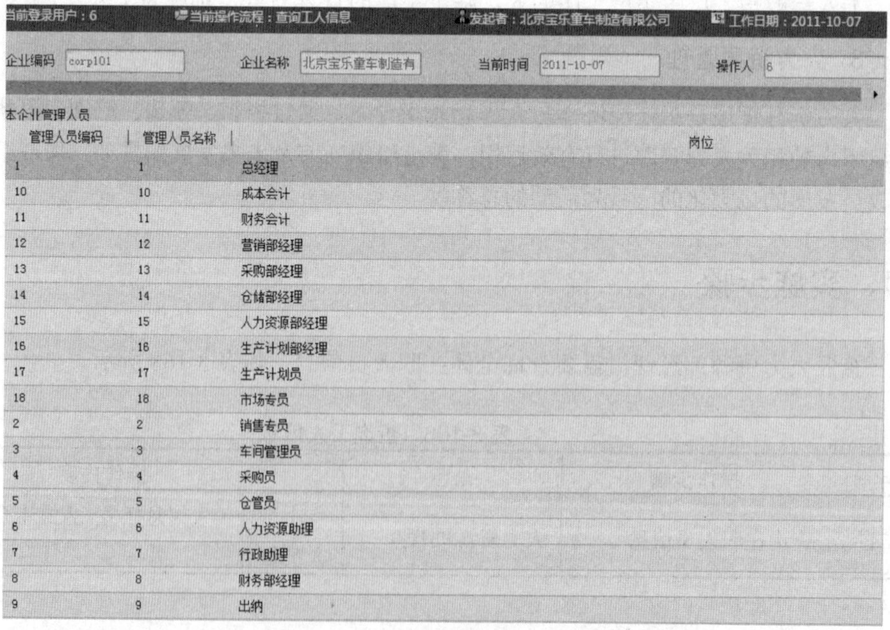

当前登录用户：6　当前操作流程：查询工人信息　发起者：北京宝乐童车制造有限公司　工作日期：2011-10-07

企业编码 corp101　企业名称 北京宝乐童车制造有　当前时间 2011-10-07　操作人 6

本企业管理人员

管理人员编码	管理人员名称	岗位
1	1	总经理
10	10	成本会计
11	11	财务会计
12	12	营销部经理
13	13	采购部经理
14	14	仓储部经理
15	15	人力资源部经理
16	16	生产计划部经理
17	17	生产计划员
18	18	市场专员
2	2	销售专员
3	3	车间管理员
4	4	采购员
5	5	仓管员
6	6	人力资源助理
7	7	行政助理
8	8	财务部经理
9	9	出纳

图 3-401　查询工人信息

本企业生产人员	导出							
生产人员编码	生产人员名称	工资金额	所在车间	身份证号	性别	年龄	工作年限	岗位
1010119	李良钊A		机加车间	101101198711121…	女	25	2	初级职称
1010120	付玉芳A		机加车间	101101198109181…	男	31	2	初级职称
1010121	张振义A		机加车间	101101198403225…	男	28	2	初级职称
1010122	毕红A		机加车间	101101197608205…	女	36	2	初级职称
1010123	吴淑敏A		机加车间	101101197609232…	男	36	2	初级职称
1010124	毛龙生A		机加车间	101101197904284…	男	33	2	初级职称
1010125	窟志明A		机加车间	101104197510118…	男	37	2	初级职称
1010126	李龙吉A		机加车间	101101197405152…	男	38	2	初级职称
1010127	吴官胜A		机加车间	101101198103131…	女	31	2	初级职称
1010128	雷丹A		机加车间	101101198002152…	男	32	2	初级职称
1010129	刘良生A		机加车间	110101198308092…	男	29	2	初级职称

图 3-401(续)

任务四　考勤汇总查询

一、任务描述

每个员工在开始新一天的任务时，需要进行上班签到。每月经营完成后，人力资源部需要进行考勤汇总统计，并制作考勤汇总统计表，以便计算和发放工资。

二、情景导入

2012 年 1 月末，好佳童车厂人力资源部，需要对企业全体员工进行当月考勤汇总查询和统计，相关数据见 VBSE 系统所示。

三、知识储备

1. 考勤管理

考勤管理是企业管理中最基本的管理，企业规定员工的工作日、上下班时间，请假、加班、出差、外出等制度，考勤管理人员月底需要向主管和财务提供员工的考勤数据，包括迟到、请假、加班、早退、旷工等，以备主管对员工打绩效，财务对员工做工资等条目。

2. 考勤方式

考勤方式包括人工手动签、指纹考勤机、签到打卡机、移动考勤、人力资源管理软件等，各有优缺点。

四、实施步骤

企业人力资源部助理，需要进行当月考勤汇总查询，如表 3-169 所示。

表 3-169　考勤汇总查询业务操作步骤一览表

序号	操作步骤	角色	操作内容
1	考勤汇总查询	人力资源助理	1. 点击考勤统计查询，获取公司员工考勤明细信息 2. 依照明细信息制作考勤统计表(考勤统计表自制，样式可参照样例) 3. 将制作完成的考勤统计表交人力资源部经理计算工资

五、线上操作

为完成考勤汇总查询任务，好佳童车厂人力资源部助理需进入 VBSE 系统，进行考勤汇总查询操作。操作步骤如下。

(1) 输入用户名和密码进入系统，如图 3-402 所示。

(2) 单击任务中心任务，进入流程界面，如图 3-403 所示。

图 3-402　输入用户名和密码

图 3-403　单击任务中心任务

(3) 依据考勤信息界面，完成当月考勤汇总查询，如图 3-404 所示。

图 3-404　当月考勤汇总查询

六、线下填单

依据界面显示的考勤数据，制作考勤统计表，样例如图 3-405 所示。

考勤统计表

制表：　人力资源部　　　　　　　　　　　　　　　　　　　　2011年10月

工号	姓名	所在部门	担任职务	本月应到	事假	病假	旷工	迟到/早退	本月实到	考勤扣款	备注
1	梁天	企业管理	总经理（兼企管部经	21					21	0	
2	叶瑛	企业管理	行政助理(兼商务管	21					21	0	
3	张万军	人力资源	人力资源经理	21					21	0	
4	肖红	人力资源	人力资源助理	21					21	0	
5	李斌	采购部	采购经理	21					21	0	
6	付海生	采购部	采购员	21					21	0	
7	叶润中	生产计划	生产经理	21					21	0	
8	周群	生产计划	生产员	21					21	0	
9	孙盛国	生产计划	计划员（兼质检员）	21					21	0	
10	何明海	仓储部	仓储经理	21					21	0	
11	王宝珠	仓储部	仓储员	21					21	0	
12	杨笑笑	市场营销	市场营销经理	21					21	0	
13	马博	市场营销	市场专员	21					21	0	
14	刘思羽	市场营销	销售员	21					21	0	
15	钱坤	财务部	财务经理	21					21	0	
16	刘自强	财务部	成本会计	21					21	0	
17	朱中华	财务部	总账会计	21					21	0	
18	赵丹	财务部	出纳	21					21	0	
19	李良钊	生产计划	生产工人	21					21	0	
20	付玉芳	生产计划	生产工人	21					21	0	
21	张接义	生产计划	生产工人	21					21	0	
22	毕红	生产计划	生产工人	21					21	0	
23	吴淑敏	生产计划	生产工人	21					21	0	
24	毛龙生	生产计划	生产工人	21					21	0	
25	扈志明	生产计划	生产工人	21					21	0	
26	李龙吉	生产计划	生产工人	21					21	0	
27	吴官胜	生产计划	生产工人	21					21	0	
28	雷丹	生产计划	生产工人	21					21	0	
29	刘良生	生产计划	生产工人	21					21	0	
30	余俊美	生产计划	生产工人	21					21	0	

图 3-405　考勤统计表样例

任务五　企业文化建设

一、任务描述

企业文化建设是企业内涵建设的重要任务之一，而企业内刊通常是企业文化承载的载体，是企业文化的外化表现形式，也是企业信息上通下达的沟通渠道和舆论宣传阵地。现在很多企业都通过出版自己的内刊，来实现企业文化建设。

二、情景导入

2012 年 1 月，好佳童车厂总经理，为了加强企业内部管理，增强企业团队凝聚力和向心力，决定通过发行企业电子报刊的形式，进行企业文化建设。

三、知识储备

1. 企业文化

企业文化是一个组织由其价值观、信念、仪式、符号、处事方式等组成的其特有的文化形象，是企业生产经营和管理活动中所创造的具有该企业特色的精神财富和物质形态。它包括文化观念、价值观念、企业精神、道德规范、行为准则、历史传统、企业制度、文化环境、企业产品等，其中价值观是企业文化的核心。企业文化是企业的"灵魂"，是推动企业发展的不竭动力。

2. 企业文化建设

企业文化建设是指企业文化相关的理念的形成、塑造、传播等过程，要突出在"建"字上，切忌重口号轻落实；重宣传轻执行。

3. 企业文化建设方法

企业文化建设方法包括：晨夕会、总结会、张贴宣传企业文化的标语、树先进典型、网站建设、权威宣讲、外出参观学习、企业创业、发展史陈列室、文体活动、引进新人、引进新文化、开展互评活动、领导人的榜样作用、创办企业报刊、企业文化培训等。

4. 企业内刊

企业内刊就是一个企业的内部刊物，不具有正式刊号的内部交流刊物，或为报纸，或为杂志，或为周报，或为月刊、半月刊、双月刊，等等，不一而足。有的企业内刊侧重对外宣传，有的侧重对内教化，但始终一点是明确的，那就是为企业文化服务。

四、实施步骤

企业总经理筹划企业电子报刊制作，从报刊创刊框架设计至第一期刊物发刊，各岗位具体工作任务及操作流程，如表 3-170 所示。

表 3-170　企业文化建设业务流程

序号	操作步骤	角色	操作内容
1	企业电子报刊方案构思	总经理	1. 构思本企业文化读物名称、版面、内容 2. 告知行政助理拟定会议通知，准备召开企业文化刊物方案讨论会
2	确定会议时间、通知开会	行政助理	1. 与总经理商议讨论会召开的时间、地点，填写会议通知 2. 通知各部门经理参加讨论会，并取得所有与会人员参会回执 3. 组织会议并做好会议记录，认真填写"会议纪要"
3	准备参会	营销部经理	1. 明确能否准时参加会议，不能参会的请转告行政助理，方便其做会议议程调整 2. 明确会议主题，准备有关企业电子报刊方案的材料
4	准备参会	采购部经理	1. 明确能否准时参加会议，不能参会的请转告行政助理，方便其做会议议程调整 2. 明确会议主题，准备有关企业电子报刊方案的材料
5	准备参会	仓储部经理	1. 明确能否准时参加会议，不能参会的请转告行政助理，方便其做会议议程调整 2. 明确会议主题，准备有关企业电子报刊方案的材料
6	准备参会	人力资源部经理	1. 明确能否准时参加会议，不能参会的请转告行政助理，方便其做会议议程调整 2. 明确会议主题，准备有关企业电子报刊方案的材料
7	准备参会	生产计划部经理	1. 明确能否准时参加会议，不能参会的请转告行政助理，方便其做会议议程调整 2. 明确会议主题，准备有关企业电子报刊方案的材料
8	准备参会	财务部经理	1. 明确能否准时参加会议，不能参会的请转告行政助理，方便其做会议议程调整 2. 明确会议主题，准备有关企业电子报刊方案的材料
9	企业文化设计方案讨论	总经理	1. 整体介绍企业刊物设计方案 2. 组织各部门经理讨论企业文化刊物方案是否可行并进行方案的调整 3. 编制企业文化刊物制作计划，明确工作量、负责人及提交工作结果时间点
10	明确各部门职责分工	总经理	确定各部门电子报刊制作过程的分工，协作关系
11	编写、发布会议纪要	行政助理	1. 会议中详细记录各项主要决议、工作计划及工作部署安排 2. 整理会议记录内容，整理成会议纪要，并将会议纪要发送给与会人员

(续表)

序号	操作步骤	角色	操作内容
12	企业电子报刊素材提供	营销部经理	依照会议中的工作部署与分工情况准备电子报刊所需素材,并将素材交给行政助理
13	企业电子报刊素材提供	采购部经理	依照会议中的工作部署与分工情况准备电子报刊所需素材,并将素材交给行政助理
14	企业电子报刊素材提供	仓储部经理	依照会议中的工作部署与分工情况准备电子报刊所需素材,并将素材交给行政助理
15	企业电子报刊素材提供	人力资源部经理	依照会议中的工作部署与分工情况准备电子报刊所需素材,并将素材交给行政助理
16	企业电子报刊素材提供	生产计划部经理	依照会议中的工作部署与分工情况准备电子报刊所需素材,并将素材交给行政助理
17	企业电子报刊素材提供	财务部经理	依照会议中的工作部署与分工情况准备电子报刊所需素材,并将素材交给行政助理
18	企业电子报刊素材收集	行政助理	收集各部门素材,对材料进行整合,对不符合制作要求的素材退还给提供人,并说明再次提供时的具体要求
19	企业电子报刊组稿、版面设计	行政助理	1. 将素材依照报刊设计主题进行编排、组稿 2. 电子报刊最后以 PDF、JPG 等格式定版
20	企业电子报刊发刊改善意见反馈	行政助理	1. 将制作完成的电子报刊在企业内部共享 2. 收集员工对报刊的改进意见,并在第二次发刊时进行调整
21	企业电子报刊改善意见反馈	营销部经理	将报刊的内容、样式等各方面的改善意见反馈给行政助理
22	企业电子报刊改善意见反馈	采购部经理	将报刊的内容、样式等各方面的改善意见反馈给行政助理
23	企业电子报刊改善意见反馈	仓储部经理	将报刊的内容、样式等各方面的改善意见反馈给行政助理
24	企业电子报刊改善意见反馈	人力资源部经理	将报刊的内容、样式等各方面的改善意见反馈给行政助理
25	企业电子报刊改善意见反馈	生产计划部经理	将报刊的内容、样式等各方面的改善意见反馈给行政助理
26	企业电子报刊改善意见反馈	财务部经理	将报刊的内容、样式等各方面的改善意见反馈给行政助理

五、线上操作

为完成企业文化建设任务,好佳童车厂总经理需进入 VBSE 系统,进行"企业文化建设—企业电子报刊制作"操作。操作步骤如下。

(1) 输入用户名和密码进入系统，如图 3-406 所示。

(2) 单击任务中心任务，进入流程界面，如图 3-407 所示。

图 3-406 输入用户名和密码

图 3-407 单击任务中心任务

(3) 依据流程界面所列任务，依次完成任务，如图 3-408 所示。

任务编码	任务名称	执行角色	执行人	任务类型
KF004005-1-001	企业电子报刊方案构思	总经理	1	手工操作
KF004005-1-002	确定会议时间、通知会议	行政助理	7	手工操作
KF004005-1-003	准备参会	营销部经理	12	手工操作
KF004005-1-007	企业电子提供报刊素材	营销部经理	12	手工操作
KF004005-1-008	企业电子报刊改善意见反	营销部经理	12	手工操作
KF004005-1-012	准备参会	采购部经理	13	手工操作
KF004005-1-013	企业电子提供报刊素材	采购部经理	13	手工操作
KF004005-1-014	企业电子报刊改善意见反	采购部经理	13	手工操作
KF004005-1-015	准备参会	仓储部经理	14	手工操作
KF004005-1-016	企业电子提供报刊素材	仓储部经理	14	手工操作
KF004005-1-017	企业电子报刊改善意见反	仓储部经理	14	手工操作
KF004005-1-018	准备参会	人力资源部经理	15	手工操作
KF004005-1-019	企业电子提供报刊素材	人力资源部经理	15	手工操作

图 3-408 依次完成任务

六、线下填单

好佳童车厂的总经理和行政助理，需依据线上操作流程中的任务顺序，与各部门人员一起完成企业电子报刊的制作。整个过程中，好佳童车厂行政助理要学会通知并组织会议、做好会议记录、使用相关软件制作电子报刊。会议通知样例如图 3-409 所示，会议纪要样例如图 3-410 所示，电子报刊样例如图 3-411 所示。

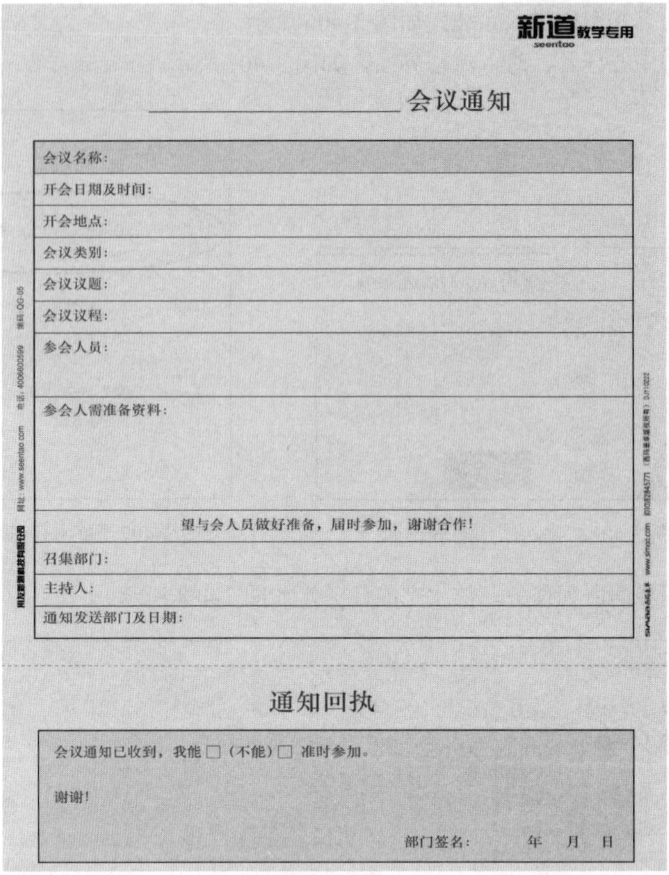
新道教学专用 seentao

______会议通知

会议名称:
开会日期及时间:
开会地点:
会议类别:
会议议题:
会议议程:
参会人员:
参会人需准备资料:
望与会人员做好准备，届时参加，谢谢合作!
召集部门:
主持人:
通知发送部门及日期:

通知回执

会议通知已收到，我能□（不能）□ 准时参加。
谢谢!
部门签名: 年 月 日

图 3-409　填写会议通知

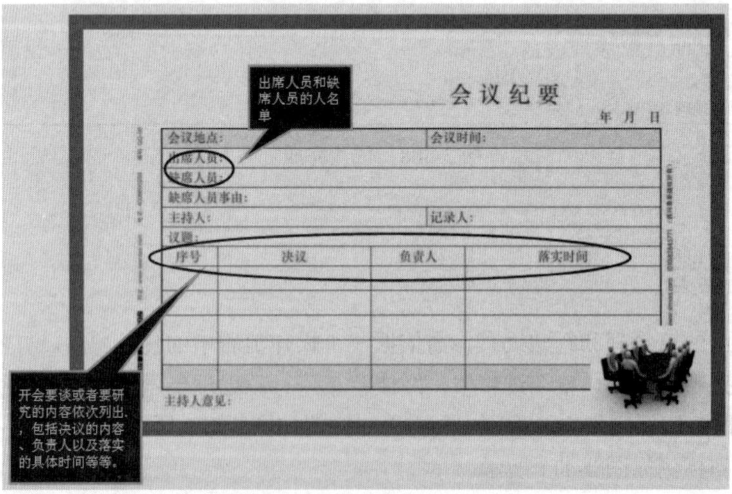

图 3-410　填写会议纪要

图 3-411 企业电子报刊

任务六 培训费报销

一、任务描述

企业人力资源部组织完成员工培训后，人力资源部助理需要根据服务公司开出的培训费发票，到财务部进行培训费报销。

二、情景导入

2012 年 1 月，企业完成员工岗位培训，人力资源部助理需要根据服务公司开出的培训费发票，到财务部进行培训费报销。业务数据如表 3-171 所示。

表 3-171　业务数据

报销日期	制造企业	部门	项目	报销方式	报销金额
2012 年 1 月 8 日	好佳童车厂	人力资源部	培训费	现金	30 000.00

三、知识储备

1. 报销基本方式

报销的基本方式有两种：一种是先借款后报销；另一种是，发生费用时员工先垫付(如请客户吃饭发生的餐费)，事后凭发票和经理审批的支出凭单去财务部门报销，财务经理在预算范围内审核业务后由出纳支付现金。

2. 报销审批制度

按照公司的财务制度，1 万元以内的费用由财务经理审批，超过 1 万元(含 1 万元)额度的需要总经理审批。

3. 报销主要项目

人力资源部报销项目主要有办公费、招聘费、培训费报销。

四、实施步骤

办理培训费报销业务，各岗位具体工作任务及操作流程，如表 3-172 所示。

表 3-172　培训费报销

序号	操作步骤	角色	操作内容
1	根据发票填写支出凭单	人力资源助理	1. 人力资源助理根据发票填写支出凭单 2. 将原始凭证作为附件粘贴在支出凭单后面，请部门经理审核
2	审核支出凭单	人力资源部经理	人力资源部经理审核支出凭单，确认是否在预算项目及金额内
3	审核支出凭单	费用会计	费用会计审核业务单据的真实性和合法性
4	审核支出凭单	财务部经理	财务部经理审核业务单据的合理性
5	支付现金	出纳	按支出凭单上的金额支付现金给人力资源助理，并提示尽快付给培训提供者——服务公司
6	编制记账凭证	费用会计	费用会计填制记账凭证
7	审核记账凭证	财务部经理	财务部经理审核记账凭证
8	登记现金日记账	出纳	出纳登记现金日记账
9	登记科目明细账	费用会计	费用会计登记科目明细账

五、线上操作

为完成培训费报销，好佳童车厂人力资源部助理需进入 VBSE 系统，进行"制造业培训费报销"操作。操作步骤如下。

(1) 输入用户名和密码进入系统，如图 3-412 所示。

(2) 单击任务中心任务，进入流程界面，如图 3-413 所示。

图 3-412　输入用户名和密码

图 3-413　单击任务中心任务

(3) 依据流程界面所列任务，依次完成任务，如图 3-414 所示。

任务编码	任务名称	执行角色	执行人	任务类型
KF002120-2-001	根据发票填写支出凭单	人力资源助理	6	手工操作
KF002120-2-002	审核支出凭单	人力资源部经理	15	手工操作
KF002120-2-003	审核支出凭单	费用会计	11	手工操作
KF002120-2-004	审核支出凭单	财务部经理	8	手工操作
KF002120-2-005	支付现金	出纳	9	手工操作
KF002120-2-006	填制记账凭证	费用会计	11	手工操作
KF002120-2-007	审核记账凭证	财务部经理	8	手工操作
KF002120-2-008	登记现金日记账	出纳	9	手工操作
KF002120-2-009	登记科目明细账	费用会计	11	手工操作

图 3-414　依次完成任务

六、线下填单

好佳童车厂人力资源助理，需依据线上操作流程中子任务的顺序，与任务相关人员一起完成单据的填制和信息传递。整个过程中，好佳童车厂人力资源助理要学会办理培训费报销的业务流程，并会填写支出凭单。支出凭单样例如图 3-415 所示。

支 出 凭 单

新道教学专用 seentao

部门：人力资源部　　　2012 年 1 月 8 日　　　预算项目：日常费用

即　付：培训费

_____ 款

计人民币
（大写）：叁万元整　　　　　　　　　　　　　　　　Ｙ　30 000.00

☑现金　　　□支票　　　□电汇

领 款 人：肖红

| 会计
主管 | 朱中华 | 出纳
付讫 | 赵丹 |

部门经理：张万军　　　财务部经理：钱坤　　　总经理：梁天

图 3-415　填制支出凭单样例

任务七　组织人员培训

一、任务描述

组织机构为了提高工作效率和个人对职业发展的满足程度，会定期或不定期对在职员工进行职业培训活动，在职人员培训一般分为一线员工的技术培训和管理人员的能力提升培训。管理人员的培训一般由人力资源部委托外部专业培训机构提供，培训完成后财务部根据培训费发票向专业培训机构支付培训费。一线员工的技术培训由企业内部组织。

二、情景导入

2012 年 1 月，北京融通综合服务有限公司组织好佳童车厂在职员工进行岗位培训，相关数据如表 3-173 所示。

表 3-173　业务数据

培训日期	受训对象	人数	形式	项目名称
2012 年 1 月 8 日	管理人员	18 人	讲座	各部门岗位职责

三、知识储备

1. 组织培训

组织培训是人力资本投资的重要形式，是组织为了提高劳动生产率和个人对职业的满足程度，直接有效地为组织生产经营服务，从而采取各种方法，对组织各类人员进行教育培训的投资活动。

2. 在职人员培训形式

我国在职培训的形式：基本上采用在岗业余培训和离岗专门培训两种方式进行。在岗业余培训一般采用岗位培训、各种短期培训班、系列讲座、各类培训中心以及成人教育和高等教育自学考试等形式。离岗专门培训的具体形式，通常有各类职业中学和职工大学，或委托大专职业院校、科研机构进行代培等形式。

四、实施步骤

服务公司业务员，进行企业组织在职人员培训，具体流程如表3-174所示。

表3-174　组织人员培训业务流程

序号	操作步骤	角色	操作内容
1	发布培训通知	服务公司业务员	1. 依据培训计划表安排，确认讲师、培训内容、培训时间安排 2. 确定培训场地，并做好培训场地布置工作 3. 服务公司业务员自拟培训并通知至受训人，告知其培训时间、地点、培训内容等
2	组织培训	服务公司业务员	1. 清点受训人员，查看是否全部到齐，组织受训人员在"培训签到表"上签字 2. 联系未到人员，对没有参加培训的人员做好登记 3. 维护培训现场秩序，做好讲师与受训者之间的互动沟通工作
3	培训满意度调查	服务公司业务员	1. 培训完成后，组织受训者填写"培训满意度调查问卷" 2. 回收"培训满意度调查问卷"，清点份数，督办未提交人员立即填写后交回
4	总结培训结果	服务公司业务员	1. 以培训签到表、培训满意度调查问卷及培训进行效果为依据进行培训分析 2. 撰写总结报告并存档 3. 依据培训计划表总结培训执行情况 4. 对培训总结报告内容加以了解和备份 5. 为再次制订培训计划做积累

(续表)

序号	操作步骤	角色	操作内容
5	开具发票、收取费用	服务公司业务员	1. 根据培训具体内容与参训人数确定培训费用，并开具发票，要求学员交给人力资源部(学员)并告知人力资源部(学员)尽快付款 2. 向各企业人力资源部门(学员)收取费用 注意：培训费一律只收取现金

五、线上操作

为完成组织人员培训任务，服务公司业务员需进入 VBSE 系统，进行"服务公司组织在职人员培训"操作。操作步骤如下。

(1) 输入用户名和密码进入系统，如图 3-416 所示。

(2) 单击任务中心任务，进入流程界面，如图 3-417 所示。

图 3-416　输入用户名和密码

图 3-417　单击任务中心

(3) 依据流程界面所列任务，依次完成任务，如图 3-418 所示。

任务编码	任务名称	执行角色	执行人	任务类型
KF004166-2-001	发布培训通知	服务公司业务员	22	手工操作
KF004166-2-002	组织培训	服务公司业务员	22	手工操作
KF004166-2-003	培训满意度调查	服务公司业务员	22	手工操作
KF004166-2-004	总结培训结果	服务公司业务员	22	手工操作
KF004166-2-005	开具发票、收取费用	服务公司业务员	22	手工操作

图 3-418　依次完成任务

六、线下填单

(1) 培训开始前请各位参训学员签到，签到表样例如图 3-419 所示。

新道教学专用
seentao

培 训 签 到 表

培训日期：2012.1.8			培训主题：各部门岗位职责		
培训时间：具体时间段		参与人数：实际签到人数		主持人：培训讲师姓名	
姓名		姓名		姓名	

图 3-419 培训签到表样例

(2) 培训完成后，组织受训者填写“培训满意度调查问卷”，样例如图 3-420 所示。

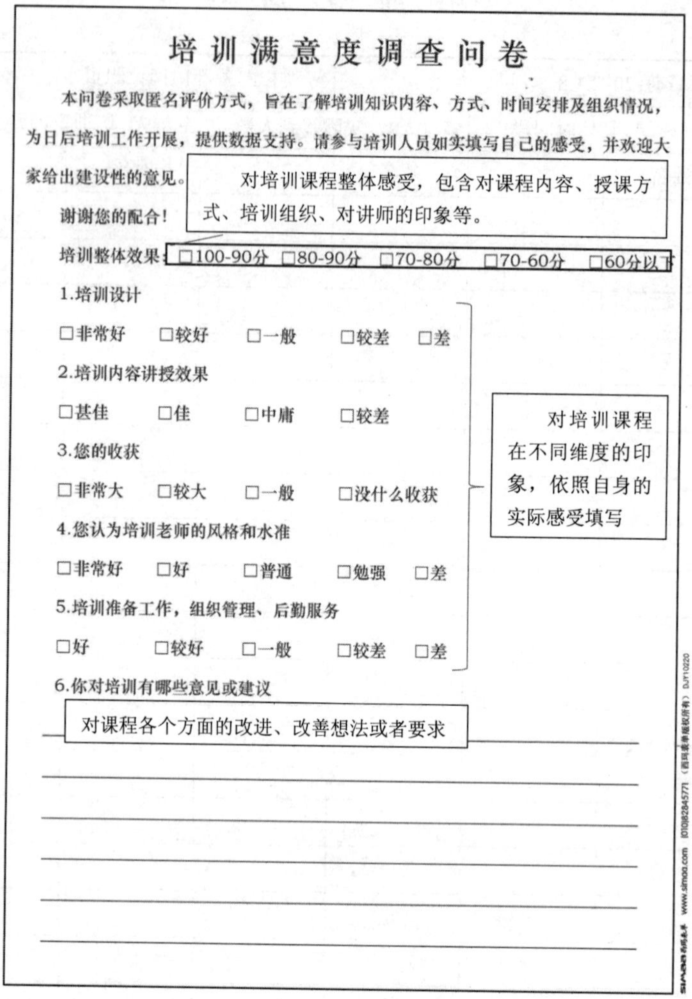

培训满意度调查问卷

本问卷采取匿名评价方式，旨在了解培训知识内容、方式、时间安排及组织情况，为日后培训工作开展，提供数据支持。请参与培训人员如实填写自己的感受，并欢迎大家给出建设性的意见。

谢谢您的配合！

对培训课程整体感受，包含对课程内容、授课方式、培训组织、对讲师的印象等。

培训整体效果：□100-90分 □80-90分 □70-80分 □70-60分 □60分以下

1.培训设计

□非常好 □较好 □一般 □较差 □差

2.培训内容讲授效果

□甚佳 □佳 □中庸 □较差

3.您的收获

□非常大 □较大 □一般 □没什么收获

4.您认为培训老师的风格和水准

□非常好 □好 □普通 □勉强 □差

5.培训准备工作，组织管理、后勤服务

□好 □较好 □一般 □较差 □差

对培训课程在不同维度的印象，依照自身的实际感受填写

6.你对培训有哪些意见或建议

对课程各个方面的改进、改善想法或者要求

图 3-420 “培训满意度调查问卷”样例

任务八 人力资源部借款

一、任务描述

新团队接受部门经营后各部门需要借一定金额的备用金，在 VBSE 实训中各部门备用金额均需要 500.00 元。借款时员工需填写借款单，经部门主管、财务部经理审批后，到出纳处领取

现金，财务做记账处理。

二、情景导入

2012 年 1 月 8 日，好佳童车厂人力资源部的现金不足，需要向财务部门申请借款 500.00 元作为部门日常备用金。

三、知识储备

公司的日常费用包括办公费、差旅费、通信费等。有些业务可以先借款，再报销；有些业务费用发生后直接持票报销。

四、实施步骤

人力资源部助理从财务部领取借款单，按以下工作流程完成人力资源部借款任务。操作步骤如表 3-175 所示。

表 3-175　人力资源部借款业务操作步骤一览表

序号	操作步骤	角色	操作内容
1	填写借款单	人力资源助理	1. 去出纳处领取借款单 2. 填写借款单，借款 500.00 元作为部门备用金 3. 将借款单送人力资源部经理审核 4. 将借款单送财务部门经理审核 5. 将审核后的借款单送出纳处领取现金
2	审核借款单	人力资源部经理	1. 审核借款单填写的准确性 2. 审核借款业务的真实性 3. 审核无误，签字
3	审核借款单	财务部经理	1. 审核借款单填写的准确性 2. 审核借款业务的真实性 3. 审核无误，签字
4	支付现金	出纳	1. 接收人力资源助理交给的已审核过的借款单 2. 支付现金 500.00 元给借款人 3. 将借款单交给费用会计(成本会计兼)做凭证
5	填制记账凭证	费用会计(成本会计兼)	1. 接收出纳交给的借款单 2. 填制记账凭证，将借款单粘贴在后面作附件 3. 送财务经理审核
6	审核记账凭证	财务部经理	1. 接收财务会计交给的记账凭证，进行审核 2. 审核后，交给出纳登记现金日记账

(续表)

序号	操作步骤	角色	操作内容
7	登记现金日记账	出纳	1. 接收财务部经理审核后的记账凭证 2. 根据记账凭证登记现金日记账 3. 将记账凭证交给费用会计登记科目明细账
8	登记科目明细账	费用会计 (成本会计兼)	1. 接收出纳交给的记账凭证 2. 根据记账凭证登记科目明细账

五、线上操作

为完成人力资源部借款任务，好佳童车厂人力资源部助理进入系统，单击 VBSE 软件任务中心的"人力资源部借款>>填写借款单"选项，依据流程完成操作。操作步骤如下。

(1) 输入用户名和密码进入系统，如图 3-421 所示。

(2) 单击任务中心任务，进入流程界面，如图 3-422 所示。

图 3-421　输入用户名和密码

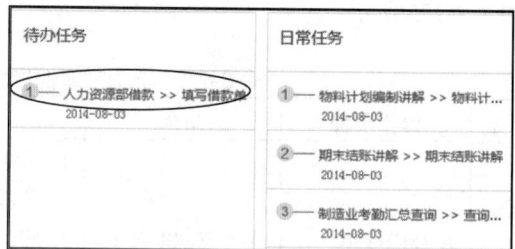

图 3-422　单击任务中心

(3) 依据流程界面所列任务，依次完成任务，如图 3-423 所示。

任务编码	任务名称	执行角色	执行人	任务类型
KF002076-2-001	填写借款单	人力资源助理	6	手工操作
KF002076-2-002	审核借款单	人力资源部经理	15	手工操作
KF002076-2-003	审核借款单	财务部经理	8	手工操作
KF002076-2-004	支付现金	出纳	9	手工操作
KF002076-2-005	填制记账凭证	费用会计	11	手工操作
KF002076-2-006	审核记账凭证	财务部经理	8	手工操作
KF002076-2-007	登记现金日记账	出纳	9	手工操作
KF002076-2-008	登记科目明细账	费用会计	11	手工操作

图 3-423　依次完成任务

六、线下填单

好佳童车厂的人力资源助理，需依据线上操作流程中子任务的顺序，与任务相关人员一起完成单据的填制和信息传递。整个过程中，好佳童车厂人力资源助理要学会办理借款的业务流程，并会填写“借款单”，借款单填制样例如图 3-424 所示。

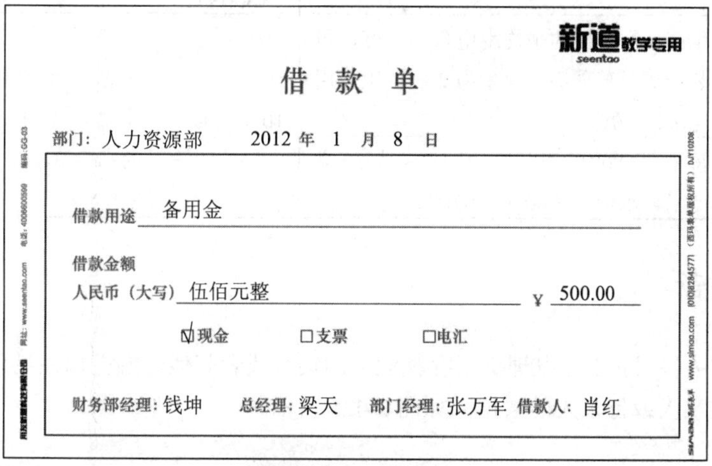
新道教学专用 seentao

借　款　单

部门：人力资源部　　2012 年 1 月 8 日

借款用途　备用金

借款金额

人民币（大写）伍佰元整　　¥ 500.00

☑现金　□支票　□电汇

财务部经理：钱坤　总经理：梁天　部门经理：张万军　借款人：肖红

图 3-424　填制借款单

项目十一　制造企业财务成本业务

项目概述：

成本核算一直是工业企业日常经营管理的一项基础工作，随着国内外市场竞争程度的加剧，加强成本核算管理成为企业发展的必然趋势。

成本核算应当与加强企业经营管理相结合，所提供成本信息应当满足企业经营管理和决策的需要。

任务一　支付水电费

一、任务描述

制造企业依据水电费收费标准，及本企业本期所耗用水电数量，计算应交水电费金额，并开具相应转账支票。

制造企业(好佳童车厂)的水电费由服务公司收取。

二、情景导入

依据采购订单，好佳童车厂将原材料款支付给恒通橡胶厂。业务数据如表 3-176 所示。

表 3-176　业务数据

序号	项目	收费标准	金额合计	备注
1	水费	生产一个车架的平均用电量为 3 度，组装一辆童车平均用电量为 2 度。工业用电 1.5 元/度	10 000.00	根据系统设计，企业需要在 2012 年 1 月交纳 2011 年 10 月的水电费
2	电费	每生产 5000 个车架平均用水量为 30 立方米。水价为 3.00 元/立方米		

三、知识储备

支票是出票人签发，委托办理支票存款业务的银行或者其他金融机构在见票时无条件支付确定的金额给收款人或持票人的票据，如图 3-425 所示。

图 3-425　转账支票样图

四、实施步骤

依据水电费收费标准，及本企业本期所耗用水电数量，计算应交水电费金额，确认好佳童车厂应付水电费款项情况,按照表 3-177 所示步骤,完成水电费的支付(制造企业的水电费由服务公司收取)。

表 3-177　制造业支付水电费业务流程

序号	操作步骤	角色	操作内容
1	填写支出凭单	费用会计	1. 填写支出凭单,并将水电费发票粘贴在后面 2. 将支出凭单送交财务部经理审核
2	审核支出凭单	财务部经理	1. 审核支出凭单填写的准确性 2. 审核水电费支出业务的真实性 3. 审批签字
3	办理支付手续	出纳	1. 接收财务经理签批后的费用支出凭单 2. 签发转账支票并盖章
4	登记支票登记簿	出纳	根据支票内容登记支票登记簿
5	填制记账凭证	费用会计	1. 接收出纳传递来的支票存根及支出凭单 2. 填制记账凭证 3. 送财务部经理审核
6	审核记账凭证	财务部经理	1. 接收费用会计交给的记账凭证,进行审核 2. 审核后,交给出纳登记银行存款日记账
7	登记银行日记账	出纳	1. 接收财务部经理交给的审核后的记账凭证 2. 根据记账凭证登记银行存款日记账 3. 将记账凭证交给费用会计登记科目明细账
8	登记科目明细账	费用会计	1. 接收出纳交给的记账凭证 2. 根据记账凭证登记费用科目明细账
9	收取水电费并开具发票	服务公司业务员	1. 接收客户总经理送来的转账支票 2. 开具水电费发票 3. 将发票交给费用会计

五、线上操作

为完成水电费支付任务,线上好佳童车厂费用会计进入系统,单击 VBSE 软件任务中心的"支付水电费(制造企业)"选项,依据任务流程图—支付水电费(制造企业)完成流程操作。操作步骤如下。

(1) 输入用户名和密码进入系统,如图 3-426 所示。

(2) 单击任务中心任务,进入流程界面,如图 3-427 所示。

(3) 依据流程界面所列任务,依次完成任务,如图 3-428 所示。

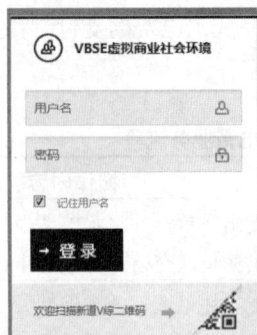

图 3-426　输入用户名和密码　　　　　　图 3-427　单击任务中心

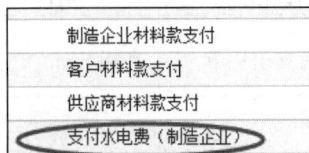

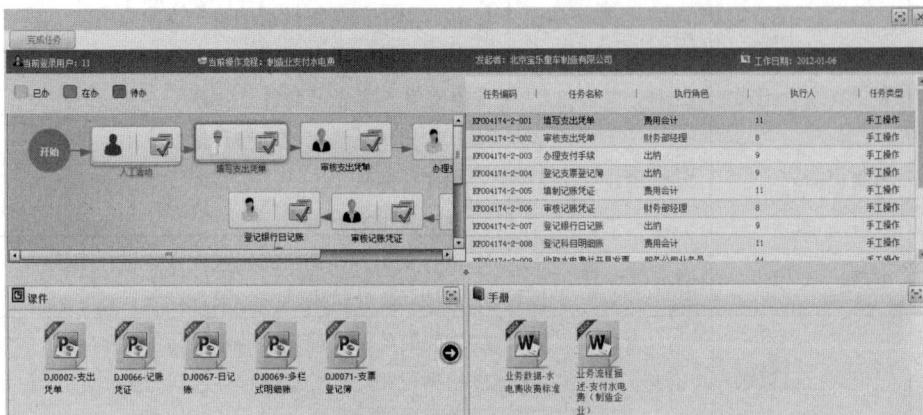

图 3-428　依次完成任务

六、线下填单

好佳童车厂费用会计，需依据线上操作流程中子任务的顺序，与任务相关人员一起完成单据的填制和信息传递。整个过程中，好佳童车厂要学会填制转账支票。转账支票填制样例如图 3-429 所示。

图 3-429　转账支票填制样例

任务二　购买增值税发票

一、任务描述

增值税专用发票与普通发票不同，由于实行凭发票注明税款扣税，购货方要向销货方支付增值税，所以增值税专用发票具有完税凭证的作用。更重要的是，增值税专用发票将一个产品的最初生产到最终的消费之间各环节联系起来，保持了税赋的完整，体现了增值税的作用。增值税专用发票是由国家税务总局监制设计印制的，只限于增值税一般纳税人领购使用。

二、情景导入

依据企业预计销售业务量的多少，好佳童车厂税务会计确定应购买的增值税发票限额及对应数量，在 VBSE 系统中录入相关信息。

三、知识储备

1. 发票

发票是指一切单位和个人在购销商品、提供劳务或接受劳务、服务以及从事其他经营活动，所提供给对方的收付款的书面证明，是财务收支的法定凭证，是会计核算的原始依据，也是审计机关、税务机关执法检查的重要依据。

2. 增值税专用发票

增值税专用发票是由国家税务总局监制设计印制的，只限于增值税一般纳税人领购使用的，既作为纳税人反映经济活动中的重要会计凭证又是兼记销货方纳税义务和购货方进项税额的合法证明，是增值税计算和管理中重要的决定性的合法的专用发票，如图 3-430 所示。

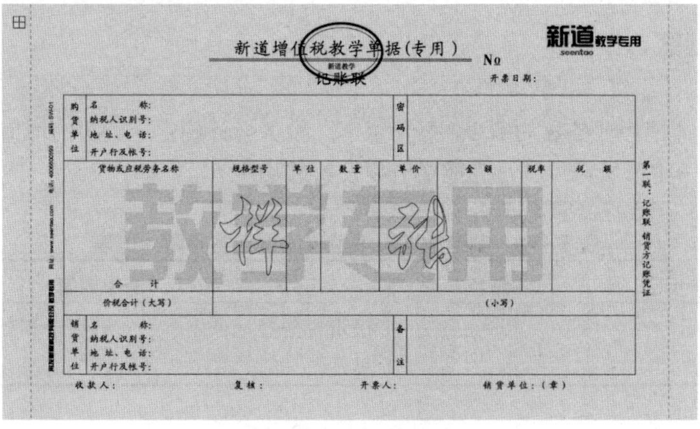
新道增值税教学单据（专用）
No
记账联
开票日期：

购货单位	名　称： 纳税人识别号： 地　址、电　话： 开户行及帐号：	密码区					
货物或应税劳务名称	规格型号	单位	数量	单价	金额	税率	税额
合　计							
价税合计（大写）					（小写）		
销货单位	名　称： 纳税人识别号： 地　址、电　话： 开户行及帐号：	备注					

收款人：　复核：　开票人：　销货单位：（章）

第一联：记账联　销货方记账凭证

图 3-430　发票样图

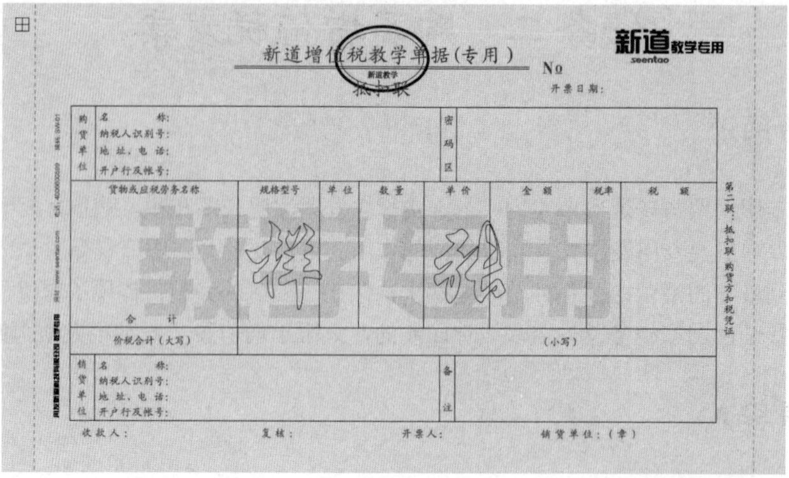

新道增值税教学单据(专用)

抵扣联

No

开票日期:

购货单位 名称: 纳税人识别号: 地址、电话: 开户行及帐号: | 密码区

货物或应税劳务名称	规格型号	单位	数量	单价	金额	税率	税额
合计							
价税合计(大写)					(小写)		

销货单位 名称: 纳税人识别号: 地址、电话: 开户行及帐号: | 备注

收款人: 复核: 开票人: 销货单位:(章)

第二联:抵扣联 购货方扣税凭证

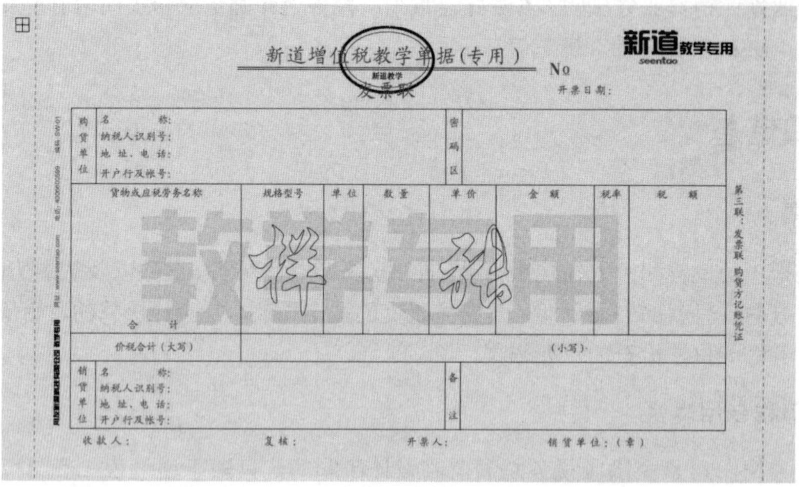

新道增值税教学单据(专用)

发票联

No

开票日期:

购货单位 名称: 纳税人识别号: 地址、电话: 开户行及帐号: | 密码区

货物或应税劳务名称	规格型号	单位	数量	单价	金额	税率	税额
合计							
价税合计(大写)					(小写)		

销货单位 名称: 纳税人识别号: 地址、电话: 开户行及帐号: | 备注

收款人: 复核: 开票人: 销货单位:(章)

第三联:发票联 购货方记账凭证

图 3-430(续)

四、实施步骤

依据企业预计销售业务量的多少，好佳童车厂税务会计确定应购买的增值税发票限额及对应数量，按照表 3-178 所示步骤，完成增值税发票的购买。

表 3-178 制造业购买增值税发票业务步骤一览表

序号	操作步骤	角色	操作内容
1	去税务局购买发票	税务会计	携带税务登记证副本、发票存根和财务章到税务局购买发票

(续表)

序号	操作步骤	角色	操作内容
2	销售发票并扣款	国税局专管员	1. 在系统中销售增值税发票 2. 系统通过网银扣划购买企业银行存款相当于发票工本费的金额 3. 将发票交购票企业
3	开具收费凭证	国税局专管员	根据系统扣款金额开具收费凭证
4	编制记账凭证	费用会计	1. 接收税务会计交来的收费凭证 2. 编制记账凭证
5	审核记账凭证	财务部经理	财务经理审核记账凭证
6	登记银行存款日记账	出纳	1. 接收财务经理审核过的记账凭证 2. 登记银行存款日记账
7	登记科目明细账	费用会计	1. 接收出纳交来的记账凭证 2. 登记科目明细账

五、线上操作

为完成购买增值税发票任务,线上好佳童车厂税务会计进入系统,单击 VBSE 软件任务中心的"购买增值税发票(制造企业)"选项,依据任务流程图—购买增值税发票(制造企业)完成流程操作。操作步骤如下。

(1) 输入用户名和密码进入系统,如图 3-431 所示。

(2) 单击任务中心任务,进入流程界面,如图 3-432 所示。

图 3-431　输入用户名和密码

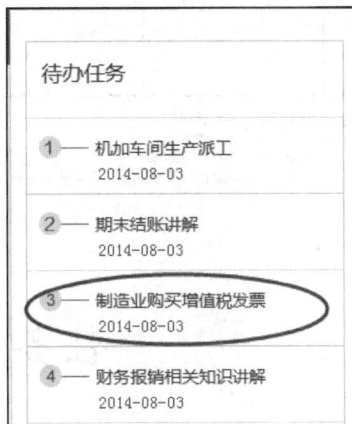

图 3-432　单击任务中心任务

(3) 依据流程界面所列任务,依次完成任务,如图 3-433 所示。

<004177-2>购买增值税发票

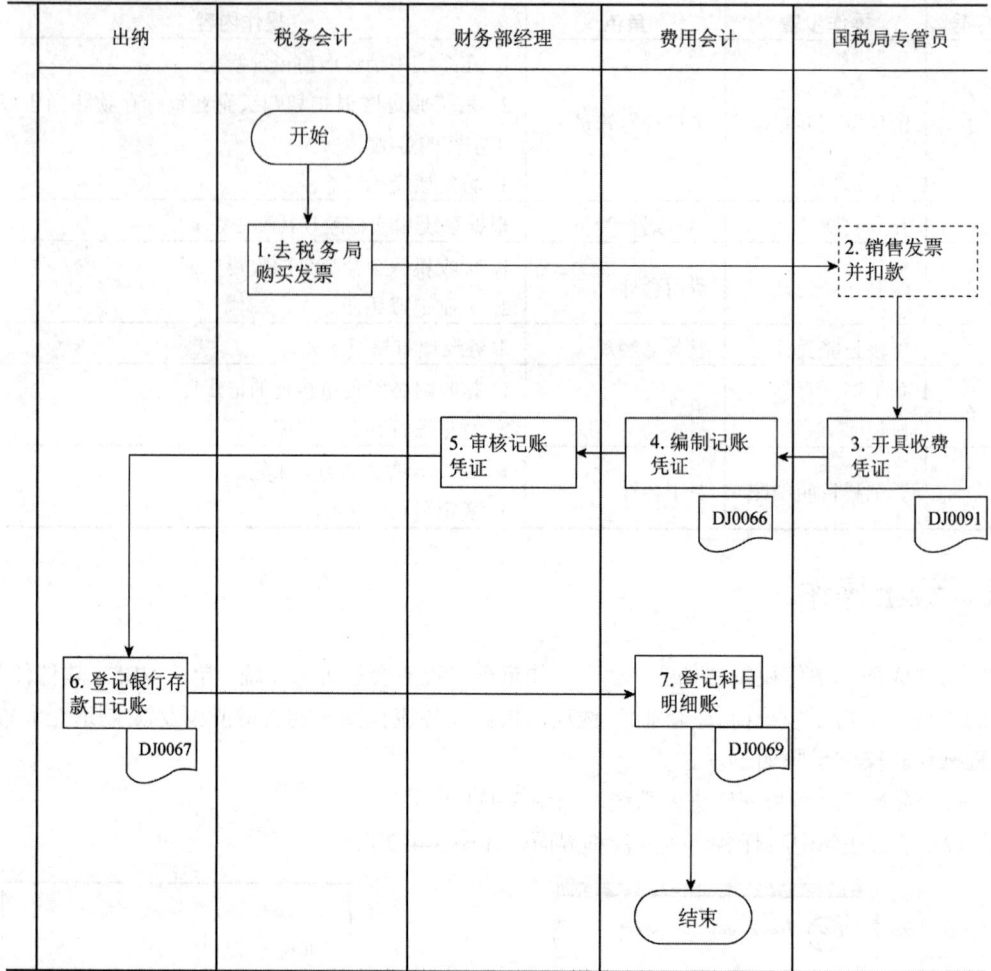

注：<DJ0066>：记账凭证
<DJ0067>：日记账
<DJ0069>：多栏式明细账
<DJ0091>：北京市行政事业单位资金往来结算票据

图 3-433　依次完成任务

任务三　处理借款工作

一、任务描述

预支备作差旅费、零星采购等用的备用金，一般按估计需用数额领取，支用后一次报销，多退少补。前账未清，不得继续预支。

二、情景导入

为方便公司各部门工作人员结算因公需要而发生的零星开支、业务采购、差旅费报销等款项。新团队接手部门经营后各部门需借一定金额的备用金，在 VBSE 中各部门备用金金额均为 500.00 元。业务数据如表 3-179 所示。

表 3-179　业务数据

序号	部门	核算科目	金额	借款人
1	企管部	其他应收款/备用金	500.00	林晨

三、知识储备

备用金是企业、机关、事业单位或其他经济组织等拨付给非独立核算的内部单位或工作人员备作差旅费、零星采购、零星开支等用的款项。需由相关人员填写借款单据，如图 3-434 所示。

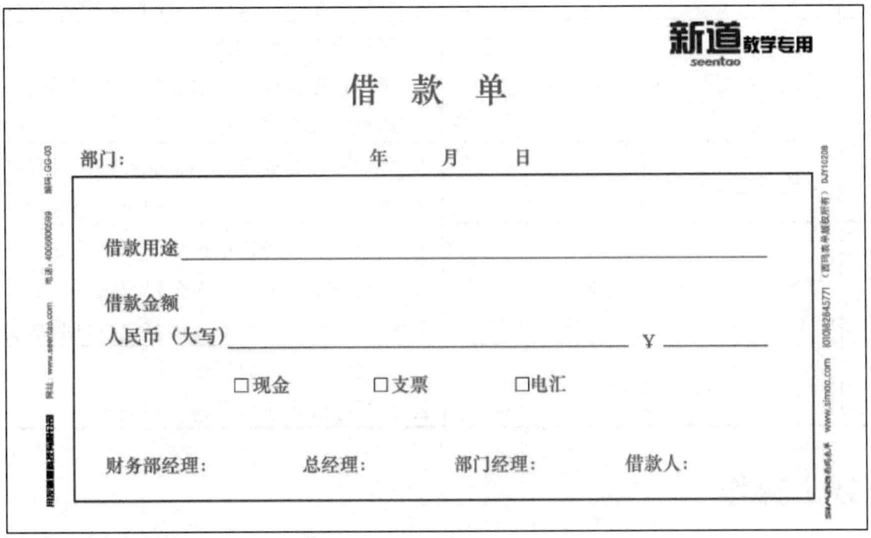
新道教学专用
seentao

借　款　单

部门:　　　　　　　　　年　　月　　日

借款用途____________________

借款金额

人民币（大写）____________________　¥________

□现金　　　□支票　　　□电汇

财务部经理:　　总经理:　　部门经理:　　借款人:

图 3-434　借款单样图

四、实施步骤

依据公司规章制度，好佳童车厂内部各部门备用金金额为 500.00 元，企业管理部门行政助理填写借款单，经部门主管、财务部经理审批后，到出纳处领取现金，财务做记账处理。按照表 3-180 所示步骤，完成企业管理部备用金借款工作。

表 3-180　企业管理部借款业务步骤一览表

序号	操作步骤	角色	操作内容
1	填写借款单	行政助理	1. 去出纳处领取借款单 2. 填写借款单，借款 500.00 元作为部门备用金 3. 将借款单送部门经理(总经理兼)审核 4. 将借款单送财务部经理审核 5. 将审核后的借款单送出纳处领取现金
2	审核借款单	企管部经理	1. 审核借款单填写的准确性 2. 审核借款业务的真实性 3. 审核无误，签字
3	审核借款单	财务部经理	1. 审核借款单填写的准确性 2. 审核借款业务的真实性 3. 审核无误，签字
4	支付现金	出纳	1. 接收行政助理交给的已审核过的借款单 2. 支付现金 500.00 元给借款人 3. 将借款单交给费用会计(由成本会计兼)做凭证
5	填制记账凭证	费用会计	1. 接收出纳交给的借款单 2. 填制记账凭证，将借款单粘贴在后面作为附件 3. 送财务部经理审核
6	审核记账凭证	财务部经理	1. 接收财务会计交给的记账凭证，进行审核 2. 审核后，交给出纳登记现金日记账
7	登记现金日记账	出纳	1. 接收财务部经理审核后的记账凭证 2. 根据记账凭证登记现金日记账 3. 将记账凭证交财务会计登记科目明细账
8	登记科目明细账	财务会计	1. 接收出纳交给的记账凭证 2. 根据记账凭证登记科目明细账

五、线上操作

为完成备用金借款任务，线上好佳童车厂企管部行政助理进入系统，单击 VBSE 软件任务中心的"企业管理部借款"选项，依据任务流程图—企业管理部借款(制造企业)完成流程操作。操作步骤如下。

(1) 输入用户名和密码进入系统，如图 3-435 所示。

(2) 单击任务中心任务，进入流程界面，如图 3-436 所示。

(3) 依据流程界面所列任务，依次完成任务，如图 3-437 所示。

图 3-435 输入用户名和密码

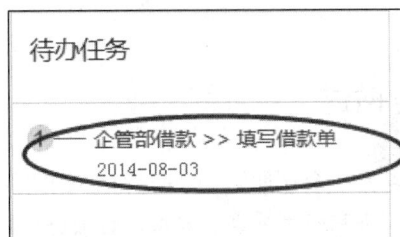

图 3-436 单击任务中心任务

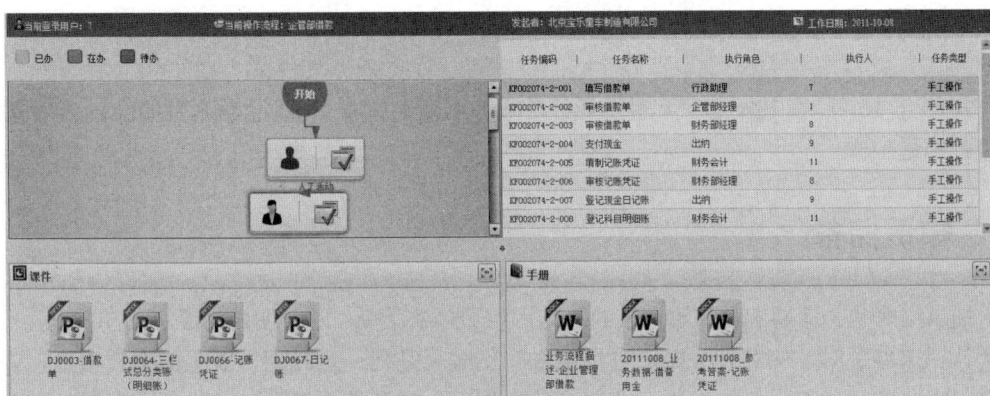

图 3-437 依次完成任务

六、线下填单

好佳童车厂企管部行政助理需依据线上操作流程中子任务的顺序，与任务相关人员一起完成单据的填制和信息传递。整个过程中，好佳童车厂要学会填制借款单、记账凭证，并登记账簿。借款单填制样例如图 3-438 所示。

图 3-438 借款单填制样例

任务四　期末结账

一、任务描述

为了总结某一会计期间(如月度和年度)的经营活动情况，必须定期进行结账。结账之前，按企业财务管理和成本核算的要求，必须进行制造费用、产品生产成本的结转，期末调汇及损益结转等工作。若为年底结转，还必须结转"本年利润""利润分配"账户。

二、情景导入

2011 年 10 月，好佳童车厂本月企业经济业务已发生完成，为了总结本月的经营活动情况，现进行结账工作。

三、知识储备

期末结账是会计期末对账簿记录的总结。为了总结反映一定时期内的经济活动情况，在每个会计期末终了时，应对有关账户进行结账。结账就是把一定时期内发生的会计事项，在全部登记入账的基础上，结算出每一个账户的本期发生额和期末余额，并将期末余额结转到下期的方法。

期末结账包括科目汇总、期末结转和确认本期财务成果几项工作。

1. 科目汇总

出纳、财务会计和成本会计分别根据科目明细账进行科目汇总。科目汇总表如图 3-439 所示。

2. 期末结转

财务会计将本期发生的"收入"和"费用"类科目结转；计算并结转所得税。成本会计结转产成品及主营业务成本。

3. 结账

为了正确反映一定时期内在账簿中记录的经济业务，总结有关经济业务活动和财务状况，各单位必须在每一个会计期末结账。

结账是在将本期内所发生的经济业务全部登记入账并对账无误的基础上，按照规定的方法对该期内的账簿记录进行小结，结算出本期发生额合计数和余额，并将其余额结转至下期或者转入新账。

4. 编制财务报告

财务部经理编制企业资产负债表和利润表。

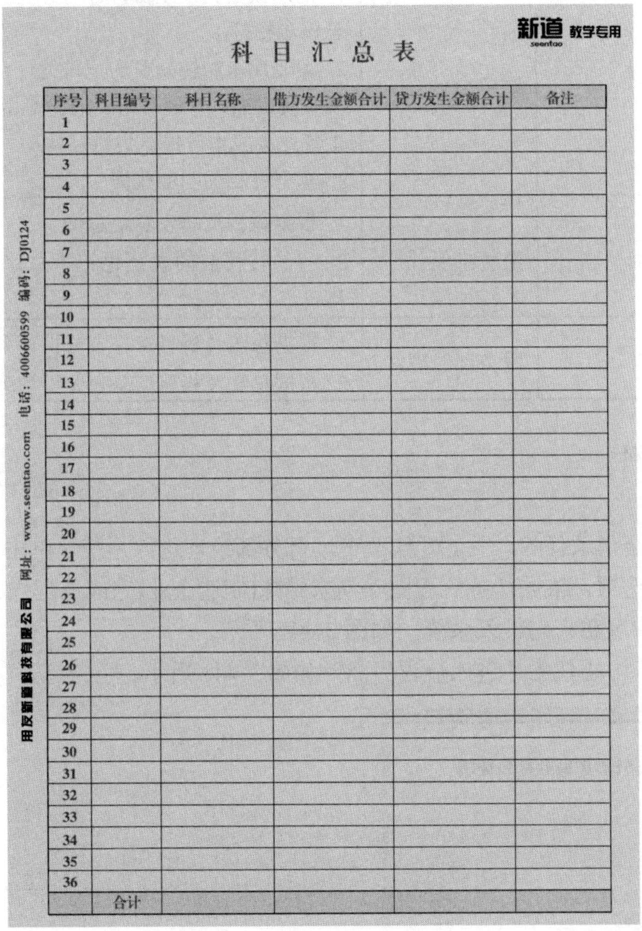
新道 seentao 教学专用

科 目 汇 总 表

序号	科目编号	科目名称	借方发生金额合计	贷方发生金额合计	备注
1					
2					
3					
4					
5					
6					
7					
8					
9					
10					
11					
12					
13					
14					
15					
16					
17					
18					
19					
20					
21					
22					
23					
24					
25					
26					
27					
28					
29					
30					
31					
32					
33					
34					
35					
36					
	合计				

用友新道科技有限公司　网址：www.seentao.com　电话：4006600599　编码：DJ0124

图 3-439　科目汇总表样图

四、实施步骤

好佳童车厂财务人员需核查账簿，按权责发生制的原则，将收入和费用归属于各个相应的会计期间，并编制结账分录。按照表 3-181 所示步骤，完成期末结账工作。

表 3-181　期末结账业务步骤一览表

序号	操作步骤	角色	操作内容
1	编制科目汇总表	财务部经理	1. 根据各职能会计及出纳所记科目明细账进行科目汇总 2. 编制科目汇总表，并试算平衡

（续表）

序号	操作步骤	角色	操作内容
2	期末结转	财务会计	1. 汇总损益类发生额，并与财务经理所编制的科目汇总表核对相符 2. 编制期末结转损益的记账凭证，结转收入、主营业务税金及附加、管理费用、销售费用、财务费用、所得税、主营业务成本等损益类科目 3. 登记各相关明细账簿
3	登记总账	财务部经理	1. 根据科目汇总表登记总账 2. 将结转损益的凭证也记入总账，并结清当期损益类科目
4	出具报表	财务部经理	1. 根据总账及科目汇总表分析填列资产负债表 2. 根据总账及科目汇总表分析填列利润表

五、线上操作

为完成备用金借款任务，线上好佳童车厂财务部经理进入系统，单击 VBSE 软件任务中心的"期末结账"选项，依据任务流程图—期末结账(制造企业)完成流程操作。操作步骤如下。

(1) 输入用户名和密码进入系统，如图 3-440 所示。

(2) 单击任务中心任务，进入流程界面，如图 3-441 所示。

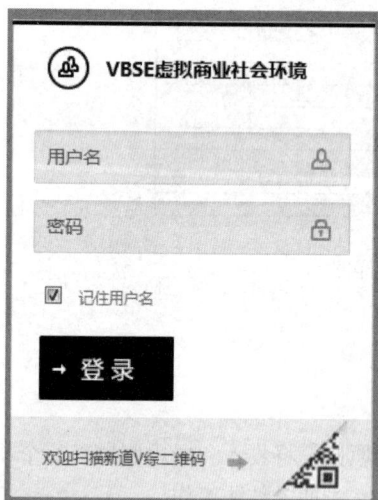

图 3-440 输入用户名和密码

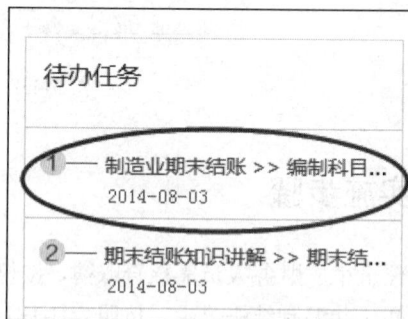

图 3-441 单击任务中心任务

(3) 依据流程界面所列任务，依次完成任务，如图 3-442 所示。

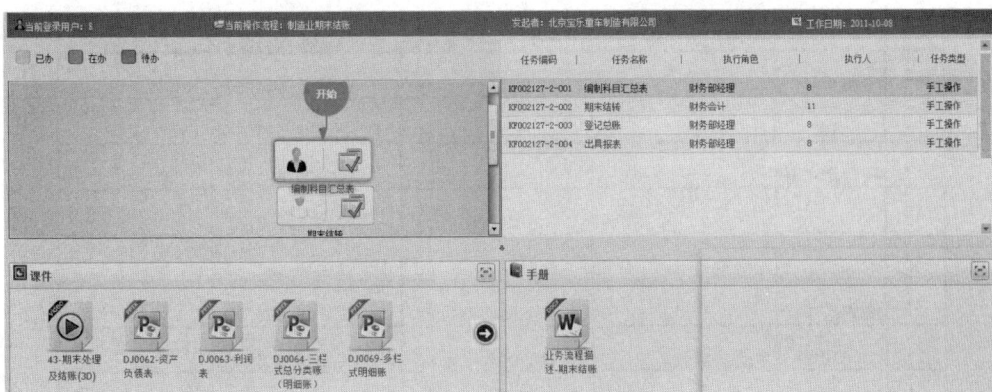

图 3-442 依次完成任务

六、线下填单

好佳童车厂财务部人员需依据线上操作流程中子任务的顺序，与任务相关人员一起完成账簿的审核、凭证和报表的填制等。整个过程中，好佳童车厂要学会填制科目汇总表、记账凭证、资产负债表及利润表。相关单据样例如图 3-443～图 3-445 所示。

科目汇总表

序号	科目号	科目名称	借方金额合计	贷方金额合计	备注
1	1001	库存现金	15,000.00	6,470.00	
2	1002	银行存款	6,159,839.18	5,114,470.40	
3	1122	应收账款	15,215,176.08	6,148,971.88	
4	1221	其他应收款	500.00	500.00	
5	1401	材料采购	3,108,000.00	3,108,000.00	
6	1403	原材料	5,313,137.28	5,201,509.64	
7	1405	库存商品	8,465,871.59	9,854,355.74	
8	1601	固定资产	0.00	10,000.00	
9	1602	累计折旧	8,391.68	75,472.33	
10	1606	固定资产清理	1,608.32	1,608.32	
11	资产小计		38,287,524.13	29,521,358.31	
12	2202	应付账款	3,636,360.00	7,065,260.00	
13	2203	预收账款	3,391,249.68	3,391,249.68	
14	2211	应付职工薪酬	931,888.77	941,104.50	

图 3-443 科目汇总表填制样例

15	2221	应交税费	2,570,873.71	4,095,031.21	
16		负债小计	10,530,372.16	15,492,645.39	
17	4103	本年利润	0.00	2,629,693.86	
18		权益类小计	0.00	2,629,693.86	
19	5001	生产成本	6,067,910.14	7,242,108.87	
20	5101	制造费用	866,400.50	866,400.50	
21		成本类小计	6,934,310.64	8,108,509.37	
22	6001	主营业务收入	13,004,424.00	13,004,424.00	
23	6401	主营业务成本	9,854,355.74	9,854,355.74	
24	6403	营业税金及附加	201,887.05	201,887.05	
25	6601	销售费用	159,853.51	159,853.51	
26	6602	管理费用	168,401.14	168,401.14	
27	6603	财务费用	-9,767.30	-9,767.30	
28		损益类小计	23,379,154.14	23,379,154.14	
29		合计	79,131,361.07	79,131,361.07	

图 3-443(续)

资产负债表

编制单位:北京新锐电器有限公司　　2012 年　　9 月　　30 日

会企01表
单位:元

资　产	行次			负债和所有者权益 (或股东权益)	行次	期末余额	年初余额
流动资产:				流动负债:			
货币资金	1	7,660,258.48	6,580,597.00	短期借款	32		
交易性金融资产	2			交易性金融负债	33		
应收票据	3			应付票据	34		
应收账款	4	9,930,058.20	863,044.00	应付账款	35	4,291,470.00	862,570.00
预付款项	5			预收款项	36		
应收利息	6			应付职工薪酬	37	812,075.57	978,238.77
应收股利	7			应交税费	38	1,691,607.81	360,121.63
其他应收款	8	500.00		应付利息	39		
存货	9	1,576,325.11	4,026,496.73	应付股利	40		
一年内到期的非流动资产	10			其他应付款	41		
其他流动资产	11			一年内到期的非流动负债	42		
流动资产合计	12	19,167,141.79	11,470,137.73	其他流动负债	43		
非流动资产:				流动负债合计	44	6,795,153.38	2,200,930.40
可供出售金融资产	13			非流动负债:			
持有至到期投资	14			长期借款	45	2000000.00	2000000.00
长期应收款	15			应付债券	46		
长期股权投资	16			长期应付款	47		
投资性房地产	17			专项应付款	48		
固定资产	18	13,039,972.12	13,115,444.34	预计负债	49		
在建工程	19			递延所得税负债	50		
工程物资	20			其他非流动负债	51		

图 3-444　资产负债表填制样例

固定资产清理	21			非流动负债合计	52	2000000.00	2000000.00
生产性生物资产	22			负债合计	53	8795153.38	4200930.40
油气资产	23			所有者权益（或股东权益）：			
无形资产	24	804,666.67	804,666.67	实收资本（或股本）	54	10,000,000.00	10,000,000.00
开发支出	25			资本公积	55		
商誉	26			减：库存股	56		
长期待摊费用	27			盈余公积	57		
递延所得税资产	28			未分配利润	58	14,216,627.20	11,189,318.34
其他非流动资产	29			所有者权益（或股东权益）合计	59	24,216,627.20	21,189,318.34
非流动资产合计	30	13,844,638.79	13,920,111.01				
资产总计	31	33,011,780.58	25,390,248.74	负债和所有者权益(或股东权益)	60	33,011,780.58	25,390,248.74

图 3-444(续)

利润表

会企02表

编制单位： 　　　　2011 年 10 月　　　　单位:元

项　　目	行数	本期金额	上期金额
一、营业收入	1	2,240,000.00	
减：营业成本	2	1,416,880.00	
营业税金及附加	3		
销售费用	4	37,683.00	
管理费用	5	251,290.61	
财务费用	6		
资产减值损失	7		
加：公允价值变动收益（损失以"-"号填列	8		
投资收益（损失以"-"号填列）	9		
其中:对联营企业和合营企业的投资收益	10		
二、营业利润（亏损以"-"号填列）	11	534146.39	
加：营业外收入	12		
减：营业外支出	13		
其中：非流动资产处置损失	14		
三、利润总额（亏损总额以"-"号填列）	15	534146.39	
减：所得税费用	16		
四、净利润（净亏损以"-"号填列）	17	534146.39	
五、每股收益：	18		
（一）基本每股收益	19		
（二）稀释每股收益	20		

图 3-445　利润表填制样例

任务五　现金盘点

一、任务描述

现金盘点是证实资产负债表所列现金是否存在的一项重要程序，是审查现金的一种必不可少的技术方法。它通过对出纳员所保管的现金进行实地清查，以确定其实有数，并将其实有数与账面数进行核对，从而确定账实是否相符，有无挪用、短款等问题。

二、情景导入

为保证账实相符，避免出纳挪用公款，避免白条顶库，防止资产流失，现进行月末现金盘点。

三、知识储备

现金盘点制度是企业货币资金管理的核心制度。出纳每月均要进行现金盘点。现金盘点是指将现金的账存数与出纳手上实际的现钞进行核对，如果现金实存数大于账存数，就是现金溢余；如果现金实存数小于现金账存数，就是现金短缺。现金盘点过程中，应由相关人员填写库存现金盘点表，如图 3-446 所示。

新道教学专用

库存现金盘点表

清查基准日：　年　月　日　　清查日期：　年　月　日　　单位：元

货币面额	张数	金额	项目	金额
100元			基准日现金账面余额	
50元			加：清查基准日至清查日的现金收入	
20元			减：清查基准日至清查日的现金支出	
10元			减：借款单	
2元				
1元			调整后现金余额	
5角			实点现金	
2角			长款	
1角			短款	
5分				
2分				
1分				
实点合计				

监盘人：　　盘点人：

图 3-446　库存现金盘点表样图

四、实施步骤

依据公司财务制度，每月好佳童车厂相关会计人员应进行库存现金盘点工作，并由财务部经理监督盘点，核算现金溢余或短缺，并做好相关账务处理。按照表 3-182 所示步骤，完成现金盘点工作。

表 3-182 现金盘点业务步骤一览表

序号	操作步骤	角色	操作内容
1	查询现金 日记账余额	出纳	1. 查询现金日记账账面余额 2. 确定现金盘点时点，通知财务部经理监督盘点
2	盘点库存现金	出纳	1. 清点现金，填写现金盘点表 2. 出纳在现金盘点表上签字确认
3	监盘	财务部经理	1. 现金盘点时，财务部经理在场监督盘点 2. 财务部经理在现金盘点表上签字确认
4	填写现金 盘点报告单	出纳	根据盘点结果，填写现金盘点报告单
5	审核盘点报告单	财务部经理	审核出纳编制的现金盘点报告单

五、线上操作

为完成现金盘点任务，线上好佳童车厂财务部出纳进入系统，单击 VBSE 软件任务中心的"现金盘点"选项，依据任务流程图—现金盘点(制造企业)完成流程操作。操作步骤如下。

(1) 输入用户名和密码进入系统，如图 3-447 所示。

(2) 单击任务中心任务，进入流程界面，如图 3-448 所示。

图 3-447 输入用户名和密码

图 3-448 单击任务中心任务

(3) 依据流程界面所列任务，依次完成任务，如图 3-449 所示。

图 3-449 依次完成任务

六、线下填单

好佳童车厂财务部出纳人员需依据线上操作流程中子任务的顺序，与任务相关人员一起完成现金的盘点工作。整个过程中，好佳童车厂要学会查询账簿余额、填写现金盘点报告单。现金盘点表填制样例如图 3-450 所示。

库 存 现 金 盘 点 表

新道 教学专用
seentao

清查基准日：2011 年 10 月 28 日　　　清查日期：2011 年 10 月 28 日　　　　单位：元

货币面额	张 数	金 额	项　目	金 额
100元	120	12 000.00	基准日现金账面余额	0.00
50元	10	500.00	加：清查基准日至清查日的现金收入	0.00
20元	0	0.00	减：清查基准日至清查日的现金支出	0.00
10元	2	20.00	减：借款单	0.00
2元	0	0.00		
1元	0	0.00	调整后现金余额	12 520.00
5角	0	0.00	实点现金	12 520.00
2角	0	0.00	长款	
1角	0	0.00	短款	0.00
5分	0	0.00		
2分	0	0.00		
1分	0	0.00		
实点合计		12 520.00		

监盘人：　　　　　　　　　　盘点人：

图 3-450　现金盘点表填制样例

任务六　五险一金财务记账

一、任务描述

每月，出纳去银行领取社会保险、住房公积金委托扣款凭证，即付款通知单，并交财务会计记账处理。同时告知人力资源助理本月社会保险和住房公积金扣款金额。

二、情景导入

出纳去银行领取扣款回单。

三、知识储备

五险一金是指用人单位给予劳动者的几种保障性待遇的合称，包括养老保险、医疗保险、失业保险、工伤保险和生育保险，及住房公积金。

2016年3月23日"十三五"规划纲要提出，将生育保险和基本医疗保险合并实施。这意味着，未来随着生育保险和基本医疗保险的合并，人们熟悉的"五险一金"或将变为"四险一金"，医疗保险将与生育保险合并，有些大型企业会为员工购买福利，如人身意外险、重大疾病保险。

四、实施步骤

好佳童车厂财务部出纳去银行取回五险一金扣款回单，确认好佳童车厂五险一金款项，按照表3-183所示步骤，完成五险一金财务记账。

表3-183　五险一金财务记账业务步骤一览表

序号	操作步骤	角色	操作内容
1	去银行领取扣款回执	出纳	1. 去银行领取五险一金扣款回单 2. 告知人力资源助理五险一金扣款金额,以备其核对相关报表 3. 将从银行领取的社会保险、住房公积金委托扣款凭证——付款通知单交给财务会计填制记账凭证
2	填制记账凭证	财务会计	1. 接收出纳送来的社会保险、住房公积金委托扣款凭证——付款通知单 2. 编制记账凭证,并将附件粘贴在记账凭证后面 3. 将记账凭证交给财务部经理审核
3	审核并打印凭证	财务部经理	1. 接收财务会计送来的记账凭证 2. 审核记账凭证 3. 审核无误,将记账凭证交给出纳登记明细账
4	登记银行日记账	出纳	1. 接收财务部经理交给的审核后的记账凭证 2. 根据记账凭证登记银行存款日记账 3. 将记账凭证交给财务会计登记科目明细账
5	登记科目明细账	财务会计	1. 接收出纳交给的记账凭证 2. 根据记账凭证登记科目明细账

五、线上操作

为完成五险一金财务记账任务，线上好佳童车厂出纳人员进入系统，单击VBSE软件任务中心的"五险一金财务记账(制造企业)"选项，依据任务流程图——五险一金财务记账(制造企业)

完成流程操作。操作步骤如下。

(1) 输入用户名和密码进入系统，如图 3-451 所示。

(2) 单击任务中心任务，进入流程界面，如图 3-452 所示。

图 3-451　输入用户名和密码

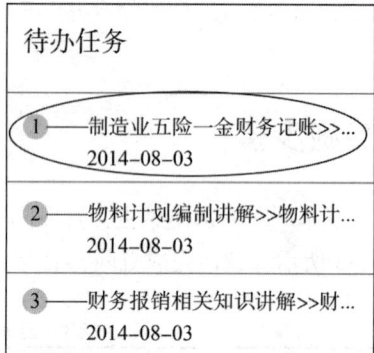

图 3-452　单击任务中心任务

(3) 依据流程界面所列任务，依次完成任务，如图 3-453 所示。

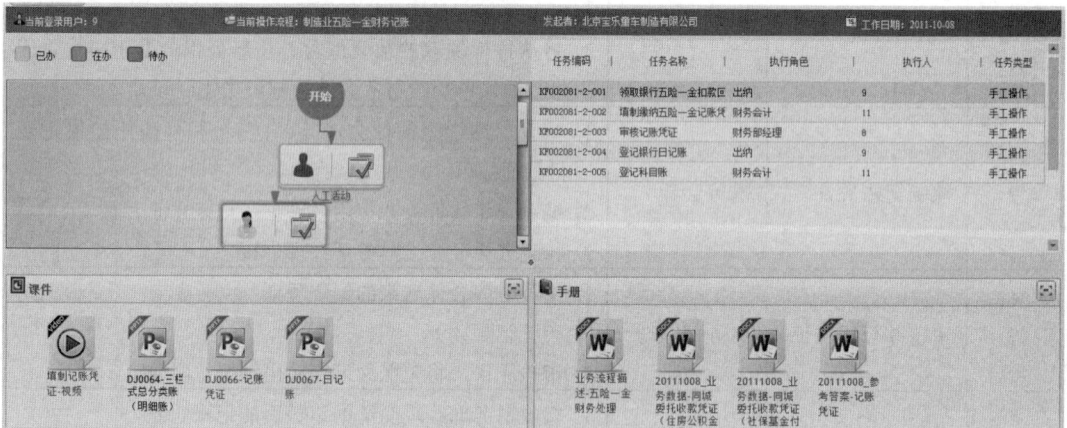

图 3-453　依次完成任务

六、线下填单

好佳童车厂出纳人员，需依据线上操作流程中子任务的顺序，与任务相关人员一起完成单据的领取、凭证的填制及信息传递。整个过程中，好佳童车厂要学会填制记账凭证。记账凭证填制样例如图 3-454 所示。

记账凭证

2011 年 10 月 8 日　　记字第 0007 号

摘　要	总账科目	明细账科目	√	借　方	贷　方
缴纳五险一金（单位缴纳部分）	应付职工薪酬	五险一金		9416	
缴纳五险一金（个人缴纳部分）	应付职工薪酬	工资		4519	
缴纳五险一金	银行存款	工商银行			13935

附件　张

会计主管　　　　记账　　　　出纳　　　　审核　　　　制证

图 3-454　记账凭证填制样例

任务七　支付行政罚款

一、任务描述

企业依据收到的行政罚款决定书，将行政罚款转入行政罚款决定书上指定的银行账户。

行政罚款广泛适用于违反《环境法》的行为。在中国，绝大多数的环境法律、法规和规章都规定有行政罚款这一行政处罚形式。罚款与罚金不同，罚金是审判机关根据刑法规定对犯罪分子判处的一种附加刑罚，既可单独使用，也可附加使用。罚款不是刑罚，不适用于犯罪行为。

二、情景导入

总经理收到行政罚款决定书后，指派出纳通过电汇转账方式，将行政罚款(及可能包括的滞纳金)转入行政罚款决定书上指定的银行账户，然后完成制造企业的记账凭证编制和账簿登记工作。业务数据如表 3-184 所示。

表 3-184　业务数据

序号	项目	金额合计	备注
1	行政性罚款	1000.00	

三、知识储备

行政罚款是由法律授权的国家行政机关依照法定程序强制违反法律规定但尚不构成犯罪者缴纳一定数额金钱的处罚，是行政处罚的一种主要形式。

所有的罚款、滞纳金均需通过"营业外支出—罚款支出"科目核算，如果是行政执法部门的罚款，是不准税前列支的，年末要做纳税调整。

四、实施步骤

依据收到的工商行政处罚决定书，及时查看行政处罚原因及处罚金额，确定处罚金额及交款账户信息，按照表 3-185 所示步骤，完成行政罚款的支付。

表 3-185　支付行政罚款业务步骤一览表

序号	操作步骤	角色	操作内容
1	将处罚决定书交给出纳	总经理	总经理将工商局送达的行政处罚决定书交给出纳办理付款业务
2	去银行缴纳罚款	出纳	出纳去银行，准备办理电汇业务，收款方账户信息参见处罚决定书
3	银行付款(电汇)	银行柜员	银行柜员在 VBSE 中进行电汇划转
4	打印回单	银行柜员	1. 银行柜员在 VBSE 中查询待打印的回单 2. 打印此笔电汇业务的回单，并交付给出纳 3. 出纳将银行回单和处罚决定书交给财务会计
5	填制记账凭证	财务会计	财务会计根据处罚决定书和银行回单，编制记账凭证
6	审核记账凭证	财务部经理	审核财务会计编制的记账凭证
7	登记银行存款日记账	出纳	根据记账凭证和银行回单，登记银行存款日记账
8	登记科目明细账	财务会计	财务会计登记三栏式明细账，行政罚款应计入营业外支出账户

五、线上操作

为完成行政罚款支付任务，线上好佳童车厂总经理进入系统，单击 VBSE 软件任务中心的"支付行政罚款(制造企业)"选项，依据任务流程图—支付行政罚款(制造企业)完成流程操作。操作步骤如下。

(1) 输入用户名和密码进入系统，如图 3-455 所示。

(2) 单击任务中心任务，进入流程界面，如图 3-456 所示。

图 3-455 输入用户名和密码

图 3-456 单击任务中心任务

(3) 依据流程界面所列任务，依次完成任务，如图 3-457 所示。

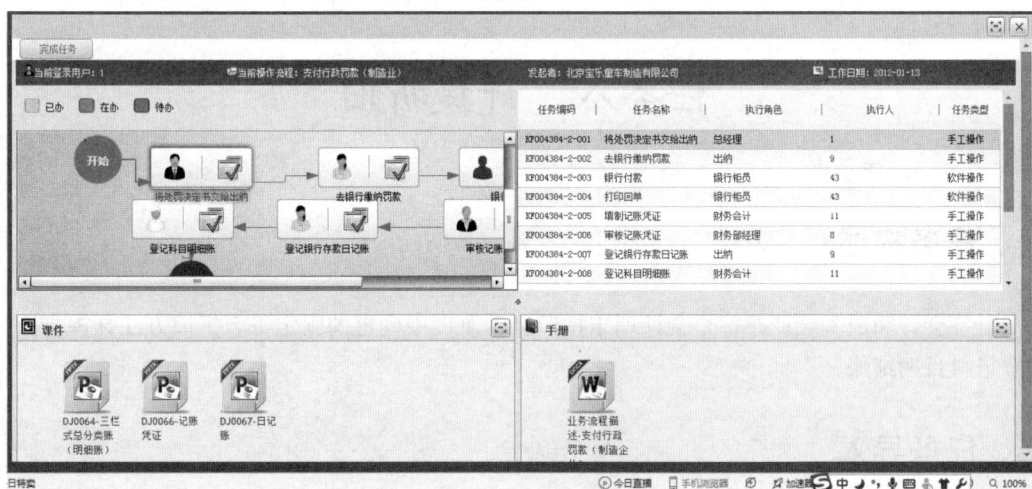

图 3-457 依次完成任务

六、线下填单

好佳童车厂总经理需依据线上操作流程中子任务的顺序，与任务相关人员一起完成电汇业务、记账凭证的填制和信息传递。整个过程中，好佳童车厂要学会填制记账凭证。记账凭证填制样例如图 3-458 所示。

记账凭证

总 第 号

2011 年 10 月 8 日 记字第 0007 号

摘 要	总账科目	明细账科目	√	借 方	贷 方
缴纳行政性罚款支出	营业外支出	罚款支出		1000	
缴纳行政性罚款支出	银行存款				1000

附件 张

会计主管 　　　　 记账 　　　　 出纳 　　　　 审核 　　　　 制证

图 3-458　记账凭证填制样例

任务八　计提折旧

一、任务描述

财务会计和成本会计在每个会计期末按照会计制度中确定的固定资产折旧方法计提折旧，并登记科目明细账。

二、任务导入

每个会计期末按照会计制度中确定的固定资产折旧方法计提折旧，并登记科目明细账。好佳童车厂固定资产折旧按照直线法计提折旧，业务数据如表 3-186 所示。

表 3-186　业务数据

序号	资产使用部门		折旧计算金额
1	销售部		375.00
2	行政管理部		22 729.17
3	生产车间	经济型童车车架	833.33
		经济型童车成品	250.00
4	车间管理部		6208.33
合计			30 395.83

三、知识储备

1. 固定资产折旧

固定资产折旧是指在固定资产使用寿命内，按照确定的方法对应计折旧额进行系统分摊。使用寿命是指固定资产的预计寿命，或者该固定资产所能生产产品或提供劳务的数量。应计折旧额是指应计提折旧的固定资产的原价扣除其预计净残值后的金额。已计提减值准备的固定资产，还应扣除已计提的固定资产减值准备累计金额。

2. 计提折旧

固定资产与无形资产，是用来生产产品的，也是有成本的。它的价值，就是它的成本，既需要计入产品的成本中去，也需要摊销。根据权责发生制原则，其成本摊销的期限不应该仅仅是一年，而是其使用期限。因此需要合理估计每个期限要摊销的成本，这就是每年的折旧额和摊销额。

四、实施步骤

依据固定资产折旧方法，计算本期各部门应计提折旧金额，按照表 3-187 所示步骤，完成计提折旧。

表 3-187　计提折旧业务步骤一览表

序号	操作步骤	角色	操作内容
1	计算折旧	财务会计	1. 根据固定资产政策及固定资产明细账计提折旧 2. 填写管理部门固定资产折旧计算表、生产部门固定资产折旧计算表
2	编制管理部门折旧记账凭证	财务会计	1. 根据管理部门固定资产折旧计算表填写管理部门折旧记账凭证 2. 将生产部门固定资产折旧计算表交给成本会计填制凭证 3. 交给财务部经理审核记账凭证
3	编制生产部门记账凭证	成本会计	1. 接收财务会计提供的生产部门固定资产折旧计算表，并据以填写生产部门折旧记账凭证 2. 交给财务部经理审核记账凭证
4	审核记账凭证	财务部经理	1. 接收财务会计、成本会计交给的记账凭证，并进行审核 2. 审核后，将记账凭证分别返还给财务会计和成本会计登记科目明细账
5	登记制造费用明细账	成本会计	1. 接收财务部经理已审核的记账凭证 2. 登记制造费用明细账 3. 登记完明细账后，将记账凭证交给财务会计登记累计折旧明细账

(续表)

序号	操作步骤	角色	操作内容
6	登记管理费用及累计折旧明细账	财务会计	1. 接收财务部经理已审核的记账凭证 2. 登记管理费用明细账 3. 根据管理部门折旧记账凭证和生产部门折旧记账凭证登记累计折旧明细账 4. 登记完明细账后，与其他记账凭证放一起

五、线上操作

为完成计提折旧任务，线上好佳童车厂财务会计进入系统，单击 VBSE 软件任务中心的"计提折旧(制造企业)"选项，依据任务流程图—计提折旧(制造企业)完成流程操作。操作步骤如下。

(1) 输入用户名和密码进入系统，如图 3-459 所示。

(2) 单击任务中心任务，进入流程界面，如图 3-460 所示。

图 3-459　输入用户名和密码

图 3-460　单击任务中心任务

(3) 依据流程界面所列任务，依次完成任务，如图 3-461 所示。

图 3-461　依次完成任务

六、线下填单

　　好佳童车厂财务会计，需依据线上操作流程中子任务的顺序，与任务相关人员一起完成折旧的计算、凭证的填制、账簿的登记和信息传递。整个过程中，好佳童车厂要学会计算本期固定资产折旧金额、填制记账凭证。记账凭证填制样例如图 3-462 所示。

记账凭证

总第　　号

累计折旧　　记字第 0030 号

2011.10.28

摘　要	总账科目	明细账科目	√	借　方	贷　方
计提第[10]期间折旧	销售费用	折旧费		375.00	
计提第[10]期间折旧	管理费用	折旧费		22729.17	
计提第[10]期间折旧	累计折旧				23104.17

附件　张

会计主管　　　记账　　　　出纳　　　　审核　　　　制证

图 3-462　记账凭证填制样例

任务九　成本核算

一、任务描述

　　成本会计根据车架(童车)生产成本明细账统计生产车架(童车)领用原材料、直接人工和制造费用，编制产品成本计算表，编制记账凭证。

二、任务导入

　　根据车架(或童车)生产成本明细账统计生产车架领用原材料、直接人工和制造费用，编制车架的产品成本计算表，编制记账凭证，登记科目明细账。

三、知识储备

在现代会计学中，对"成本计算"有广义和狭义两种解释。狭义的成本计算是指一般意义上的成本核算，即归集和分配实际成本费用的过程；广义的成本计算是指现代意义上的成本管理系统，这个系统是由成本核算子系统、成本计划子系统、成本控制子系统和成本考核子系统有机结合而成的。而管理会计中使用的是广义成本计算概念。产品成本计算表，如图3-463所示。

产成品成本计算表

							制表部门：	财务部
							制表人：	
							日期：	
							单位：	
产品名称	产品产量	原材料	辅助材料	水电费	工资	制造费用	总成本	单位成本
产品1								
产品2								
产品3								
产品4								
产品5								
……								

图 3-463　产品成本计算表样图

四、实施步骤

好佳童车厂成本计算方法为在产品只计算材料费用，不计算制造费用和人工费用。即，结转当期生产成本的金额为：[期初生产成本(直接材料)+本月生产费用-月末在产品成本]+本期归集的直接人工+本期归集的制造费用。计算确定本期产品成本，按照表3-188所示步骤，完成成本核算。

表3-188　成本核算业务步骤一览表

序号	操作步骤	角色	操作内容
1	车架成本计算	成本会计	1. 根据车架生产成本明细账，分别汇总直接材料、直接人工、制造费用本月发生数 2. 编制车架的产品成本计算表 3. 编制记账凭证
2	审核记账凭证	财务部经理	1. 接收成本会计交来的记账凭证，进行审核 2. 审核后，交给成本会计登记科目明细账
3	登记科目明细账	成本会计	1. 接收财务部经理审核完的记账凭证 2. 根据记账凭证登记科目明细账

五、线上操作

为完成成本核算任务，线上好佳童车厂成本会计进入系统，单击 VBSE 软件任务中心的"车架(童车)成本核算"选项，依据任务流程图—成本核算(制造企业)完成流程操作。操作步骤如下。

(1) 输入用户名和密码进入系统，如图 3-464 所示。

(2) 单击任务中心任务，进入流程界面，如图 3-465 所示。

图 3-464　输入用户名和密码

图 3-465　单击任务中心任务

(3) 依据流程界面所列任务，依次完成任务，如图 3-466 所示。

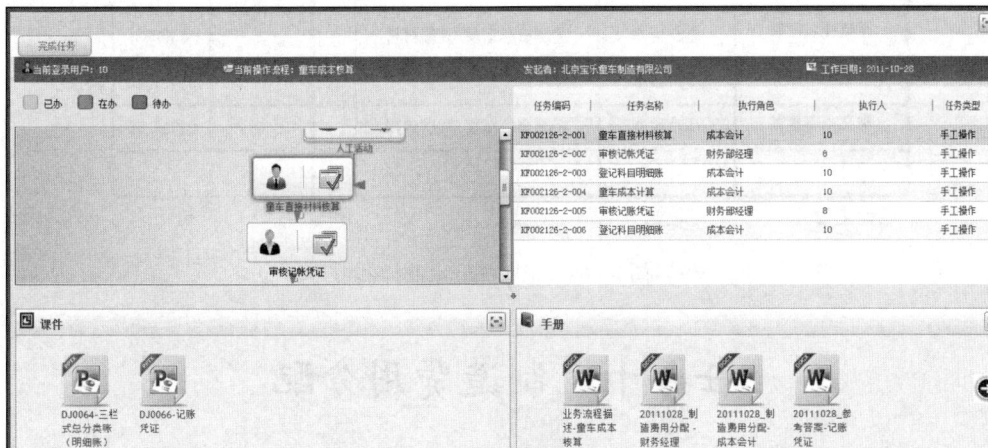

图 3-466　依次完成任务

六、线下填单

好佳童车厂采购员，需依据线上操作流程中子任务的顺序，与任务相关人员一起完成计算完工车架的成本、编制完工入库的记账凭证、补记半成品明细账、登记生产成本明细账和信息传递。整个过程中，好佳童车厂要学会计算完工成本计算表、填制记账凭证。完工产品成本计算表和记账凭证填制样例如图 3-467 和图 3-468 所示。

完工产品成本计算表

产品名称：车架	完工日期：2011.10.28		
生产车间：机加工	完工数量5000个		
	直接材料	直接人工	制造费用	合计
月初在产品成本	850000			
本月生产费用	850000	55625.6	22737.98	928363.6
费用合计	1700000	55625.6	22737.98	1778364
完工产品成本	850000	55625.6	22737.98	928363.6
单位成本	170	11.13	4.547596	185.6776
月末在产品成本	850000			850000
				制表：demo

图 3-467 完工产品成本计算表填制样例

记账凭证

总第　　号

2011.10.8 记字第　　号

摘　要	总账科目	明细账科目	√	借　方	贷　方	
车架成本核算	半成品			928363.58		附
车架成本核算	生产成本	经济童车车架/直接材料			850000	件
车架成本核算	生产成本	经济童车车架/直接人工			55625.60	张
车架成本核算	生产成本	经济童车车架/制造费用			22737.98	

会计主管	记账	出纳	审核	制证

图 3-468 记账凭证填制样例

任务十　制造费用分配

一、任务描述

制造费用一般是间接计入成本，当制造费用发生时一般无法直接判定它所归属的成本计算对象，因而不能直接计入所生产的产品成本中去，而需按费用发生的地点先行归集，月终时再采用一定的方法在各成本计算对象间进行分配，计入各成本计算对象的成本中。

二、任务导入

期末，好佳童车厂进行制造费用的归集与分配工作。

三、知识储备

制造费用包括产品生产成本中除直接材料和直接工资以外的其余一切生产成本，主要包括企业各个生产单位(车间、分厂)为组织和管理生产所发生的一切费用。

如果一个车间生产两种以上的产品，那么按车间归集的制造费用要在各产品间进行分配。制造费用的分配方法，一般有按生产工人工资、按生产工人工时、按机器工时、按产品产量等标准分配。具体采用哪种分配方法，由企业自行决定。分配方法一经确定，不得随意变更。如需变更，应当在会计报表附注中予以说明。制造费用分配表，如图 3-469 所示。

制造费用分配表

车间： 年 月 单位：元

分配对象	分配标准 (生产工时)	分配率 (元/时　　)	分配金额
合计			

图 3-469　制造费用分配表样图

四、实施步骤

查看与归集制造费用发生金额，并按企业会计核算要求，进行制造费用分配工作，按照如表 3-189 所示步骤，完成制造费用分配。

表 3-189　制造费用分配

序号	操作步骤	角色	操作内容
1	制造费用计算	成本会计	1. 找到制造费用明细账,结出余额 2. 根据制造费用明细账的余额,编制制造费用分配表 3. 编制记账凭证
2	审核记账凭证	财务部经理	1. 接收成本会计交给的记账凭证,进行审核 2. 审核后,交成本会计登记科目明细账
3	登记科目明细账	成本会计	1. 接收财务部经理审核完的记账凭证 2. 根据记账凭证登记科目明细账

五、线上操作

为完成制造费用分配任务,线上好佳童车厂成本会计进入系统,单击 VBSE 软件任务中心的"制造费用分配(制造企业)"选项,依据任务流程图—制造费用分配(制造企业)完成流程操作。操作步骤如下。

(1) 输入用户名和密码进入系统,如图 3-470 所示。

(2) 单击任务中心任务,进入流程界面,如图 3-471 所示。

图 3-470　输入用户名和密码

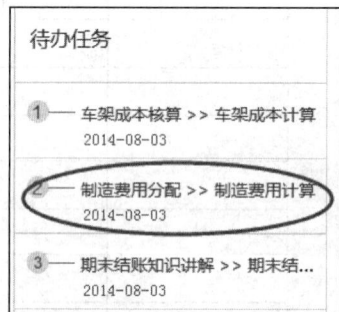

图 3-471　单击任务中心任务

(3) 依据流程界面所列任务,依次完成任务,如图 3-472 所示。

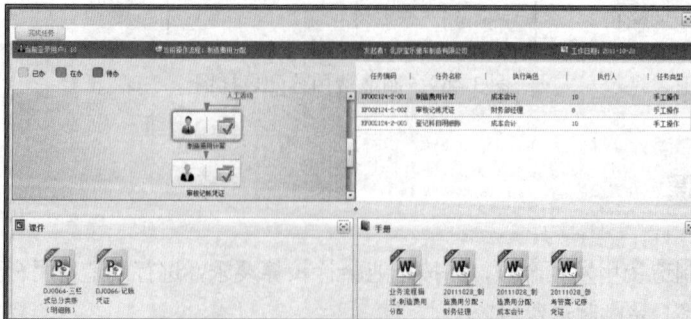

图 3-472　依次完成任务

六、线下填单

好佳童车厂成本会计，需依据线上操作流程中子任务的顺序，与任务相关人员一起完成制造费用的分配计算、记账凭证的填制和信息传递。整个过程中，好佳童车厂要学会计算制造费用分配金额、填制记账凭证。制造费用分配金额、记账凭证填制样例如图 3-473 和图 3-474 所示。

编制制造费用分配

本次按各车间本月实际完工数量进行分配，其中：车架完成 5000、整车完工 4000
制造费用单位成本=39428.40/(5000+4000)=4.38093
车架应分摊制造费用=5000*4.38093=21904.65
整车应分摊制造费用=39428.40-21904.65=17523.75

图 3-473　制造费用分配计算样例

记账凭证

总第　　号
2011.10.28　　记字第 0032 号

摘　要	总账科目	明细账科目	√	借　方	贷　方
制造费用分配	生产成本	经济童车车架/制造费用		21904.65	
制造费用分配	生产成本	经济童车成品/制造费用		17523.75	
制造费用分配	制造费用				39428.40

附件　张

会计主管　　　　记账　　　　出纳　　　　审核　　　　制证

图 3-474　记账凭证填制样例

任务十一　期末结转销售成本

一、任务描述

销售成本是指已销售产品的生产成本或已提供劳务的劳务成本以及其他销售的业务成本。

二、任务导入

期末，好佳童车厂采用全月一次加权平均法计算产品单位成本，核算结转销售产品的成本。

三、知识储备

月末，按照销售商品的名称及数量，分别根据库存商品中结出的其平均成本价，算出总成本进行主营业务成本的计算结转，其计算公式为：主营业务成本=产品销售数量或提供劳务数量×产品单位生产成本或单位劳务成本。

就销售产品而言，产品销售数量可直接在"库存商品明细账"上取得；产品单位生产成本可采用多种方法进行计算确定，如先进先出法、移动加权平均法、全月一次加权平均法等，但企业一经选定某一种方法后，不得随意变动。

四、实施步骤

依据采购合同，及时查看采购合同执行情况表，确认好佳童车厂应付原材料款情况，按照表 3-190 所示步骤，完成材料款支付。

表 3-190　结转销售成本业务步骤一览表

序号	操作步骤	角色	操作内容
1	汇总销售出库单数量	成本会计	根据销售出库单汇总销售出库的产品明细数量
2	编制销售成本结转表	成本会计	根据销售数量和库存商品平均单价，用 Excel 编制销售成本结转明细表
3	填制记账凭证	成本会计	1. 根据销售出库单及销售成本结转明细表反映的业务内容，编制记账凭证 2. 在记账凭证"制单"处签字或加盖名单
4	审核记账凭证	财务部经理	1. 审核记账凭证的附件、记账科目、金额、手续是否正确与齐全 2. 经审计无误的记账凭证，财务经理在"复核"和"财务主管"处签字或盖章
5	登记科目明细账	成本会计	1. 根据记账凭证登记科目明细账 2. 每一笔分录登记后，在凭证的该科目过账符号处划"√"，表示已登过账簿

五、线上操作

为完成结转销售成本任务，线上好佳童车厂成本会计进入系统，单击 VBSE 软件任务中心的"转销售成本(制造企业)"选项，依据任务流程图—转销售成本(制造企业)完成流程操作。操作步骤如下。

(1) 输入用户名和密码进入系统，如图 3-475 所示。

(2) 单击任务中心任务，进入流程界面，如图 3-476 所示。

· 346 ·

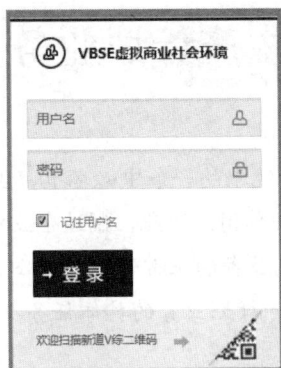

图 3-475　输入用户名和密码

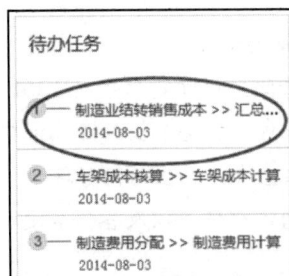

图 3-476　单击任务中心任务

(3) 依据流程界面所列任务，依次完成任务，如图 3-477 所示。

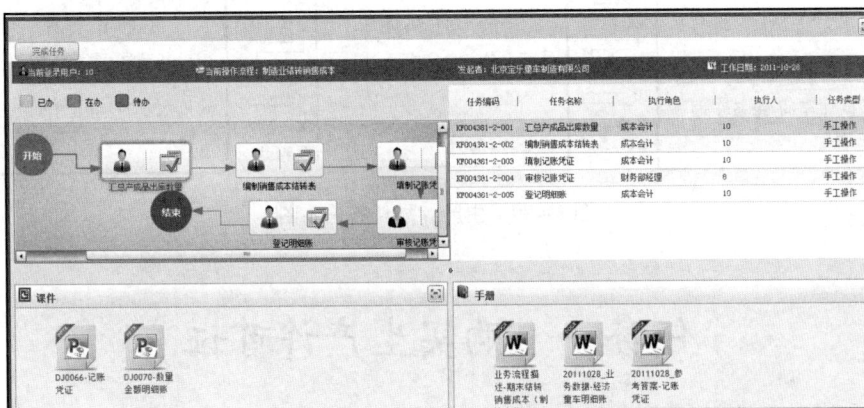

图 3-477　依次完成任务

六、线下填单

好佳童车厂成本会计，需依据线上操作流程中子任务的顺序，与任务相关人员一起完成销售产品成本的计算、记账凭证的填制和信息传递。整个过程中，好佳童车厂要学会计算销售产品成本、填制记账凭证。记账凭证填制样例如图 3-478 所示。

记账凭证

总第　　号
2011.10.28　记字第 0035 号

摘　要	总账科目	明细账科目	√	借　方	贷　方	附件张
专用发票，销售成本结转	主营业务成本	主营业务成本		1416880		
专用发票	库存商品/经济童车	经济童车			1416880	

会计主管　　　记账　　　出纳　　　审核　　　制证

图 3-478　记账凭证填制样例

项目十二　制造企业生产计划业务

项目概述:

　　制造企业生产计划业务是VBSE供—产—销业务系统中的一个中心环节,上承销售业务,下启采购业务,在整个供应链环节中,发挥着中心枢纽作用。因此,制造企业能否运营顺畅,关键影响因素之一在生产业务环节。为了保障生产计划业务的正常开展,有必要厘清组成生产计划业务的各个任务以及各任务之间的关系。组成生产计划业务的具体任务及关系如图3-479所示。

制造企业生产计划部业务

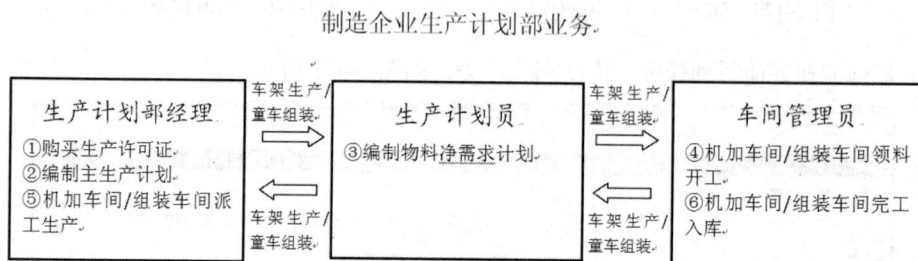

图 3-479　生产计划任务关系图

任务一　购买生产许可证

一、任务描述

　　新产品开发是指从研究选择适应市场需要的产品开始到产品设计、工艺制造设计,直到投入正常生产的一系列决策过程。从广义上而言,新产品开发既包括新产品的研制也包括原有的老产品改进与换代。新产品开发是企业研究与开发的重点内容,本任务以采用购买生产许可证来模拟新产品研发的过程。

二、情景导入

　　好佳童车厂经过市场调研,决定研发新产品,以实现产品的更新换代,满足市场需求。业务数据如表 3-191 所示。

表 3-191　业务数据

日期	企业	内容	费用
2012 年 1 月 6 日	好佳童车厂	购买生产许可证	10 000.00

三、知识储备

生产许可证，全称为"全国工业产品生产许可证"，是国家机关根据申请企业的资质，准予企业进行产品生产的证明。企业在发证、换证、迁址、增项等情况下都可以进行生产许可证申请。图 3-480 所示为生产许可证的样图。

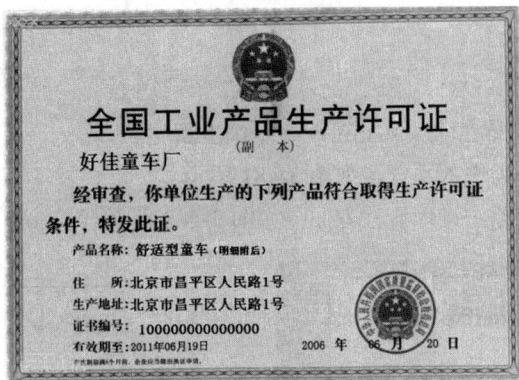

图 3-480　生产许可证的样图

四、实施步骤

好佳童车厂购买生产许可证，实现产品的更新换代，如表 3-192 所示。

表 3-192　购买生产许可证业务步骤一览表

序号	操作步骤	角色	操作内容
1	确认购买生产技术成果的产品种类	生产计划部经理	根据市场需求确定新产品类型
2	填写支出凭单	生产计划部经理	查看实习规则，了解该生产许可的购买费用，并填写支出凭单
3	审核支出凭单	财务经理	审核支出凭单内容
4	在VBSE系统中处理生产技术成果销售	服务公司业务员	服务公司在系统中完成生产许可证的销售
5	开发票	服务公司业务员	根据金额开具企业购买生产许可证的费用发票，并将发票送交企业出纳员
6	开具支票	出纳	出纳员根据发票开具购买生产许可证所需支票，并将支票送交服务公司业务员
7	填写记账凭证	资产会计	成本会计将开具的支票登入记账凭证
8	审核记账凭证	财务经理	审核记账凭证内容

(续表)

序号	操作步骤	角色	操作内容
9	登记银行存款日记账	出纳	出纳员根据记账凭证填写银行日记账记录支出信息
10	登记科目明细账	资产会计	成本会计将支出信息登入无形资产科目明细账
11	支票送存银行	银行柜员	收到服务公司业务员送来的支票,将支票入账

五、线上操作

好佳童车厂购买生产许可证。VBSE 系统操作步骤如下。

(1) 输入用户名和密码进入系统,如图 3-481 所示。

(2) 单击任务中心任务,进入流程界面,如图 3-482 所示。

图 3-481　输入用户名和密码

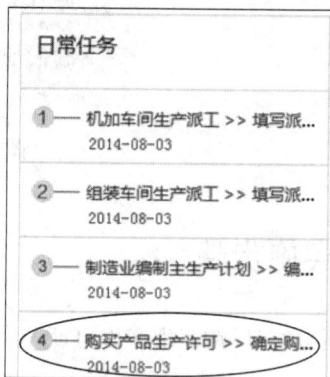

图 3-482　单击任务中心任务

(3) 依据流程界面所列任务,依次完成任务,如图 3-483 所示。

任务编码	任务名称	执行角色	执行人	任务类型
KF004155-2-001	确定购买生产技术的种类	生产计划部经理	付帅	手工操作
KF004155-2-002	填写支出凭单	生产计划部经理	付帅	手工操作
KF004155-2-003	审核支出凭单	财务部经理	胡小妹	手工操作
KF004155-2-004	在VBSE系统中处理生产	服务公司业务员	张亚星	软件操作
KF004155-2-005	开发票	服务公司业务员	张亚星	手工操作
KF004155-2-006	开具支票	出纳	张颖	手工操作
KF004155-2-007	填写记账凭证	资产会计	张静	手工操作
KF004155-2-008	审核记账凭证	财务部经理	胡小妹	手工操作
KF004155-2-009	登记银行日记账	出纳	张颖	手工操作
KF004155-2-010	登记科目明细账	资产会计	张静	手工操作
KF004155-2-011	支票送存银行	服务公司业务员	张亚星	手工操作
KF004155-2-012	在VBSE系统中划款	银行柜员	孙丹丹	软件操作

图 3-483　依次完成任务

银行需要在 VBSE 系统中进行划款任务，如图 3-484 所示。

服务公司销售生产许可			
企业	北京宝贝贝童车制造有限公司 ▼	许可日期	2012-01-06
产品	许可费		选择
经济童车	10000.00		☐
舒适童车			☑
豪华童车			☐
		许可费合计：	10000

来自网页的消息 ✕
❓ 是否确定购买'舒适童车'生产许可？
[确定] [取消]

图 3-484　购买生产许可证划款

任务二　编制主生产计划

一、任务描述

主生产计划(Master Production Schedule，简称 MPS)是闭环计划系统的一个部分。MPS 的实质是保证销售规划和生产规划对规定的需求(需求什么、需求多少和什么时候需求)与所使用的资源取得一致。MPS 考虑了经营规划和销售规划，使生产规划同它们相协调。它着眼于销售什么和能够制造什么，这就能为车间制订一个合适的"主生产进度计划"，并且以粗能力数据调整这个计划，直到负荷平衡。

二、情景导入

好佳童车厂取得生产舒适型童车的资格后，为了满足市场需求，开始编制主生产计划。业务数据如表 3-193 所示。

表 3-193　业务数据

编制日期	企业	内容	时间跨度
2012 年 1 月 6 日	好佳童车厂	编制主生产计划	1～12 月份

三、知识储备

简单地说，主生产计划(MPS)是确定每一具体的最终产品在每一具体时间段内生产数量的计划；有时也可能先考虑组件，最后再下达最终装配计划。这里的最终产品是指对于企业来说最终完成、要出厂的完成品，它要具体到产品的品种、型号。这里的具体时间段，通常是以周为单位，在有些情况下，也可以是日、旬、月。主生产计划详细规定生产什么、什么时段应该产出，它是独立需求计划。主生产计划根据客户合同和市场预测，把经营计划或生产大纲中的产品系列具体化，使之成为展开物料需求计划的主要依据，起到了从综合计划向具体计划过渡的承上启下作用。

四、实施步骤

好佳童车厂编制主生产计划主要步骤，如表 3-194 所示。

表 3-194 编制主生产计划

序号	操作步骤	角色	操作内容
1	编制主生产计划	生产计划部经理	1. 去营销部要销售预测表和销售订单汇总表 2. 根据销售预测和销售汇总表，结合各车间的生产能力状况编制主生产计划计算表 3. 根据主生产计划计算表填写主生产计划表 4. 根据车间产能检查主生产计划是否可行
2	将主生产计划送交相应部门	生产计划部经理	1. 此表一式两联，一联送交计划员做物料净需求计划用 2. 一联生产计划部经理留存

五、线上操作

好佳童车厂线上登录 VBSE 系统。VBSE 系统操作步骤如下。
(1) 输入用户名和密码进入系统，如图 3-485 所示。
(2) 单击任务中心任务，进入流程界面，如图 3-486 所示。

图 3-485 输入用户名和密码

图 3-486 单击任务中心任务

(3) 依据流程界面所列任务，依次完成任务，如图 3-487 所示。

任务编码	任务名称	执行角色	执行人	任务类型
KF002100-2-001	编制主生产计划	生产计划部经理	张17	手工操作
KF002100-2-002	主生产计划送交相应部门	生产计划部经理	张17	手工操作

图 3-487　依次完成任务

六、线下填单

(1) 了解 MRP 计算步骤

一般来说，物料需求计划的制订是遵照先通过主生产计划导出有关物料的需求量与需求时间，然后，再根据物料的提前期确定投产或订货时间的计算思路。其基本计算步骤如下。

① 计算物料的毛需求量。即根据主生产计划、物料清单得到第一层级物料品目的毛需求量，再通过第一层级物料品目计算出下一层级物料品目的毛需求量，依次一直往下展开计算，直到最低层级原材料毛坯或采购件为止。

② 净需求量计算。即根据毛需求量、可用库存量、已分配量等计算出每种物料的净需求量。

③ 批量计算。即由相关计划人员对物料生产做出批量策略决定，不管采用何种批量规则或不采用批量规则，净需求量计算后都应该表明有否批量要求。

④ 安全库存量、废品率和损耗率等的计算。即由相关计划人员来规划是否要对每个物料的净需求量做这三项计算。

⑤ 下达计划订单。即指通过以上计算后，根据提前期生成计划订单。物料需求计划所生成的计划订单，要通过能力资源平衡确认后，才能开始正式下达计划订单。

(2) 填制主生产计划(MRP)表，如表 3-195 所示。

表 3-195　填制主生产计划表

指标日期：2012 年 1 月 6 日　　　　　制表部门：生产计划部

单据编号：SCJH-ZSCJHB-006

产品 ＼ 月份	1	2	3	4	5	6	7	8	9	10	11	12
预计产出数量	产出数量	产出数量	产出数量	产出数量	产出数量	产出数量	产出数量	产出数量	产出数量	产出数量	产出数量	产出数量
经济型童车	0	1000	3000	3000	4000	2000	3000	0	3000	4000	3000	2000
舒适型童车	5000	4000	2000	2000	1000	2000	2000	5000	2000	1000	2000	3000
豪华型童车	0	0	0	0	0	0	0	0	0	0		0

任务三　编制物料净需求计划

一、任务描述

　　总需求计划就是在一段时间内整个生产计划所需要的量,而净需求计划则是通过计算得来的,就是在总需求量上扣除现有库存量,已订购量,在途量,最后得出净需求,其实就是还需要的订购量。

二、情景导入

　　好佳童车厂依据主生产计划表(见表3-195),编制物料净需求计划。业务数据如表3-196所示。

表3-196　业务数据

编制日期	编制方	内容	时间跨度
2012年1月6日	好佳童车厂	填制物料净需求计算表; 编制物料净需求计划表	2012年1～12月份

三、知识储备

　　物料需求计划(Material Requirement Planning, MRP)是指根据产品结构各层次物品的从属和数量关系,以每个物品为计划对象,以完工时期为时间基准倒排计划,按提前期长短区别各个物品下达计划时间的先后顺序,是一种工业制造企业内物资计划管理模式。MRP是根据市场需求预测和顾客订单制订产品的生产计划,然后基于产品生成进度计划,组成产品的材料结构表和库存状况,通过计算机计算所需物料的需求量和需求时间,从而确定材料的加工进度和订货日程的一种实用技术。

　　制订物料需求计划前就必须具备下列基本数据。

　　第一项数据是主生产计划,它指明在某一计划时间段内应生产出的各种产品和备件,它是物料需求计划制订的最重要的数据来源。

　　第二项数据是物料清单(BOM),它指明了物料之间的结构关系,以及每种物料需求的数量,它是物料需求计划系统中最为基础的数据。

　　第三项数据是库存记录,它把每个物料品目的现有库存量和计划接受量的实际状态反映出来。

　　第四项数据是提前期,决定着每种物料何时开工、何时完工。

　　应该说,这四项数据都是至关重要、缺一不可的。缺少其中任何一项或任何一项中的数据不完整，物料需求计划的制订都将是不准确的。因此，在制订物料需求计划之前，这四项数据都必须先完整地建立好，而且保证是绝对可靠的、可执行的数据。

四、实施步骤

好佳童车厂依据主生产计划，制订完成物料净需求计划，如表 3-197 所示。

表 3-197　编制物料净需求计划业务步骤一览表

序号	操作步骤	角色	操作内容
1	编制物料净需求计划	生产计划员	通过填制物料需求计算表进行物料净需求计算，并将结果填写到物料净需求计划表中
2	审核物料净需求计划	生产计划部经理	审核物料净需求计划中物料需求时间与数量是否同主生产计划一致
3	送交物料净需求计划	生产计划员	计划员留存一份物料净需求计划用来安排生产，第二联送采购部经理以便安排采购

五、线上操作

好佳童车厂进行 VBSE 系统操作。VBSE 系统操作步骤如下。

(1) 输入用户名和密码进入系统，如图 3-488 所示。

图 3-488　输入用户名和密码

(2) 单击任务中心任务，进入流程界面，如图 3-489 所示。

图 3-489　单击任务中心任务

(3) 依据流程界面所列任务，依次完成任务，如图 3-490 所示。

任务编码	任务名称	执行角色	执行人	任务类型
KF002101-2-001	编制物料净需求计划	生产计划员	张焱晟	手工操作
KF002101-2-002	审核物料净需求计划	生产计划部经理	张17	手工操作
KF002101-2-003	物料净需求计划送交相应	生产计划员	张焱晟	手工操作

图 3-490　依次完成任务

六、线下填单

(1) 学习物料需求计划的计算方法。

一般来说，物料需求计划的制订是遵照先通过主生产计划导出有关物料的需求量与需求时间，然后，再根据物料的提前期确定投产或订货时间的计算思路。其基本计算步骤如下。

① 计算物料的毛需求量。即根据主生产计划、物料清单得到第一层级物料品目的毛需求量，再通过第一层级物料品目计算出下一层级物料品目的毛需求量，依次一直往下展开计算，直到最低层级原材料毛坯或采购件为止。

② 净需求量计算。即根据毛需求量、可用库存量、已分配量等计算出每种物料的净需求量。

③ 批量计算。即由相关计划人员对物料生产做出批量策略决定，不管采用何种批量规则或不采用批量规则，净需求量计算后都应该表明有否批量要求。

④ 安全库存量、废品率和损耗率等的计算。即由相关计划人员来规划是否要对每个物料的净需求量做这三项计算。

⑤ 下达计划订单。即指通过以上计算后，根据提前期生成计划订单。物料需求计划所生成的计划订单，要通过能力资源平衡确认后，才能开始正式下达计划订单。

⑥ 再一次计算。物料需求计划的再次生成大致有两种方式，第一种方式会对库存信息重新计算，同时覆盖原来计算的数据，生成的是全新的物料需求计划；第二种方式则只是在制订、生成物料需求计划的条件发生变化时，才相应地更新物料需求计划有关部分的记录。这两种生成方式都有实际应用的案例，至于选择哪一种要看企业实际的条件和状况。

(2) 计算物料净需求量，如表 3-198 和表 3-199 所示。

表 3-198　计算童车生产物料净需求量

物料需求计划计算表(1)

填表部门：生产计划部

产品名称：舒适型童车

安全库存：0　　　　　　　　　　　　　　　　　　　　编制日期：2016 年 1 月 6 日

项目	月份	1	2	3	4	5	6	7	8	9	10	11	12	1	2	3
童车提前期一个月 批量5000	净需求=主生产计划表mps	5000	4000	2000	2000	1000	2000	2000	5000	2000	1000	2000	3000	2000	4000	5000
	下达生产订单	4000	2000	2000	1000	2000	2000	5000	2000	1000	2000	3000	2000	4000	5000	…
车架提前期一个月 批量5000	总需求=童车生产订单 下达量 bom 用量	4000	2000	2000	1000	2000	2000	5000	2000	1000	2000	3000	2000	4000	5000	…
	减：可用库存 期初库存	0	0	0	0	0	0	0	0	0	0	0	0	0	0	0
	减：安全库存	0	0	0	0	0	0	0	0	0	0	0	0	0	0	0
	等于：可用库存	0	0	0	0	0	0	0	0	0	0	0	0	0	0	0
	净需求	4000	2000	2000	1000	2000	2000	5000	2000	1000	2000	3000	2000	4000	5000	…
车篷	总需求=童车生产订单 下达量 bom 用量	4000	2000	2000	1000	2000	2000	5000	2000	1000	2000	3000	2000	4000	5000	…
	减：可用库存 期初库存	0	0	0	0	0	0	0	0	0	0	0	0	0	0	0
	减：安全库存	0	0	0	0	0	0	0	0	0	0	0	0	0	0	0
	等于：可用库存	0	0	0	0	0	0	0	0	0	0	0	0	0	0	0
	净需求	4000	2000	2000	1000	2000	2000	5000	2000	1000	2000	3000	2000	4000	5000	…
车轮	总需求=童车生产订单 下达量 bom 用量	16000	8000	8000	4000	8000	8000	20000	8000	4000	8000	12000	8000	16000	20000	…
	减：可用库存 期初库存	0	0	0	0	0	0	0	0	0	0	0	0	0	0	0
	减：安全库存	0	0	0	0	0	0	0	0	0	0	0	0	0	0	0
	等于：可用库存	0	0	0	0	0	0	0	0	0	0	0	0	0	0	0
	净需求	16000	8000	8000	4000	8000	8000	20000	8000	4000	8000	12000	8000	16000	20000	…

（续表）

项目	月份	1	2	3	4	5	6	7	8	9	10	11	12	1	2	3
包装套件	总需求=单套生产量×下达量 bom 用量	4000	2000	2000	1000	2000	2000	5000	2000	1000	2000	3000	2000	4000	5000	…
	期初库存 减：安全库存 等于：可用库存	0	0	0	0	0	0	0	0	0	0	0	0	0	0	…
		0	0	0	0	0	0	0	0	0	0	0	0	0	0	…
	净需求	4000	2000	2000	1000	2000	2000	5000	2000	1000	2000	3000	2000	4000	5000	…

说明：

(1) 表中整车净需求数量来源于主生产计划表 3-194；

(2) 表中童车计划间期为 1 个月；

(3) 表中箭头表示生产提前期；

(4) 表中为了计算方便，设期初库存、安全库存为零。

表 3-199　计算车架生产物料净需求量

物料需求计划计算表(2)

填表部门：生产计划部　　　　产品名称：舒适型车架　　　　安全库存：0　　　　编制日期：2016 年 1 月 6 日

项目	月份	1	2	3	4	5	6	7	8	9	10	11	12	1	2	3
车架 提前期一个月 批量	生产订单完工	4000	2000	2000	1000	2000	2000	5000	2000	1000	2000	3000	2000	4000	5000	…
	生产订单下达	4000	4000	4000	4000	10000	4000	4000	2000	4000	6000	4000	8000	10000		…
镀铬管	总需求=单车生产订单×下达量 bom 用量	4000	4000	4000	4000	10000	4000	4000	2000	4000	6000	4000	8000	10000		…
	期初库存 减：安全库存 等于：可用库存	0	0	0	0	0	0	0	0	0	0	0	0	0	0	…
		0	0	0	0	0	0	0	0	0	0	0	0	0	0	…
	净需求	4000	4000	4000	4000	10000	4000	4000	2000	4000	6000	4000	8000	10000		…
坐垫	总需求=单车生产订单×下达量 bom 用量	2000	2000	2000	2000	5000	2000	2000	1000	2000	3000	2000	4000	5000		…
	期初库存 减：安全库存 等于：可用库存	0	0	0	0	0	0	0	0	0	0	0	0	0	0	…
		0	0	0	0	0	0	0	0	0	0	0	0	0	0	…
	净需求	2000	2000	2000	2000	5000	2000	2000	1000	2000	3000	2000	4000	5000		…

说明：

(1) 表中车架数量来源于物料需求计划表(1)(见表 3-198)；

(2) 表中车架生产周期为 1 个月；

(3) 表中箭头表示生产提前期；

(4) 表中为了计算方便，设期初库存、安全库存为零。

(3) 填制物料净需求计划表。

依据物料净需求计划表(1)、(2)(见表 3-198 和表 3-199)，填制物料净需求计划表，如表 3-200 所示。

表 3-200 填制物料净需求计划表

制表日期：2012 年 1 月 6 日

制表部门：生产计划部

单据编号：SCJH-WLXQJH-008

月份\物料名称	1	2	3	4	5	6	7	8	9	10	11	12	1	2	3
钢管	—	—	—	—	—	—	—	1000	2000	3000	—	—	—	—	—
坐垫	2000	2000	1000	2000	2000	5000	2000	2000	2000	3000	2000	4000	5000	…	…
车篷	4000	2000	2000	1000	2000	2000	5000	2000	1000	2000	3000	2000	4000	5000	…
车轮	16000	8000	8000	4000	8000	8000	20000	8000	4000	8000	12000	8000	16000	20000	…
舒适型包装套件	4000	2000	2000	1000	2000	2000	5000	2000	1000	2000	3000	2000	4000	5000	…
镀锌管	4000	4000	2000	4000	4000	10000	4000	2000	4000	6000	4000	8000	10000	…	…
记忆太空棉坐垫	—	—	—	—	—	—	—	—	—	—	—	—	—	…	—
数控芯片	—	—	—	—	—	—	—	—	—	—	—	—	—	—	…
舒适型车架	4000	2000	2000	1000	2000	2000	5000	2000	1000	2000	3000	2000	4000	5000	…

任务四　机加车间/组装车间领料开工

一、任务描述

1. 机加车间领料

车间管理员根据生产计划部经理下达的半成品车架派工单，查看物料结构，填写领料单，进行生产领料。仓管员检查生产用料，办理材料出库，填写材料出库单和物料卡，生产工人开始这个月的车架生产。

2. 组装车间领料

车间管理员根据生产部经理下达的成品组装派工单，查看产品组装结构明细，填写领料单，仓管员检查整车组装所需的齐套料，办理出库手续，生产管理员领料生产，并进行整车组装。

二、情景导入

好佳童车厂依据物料净需求计划，进行采购。物料采购入库后，好佳童车厂依据 BOM 表，分别在机加车间和组装车间领用相应的物料，为派工生产做准备。

业务数据如表 3-201 所示。

表 3-201　业务数据

领料日期	领料车间	领取物料(数量)	备注
2012 年 1 月 6 日	机加车间	镀锌管(4000)、坐垫(2000)	严格按照 BOM 清单数量比例领取物料
2012 年 1 月 6 日	组装车间	舒适型车架(4000)、车篷(4000)、车轮(16000)、舒适型包装套件(4000)	

三、知识储备

1. 物料

物料是我国生产领域中的一个专业术语，它有广义和狭义之分。狭义的物料是指材料或原料，而广义的物料包括与产品生产有关的所有的物品，如原材料、辅助用品、半成品、成品等。

美国 IBM 公司的专家、物料需求计划(MRP)创始人 Dr.Joseph A.Orlicky，在 1965 年就物料需求来源的依据不同，首先提出将 MRP II 系统物料分为"独立需求(Independent Demand)"和"相关需求(Dependent Demand)"两大类。

依据产品 BOM 结构图，位于产品结构最顶层的是销售的产品，其需求是由市场或客户订货决定的，是由企业外部的因素决定的，称为"独立需求"；而构成销售产品的各种零部件、配套件、毛坯、原材料等为产品结构中最顶层以下的各层物料，它们的需求是由销售产品的需求决定的，称为"相关需求"。

有些物料具有双重性质，如某些零部件可以安装在产品上，也可以作为备品备件直接出售。

2. 物料管理

物料管理是将管理功能导入企业产销活动过程中，希望以经济有效的方法，及时取得供应组织内部所需的各种活动。物料管理概念的采用起源于第二次世界大战中航空工业出现的难题。生产飞机需要大量单个部件，很多部件都非常复杂，而且必须符合严格的质量标准，这些部件又从地域分布广泛的成千上万家供应商那里采购，很多部件对最终产品的整体功能至关重要。

物料管理就是从整个公司的角度来解决物料问题，包括协调不同供应商之间的协作，使不同物料之间的配合性和性能表现符合设计要求；提供不同供应商之间以及供应商与公司各部门之间交流的平台；控制物料流动率。随着计算机的问世，计算机管理逐渐被引入企业生产管理后，物料管理水平获得飞跃式发展。

四、实施步骤

(1) 机加车间领取生产车架的物料，操作步骤如表 3-202 所示。

表 3-202　机加车间领料业务步骤一览表

序号	操作步骤	角色	操作内容
1	填写车架领料单	车间管理员	1. 根据派工单和 BOM 填写一式三联领料单 2. 送生产计划部经理审核
2	审核车架领料单	生产计划部经理	1. 接收领料单 2. 根据派工单和 BOM 审核领料单填写的准确性 3. 审核无误签字 4. 将审核完毕的领料单交车间管理员去仓库领料
3	检查车架生产用料	仓管员	1. 仓库员接到领料单 2. 根据库存和 BOM 核对物料库存情况 3. 确认无误后在领料单上签字
4	填写车架材料出库单	仓管员	1. 根据领料单填写车架出库单 2. 将领料单附在出库单后送仓储部经理审核
5	审核车架材料出库单	仓储部经理	1. 接收仓管员送来的附有领料单的出库单 2. 审核出库单填写的准确性 3. 审核无误，签字

(续表)

序号	操作步骤	角色	操作内容
6	办理车架材料出库并更新物料卡	仓管员	1. 办理材料出库,车间管理员在材料出库单上签字确认 2. 材料出库单的生产计划部联交车间管理员随材料一起拿走 3. 更新物料卡 4. 材料出库单财务联交财务 5. 材料出库单仓储部联交仓储部经理登记库存台账
7	在 VBSE 系统中进行生产领料	车间管理员	根据领料单在 VBSE 系统中记录生产领料情况
8	登记库存台账	仓储部经理	1. 接收仓管员送来的车架材料出库单 2. 根据材料出库单登记库存台账 3. 登记完交仓管员留存备案
9	登记存货明细账	成本会计	1. 接收仓管员送来的车架材料出库单 2. 根据出库单登记存货明细。(注意:只填写数量,月末进行成本核算,出库单做月末成本计算依据)

(2) 组装车间领取生产童车的物料,操作步骤如表 3-203 所示。

表 3-203　组装车间领料业务步骤一览表

序号	操作步骤	角色	操作内容
1	填写整车领料单	车间管理员	1. 车间管理员根据派工单和 BOM 填写一式两联的领料单 2. 送生产计划部经理审批
2	审核整车领料单	生产计划部经理	1. 接收车间管理员送来的童车领料单 2. 根据派工单和 BOM 审核童车领料单填写的准确性 3. 审核无误,签字
3	齐套检查	仓管员	1. 接收车间管理员送来的童车领料单 2. 根据库存和 BOM 核对童车领料单上物料的库存情况 3. 确认库存物料满足领料单要求,在领料单"仓储部"位置后签字确认
4	填写材料出库单	仓管员	1. 核对完毕,根据领料单填写材料出库单(一式三联) 2. 填完送仓储部经理审核
5	审核材料出库单	仓储部经理	1. 接收仓管员送来的附有领料单的材料出库单 2. 审核材料出库单填写的准确性 3. 审核无误,签字
6	填写物料卡	仓管员	1. 办理材料出库,出完料让车间管理员在材料出库单上签字确认 2. 材料出库单的生产计划部联交车间管理员随材料一起拿走 3. 材料出库单财务联交财务部 4. 更新各种材料物料卡 5. 材料出库单仓储部联交仓储部经理登记库存台账

(续表)

序号	操作步骤	角色	操作内容
7	在 VBSE 系统中进行生产领料	车间管理员	在 VBSE 系统中记录生产领料情况
8	登记整车材料库存台账	仓储部经理	1. 接收仓管员送来的童车材料出库单 2. 根据入库单的仓库联材料出库单登记库存台账 3. 登记完交仓管员留存备案
9	登记整车材料存货明细账	成本会计	1. 接收仓管员送来的童车材料出库单 2. 根据材料出库单登记存货明细账。(注意:只填写数量,月末加权平均计算材料成本,出库单做月末成本计算依据)

五、线上操作

VBSE 系统操作步骤如下。

(1) 机加车间领料。

① 输入用户名和密码进入系统,如图 3-491 所示。

② 单击任务中心任务,进入流程界面,如图 3-492 所示。

图 3-491 输入用户名和密码

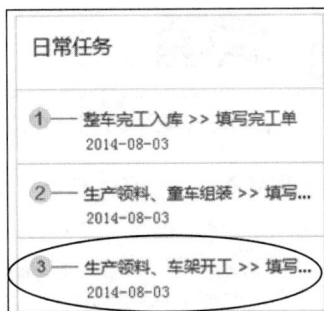

图 3-492 单击任务中心任务

③ 依据流程界面所列任务,依次完成任务,如图 3-493 所示。

任务编码	任务名称	执行角色	执行人	任务类型
KF004241-2-001	填写领料单	车间管理员	燕迎蓬	手工操作
KF004241-2-002	审核领料单	生产计划部经理	温科明	手工操作
KF004241-2-003	核对生产用料	仓管员	李文英	手工操作
KF004241-2-004	填写材料出库单	仓管员	李文英	手工操作
KF004241-2-005	审核材料出库单	仓储部经理	王云皓	手工操作
KF004241-2-006	填写物料卡	仓管员	李文英	手工操作
KF004241-2-007	在VBSE系统中进行生产领…	车间管理员	燕迎蓬	软件操作
KF004241-2-009	登记存货明细账	成本会计	陈星红	手工操作
KF004241-2-008	登记库存台账	仓储部经理	王云皓	手工操作

图 3-493 任务流程图

在流程界面中，单击在 VBSE 系统中进行生产领料的任务，完成领料工作，如图 3-494 所示。

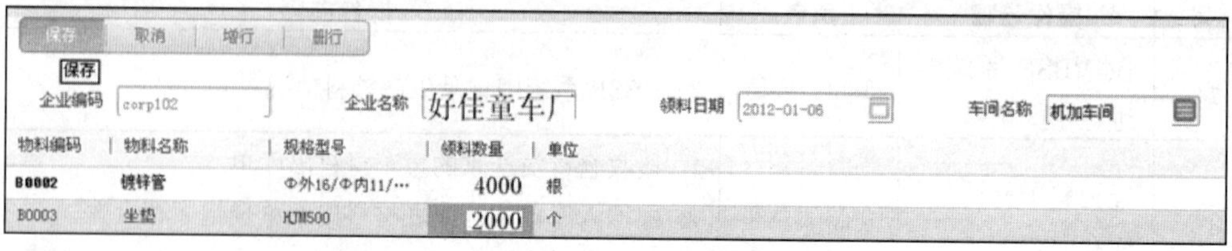

图 3-494　生产领料

(2) 组装车间领料。

① 输入用户名和密码进入系统，如图 3-495 所示。

② 单击任务中心任务，进入流程界面，如图 3-496 所示。

图 3-495　输入用户名和密码

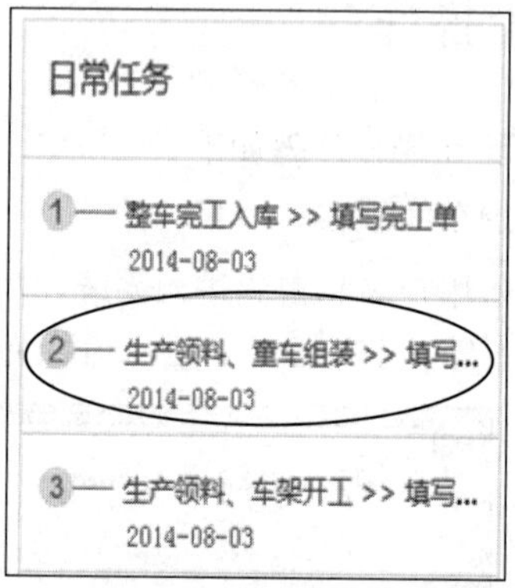

图 3-496　单击任务中心任务

③ 依据流程界面所列任务，依次完成任务，如图 3-497 所示。

任务编码	任务名称	执行角色	执行人	任务类型
KF004241-2-001	填写领料单	车间管理员	燕迎莲	手工操作
KF004241-2-002	审核领料单	生产计划部经理	温科明	手工操作
KF004241-2-003	核对生产用料	仓管员	李文英	手工操作
KF004241-2-004	填写材料出库单	仓管员	李文英	手工操作
KF004241-2-005	审核材料出库单	仓储部经理	王云皓	手工操作
KF004241-2-006	填写物料卡	仓管员	李文英	手工操作
KF004241-2-007	在VBSE系统中进行生产领	车间管理员	燕迎莲	软件操作
KF004241-2-009	登记存货明细账	成本会计	陈星红	手工操作
KF004241-2-008	登记库存台账	仓储部经理	王云皓	手工操作

图 3-497　任务流程图

在流程界面中，单击在 VBSE 系统中进行生产领料的任务，完成领料工作，如图 3-498 所示。

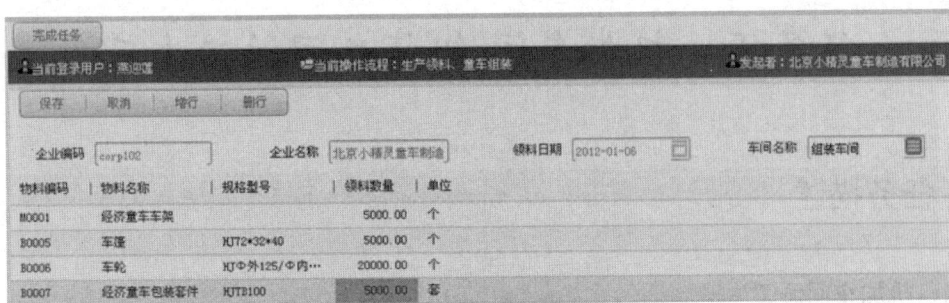

图 3-498 生产领料

六、线下填单

填制领料单的操作步骤如下。

(1) 加工车架领料，如表 3-204 所示。

表 3-204 填写车架领料单

领料部门：生产计划部　　领料单号：LLD00001　　派工单号：PGD00001　　编制日期：2012 年 01 月 06 日

序号	材料编码	材料名称	单位	材料规格	加工产品	领用数量	领用时间	备注
1	B0002	镀锌管	根	Φ外 16/Φ内 11/L5000mm	舒适型车架	4000	2012 年 1 月 6 日	
2	B0003	坐垫	个	HJM500	舒适型车架	2000	2012 年 1 月 6 日	

仓储部：略　　　　　　　　部门经理：略　　　　　　　车间管理员：略

(2) 组装童车领料，如表 3-205 所示。

表 3-205 填写童车领料单

领料部门：生产计划部　　领料单号：LLD00002　　派工单号：PGD00002　　编制日期：2012 年 01 月 06 日

序号	材料编码	材料名称	单位	材料规格	加工产品	领用数量	领用时间	备注
1	B0005	车篷	个	HJ72*32*40	舒适型童车	4000	2012 年 1 月 6 日	
2	B0006	车轮	个	HJΦ外 125/Φ内 60 mm	舒适型童车	16 000	2012 年 1 月 6 日	
3	B0009	舒适型童车包装套件	套	HJTB200	舒适型童车	4000	2012 年 1 月 6 日	
4	M0002	舒适型童车车架	个		舒适型童车	4000	2012 年 1 月 6 日	

仓储部：略　　　　　　　　部门经理：略　　　　　　　车间管理员：略

任务五 机加车间/组装车间派工生产

一、任务描述

1. 机加车间派工生产

生产计划部经理依据之前编制的生产加工计划查看车间产能状况，对机加车间进行派工。对各个工作岗位的生产任务进行具体安排，并检查各项生产准备工作，保证现场按生产作业计划进行生产。

2. 组装车间派工生产

生产计划部经理依据之前编制的生产加工计划查看车间产能状况，对组装车间进行派工。对各个工作岗位的生产任务进行具体安排，并检查各项生产准备工作，保证现场按生产作业计划进行生产。

二、情景导入

好佳童车厂依据机加车间和组装车间领料单，进行派工生产。业务数据如表 3-206 所示。

表 3-206 业务数据

派工日期	生产车间	生产产品(半产品)	备注
2012 年 1 月 6 日	机加车间	舒适型车架	依据生产计划表、物料需求计划表、物料单派工生产
2012 年 1 月 6 日	组装车间	舒适型童车	

三、知识储备

派工单是指生产管理人员向生产人员派发生产指令的单据，是最基本的生产凭证之一。它除了有开始作业、发料、搬运、检验等生产指令的作用外，还有为控制在制品数量、检查生产进度、核算生产成本做凭证等作用。

四、实施步骤

(1) 机加车间派工生产，如表 3-207 所示。

表 3-207　机加车间派工生产

序号	操作步骤	角色	操作内容
1	填写派工单	生产计划部经理	1. 根据主生产计划表编制童车车架派工单 2. 童车车架派工单一式两份 3. 下达童车车架派工单给车间管理员 4. 另一份童车车架派工单自己留存
2	机加车间生产派工	车间管理员	1. 接收童车车架派工单 2. 安排童车车架生产 3. 根据童车车架派工单登记童车车架的生产执行情况表
3	在 VBSE 系统中进行生产车间派工	车间管理员	选择有空余产能的车床进行派工，派工成功后会占用资源产能，占用工人，直至完工入库时才能释放产能，释放人力

(2) 组装车间派工生产，如表 3-208 所示。

表 3-208　组装车间派工生产

序号	操作步骤	角色	操作内容
1	填写派工单	生产计划部经理	1. 根据主生产计划表编制童车派工单 2. 童车派工单一式两份 3. 下达童车派工单给车间管理员 4. 另一份童车派工单自己留存
2	组装车间生产派工	车间管理员	1. 接收派工单 2. 安排童车组装生产 3. 根据派工单登记童车组装的生产执行情况表
3	在 VBSE 系统中进行组装车间派工	车间管理员	选择有空余产能的组装流水线进行派工，派工成功后会占用资源产能，占用工人，直至完工入库时才能释放产能，释放人力

五、线上操作

VBSE 系统操作步骤如下。

(1) 机加车间派工生产。

① 输入用户名和密码进入系统，如图 3-499 所示。

② 单击任务中心任务，进入流程界面，如图 3-500 所示。

图 3-499　输入用户名和密码

图 3-500　单击任务中心任务

③ 依据流程界面所列任务，依次完成任务，如图 3-501 所示。

任务编码	任务名称	执行角色	执行人	任务类型
KF004239-2-001	填写派工单	生产计划部经理	温科明	手工操作
KF004239-2-002	机加车间派工	车间管理员	燕迎莲	手工操作
KF004239-2-003	在VBSE系统中进行机加车	车间管理员	燕迎莲	软件操作

图 3-501　任务流程图

在流程界面中，单击在 VBSE 系统中进行机加车间派工的任务，完成派工生产任务，如图 3-502 所示。

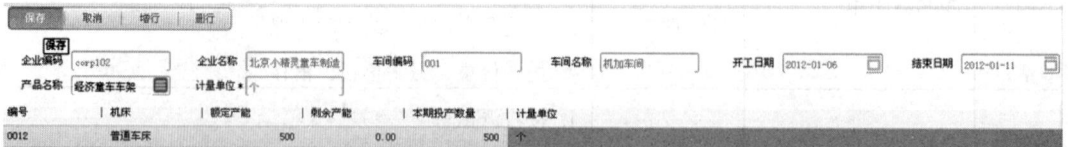

图 3-502　派工任务

(2) 组装车间派工生产。

① 输入用户名和密码进入系统，如图 3-503 所示。

② 单击任务中心任务，进入流程界面，如图 3-504 所示。

图 3-503　输入用户名和密码

图 3-504　单击任务中心任务

③ 依据流程界面所列任务，依次完成任务，如图 3-505 所示。

任务编码	任务名称	执行角色	执行人	任务类型
KF004239-2-001	填写派工单	生产计划部经理	温科明	手工操作
KF004239-2-002	机加车间派工	车间管理员	燕迎莲	手工操作
KF004239-2-003	在VBSE系统中进行机加车	车间管理员	燕迎莲	软件操作

图 3-505 机加车间任务流程图

在流程界面中，单击在 VBSE 系统中进行组装车间派工任务，完成派工生产任务，如图 3-507 所示。

任务编码	任务名称	执行角色	执行人	任务类型
KF004302-2-001	填写派工单	生产计划部经理	温科明	手工操作
KF004302-2-004	组装车间派工	车间管理员	燕迎莲	手工操作
KF004302-2-005	在VBSE系统中进行组装车	车间管理员	燕迎莲	软件操作

图 3-506 组装车间任务流程图

六、线下填单

(1) 机加车间填写派工单，如表 3-209 所示。

表 3-209 填写机加车间派工单

派工部门：生产计划部

派工单号：SC-PG-201210001　　　　派工日期：2012 年 01 月 06 日

产品名称	工序	工序名称	工作中心	生产数量	计划进度	
					开始日期	完工日期
舒适型车架	10	车架加工	普通机床	4000	1月6日	1月18日

生产部经理：略　　　　　　　　　　车间管理员：略

(2) 组装车间填写派工单，如表 3-210 所示。

表 3-210 填写组装车间派工单

派工部门：生产计划部

派工单号：SC-PG-201210002　　　　派工日期：2012 年 01 月 06 日

产品名称	工序	工序名称	工作中心	生产数量	计划进度	
					开始日期	完工日期
舒适型童车	20	组装	组装生产线	4000	1月6日	1月18日

生产部经理：略　　　　　　　　　　车间管理员：略

任务六　机加车间/组装车间完工入库

一、任务描述

1. 车架完工入库

车架完工入库业务是指车间管理员对上月开工生产的半成品车架进行生产更新处理，产品完工后填写车架完工单。仓管员办理车架入库手续并填写物料卡，仓储部经理登记存货台账，成本会计对入库车架登记明细账。

2. 整车完工入库

整车组装、完工质检入库是指车间管理员对上月开始组装的产品进行完工处理，填写产成品完工单。质检员(生产计划员兼)对成品进行质检，到仓储部办理入库手续，填写入库单和物料单。仓储部经理登记存货台账，成本会计登记存货明细账。

二、情景导入

2012 年 1 月 18 日，好佳童车厂依据 1 月 6 日派工生产情况，对完工产品质检，质检后入库。业务数据如表 3-211 所示。

表 3-211　业务数据

完工日期	完工车间	完工产品	存放仓库	备注
2012 年 1 月 18 日	机加车间	舒适型车架	半成品库	质检合格后入库
2012 年 1 月 18 日	组装车间	舒适型童车	成品库	

三、知识储备

完工送检单是生产部门将产品送往质检部门给予检验的单据。单据记载了产品的相关信息，如产品编号、产品名称、质量合格与否等。

四、实施步骤

好佳童车厂对车间生产产品验收入库。

(1) 车架完工入库，操作步骤如表 3-212 所示。

表 3-212　车架完工入库业务流程

序号	操作步骤	角色	操作内容
1	填写车架完工单	车间管理员	1. 机加工车间车架生产完工,车间管理员根据派工单填写车架完工单 2. 将派工单及填写的车架完工单交给生产部经理审核
2	审核车架完工单	生产计划部经理	1. 接收车间管理员送来的派工单和填写的车架完工单 2. 根据派工单审核完工单填写的产品是否已经派工 3. 审核无误,签字 4. 将完工单第一联留存车间管理员,并由车间管理员将车架完工单第二联和车架交给仓管员
3	填写生产入库单	仓管员	1. 仓管员接收车间管理员送来的车架和车架完工单 2. 核对车架的单据和实物是否相符 3. 填写生产入库单,然后送部门经理审核 4. 仓管员把审核完的生产入库单自留一联,另外两联交给财务部和生产部
4	审核生产入库单	仓储部经理	1. 仓储部经理收到仓管员交给的生产入库单 2. 仓储部经理审核生产入库单的准确性和合理性,审核无误后,在生产入库单上签字
5	填写生产执行情况表	车间管理员	1. 根据车架完工单登记生产计划部生产执行情况表 2. 将生产执行情况表交生产计划部经理审核
6	审核生产执行计划情况表	生产计划部经理	审核生产执行计划情况表是否完整填写
7	在 VBSE 系统中处理完工入库	生产计划部经理	选择已完工的生产订单,确认生产完工情况已记录进系统
8	填写车架物料卡	仓管员	1. 仓管员将货物摆放到货位,根据半成品入库单更新物料卡 2. 将半成品入库单送仓储部经理登记台账
9	登记车架库存台账	仓储部经理	仓储部经理根据入库单登记库存台账
10	登记车架明细账	成本会计	1. 成本会计接到仓管员交给的入库单 2. 成本会计根据入库单登记科目明细表

(2) 整车完工入库,如表 3-213 所示。

表 3-213　整车完工入库

序号	操作步骤	角色	操作内容
1	填写完工单	车间管理员	车间管理员根据派工单填写完工单
2	审核完工单并签字	生产计划部经理	1. 生产部经理收到完工单 2. 生产部经理审核完工单,在完工单上签字
3	填写完工送检单	车间管理员	1. 车间管理员填写完工送检单(一式两联) 2. 车间管理员将完工送检单送生产计划员处进行检验

(续表)

序号	操作步骤	角色	操作内容
4	填写检验结果	生产计划员	1. 生产计划员接到车间管理员送来的完工送检单 2. 生产计划员进行检验 3. 将检验结果填入完工送检单
5	填写生产执行情况表	车间管理员	1. 根据完工单和完工送检单填写生产执行情况表 2. 登记完后带完工单第二联及送检单去仓库入库 3. 将完工单第一联自行留存
6	在 VBSE 系统中处理完工入库	生产计划部经理	根据完工送检单在系统中选择相应订单,并确认
7	填写生产入库单	仓管员	1. 仓管员核对完工单和完工送检单及实物 2. 填写一式三联的生产入库单 3. 车间管理员在生产入库单上签字确认 4. 仓管员将生产入库单送仓储部经理审核
8	审核生产入库单	仓储部经理	1. 仓储部经理收到生产入库单 2. 仓储部经理审核生产入库单的准确性和合理性,审核无误后,在生产入库单上签字后返还仓管员 3. 仓管员把审核完的生产入库单的财务联给财务部,生产部联给生产部,仓库联自留
9	填写物料卡	仓管员	1. 仓管员将货物摆放到货位,根据生产入库单更新物料卡 2. 将生产入库单送仓储部经理登记台账
10	登记库存台账	仓储部经理	仓储部经理根据生产入库单登记库存台账
11	登记存货明细账	成本会计	1. 成本会计接到仓管员交给的生产入库单 2. 成本会计根据生产入库单登记科目明细账

五、线上操作

VBSE 系统操作步骤如下。

(1) 车架入库。

① 输入用户名和密码进入系统,如图 3-507 所示。

② 单击任务中心任务,进入流程界面,如图 3-508 所示。

图 3-507　输入用户名和密码

图 3-508　单击任务中心

③ 依据流程界面所列任务，依次完成任务，如图 3-509 所示。

任务编码	任务名称	执行角色	执行人	任务类型
KF004151-2-001	填写完工单	车间管理员	燕迎莲	手工操作
KF004151-2-002	填写生产执行情况表	车间管理员	燕迎莲	手工操作
KF004151-2-003	审核生产执行情况表	生产计划部经理	温科明	手工操作
KF004151-2-004	在VBSE系统中处理完工入	生产计划部经理	温科明	软件操作
KF004151-2-005	审核完工单并签字	生产计划部经理	温科明	手工操作
KF004151-2-006	填写生产入库单	仓管员	李文英	手工操作
KF004151-2-007	审核生产入库单并签字	仓储部经理	王云皓	手工操作
KF004151-2-008	填写物料卡	仓管员	李文英	手工操作
KF004151-2-009	登记库存台账	仓储部经理	王云皓	手工操作
KF004151-2-010	登记存货明细账	成本会计	陈星红	手工操作

图 3-509　任务流程图

在流程界面中，单击在 VBSE 系统中处理完工入库的任务，完成车架入库任务，如图 3-510 所示。

企业编码	corp102	企业名称	北京小精灵童车制造	当前时间	2012-01-06	操作人	温科明	车间名称*	机加车间
□ 物料编码		物料名称		规格型号	单位		完工数量		
☑ M0001		经济童车车架			个		5,000.00		

图 3-510　完工入库

(2) 整车入库。

① 输入用户名和密码进入系统，如图 3-511 所示。

② 单击任务中心任务，进入流程界面，如图 3-512 所示。

图 3-511　输入用户名和密码

图 3-512　单击任务中心任务

③ 依据流程界面所列任务，依次完成任务，如图 3-513 所示。

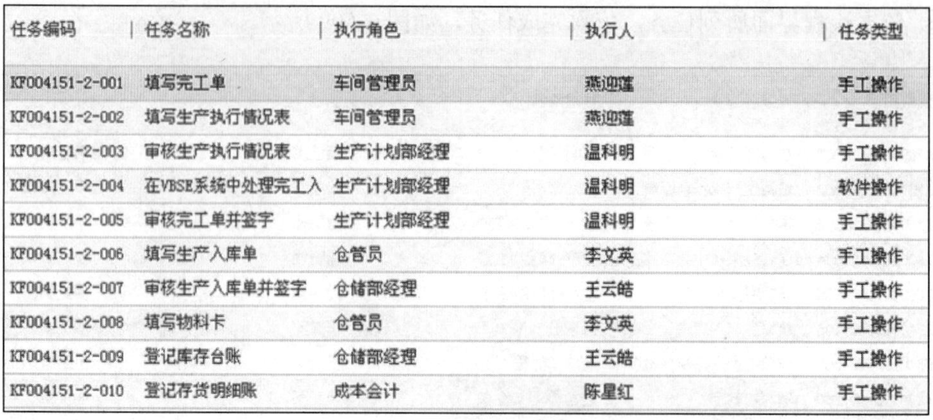

任务编码	任务名称	执行角色	执行人	任务类型
KF004151-2-001	填写完工单	车间管理员	燕迎莲	手工操作
KF004151-2-002	填写生产执行情况表	车间管理员	燕迎莲	手工操作
KF004151-2-003	审核生产执行情况表	生产计划部经理	温科明	手工操作
KF004151-2-004	在VBSE系统中处理完工入	生产计划部经理	温科明	软件操作
KF004151-2-005	审核完工单并签字	生产计划部经理	温科明	手工操作
KF004151-2-006	填写生产入库单	仓管员	李文英	手工操作
KF004151-2-007	审核生产入库单并签字	仓储部经理	王云皓	手工操作
KF004151-2-008	填写物料卡	仓管员	李文英	手工操作
KF004151-2-009	登记库存台账	仓储部经理	王云皓	手工操作
KF004151-2-010	登记存货明细账	成本会计	陈星红	手工操作

图 3-513　任务流程图

在流程界面中，单击在 VBSE 系统中处理完工入库任务，完成整车入库任务，如图 3-514 所示。

图 3-514　完工入库

六、线下填单

(1) 机加车间填制完工送检单，如表 3-214 所示。

表 3-214　填写机加车间完工送检单

送检部门：生产计划部—机加车间

送检单号：SC-SJ-201210001　　　　　　　　　　送检日期：2012 年 1 月 18 日

派工单号	产品名称	完工数量	检验结果	
			合格品	不合格品
SC-PG-201210001	舒适型车架	4000	4000	

质检员(计划员)：　　　　　　　　　　　　车间管理员：

(2) 组装车间填制完工送检单，如表 3-215 所示。

表3-215　填写组装车间完工送检单

送检部门：生产计划部—组装车间

送检单号：SC-SJ-201210002　　　　　　　送检日期：2012 年 1 月 18 日

派工单号	产品名称	完工数量	检验结果	
			合格品	不合格品
SC-PG-201210002	舒适型童车	4000	4000	

质检员(计划员)：　　　　　　　　　　　　车间管理员：

项目十三　制造企业日常行政业务

项目概述：

　　制造企业人力资源业务是VBSE系统中，制造企业进行日常行政工作的一系列任务的统称。其中一些工作任务需要与外围服务公司产生业务关联，具体关系如图3-515所示。

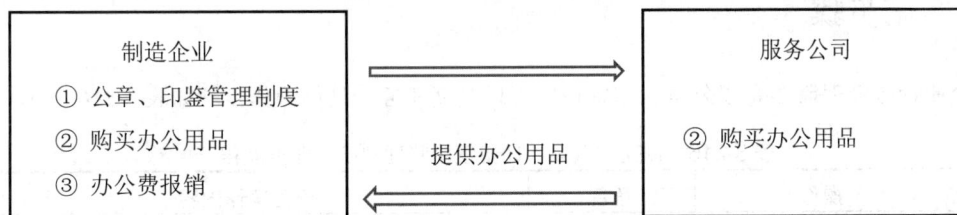

图 3-515　任务关系图

任务一　公章、印鉴管理制度

一、任务描述

　　为了满足企业内部控制的需要，需要制定对企业各类章证，资质证照使用、借用的具体管理细则，因此企业需要制定、出台《公章、印鉴使用管理制度》并组织各部门学习。

二、情景导入

　　2012 年 1 月，好佳童车厂总经理安排行政助理草拟《公章、印鉴使用管理制度》，并需要在审核后颁布、公示和组织学习。

三、知识储备

1. 现代企业管理制度

现代企业管理制度是对企业管理活动的制度安排，包括公司经营目的和观念，公司目标与战略，公司的管理组织以及各业务职能领域活动的规定。

2. 公章、印鉴管理制度

公章、印鉴管理制度一般是对企业内部章(包括公章、合同章、法人私章、发票章、财务章)、证(包括企业营业执照正副本、税务登记证正副本、银行开户许可证等)、资质(即为企业在从事某种行业经营中，应具有的资格以及与此资格相适应的质量等级标准，包括企业的人员素质、技术及管理水平、工程设备、资金及效益情况、承包经营能力和建设业绩等，例如，通信建设市场企业资质、造价工程师等)的制作、保管、更换、使用等方面的操作准则，是员工在各类章、证、资质的保管归属、使用审批权限、借用与归还操作流程等具体行为的规范，是企业进行内部控制的一个重要方面。

四、实施步骤

企业行政助理需要完成公章、印鉴使用管理制度任务。具体操作步骤如表 3-216 所示。

表 3-216　制定《公章、印鉴使用管理制度》业务流程

序号	操作	角色	角色操作内容
1	草拟《公章、印鉴使用管理制度》	行政助理	1. 满足企业内部控制的需要，制定对企业各类章证、资质证照使用、借用的具体管理细则、办法 2. 请总经理组织讨论
2	组织讨论	总经理	组织各部门经理参与讨论草拟的《公章、印鉴使用管理制度》并交总经理审批
3	修改《公章、印鉴使用管理制度》	行政助理	1. 依据讨论确定的修改意见进行修改，并再次校对 2. 将校对完成的《公章、印鉴使用管理制度》交总经理审批
4	审核《公章、印鉴使用管理制度》	总经理	总经理审核《公章、印鉴使用管理制度》的合理性并签字
5	填写"公章、印鉴、资质证照使用申请表"	行政助理	填写"公章、印鉴、资质证照使用申请表"并予以公示，可以贴在办公室显著位置也可以通过邮件等方式通知企业全员
6	《公章、印鉴使用管理制度》公示	行政助理	将纸质的《公章、印鉴使用管理制度》申请表予以公示
7	组织《公章、印鉴使用管理制度》的学习	行政助理	组织各部门学习《公章、印鉴使用管理制度》，学习完成后在原稿上签字，存档

五、线上操作

为完成办公费报销任务，企业行政助理进入 VBSE 系统，进行《公章、印鉴使用管理制度》任务的操作，操作步骤如下。

(1) 输入用户名和密码进入系统，如图 3-516 所示。

(2) 单击任务中心任务，进入流程界面，如图 3-517 所示。

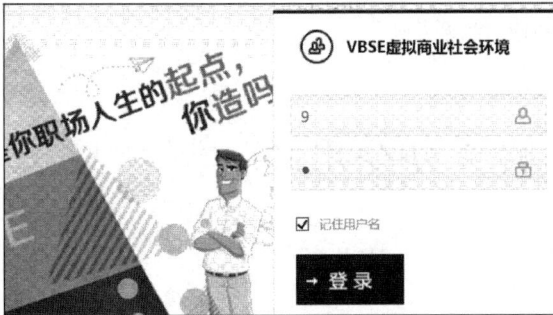

图 3-516 输入用户名和密码

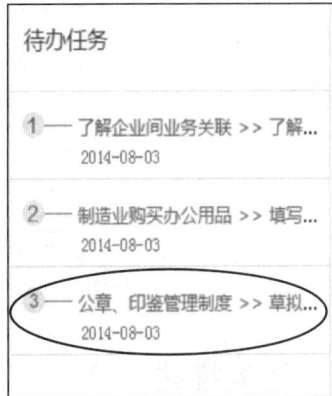

图 3-517 点击任务中心任务

(3) 依据流程界面所列任务，依次完成任务，如图 3-518 所示。

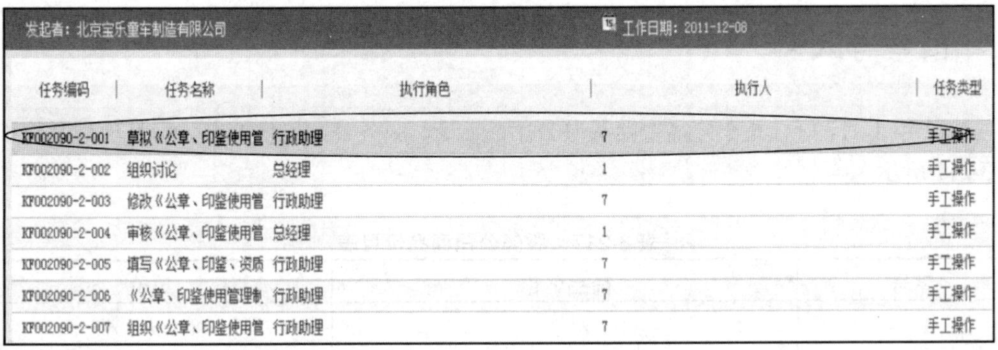

发起者：北京宝乐童车制造有限公司　　工作日期：2011-12-08

任务编码	任务名称	执行角色	执行人	任务类型
KF002090-2-001	草拟《公章、印鉴使用管	行政助理	7	手工操作
KF002090-2-002	组织讨论	总经理	1	手工操作
KF002090-2-003	修改《公章、印鉴使用管	行政助理	7	手工操作
KF002090-2-004	审核《公章、印鉴使用管	总经理	1	手工操作
KF002090-2-005	填写《公章、印鉴、资质	行政助理	7	手工操作
KF002090-2-006	《公章、印鉴使用管理制	行政助理	7	手工操作
KF002090-2-007	组织《公章、印鉴使用管	行政助理	7	手工操作

图 3-518 依次完成任务

六、线下填单

为了完成任务，行政助理需要根据系统内《样例—公章使用管理制度》参考资料，草拟本企业的《公章、印鉴使用管理制度》，如图 3-519 所示。

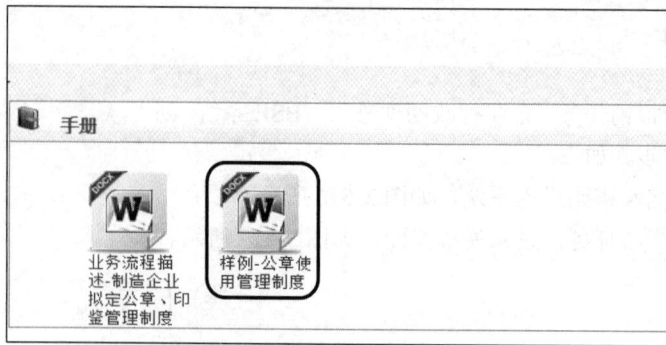

图 3-519　业务资料

任务二　购买办公用品

一、任务描述

企业办公用品管理由行政助理承担，各企业行政管理人员依照员工使用需求发放办公用品并做好领用记录，行政助理每月月初收集、统计办公用品采购需求，统一购买、按需发放。

二、情景导入

2012 年 1 月，好佳童车厂需要购买办公用品若干。服务公司提供的办公用品项目及价格如表 3-217 所示。

表 3-217　服务公司商品价目表

序号	商品名称	单价
1	表单	10.00 元/份
2	胶棒	20.00 元/支
3	印泥	30.00 元/盒
4	长尾夹	10.00 元/个
5	曲别针	5.00 元/个
6	复写纸	10.00 元/页
7	A4 白纸	5.00 元/张

三、知识储备

服务公司出售 VBSE 实训所需的各项办公用品，如表单、胶棒、曲别针等。买卖双方可对结算方式进行协商，既可选择当场结清价款，也可自行约定结算时间，如月结(每月统一结账)。办公用品价款可采用现金或支票进行结算，企业日常采购的办公用品由行政助理携带少量现金即可。

四、实施步骤

为完成购买办公用品任务，企业行政助理需要填写"办公用品采购需求汇总表"，从财务部支取现金后去服务公司购买办公用品。具体操作步骤如表 3-218 所示。

表 3-218 购买办公用品业务流程

序号	操作步骤	角色	操作内容
1	填写办公用品采购需求汇总表	行政助理	根据需要采购的办公用品填写办公用品汇总表
2	填写借款单	行政助理	1. 根据现金需要填写借款单 2. 将借款单提交企管部经理审核
3	审核借款单	企管部经理	审核借款单的准确性、合理性并签字
4	支付现金	出纳	1. 接收审核后的借款单 2. 按借款单金额支付现金给行政助理
5	去服务公司采购	行政助理	带好"办公用品采购需求汇总表"及现金去服务公司购买办公用品
6	结算费用并开发票	服务公司业务员	1. 依照服务公司办公用品定价有关规则，计算费用，收取现金 2. 依照实际出售办公用品数量及单价开具办公用品发票
7	填写支出凭单	行政助理	1. 根据发票金额填写支出凭单 2. 将支出凭单提交财务部经理审核
8	编制记账凭证	费用会计	1. 根据支出凭单编制记账凭证 2. 将记账凭证交财务部经理审核
9	审核记账凭证	财务部经理	审核记账凭证的准确、合理性并签字
10	登记科目明细账	费用会计	登记科目明细账
11	编制借款记账凭证	费用会计	1. 根据经审核的借款单编制记账凭证 2. 将记账凭证交财务部经理审核
12	审核记账凭证	财务部经理	审核费用会计编制的记账凭证的合理性
13	登记现金日记账	出纳	1. 根据经审核的记账凭证登记现金日记账 2. 将记账凭证交费用会计

五、线上操作

为完成购买办公用品任务，企业行政助理进入 VBSE 系统，进行"购买办公用品"的操作。操作步骤如下。

(1) 输入用户名和密码进入系统，如图 3-520 所示。

(2) 单击任务中心任务，进入流程界面，如图 3-521 所示。

图 3-520　输入用户名和密码

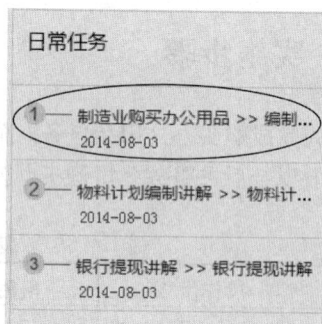

图 3-521　单击任务中心任务

(3) 依据流程界面所列任务，依次完成任务，如图 3-522 所示。

任务编码	任务名称	执行角色	执行人	任务类型
KF004285-2-001	编制采购需求汇总表	行政助理	7	手工操作
KF004285-2-002	填写借款单	行政助理	7	手工操作
KF004285-2-016	审核借款单	企管部经理	1	手工操作
KF004285-2-004	支付现金	出纳	9	手工操作
KF004285-2-005	拿现金去服务公司采购	行政助理	7	手工操作
KF004285-2-006	结算费用并开具发票	服务公司业务员	94	手工操作
KF004285-2-008	填写支出凭单	行政助理	7	手工操作
KF004285-2-009	编制记账证	费用会计	11	手工操作
KF004285-2-010	审核费用记账凭证	财务部经理	8	手工操作
KF004285-2-011	登记明细账	费用会计	11	手工操作
KF004285-2-012	编制借款记账凭证	费用会计	11	手工操作
KF004285-2-013	审核记账凭证	财务部经理	8	手工操作
KF004285-2-014	登记现金日记账	出纳	9	手工操作

图 3-522　依次完成任务

六、线下填单

企业进行购买办公用品任务，行政助理需要填写"借款单"和"支出凭单"，填写样例如图 3-523 和图 3-524 所示。

新道教学专用 seentao

借　款　单

部门：行政部　　　　2012 年 1 月 8 日

借款用途　购买办公用品

借款金额

人民币（大写）伍佰元整　　　　￥ 500.00

☑现金　　☐支票　　☐电汇

财务部经理：钱坤　　总经理：梁天　　部门经理：梁天　　借款人：叶瑛

图 3-523　借款单填制样例

新道教学专用 seentao

支出凭单

部门：行政部　　　　2012 年 1 月 8 日　　　　预算项目：日常

即　付：办公用品费

款

计人民币

（大写）：伍佰元整　　　　￥ 500.00

☑现金　　☐支票　　☐电汇

领款人：叶瑛

会计主管	朱中华	出纳付讫	赵丹

部门经理：梁天　　财务部经理：钱坤　　总经理：梁天

图 3-524　支出凭单填制样例

任务三　办公费报销

一、任务描述

企业行政部购买的办公桌椅、移动硬盘等设备，公司不作为固定资产管理，而是直接计入管理费用的办公费子项目中。购买办公用品的报销具体流程为报销人员整理报销单据并填写对应费用报销单，经部门经理审核、财务部门复核和总经理审批后，到出纳处报销。

二、情景导入

2012 年 1 月，好佳童车厂行政部购买了 10 000.00 元办公桌椅，需要向公司申请办公费报销。业务数据如表 3-219 所示。

表 3-219　业务数据

购买日期	制造企业	服务公司	项目	报销形式	金额
2012 年 1 月 8 日	好佳童车厂	北京融通综合服务有限公司	办公费	转账支票	10 000.00

三、知识储备

费用报销的一般规定如下。

(1) 报销人必须取得相应的合法票据且发票背面有经办人签名。

(2) 填写报销单应注意：根据费用性质填写对应单据；严格按单据要求项目认真填写，注明附件张数；金额大小写需完全一致(不得涂改)；简述费用内容或事由。

(3) 按规定的审批程序报批。

(4) 报销 5000.00 元以上需提前一天通知财务部以便备款。

四、实施步骤

企业行政助理需要完成办公费报销任务。具体操作步骤如表 3-220 所示。

表 3-220　办公费报销业务流程

序号	操作步骤	角色	操作内容
1	填写支出凭单	行政助理	1. 根据购买办公桌椅发票上的金额填写支出凭单，并将发票粘贴在支出凭单后面 2. 将支出凭单送交企管部经理审核
2	审核记账凭证	企管部经理	1. 审核支出凭单填写的准确性 2. 审核办公费支出业务的真实性 3. 审核无误，签字
3	审批支出凭单	总经理	1. 根据预算金额对办公经费进行审批 2. 对在预算范围内的支出审批签字
4	签发转账发票	出纳	1. 接收总经理审批过的支出凭单 2. 根据支出凭单金额签发转账支票 3. 将支票交给行政助理，支票根和支出凭单交给费用会计 4. 登记支票登记簿

（续表）

序号	操作步骤	角色	操作内容
5	编制记账凭证	费用会计	根据支出凭单金额编制记账凭证
6	审核记账凭证	财务部经理	审核费用会计编制的记账凭证
7	登记银行存款日记账	出纳	根据记账凭证登记银行存款日记账
8	登记科目明细账	费用会计	根据记账凭证登记费用明细账(多栏式明细账)

五、线上操作

为完成办公费报销任务，企业行政助理进入 VBSE 系统，进行"办公费报销"的任务操作。操作步骤如下。

(1) 输入用户名和密码进入系统，如图 3-525 所示。

(2) 单击任务中心任务，进入流程界面，如图 3-526 所示。

图 3-525　输入用户名和密码

图 3-526　单击任务中心任务

(3) 依据流程界面所列任务，依次完成任务，如图 3-527 所示。

任务编码	任务名称	执行角色	执行人	任务类型
KF002075-2-001	填写支出凭单	行政助理	7	手工操作
KF002075-2-002	审核支出凭单	企管部经理	1	手工操作
KF002075-2-003	审批支出凭单	总经理	1	手工操作
KF002075-2-004	签发转账支票	出纳	9	手工操作
KF002075-2-005	编制记账凭证	费用会计	11	手工操作
KF002075-2-006	审核记账凭证	财务部经理	8	手工操作
KF002075-2-007	登记银行存款日记账	出纳	9	手工操作
KF002075-2-008	登记科目明细账	费用会计	11	手工操作

图 3-527　依次完成任务

六、线下填单

企业行政部行政助理进行办公费报销任务，行政助理需要填写支出凭单，出纳需要填写转账支票，支出凭单填写样例如图 3-528 所示。转账支票填写样例如图 3-529 所示。

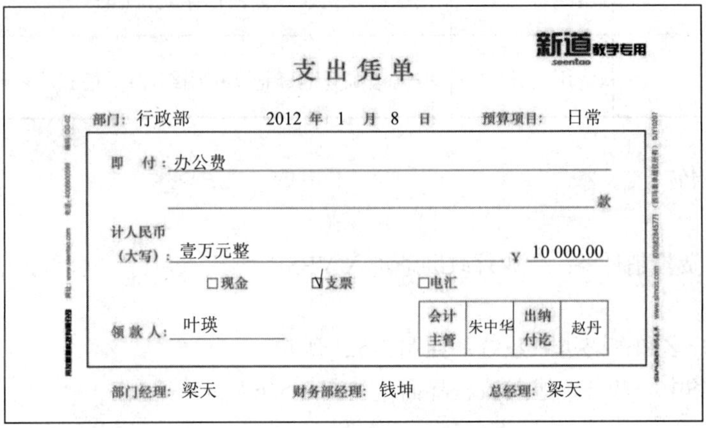

新道教学专用 seentao

支出凭单

部门：行政部　　2012 年 1 月 8 日　　预算项目：日常

即　付：办公费

款

计人民币（大写）：壹万元整　　¥ 10 000.00

□现金　☑支票　□电汇

领款人：叶瑛

会计主管	朱中华	出纳付讫	赵丹

部门经理：梁天　　财务部经理：钱坤　　总经理：梁天

图 3-528　支出凭单填制样例

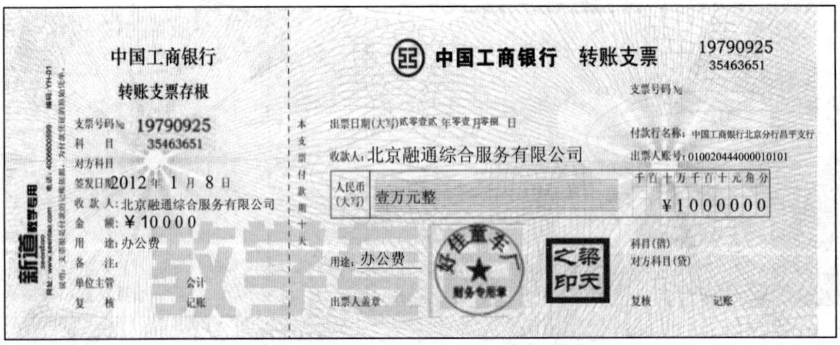

中国工商银行

转账支票存根

支票号码 19790925 35463651

科　目

对方科目

签发日期 2012 年 1 月 8 日

收款人：北京融通综合服务有限公司

金　额：¥10000

用　途：办公费

备　注：

单位主管　会计

复　核　记账

中国工商银行　转账支票　19790925 35463651

支票号码

出票日期(大写) 贰零壹贰 年 零壹 月 零捌 日

付款行名称：中国工商银行北京分行昌平支行

收款人：北京融通综合服务有限公司

出票人账号：0100204440000010101

人民币（大写）壹万元整　　千百十万千百十元角分　¥1000000

用途：办公费

科目(借)

对方科目(贷)

出票人签章

复核　记账

图 3-529　转账支票填制样例

模块四

虚拟商业社会环境之难点业务解析

任务一　关于企业标志的设计

一、任务描述

在 VBSE 综合版实训初始阶段，企业招聘员工时，需由 CEO 协同人力资源总监进行企业海报的设计，其中关于企业标志的设计是亮点与难点。如何设计出符合企业文化，彰显企业特色的标志，是我们首先需要解决的难题。

二、难点解析

1. 关于企业标志

企业标志是企业重要的无形资产之一，是企业文化的代表。标志在企业形象传递过程中，应用广泛、出现频率高，是重中之重。企业强大的综合实力、完善的管理系统、优质的产品和服务，都被归纳于标志中。通过展示和宣传被大众接受并喜爱。

2. 企业标志设计原因

(1) 标志可以帮助企业树立鲜明的形象，并于展示时高度统一，在实际应用中快捷、方便。

(2) 成功的标志设计可以代表一个企业的特别的身份，通过标志能够达成事半功倍的效果。

(3) 不同企业的标志可以区别于其他企业，是自己独享的文化。

3. 标志设计中应注意的问题

(1) 标志设计应简明扼要

如旭日贸易集团则通常会选择一轮红日当选标志的一部分，颜色鲜明、主题突出，有感染力。

(2) 标志设计要有美感

要充分注意颜色、形状、搭配的协调性，要给观看者以"美好""舒适"的感觉。

(3) 标志设计要健康、积极

标志在使用过程中，可以进行调整。要在维护稳定的同时，与时俱进，做出必要的调整。

(4) 标志印制要清晰

标志在各种应用中，不管是何种形式，都要清晰可见，辨识度高。

任务二　关于办公用品的领用

一、任务描述

为更好地控制办公消耗成本，一般企业都会严格规范各项办公用品的发放、领用和管理工作。在 VBSE 综合版实训中，要求全体学员所处的各企业部门需知晓办公用品领用清单，合理、有序地领取各项用品。同时规范办公用品的管理和流程，减少铺张浪费，节约成本，提高办公效率。

二、难点解析

关于 VBSE 综合版实训中涉及的各个企业、组织，建议办公用品领用如下(仅供指导教师和学员参考)。

1. 制造企业领取物品

制造企业所需要的实习物品，由行政助理去指导教师处申领，然后依据企业内部控制管理要求将资料发给相关部门或个人保管。制造企业需领用与保管的实习物品如表 4-1～表 4-4 所示。

表 4-1　制造企业证章领用与保管表

序号	证章名称	标准用量(1 家企业)	保管部门	建议保管人(岗)
1	公章	1	企管部	行政助理
2	合同章专用章	1	企管部	行政助理
3	法人印鉴	1	财务部	出纳
4	财务专用章	1	财务部	财务部经理
5	发票专用章	1	财务部	财务会计
6	营业执照正、副本	各 1	企管部	行政助理
7	税务登记证正、副本	各 1	财务部	财务部经理
8	生产许可证	1	企管部	行政助理
9	组织结构代码证	1	企管部	行政助理
10	开户许可证	1	财务部	财务部经理

表 4-2 制造企业单据领用与保管表

序号	单据名称	保管部门	建议保管人(岗)	页数	联次	标准用量 (1 家制造企)
1	合同会签单	企管部	行政助理	1	1	27
2	支出凭单	财务部	出纳	1	1	22
3	借款单	财务部	出纳	1	1	18
4	广告合同	营销部	销售专员	2	1	2
5	购销合同	营销部	销售专员	2	1	10
6	销售订单明细表	营销部	销售专员	1	1	7
7	销售订单汇总表	营销部	销售专员	1	2	5
8	销售发货计划表	营销部	销售专员	1	2	2
9	发货单	营销部	销售专员	1	4	3
10	销售发货明细表	营销部	销售专员	1	1	3
11	采购计划表	采购部	采购部经理	1	1	2
12	采购合同执行情况表	采购部	采购员	1	1	2
13	生产入库单	仓储部	采购员	1	3	4
14	物料检验单	仓储部	仓管员	1	1	8
15	材料出库单	仓储部	仓管员	1	3	6
16	销售出库单	仓储部	仓管员	1	3	3
17	物料卡	仓储部	仓管员	1	1	16
18	库存台账	仓储部	仓管员	1	1	16
19	盘点表	仓储部	仓储部经理	1	1	3
20	北京市社会保险 参保人员减少表	人力资源部	人力资源助理	1	1	4
21	北京市社会保险 参保人员增加表	人力资源部	人力资源助理	1	1	10
22	住房公积金汇缴 变更清册	人力资源部	人力资源助理	1	1	10
23	应聘简历	人力资源部	人力资源助理	1	1	18
24	录用通知单	人力资源部	人力资源助理	1	1	18
25	培训计划表	人力资源部	人力资源助理	1	1	1
26	公章、印鉴使用登记表	企管部	行政助理	1	1	1
27	公章、印鉴、资质证照 使用申请表	企管部	行政助理	1	1	11
28	合同管理表	企管部	行政助理	1	1	7
29	会议通知	企管部	行政助理	1	1	1
30	会议纪要	企管部	行政助理	1	1	1
31	主生产计划表	生产计划部	生产计划员	1	2	3

(续表)

序号	单据名称	保管部门	建议保管人(岗)	页数	联次	标准用量(1家制造企)
32	主生产计划计算表	生产计划部	生产计划员	1	1	3
33	物料需求计划计算表	生产计划部	生产计划员	2	1	3
34	物料净需求计划表	生产计划部	生产计划员	1	2	3
35	完工单	生产计划部	车间管理员	1	2	6
36	派工单	生产计划部	车间管理员	1	2	4
37	生产执行情况表	生产计划部	车间管理员	1	1	2
38	领料单	生产计划部	车间管理员	1	1	4
39	完工送检单	生产计划部	生产计划员	1	3	4
40	设备需求计划表	生产计划部	生产计划部经理	1	2	3
41	资产负债表	财务部	财务部经理	2	1	2
42	利润表	财务部	财务部经理	1	1	2
43	三栏式总分类账(明细账)	财务部	财务会计	1	1	60
44	记账凭证	财务部	财务会计	1	1	80
45	日记账	财务部	出纳	1	1	6
46	多栏式明细账	财务部	成本会计	2	1	6
47	数量金额明细账	财务部	成本会计	1	1	16
48	支票登记簿	财务部	出纳	1	1	2
49	盘点通知	财务部	成本会计	1	1	3
50	盘盈(亏)报告表	财务部	成本会计	1	1	3
51	库存现金盘点表	财务部	出纳	1	1	3
52	现金盘点报告表	财务部	出纳	1	1	3
53	固定资产折旧计算表	财务部	财务会计	1	1	2
54	转账支票	银行	出纳	1	1	28
55	现金支票	财务部	出纳	1	1	3
56	中国工商银行进账单	银行	出纳	1	3	9
57	新道增值税教学单据(专用)	税务	财务部经理	1	3	8
58	增值税纳税申报表	税务	财务部经理	11	1	4
59	人员需求表	人力资源部	人力资源助理	1	1	10
60	招聘计划表	人力资源部	人力资源助理	1	1	10
61	固定资产卡片	企管部	财务部经理	1	1	36
62	科目汇总表	财务部	财务部经理	1	1	2
63	支出预算表	财务部	财务部经理	1	1	7

(续表)

序号	单据名称	保管部门	建议保管人(岗)	页数	联次	标准用量 (1 家制造企)
64	收入预算表	营销部	财务部经理	1	1	2
65	支出预算汇总表	财务部	财务部经理	1	1	1
66	资金计划表	财务部	财务部经理	1	1	1
67	市场开发计划表	营销部	市场专员	1	1	1
68	产品开发计划表	生产计划部	生产计划部经理	1	1	1
69	资产需求计划表	生产计划部	生产计划部经理	1	1	1
70	办公用品采购汇总表	企管部	行政助理	1	1	2
71	采购入库单	采购部	仓管员	1	3	4

表 4-3 制造企业钱币领用与保管表

序号	币值	标准数量 (1 家企业)	保管部门	建议保管人(岗)
1	10.00 元	100	财务部	出纳
2	100.00 元	190	财务部	出纳

表 4-4 制造企业办公用品领用与保管表

序号	单据名称	标准用量 (1 家企业)	保管部门	建议保管人(岗)
1	胶棒	2 个	财务部	出纳
2	印泥	2 盒	财务部	出纳
3	小号长尾夹	1 盒	财务部	出纳
4	A4 复写纸	1 盒	财务部	出纳

2. 商贸企业领取物品

商贸企业需领用与保管的实习物品如表 4-5～表 4-9 所示。

表 4-5 商贸企业(客户)单据领用与保管表

序号	单据名称	建议保管人(岗)	页数	联次	标准用量 (1 家客户)
1	支出凭单	行政主管	1	1	20
2	借款单	行政主管	1	1	1
3	广告预算申请表	业务主管	1	1	4
4	广告合同	业务主管	2	1	8

(续表)

序号	单据名称	建议保管人(岗)	页数	联次	标准用量 (1家客户)
5	发货单	业务主管	1	4	4
6	销售发货明细表	业务主管	1	1	4
7	采购合同执行情况表	业务主管	1	1	4
8	物料检验单	业务主管	1	1	4
9	销售出库单	业务主管	1	3	3
10	物料卡	业务主管	1	1	3
11	库存台账	行政主管	1	1	3
12	盘点表	行政主管	1	1	3
13	北京市社会保险参保人员增加表	行政主管	1	1	2
14	住房公积金汇缴变更清册	行政主管	1	1	2
15	应聘简历	行政主管	1	1	3
16	劳动合同书	行政主管	4	1	6
17	录用通知单	行政主管	1	1	3
18	记账凭证	总经理	1	1	60
19	日记账	行政主管	1	1	2
20	支票登记簿	行政主管	1	1	1
21	盘点通知	总经理	1	1	3
22	盘盈(亏)报告表	业务主管	1	1	3
23	库存现金盘点表	行政主管	1	1	4
24	现金盘点报告表	行政主管	1	1	4
25	转账支票	行政主管	1	1	26
26	现金支票	行政主管	1	1	3
27	中国工商银行进账单	行政主管	1	3	3
28	新道增值税教学单据(专用)	行政主管	1	3	5
29	增值税纳税申报表	行政主管	11	1	4
30	单位经办人授权委托书	行政主管	1	1	2
31	固定资产卡片	行政主管	1	1	15
32	科目汇总表	行政主管	1	1	2
33	办公用品采购汇总表	行政主管	1	1	1
34	资产负债表(客户供应商用)	行政主管	1	1	3
35	利润表(客户供应商用)	行政主管	1	1	3
36	采购入库单	业务主管	1	3	2
37	科目余额表(客户供应商用)	行政主管	1	1	1

表 4-6　商贸企业(客户)钱币领用与保管表

序号	币值	标准数量(1 家客户)	领用及保管人
1	10.00 元	100	客户总经理
2	100.00 元	190	客户总经理

表 4-7　商贸企业(供应商)单据领用与保管表

序号	单据名称	建议保管人(岗)	页数	联次	标准用量 (1 家供应商)
1	支出凭单	行政主管	1	1	13
2	借款单	行政主管	1	1	1
3	发货单	业务主管	1	4	14
4	销售发货明细表	业务主管	1	1	4
5	采购合同执行情况表	业务主管	1	1	5
6	采购订单	业务主管	1	4	12
7	物料检验单	业务主管	1	1	4
8	销售出库单	业务主管	1	3	4
9	物料卡	业务主管	1	1	10
10	库存台账	行政主管	1	1	10
11	盘点表	行政主管	1	1	3
12	北京市社会保险参保人员增加表	行政主管	1	1	2
13	住房公积金汇缴变更清册	行政主管	1	1	2
14	应聘简历	行政主管	1	1	3
15	劳动合同书	行政主管	4	1	6
16	录用通知单	行政主管	1	1	3
17	记账凭证	总经理	1	1	60
18	日记账	行政主管	1	1	2
19	支票登记簿	行政主管	1	1	1
20	盘点通知	总经理	1	1	3
21	盘盈(亏)报告表	行政主管	1	1	3
22	库存现金盘点表	行政主管	1	1	4
23	现金盘点报告表	行政主管	1	1	4
24	转账支票	行政主管	1	1	8
25	现金支票	行政主管	1	1	3
26	中国工商银行进账单	行政主管	1	3	9
27	新道增值税教学单据(专用)	行政主管	1	3	5
28	增值税纳税申报表	行政主管	11	1	4
29	单位经办人授权委托书	行政主管	1	1	2
30	固定资产卡片	行政主管	1	1	15

序号	单据名称	建议保管人(岗)	页数	联次	标准用量(1家供应商)
31	科目汇总表	行政主管	1	1	2
32	办公用品采购汇总表	行政主管	1	1	1
33	资产负债表(客户供应商用)	行政主管	1	1	3
34	利润表(客户供应商用)	行政主管	1	1	3
35	采购入库单	行政主管	1	3	2
36	科目余额表(客户供应商用)	行政主管	1	1	1

表4-8 商贸企业(供应商)钱币领用与保管表

序号	币值	标准数量(1家供应商)	领用及保管人
1	10.00 元	100	供应商总经理
2	100.00 元	90	供应商总经理

表4-9 商贸企业办公用品领用与保管表

序号	办公用品名称	标准用量	建议保管人(岗)
1	胶棒	2个(客户、供应商各1)	客户总经理/供应商总经理
2	印泥	2盒(客户、供应商各1)	客户总经理/供应商总经理
3	小号长尾夹	2盒(客户、供应商各1)	客户总经理/供应商总经理

3. 社会资源领取物品

社会资源需领用与保管物品如表4-10～表4-13所示。

表4-10 社会资源证章领用与保管表

序号	证章名称	标准用量	所属组织	领用及保管人
1	企业公章	1	服务中心	服务中心专员
2	法人章	1	服务中心	服务中心专员
3	合同专用章	1	服务中心	服务中心专员
4	发票专用章	1	服务中心	服务中心专员
5	财务专用章	1	服务中心	服务中心专员
6	年检章	1	税务	政务专员
7	征税专用章	1	税务	政务专员
8	业务专用章	3	税务	政务专员
9	银行转讫章	1	工商银行	银行柜员
10	银行付讫章	1	工商银行	银行柜员
11	银行收讫章	1	工商银行	银行柜员

(续表)

序号	证章名称	标准用量	所属组织	领用及保管人
12	汇票专用章	1	工商银行	银行柜员
13	银行合同章	1	工商银行	银行柜员
14	国际结算专用章	1	中国银行	银行柜员
15	收汇、结汇专用章	1	中国银行	银行柜员
16	收汇、结汇专用联章	1	中国银行	银行柜员
17	信用证通知专用章	1	中国银行	银行柜员
18	保险公司业务专用章	1	中国银行	银行柜员
19	出入境检验检疫局章	1	进出口中心	组内协商
20	国家外汇管理局章	1	进出口中心	组内协商
21	海运公司章	1	进出口中心	组内协商
22	海关章	1	海关总署	组内协商

表 4-11　社会资源单据领用与保管表

序号	建议保管人(岗)	单据名称	页数	联次	服务公司自用	工商银行	政务中心	中国银行
1	社保公积金专管员	北京市社会保险参保人员减少表	1	1			20	
2	社保公积金专管员	北京市社会保险参保人员增加表	1	1			40	
3	社保公积金专管员	住房公积金汇缴变更清册	1	1			40	
4	服务公司业务员	培训需求调查问卷	1	1	90			
5	服务公司业务员	培训计划表	1	1	1			
6	服务公司业务员	培训签到表	1	1	3			
7	服务公司业务员	培训满意度调查问卷	1	1	60			
8	银行柜员	记账凭证	1	1		30		30
9	银行柜员	支票登记簿	1	1		3		3
10	银行柜员	库存现金盘点表	1	1		5		5
11	银行柜员	现金盘点报告表	1	1		5		5
12	银行柜员	转账支票	1	1	2	100		100
13	银行柜员	现金支票	1	1		20		20

序号	建议保管人(岗)	单据名称	页数	联次	服务公司自用	工商银行	政务中心	中国银行
14	银行柜员	中国工商银行进账单	1	3	6	40		40
15	税务专管员	新道增值税教学单据(专用)	1	3	4		216	
16	税务专管员	新道服务行业、娱乐、文化体育业教学单据	1	2	23		20	
17	税务专管员	北京市行政事业单位资金往来结算票据	1	3			70	
18	税务专管员	增值税纳税申报表	11	1			28	
19	税务专管员	税收通用缴款书	1	4			90	
20	税务专管员	新道增值税教学单据(普通)	1	2	38		60	
21	服务公司专管员	招聘工作总结争先创优评分表	1	1	14			
22	银行柜员	三联收据	1	3		14		14
23	社保公积金专管员	各企业社会保险缴费表	1	1			5	
24	社保公积金专管员	各企业住房公积金缴费表	1	1			5	
25	银行柜员	银企代发工资合作协议	1	1		10		10
26	社保公积金专管员	住房公积金单位登记表	1	1			10	
27	银行柜员	委托银行代收合同书	1	1		14		14
28	银行柜员	银行卡	1	1		200		200
29	社保公积金专管员	社保缴纳情况登记表	1	1			1	
30	社保公积金专管员	公积金缴纳情况登记表	1	1			1	
31	银行柜员	科目汇总表	1	1		5		5
32	服务公司业务员	单据检查汇总表	1	1	3			
33	税务专管员	税务检查情况统计表	1	1			3	
34	银行柜员	重要空白凭证盘点表	1	1		6		6
35	工商局专管员	企业年检情况表	1	1			1	

(续表)

序号	建议 保管人(岗)	单据名称	页数	联次	服务公 司自用	工商 银行	政务 中心	中国 银行
36	工商局专 管员	北京市工商行政管理局 行政处罚决定书	1	1			20	.
37	服务公司业 务员	商品订单卡			40			

表4-12　社会资源钱币领用与保管表

序号	币值	标准数量	所属组织	领用及保管人
1	10.00元	1000	工商银行	银行柜员
2	100.00元	1900	工商银行	银行柜员
3	10.00元	1000	中国银行	银行柜员
4	100.00元	1900	中国银行	银行柜员

表4-13　社会资源办公用品领用与保管表

序号	单据名称	标准用量	建议保管人(岗)
1	胶棒	5个 (每个岗位1个)	服务公司业务员、工商局专管员、社保公积金 专管员、税务专管员、银行柜员
2	印泥	5盒 (每个岗位1盒)	服务公司业务员、工商局专管员、社保公积金 专管员、税务专管员、银行柜员
3	小号长尾夹	5盒 (每个岗位1盒)	服务公司业务员、工商局专管员、社保公积金 专管员、税务专管员、银行柜员
4	名片纸	5盒	银行柜员

4. 物流公司领取物品

物流公司需领用与保管的物品如表4-14～表4-17所示。

表4-14　物流公司证章领用与保管表

序号	证章名称	标准用量	所属组织	领用及保管人
1	企业公章	1	隆邦物流有限公司	物流总经理
2	法人章	1	隆邦物流有限公司	物流总经理
3	合同专用章	1	隆邦物流有限公司	物流总经理
4	发票专用章	1	隆邦物流有限公司	物流总经理
5	财务专用章	1	隆邦物流有限公司	物流总经理
6	营业执照正、副本	各1	隆邦物流有限公司	物流总经理
7	税务登记证正、副本	各1	隆邦物流有限公司	物流总经理
8	组织结构代码证	1	隆邦物流有限公司	物流总经理
9	开户许可证	1	隆邦物流有限公司	物流总经理

表 4-15　物流公司单据领用与保管表

序号	保管部门	建议保管人(岗)	单据名称	1 套标准用量
1	物流公司	物流经理	中标通知书	3
2	物流公司	物流仓储经理	仓储代管合同	6
3	物流公司	物流业务员	运输合同	12
4	物流公司	物流业务员	运单	24
5	物流公司	物流业务员	运输订单	6
6	物流公司	物流仓储经理	货架购销合同	6
7	物流公司	物流仓储经理	入库单	3
8	物流公司	物流仓储经理	出库单	3

表 4-16　物流公司钱币领用与保管表

序号	币值	标准数量	所属组织	领用及保管人
1	10.00 元	1000	隆邦物流有限公司	物流总经理
2	100.00 元	1900	隆邦物流有限公司	物流总经理

表 4-17　物流公司办公用品领用与保管表

序号	办公用品名称	标准用量	建议保管人(岗)
1	胶棒	1 个	物流总经理
2	印泥	1 盒	物流总经理
3	小号长尾夹	1 盒	物流总经理

5. 会计事务所领取物品

会计事务所需领用与保管物品如表 4-18~表 4-21 所示。

表 4-18　会计事务所证章领用与保管表

序号	证章名称	标准用量	所属组织	领用及保管人
1	企业公章	1	立新会计师事务所有限公司	组内协商
2	法人章	1	立新会计师事务所有限公司	组内协商
3	合同专用章	1	立新会计师事务所有限公司	组内协商
4	发票专用章	1	立新会计师事务所有限公司	组内协商
5	财务专用章	1	立新会计师事务所有限公司	组内协商
6	营业执照正、副本	各 1	立新会计师事务所有限公司	组内协商

• 396 •

(续表)

序号	证章名称	标准用量	所属组织	领用及保管人
7	税务登记证正、副本	各 1	立新会计师事务所有限公司	组内协商
8	组织结构代码证	1	立新会计师事务所有限公司	组内协商
9	开户许可证	1	立新会计师事务所有限公司	组内协商
10	北京会计师事务所分类管理 A 类	1	立新会计师事务所有限公司	组内协商
11	代理记账许可证书	1	立新会计师事务所有限公司	组内协商
12	执业证书	1	立新会计师事务所有限公司	组内协商

表 4-19　会计事务所单据领用与保管表

序号	保管部门	建议保管人(岗)	单据名称	1 套用量
1	会计师事务所	审计师	项目审计方案	6
2	会计师事务所	审计师	销售与收款循环穿行测试表	6
3	会计师事务所	审计师	主营业务收入检查情况表	6
4	会计师事务所	审计助理	主营业务收入明细表	6
5	会计师事务所	项目经理	主营业务收入审定表	6
6	会计师事务所	审计师	审计差异—账项调整汇总表	6
7	会计师事务所	项目经理	审计报告	6
8	会计师事务所	项目经理	审计报告复核签发表	6
9	会计师事务所	项目经理	服务业发票	6

表 4-20　会计事务所钱币领用与保管表

序号	币值	标准数量	所属组织	领用及保管人
1	10.00 元	1000	立新会计师事务所有限公司	组内协商
2	100.00 元	1900	立新会计师事务所有限公司	组内协商

表 4-21　会计事务所办公用品领用与保管表

序号	办公用品名称	标准用量	建议保管人(岗)
1	胶棒	1 个	组内协商
2	印泥	1 盒	组内协商
3	小号长尾夹	1 盒	组内协商

6. 进出口有限公司领取物品

进出口有限公司需领用与保管物品如表 4-22～表 4-25 所示。

表 4-22　进出口有限公司证章领用与保管表

序号	证章名称	标准用量	所属组织	领用及保管人
1	企业公章	1	五洲进出口有限公司	组内协商
2	法人章	1	五洲进出口有限公司	组内协商
3	合同专用章	1	五洲进出口有限公司	组内协商
4	发票专用章	1	五洲进出口有限公司	组内协商
5	财务专用章	1	五洲进出口有限公司	组内协商
6	企业公章(英文)	1	五洲进出口有限公司	组内协商
7	合同专用章(英文)	1	五洲进出口有限公司	组内协商
8	营业执照正、副本	各1	五洲进出口有限公司	组内协商
9	税务登记证正、副本	各1	五洲进出口有限公司	组内协商
10	组织结构代码证	1	五洲进出口有限公司	组内协商
11	开户许可证	1	五洲进出口有限公司	组内协商
12	进出口企业资质	1	五洲进出口有限公司	组内协商
13	海关登记证	1	五洲进出口有限公司	组内协商

表 4-23　进出口有限公司单据领用与保管表

序号	保管部门	建议保管人(岗)	单据名称	1套标准用量
1	国际贸易	国贸进出口经理	建交函	3
2	国际贸易	国贸进出口经理	询价函	3
3	国际贸易	国贸进出口经理	发盘函	3
4	国际贸易	国贸进出口经理	销售合同	3
5	国际贸易	国贸进出口经理	信用证通知书	3
6	国际贸易	国贸进出口经理	信用证	3
7	国际贸易	国贸进出口经理	商业发票	3
8	国际贸易	国贸进出口经理	装箱单	3
9	国际贸易	国贸进出口经理	订舱委托书	3
10	国际贸易	国贸进出口经理	装货单	3
11	国际贸易	国贸进出口经理	大副收据	3
12	国际贸易	国贸进出口经理	配舱回单	3
13	国际贸易	国贸进出口经理	送货通知单	3
14	国际贸易	国贸进出口经理	出境货物报检单	3

(续表)

序号	保管部门	建议保管人(岗)	单据名称	1套标准用量
15	国际贸易	国贸进出口经理	品质证	3
16	国际贸易	国贸进出口经理	投保单	3
17	国际贸易	国贸进出口经理	保险单	3
18	国际贸易	国贸进出口经理	申请书	3
19	国际贸易	国贸进出口经理	出口收汇核销单	3
20	国际贸易	国贸进出口经理	出口货物报关单	3
21	国际贸易	国贸进出口经理	海运提单	3
22	国际贸易	国贸进出口经理	汇票	3
23	国际贸易	国贸进出口经理	结汇水单	3

表 4-24　进出口有限公司钱币领用与保管表

序号	币值	标准数量	所属组织	领用及保管人
1	10.00 元	1000	五洲进出口有限公司	组内协商
2	100.00 元	1900	五洲进出口有限公司	组内协商

表 4-25　进出口有限公司办公用品领用与保管表

序号	办公用品名称	标准用量	建议保管人(岗)
1	胶棒	1 个	组内协商
2	印泥	1 盒	组内协商
3	小号长尾夹	1 盒	组内协商

7. 招投标公司领取物品

招投标公司领用与保管物品如表 4-26~表 4-29 所示。

表 4-26　招投标公司证章领用与保管表

序号	证章名称	标准用量	所属组织	领用及保管人
1	企业公章	1	招投标公司	组内协商
2	法人章	1	招投标公司	组内协商
3	合同专用章	1	招投标公司	组内协商
4	发票专用章	1	招投标公司	组内协商
5	财务专用章	1	招投标公司	组内协商
6	销售小票现金收讫章	1	招投标公司	组内协商

表 4-27　招投标公司单据领用与保管表

序号	保管部门	建议保管人(岗)	单据名称	1 套标准用量
1	招投标公司	招投标经理	开标评分表	8
2	招投标公司	招投标经理	投标担保回执	8
3	招投标公司	招投标经理	委托招标代理合同	6
4	招投标公司	招投标经理	招标答疑会议纪要	8
5	招投标公司	招投标经理	资格预审合格通知书	8
6	招投标公司	招投标经理	企业名称预先核准申请书	3

表 4-28　招投标公司钱币领用与保管表

序号	币值	标准数量	所属组织	领用及保管人
1	10.00 元	1000	招投标公司	组内协商
2	100.00 元	1900	招投标公司	组内协商

表 4-29　招投标公司办公用品领用与保管表

序号	办公用品名称	标准用量	建议保管人(岗)
1	胶棒	1 个	组内协商
2	印泥	1 盒	组内协商
3	小号长尾夹	1 盒	组内协商

8. 百联集团有限公司领取物品

百联集团有限公司需领用与保管物品如表 4-30～表 4-33 所示。

表 4-30　百联集团有限公司证章领用与保管表

序号	证章名称	标准用量	所属组织	领用及保管人
1	企业公章	1	百联集团有限公司	组内协商
2	法人章	1	百联集团有限公司	组内协商
3	合同专用章	1	百联集团有限公司	组内协商
4	发票专用章	1	百联集团有限公司	组内协商
5	财务专用章	1	百联集团有限公司	组内协商
6	销售小票现金收讫章	1	百联集团有限公司	组内协商
7	营业执照正、副本	各 1	百联集团有限公司	组内协商
8	税务登记证正、副本	各 1	百联集团有限公司	组内协商
9	组织结构代码证	1	百联集团有限公司	组内协商
10	开户许可证	1	百联集团有限公司	组内协商

表4-31 百联集团有限公司单据领用与保管表

序号	保管部门	建议保管人(岗)	单据名称	1套标准用量
1	连锁零售	连锁店长	补货入库单	4
2	连锁零售	连锁店长	销售小票	16
3	连锁零售	连锁店长	保险柜检查登记表	6
4	连锁零售	连锁店长	销售日报	6
5	连锁零售	连锁总经理	门店核算表	6
6	连锁零售	连锁总经理、店长	补货申请单	9
7	连锁零售	连锁仓储经理	配货方案	3
8	连锁零售	连锁仓储经理	配送通知单	6
9	连锁零售	连锁仓储经理	送货通知单	3
10	连锁零售	连锁仓储经理	配送出库单	3
11	连锁零售	连锁店长	退货出库单	6
12	连锁零售	连锁总经理	退货入库单	6

表4-32 百联集团有限公司钱币领用与保管表

序号	币值	标准数量	所属组织	领用及保管人
1	10.00元	1000	百联集团有限公司	组内协商
2	100.00元	1900	百联集团有限公司	组内协商

表4-33 百联集团有限公司办公用品领用与保管表

序号	办公用品名称	标准用量	建议保管人(岗)
1	胶棒	1个	组内协商
2	印泥	1盒	组内协商
3	小号长尾夹	1盒	组内协商

任务三 关于公司各项印章的使用办法

一、任务描述

在 VBSE 综合版实训中,针对不同的文书、票据等需要选择相应的印章,错选会导致资料的无效。

如好佳童车厂与邦尼工贸有限公司本着平等互利的原则,根据《中华人民共和国合同法》

及相关法律规定，现就邦尼××型无缝钢管，达成一致意见。为明确双方的权利和义务，特订立合同，在合同书上应该选择合同专用章。

二、难点解析

1. 公章使用管理制度

(1) 公章由企业总经理指定专人负责管理，并掌握使用。使用公章一律登记，要由经办人签字。

(2) 以公司名义上报、外送、下发的文件、资料、报表等，经总经理审阅批准后方可加盖公章并严格登记手续。

(3) 公章不外借，主管人不在时由总经理指定人代管，双方做好交接手续。

(4) 企业员工因取款、取物、挂失、驾驶员办证等，需用单位介绍信，由总经理批准并严格登记手续。

(5) 任何人不得以任何借口要求在空白书面上加盖公章。

(6) 凡私盖公章或利用公章舞弊者，一经发现给予严厉惩处。

2. 合同章使用管理制度

(1) 合同专用章由相应部门专人负责保管，任何部门、人员不得借用、代用合同章，违反规定造成的后果，由印章保管人负责；发生遗失，应及时报告处理。

(2) 凡在授权范围内洽谈的合同，经总经理同意方可成立。经法定代表人或法人代表审核、签字后，由相应部门专人盖章，并严格按照登记手续进行登记备案。

(3) 未经总经理批准，没有法定代表人或法人代表审核、签字或者空白合同上不得加盖合同专用章，否则由当事人承担一切经济损失，并追究其刑事责任。

(4) 凡私盖合同专用章或利用合同专用章营私舞弊者，一经发现给予严厉惩处。

3. 财务专用章使用管理制度

(1) 财务专用章由财务负责人负责保管并掌握使用。

(2) 财务专用章不能交给银行出纳员自行保管和使用。

(3) 除正常的财务需要用财务专用章外，其他事项需用必须经过财务负责人报请公司总经理批准并征得法人本人同意后方可使用并严格登记手续。凡私盖章者一经发现给予严厉惩处。

(4) 任何人不得以任何借口在空白书面上加盖财务专用章。

4. 发票专用章使用管理制度

发票专用章由会计人员负责保管并掌握使用，发票专用章用于加盖增值税专用发票，财务部门在收到货款时，验证购货方"一般纳税人资格证书"后给其开具增值税专用发票并盖发票专用章。

任务四 关于企业五险一金的计算

一、任务描述

五险一金是指用人单位给予劳动者的几种保障性待遇的合称，包括养老保险、医疗保险、失业保险、工伤保险和生育保险，以及住房公积金。

二、难点解析

五险一金包括养老、医疗、工伤、失业、生育保险和公积金，以童车制造厂为例，表4-34给出了个人缴费部分五险一金核算数据，表4-35给出了单位缴费部分五险一金核算数据，单位与个人按照缴费基数具体的扣缴比例如下。

1. 养老保险

个人为8%，单位承担20%。

2. 医疗保险

个人承担2%，单位承担10%。

3. 失业保险

个人为0.5%，单位承担1.5%。

4. 工伤保险

个人无，单位承担0.5%。

5. 生育保险

个人无，单位承担0.8%。

6. 公积金

个人承担10%，单位承担10%。

表 4-34 业务数据—五险一金核算表(个人缴费部分)

人员编号	姓名	部门	缴费基数	个人缴费							个人缴费
				养老保险	医疗保险	失业保险	工伤保险	生育保险	五险 小计	住房 公积金	小计
0101	梁天	企业管理部	10 000.00	800.00	203.00	50.00	0	0	1053.00	1000.00	2053.00
0113	张万军	人力资源部	6000.00	480.00	123.00	30.00	0	0	633.00	600.00	1233.00
0111	李斌	采购部	6000.00	480.00	123.00	30.00	0	0	633.00	600.00	1233.00
0109	何明海	仓储部	6000.00	480.00	123.00	30.00	0	0	633.00	600.00	1233.00
0115	钱坤	财务部	6000.00	480.00	123.00	30.00	0	0	633.00	600.00	1233.00
0106	叶润中	生产部办公室	6000.00	480.00	123.00	30.00	0	0	633.00	600.00	1233.00
0103	杨笑笑	营销部	6000.00	480.00	123.00	30.00	0	0	633.00	600.00	1233.00
0102	叶瑛	企业管理部	4000.00	320.00	83.00	20.00	0	0	423.00	400.00	823.00
0114	肖红	人力资源部	4000.00	320.00	83.00	20.00	0	0	423.00	400.00	823.00
0112	付海生	采购部	4000.00	320.00	83.00	20.00	0	0	423.00	400.00	823.00
0110	王宝珠	仓储部	4000.00	320.00	83.00	20.00	0	0	423.00	400.00	823.00
0118	刘自强	财务部	4000.00	320.00	83.00	20.00	0	0	423.00	400.00	823.00
0117	朱中华	财务部	4000.00	320.00	83.00	20.00	0	0	423.00	400.00	823.00
0116	赵丹	财务部	4000.00	320.00	83.00	20.00	0	0	423.00	400.00	823.00
0107	周群	生产部办公室	4000.00	320.00	83.00	20.00	0	0	423.00	400.00	823.00
0108	孙盛国	生产部办公室	4000.00	320.00	83.00	20.00	0	0	423.00	400.00	823.00
0104	马博	营销部	2500.00	200.00	53.00	12.50	0	0	265.50	250.00	515.5.0
0105	刘思羽	营销部	2500.00	200.00	53.00	12.50	0	0	265.50	250.00	515.50

（续表）

人员编号	姓名	部门	缴费基数	个人缴费						住房公积金	个人缴费小计
				养老保险	医疗保险	失业保险	工伤保险	生育保险	五险小计		
0119	李良钊	机加工车间	1600.00	128.00	35.00	8.00	0	0	171.00	160.00	331.00
0120	付玉芳	机加工车间	1600.00	128.00	35.00	8.00	0	0	171.00	160.00	331.00
0121	张接义	机加工车间	1600.00	128.00	35.00	8.00	0	0	171.00	160.00	331.00
0122	毕红	机加工车间	1600.00	128.00	35.00	8.00	0	0	171.00	160.00	331.00
0123	吴淑敏	机加工车间	1600.00	128.00	35.00	8.00	0	0	171.00	160.00	331.00
0124	毛龙生	机加工车间	1600.00	128.00	35.00	8.00	0	0	171.00	160.00	331.00
0125	扈志明	机加工车间	1600.00	128.00	35.00	8.00	0	0	171.00	160.00	331.00
0126	李龙吉	机加工车间	1600.00	128.00	35.00	8.00	0	0	171.00	160.00	331.00
0127	吴官胜	机加工车间	1600.00	128.00	35.00	8.00	0	0	171.00	160.00	331.00
0128	雷丹	机加工车间	1600.00	128.00	35.00	8.00	0	0	171.00	160.00	331.00
0129	刘良生	机加工车间	1600.00	128.00	35.00	8.00	0	0	171.00	160.00	331.00
0130	余俊美	机加工车间	1600.00	128.00	35.00	8.00	0	0	171.00	160.00	331.00
0131	徐积福	机加工车间	1600.00	128.00	35.00	8.00	0	0	171.00	160.00	331.00
0132	潘俊辉	机加工车间	1600.00	128.00	35.00	8.00	0	0	171.00	160.00	331.00
0133	朱祥松	机加工车间	1600.00	128.00	35.00	8.00	0	0	171.00	160.00	331.00
0134	刘文钦	机加工车间	1600.00	128.00	35.00	8.00	0	0	171.00	160.00	331.00
0135	龚文辉	机加工车间	1600.00	128.00	35.00	8.00	0	0	171.00	160.00	331.00
0136	王小强	机加工车间	1600.00	128.00	35.00	8.00	0	0	171.00	160.00	331.00
0137	刘胜	机加工车间	1600.00	128.00	35.00	8.00	0	0	171.00	160.00	331.00

（续表）

人员编号	姓名	部门	缴费基数	个人缴费							
				养老保险	医疗保险	失业保险	工伤保险	生育保险	五险 小计	住房公积金	个人缴费 小计
0138	刘贞	机加工车间	1600.00	128.00	35.00	8.00	0	0	171.00	160.00	331.00
0139	余永俊	组装车间	1600.00	128.00	35.00	8.00	0	0	171.00	160.00	331.00
0140	万能	组装车间	1600.00	128.00	35.00	8.00	0	0	171.00	160.00	331.00
0141	万俊俊	组装车间	1600.00	128.00	35.00	8.00	0	0	171.00	160.00	331.00
0142	张逸君	组装车间	1600.00	128.00	35.00	8.00	0	0	171.00	160.00	331.00
0143	言海根	组装车间	1600.00	128.00	35.00	8.00	0	0	171.00	160.00	331.00
0144	田勤	组装车间	1600.00	128.00	35.00	8.00	0	0	171.00	160.00	331.00
0145	肖鹏	组装车间	1600.00	128.00	35.00	8.00	0	0	171.00	160.00	331.00
0146	徐宏	组装车间	1600.00	128.00	35.00	8.00	0	0	171.00	160.00	331.00
0147	田军	组装车间	1600.00	128.00	35.00	8.00	0	0	171.00	160.00	331.00
0148	郑华珺	组装车间	1600.00	128.00	35.00	8.00	0	0	171.00	160.00	331.00
0149	洪梁	组装车间	1600.00	128.00	35.00	8.00	0	0	171.00	160.00	331.00
0150	冯奇	组装车间	1600.00	128.00	35.00	8.00	0	0	171.00	160.00	331.00
0151	黄聪	组装车间	1600.00	128.00	35.00	8.00	0	0	171.00	160.00	331.00
0152	薛萍	组装车间	1600.00	128.00	35.00	8.00	0	0	171.00	160.00	331.00
0153	张世平	组装车间	1600.00	128.00	35.00	8.00	0	0	171.00	160.00	331.00
0154	李小春	组装车间	1600.00	128.00	35.00	8.00	0	0	171.00	160.00	331.00
0155	蔡丽娟	组装车间	1600.00	128.00	35.00	8.00	0	0	171.00	160.00	331.00
0156	吴新祥	组装车间	1600.00	128.00	35.00	8.00	0	0	171.00	160.00	331.00

(续表)

人员编号	姓名	部门	缴费基数	个人缴费							
				养老保险	医疗保险	失业保险	工伤保险	生育保险	五险小计	住房公积金	个人缴费小计
0157	胡首科	组装车间	1600.00	128.00	35.00	8.00	0	0	171.00	160.00	331.00
0158	邹建榕	组装车间	1600.00	128.00	35.00	8.00	0	0	171.00	160.00	331.00
0159	张小东	组装车间	1600.00	128.00	35.00	8.00	0	0	171.00	160.00	331.00
0160	岳亮	组装车间	1600.00	128.00	35.00	8.00	0	0	171.00	160.00	331.00
合计			154 200.00	12 336.00	3264.00	771.00	0	0	16 371.00	15 420.00	31 791.00

表 4-35 业务数据—五险一金核算表(单位缴费部分)

人员编号	姓名	部门	缴费基数	单位缴费							
				养老保险	医疗保险	失业保险	工伤保险	生育保险	五险小计	住房公积金	单位缴费小计
0101	梁天	企业管理部	10 000.00	2000.00	1000.00	150.00	50.00	80.00	3280.00	1000.00	4280.00
0113	张万军	人力资源部	6000.00	1200.00	600.00	90.00	30.00	48.00	1968.00	600.00	2568.00
0111	李斌	采购部	6000.00	1200.00	600.00	90.00	30.00	48.00	1968.00	600.00	2568.00
0109	何明海	仓储部	6000.00	1200.00	600.00	90.00	30.00	48.00	1968.00	600.00	2568.00
0115	钱坤	财务部	6000.00	1200.00	600.00	90.00	30.00	48.00	1968.00	600.00	2568.00
0106	叶润中	生产部办公室	6000.00	1200.00	600.00	90.00	30.00	48.00	1968.00	600.00	2568.00
0103	杨笑笑	营销部	6000.00	1200.00	600.00	90.00	30.00	48.00	1968.00	600.00	2568.00
0102	叶瑛	企业管理部	4000.00	800.00	400.00	60.00	20.00	32.00	1312.00	400.00	1712.00
0114	肖红	人力资源部	4000.00	800.00	400.00	60.00	20.00	32.00	1312.00	400.00	1712.00

（续表）

人员编号	姓名	部门	缴费基数	单位缴费						五险小计	住房公积金	单位缴费小计
				养老保险	医疗保险	失业保险	工伤保险	生育保险				
0112	付海生	采购部	4000.00	800.00	400.00	60.00	20.00	32.00	1312.00	400.00	1712.00
0110	王宝珠	仓储部	4000.00	800.00	400.00	60.00	20.00	32.00	1312.00	400.00	1712.00
0118	刘自强	财务部	4000.00	800.00	400.00	60.00	20.00	32.00	1312.00	400.00	1712.00
0117	朱中华	财务部	4000.00	800.00	400.00	60.00	20.00	32.00	1312.00	400.00	1712.00
0116	赵丹	财务部	4000.00	800.00	400.00	60.00	20.00	32.00	1312.00	400.00	1712.00
0107	周群	生产部办公室	4000.00	800.00	400.00	60.00	20.00	32.00	1312.00	400.00	1712.00
0108	孙盛国	生产部办公室	4000.00	800.00	400.00	60.00	20.00	32.00	1312.00	400.00	1712.00
0104	马博	营销部	2500.00	500.00	250.00	37.50	12.50	20.00	820.00	250.00	1070.00
0105	刘思羽	营销部	2500.00	500.00	250.00	37.50	12.50	20.00	820.00	250.00	1070.00
0119	李良钊	机加工车间	1600.00	320.00	160.00	24.00	8.00	12.80	524.80	160.00	684.80
0120	付玉芳	机加工车间	1600.00	320.00	160.00	24.00	8.00	12.80	524.80	160.00	684.80
0121	张接义	机加工车间	1600.00	320.00	160.00	24.00	8.00	12.80	524.80	160.00	684.80
0122	毕红	机加工车间	1600.00	320.00	160.00	24.00	8.00	12.80	524.80	160.00	684.80
0123	吴淑敏	机加工车间	1600.00	320.00	160.00	24.00	8.00	12.80	524.80	160.00	684.80
0124	毛龙生	机加工车间	1600.00	320.00	160.00	24.00	8.00	12.80	524.80	160.00	684.80
0125	扈志明	机加工车间	1600.00	320.00	160.00	24.00	8.00	12.80	524.80	160.00	684.80
0126	李龙吉	机加工车间	1600.00	320.00	160.00	24.00	8.00	12.80	524.80	160.00	684.80

（续表）

人员编号	姓名	部门	缴费基数	单位缴费							住房公积金	单位缴费小计
				养老保险	医疗保险	失业保险	工伤保险	生育保险	五险小计			
0127	吴官胜	机加工车间	1600.00	320.00	160.00	24.00	8.00	12.80	524.80	160.00	684.80
0128	雷丹	机加工车间	1600.00	320.00	160.00	24.00	8.00	12.80	524.80	160.00	684.80
0129	刘良生	机加工车间	1600.00	320.00	160.00	24.00	8.00	12.80	524.80	160.00	684.80
0130	余俊美	机加工车间	1600.00	320.00	160.00	24.00	8.00	12.80	524.80	160.00	684.80
0131	徐积福	机加工车间	1600.00	320.00	160.00	24.00	8.00	12.80	524.80	160.00	684.80
0132	潘俊辉	机加工车间	1600.00	320.00	160.00	24.00	8.00	12.80	524.80	160.00	684.80
0133	朱祥松	机加工车间	1600.00	320.00	160.00	24.00	8.00	12.80	524.80	160.00	684.80
0134	刘文钦	机加工车间	1600.00	320.00	160.00	24.00	8.00	12.80	524.80	160.00	684.80
0135	龚文辉	机加工车间	1600.00	320.00	160.00	24.00	8.00	12.80	524.80	160.00	684.80
0136	王小强	机加工车间	1600.00	320.00	160.00	24.00	8.00	12.80	524.80	160.00	684.80
0137	刘胜	机加工车间	1600.00	320.00	160.00	24.00	8.00	12.80	524.80	160.00	684.80
0138	刘贞	机加工车间	1600.00	320.00	160.00	24.00	8.00	12.80	524.80	160.00	684.80
0139	余永俊	组装车间	1600.00	320.00	160.00	24.00	8.00	12.80	524.80	160.00	684.80
0140	万龙	组装车间	1600.00	320.00	160.00	24.00	8.00	12.80	524.80	160.00	684.80
0141	万俊俊	组装车间	1600.00	320.00	160.00	24.00	8.00	12.80	524.80	160.00	684.80
0142	张逸君	组装车间	1600.00	320.00	160.00	24.00	8.00	12.80	524.80	160.00	684.80
0143	言海根	组装车间	1600.00	320.00	160.00	24.00	8.00	12.80	524.80	160.00	684.80
0144	田勤	组装车间	1600.00	320.00	160.00	24.00	8.00	12.80	524.80	160.00	684.80

(续表)

人员编号	姓名	部门	缴费基数	单位缴费						五险		住房公积金	单位缴费
				养老保险	医疗保险	失业保险	工伤保险	生育保险	小计		小计
0145	肖鹏	组装车间	1600.00	320.00	160.00	24.00	8.00	12.80	524.80	160.00	684.80
0146	徐宏	组装车间	1600.00	320.00	160.00	24.00	8.00	12.80	524.80	160.00	684.80
0147	田军	组装车间	1600.00	320.00	160.00	24.00	8.00	12.80	524.80	160.00	684.80
0148	郑华珺	组装车间	1600.00	320.00	160.00	24.00	8.00	12.80	524.80	160.00	684.80
0149	洪梁	组装车间	1600.00	320.00	160.00	24.00	8.00	12.80	524.80	160.00	684.80
0150	冯奇	组装车间	1600.00	320.00	160.00	24.00	8.00	12.80	524.80	160.00	684.80
0151	黄聪	组装车间	1600.00	320.00	160.00	24.00	8.00	12.80	524.80	160.00	684.80
0152	薛祥	组装车间	1600.00	320.00	160.00	24.00	8.00	12.80	524.80	160.00	684.80
0153	张世平	组装车间	1600.00	320.00	160.00	24.00	8.00	12.80	524.80	160.00	684.80
0154	李小春	组装车间	1600.00	320.00	160.00	24.00	8.00	12.80	524.80	160.00	684.80
0155	蔡丽娟	组装车间	1600.00	320.00	160.00	24.00	8.00	12.80	524.80	160.00	684.80
0156	吴新祥	组装车间	1600.00	320.00	160.00	24.00	8.00	12.80	524.80	160.00	684.80
0157	胡首科	组装车间	1600.00	320.00	160.00	24.00	8.00	12.80	524.80	160.00	684.80
0158	邹建榕	组装车间	1600.00	320.00	160.00	24.00	8.00	12.80	524.80	160.00	684.80
0159	张小东	组装车间	1600.00	320.00	160.00	24.00	8.00	12.80	524.80	160.00	684.80
0160	岳亮	组装车间	1600.00	320.00	160.00	24.00	8.00	12.80	524.80	160.00	684.80
合计			154 200.00	30 840.00	15 420.00	2313.00	771.00	1233.60	50 577.60	15 420.00	65 997.60

任务五　关于个税中工资薪金"免征额"的确定

一、任务描述

个人所得税是调整征税机关与自然人(居民、非居民人)之间在个人所得税的征纳与管理过程中所发生的社会关系的法律规范的总称。

其中，工资、薪金所得适用七级超额累进税率，税率为 3%～45%，减除费用是 3500.00 元，表 4-36 给出了个人所得税工资、薪金税率表。关于减除费用归于起征点还是免征额的问题我们一起来分析。

二、难点解析

1. 工资、薪金税率一览表(见表 4-36)

表 4-36　个人所得税工资、薪金税率表

级数	应纳税所得额(含税)	应纳税所得额(不含税)	税率(%)	速算扣除数
1	不超过 1500.00 元的	不超过 1455.00 元的	3	0
2	超过 1500.00 元至 4500.00 元的部分	超过 1455.00 元至 4155.00 元的部分	10	105.00
3	超过 4500.00 元至 9000.00 元的部分	超过 4155.00 元至 7755.00 元的部分	20	555.00
4	超过 9000.00 元至 35 000.00 元的部分	超过 7755.00 元至 27 255.00 元的部分	25	1005.00
5	超过 35 000.00 元至 55 000.00 元的部分	超过 27 255.00 元至 41 255.00 元的部分	30	2775.00
6	超过 55 000.00 元至 80 000.00 元的部分	超过 41 255.00 元至 57 505.00 元的部分	35	5505.00
7	超过 80 000.00 元的部分	超过 57 505.00 元的部分	45	13 505.00

说明：

(1) 本表含税级距中应纳税所得额，是指每月收入金额-各项社会保险金(五险一金)-起征点 3500.00 元(外籍 4800.00 元)的余额。

(2) 含税级距适用于由纳税人负担税款的工资、薪金所得；不含税级距适用于由他人(单位)代付税款的工资、薪金所得。

2. 关于起征点与免征额

起征点与免征额都与税收要素中减免税相关，都体现了对纳税人的税收照顾，但在实际操作中两者并不相同。

(1) 起征点

起征点是对课税对象征税的起点，即开始征税的最低收入数额界限。规定起征点是为了免除收入较少的纳税人的税收负担，缩小征税面，贯彻税收负担合理的税收政策。

起征点的主要特点是：当课税对象未达到起征点时，不用征税；当课税对象达到起征点时，对课税对象全额征税。

(2) 免征额

免征额又称"费用扣除额"，是在课税对象的全部数额中预先确定的免于征税的数额，即在确定计税依据时，允许从全部收入中扣除的费用限额。规定免征额是为了照顾纳税人的生活、教育等的最低需要。

免征额的主要特点是：当课税对象低于免征额时，不用征税；当课税对象高于免征额时，则从课税对象总额中减去免征额后，对余额部分征税。

举例说明，若实际发生额为 4500.00 元，如按照起征点征税，则应就 4500.00 元纳税，如按照免征额征税，则按照 1000.00 元(4500.00-3500.00=1000.00)纳税。我国个税中的工资薪金显然是用 1000.00 元纳税，因此关于扣除费用 3500.00 元应定义为"免征额"。

任务六 关于招投标业务解析

一、任务描述

招投标，是招标投标的简称。招标和投标是一种商品交易行为，是交易过程的两个方面。招标投标是一种国际惯例，是商品经济高度发展的产物，是应用技术、经济的方法和市场经济的竞争机制的作用，有组织地开展的一种择优成交的方式。这种方式是在货物、工程和服务的采购行为中，招标人通过事先公布的采购和要求，吸引众多的投标人按照同等条件进行平等竞争，按照规定程序并组织技术、经济和法律等方面的专家对众多的投标人进行综合评审，从中择优选定项目的中标人的行为过程。其实质是以较低的价格获得最优的货物、工程和服务。

二、难点解析

1. 招标投标的特点

招标投标作为一种有效的选择交易对象的市场行为，贯穿了竞争性、公开性和公平性的原则，特点包括：程序规范；全方位开放，透明度高；公正客观；交易双方一次成交。

2. 招标投标法的现实意义

《中华人民共和国招标投标法》从我国国情出发，总结了招标投标活动 20 年来的经验与教训，充分体现了保护国家利益和社会公共利益，规范招标投标活动的立法宗旨。

意义包括：确立了强制招标制度；确立了公开和邀请两种招标方式；确立了招标人自行招标和招标代理机构代理招标两种制度；确立了公开、公平、公正的招标投标程序；确立了行政监督体制。

3. 招投标流程

(1) 委托招标

委托招标，就是招标人委托招标代理机构，在招标代理权限范围内，以招标人的名义组织招标工作。作为一种民事法律行为，委托招标属于委托代理的范畴。其中，招标人为委托人，招标代理机构为受托人。这种委托代理关系的法律意义在于，招标代理机构的代理行为以双方约定的代理权限为限，招标人因此将对招标代理机构的代理行为及其法律后果承担民事责任。

(2) 招投标公司编制招标文件

招标文件是指由招标人或招标代理机构编制并向潜在投标人发售的明确资格条件、合同条款、评标方法和投标文件响应格式的文件。招标文件至少应包括以下内容：招标公告；投标人须知。

招标文件的功能在于阐述需要采购货物或工程的性质，并通报招标程序将依据的规则和程序，告知订立合同的条件。

招标文件的流程步骤如表 4-37 所示。

表 4-37　招标文件业务流程

序号	操作步骤	角色	操作内容
1	编制招标文件	招投标经理	根据物流公司提出的采购计划内容及要求编制招标文件
2	审核招标文件	物流经理	审核招投标公司制作的招标文件并确认

(3) 招标公司发布招标公告

招标公告是指招标单位或招标人在进行科学研究、技术攻关、工程建设、合作经营或大宗商品交易时，公布标准和条件，提出价格和要求等项目内容，以期从中选择承包单位或承包人的一种文书。在市场经济条件下，招标有利于促进竞争，加强横向经济联系，提高经济效益。对于招标者来说，通过招标公告择善而从，可以节约成本或投资，降低造价，缩短工期或交货期，确保工程或商品项目质量，促进经济效益的提高。

发布招标公告流程步骤如表 4-38 所示。

表 4-38　招标公告业务流程

序号	操作步骤	角色	操作内容
1	制作招标公告	招投标经理	根据物流公司采购需求制作招投标公告
2	审核招标公告	物流经理	负责人审核招标公告，签字并加盖公章
3	发布招标公告	招投标经理	在 VBSE 系统中发布经招投标管理办公室同意的招标公告，上传招标公告附件

(4) 招投标公司发售招标文件并答疑

服务公司确定参与招标后在制定的时间内购买招标文件，了解招标详细信息获得投标资格。

答疑是招投标过程中，招标人在向投标人发放招标文件后，向投标人澄清有关招标疑问的过程。

发售招标文件并答疑流程步骤如表 4-39 所示。

表 4-39　招标答疑业务流程

序号	操作步骤	角色	操作内容
1	组织现场踏勘	招投标总经理	组织进行现场踏勘，了解物流公司实际情况及需求
2	以书面形式提交质疑问题	供应商业务主管	根据所获取的招标文件和踏勘现场中的问题通过书面方式提出质疑
3	接收问题并准备解答	招投标总经理	整理投标人提出的问题并准备解答
4	召开答疑会	招投标总经理	1. 选定合适场地，组织召开答疑会 2. 将会议纪要发放给所有投标人，并向主管部门备案

(5) 投标公司制作投标文件

投标书(bidding documents)是指投标单位按照招标书的条件和要求，向招标单位提交的报价并填制标单的文件。它要求密封后邮寄或派专人送到招标单位，故又称标函。它是投标单位在充分领会招标文件，进行现场实地考察和调查的基础上所编制的投标文书，是对招标公告提出的要求的响应和承诺，并同时提出具体的标价及有关事项来竞争中标。

(6) 招标公司组织开标会议

招投标公司组织召开开标会议是招投标过程中最重要的一个环节。是在招标投标活动中，由招标人主持、邀请所有投标人和行政监督部门或公证机构人员参加的情况下，在招标文件预先约定的时间和地点当众对投标文件进行开启的法定流程。

组织开标会议流程步骤如表 4-40 所示。

表 4-40　开标会议业务流程

序号	操作步骤	角色	操作内容
1	组织开标会议	招投标经理	邀请供应商业务主管，物流总经理参加开标会议
2	投标人代表参加开标	供应商业务主管	投标人代表参加开标会议
3	招标人代表参加开标	物流总经理	招标人代表参加开标会议
4	组织并主持开标会议	招投标经理	1. 招投标经理组织召开开标会议 2. 唱标，公开宣读投标人关于投标人报价、工期、质量、工程项目经理等内容
5	依法组建评标委员会	招投标经理	1. 招投标公司邀请外部专家依法组建评标委员会(实训中可邀请制造业总经理) 2. 制定评标标准，参与评标
6	组织评标	招投标经理	1. 评标委员就投标文件的内容进行评价 2. 填写开标评分表
7	确定中标候选人	招投标经理	完成评标，推荐中标候选人，编写评标报告

(7) 定标并发出中标通知书

定标也即授予合同，是采购机构决定中标人的行为。定标是采购机构的单独行为，但需由使用机构或其他人一起进行裁决。在这一阶段，采购机构所要进行的工作有：决定中标人，通知中标人其投标已经被接受，向中标人发出授标意向书，通知所有未中标的投标人，并向他们退还投标保函等。

中标通知书，是指招标人在确定中标人后向中标人发出的通知其中标的书面凭证。中标通知书的内容应当简明扼要，只要告知招标项目已经由其中标，并确定签订合同的时间、地点即可，中标通知书主要内容应包括中标工程名称、中标价格、工程范围、工期、开工及竣工日期、质量等级等。对所有未中标的投标人也应当同时给予通知。投标人提交投标保证金的，招标人还应退还这些投标人的投标保证金。

中标通知书样例如图 4-1 所示。

中标通知书

_____:

_____的评标工作已结束，根据《中华人民共和国政府采购法》《中华人民共和国招标投标法》及有关法律、法规、规章和本项目招标文件的规定，确定你单位为中标人。

我方将在本中标通知书发出后，依据本项目招标文件以及你方的投标文件与你方签订合同。

请你方代表于_____年_____月_____日前与我方洽谈合同。

你方中标条件如下：

1. 中标范围和内容

2. 中标价

3. 中标工期

4. 中标质量标准

5. 中标项目经理姓名、资质等级及资质证书

项目经理：   资质登记：   证书：

招标单位备案(公章)：   招标人：

法定代表人(签字)：
年 月 日

图 4-1 中标通知书样例

(8) 签订合同

广义合同指所有法律部门中确定权利、义务关系的协议。狭义合同指一切民事合同。还有最狭义合同仅指民事合同中的债权合同。《中华人民共和国民法通则》第 85 条规定：合同是当事人之间设立、变更、终止民事关系的协议。依法成立的合同，受法律保护。《中华人民共和国合同法》第 2 条规定：合同是平等主体的自然人、法人、其他组织之间设立、变更、终止民事权利义务关系的协议。婚姻、收养、监护等有关身份关系的协议，适用其他法律的规定。